战无不胜

不胜不战

只铁 著

地震出版社

图书在版编目(CIP)数据
战无不胜：不胜不战 / 只铁著. —3 版. —北京：地震出版社，2016.7(2022.10 重印)
ISBN 978-7-5028-4759-3
Ⅰ.①战… Ⅱ.①只… Ⅲ.①股票投资－基本知识 Ⅳ.①F830.91
中国版本图书馆 CIP 数据核字(2016)第 121347 号

地震版 XM5411

战无不胜——不胜不战(第三版)

只 铁 著

责任编辑：刘素剑 吴桂洪
责任校对：孔景宽

出版发行：地震出版社
北京市海淀区民族大学南路 9 号　　邮编：100081
发行部：68423031　68467993　　传真：88421706
门市部：68467991　　传真：68467991
总编室：68462709　68423029　　传真：68455221
证券图书事业部：68426052　68470332
http://www.dzpress.com.cn
E-mail:zqbj68426052@163.com
经销：全国各地新华书店
印刷：北京市兴星伟业印刷有限公司

版(印)次：2016 年 7 月第三版　2022 年 10 月第二次印刷
开本：787×1092　1/16
字数：319 千字
印张：22
书号：ISBN 978-7-5028-4759-3/F(5455)
定价：68.00 元

作者简介

只铁（程也桐） 中国职业投资家。多年来率领集团性资金征战于期货、股票市场。

目前担任多家超级机构的投资顾问，主要负责大资金运作的规划以及失败投资项目的出局拯救，同时从事国内专业投资知识的传授和高级交易系统软件的开发。

授权声明

本人授权地震出版社为本人（只铁）所著《战无不胜》惟一出版商。其他版本的《战无不胜》皆非本人所著，凡署名为本人（只铁、程也桐）所著的其他版本的《战无不胜》均属非法出版物，本人保留追究其法律责任的权力。

内 容 提 要

本书按照“专业投资哲学—专业实战兵法—专业实战战法—专业实战技法—专业实战技巧—专业实战艺术”的逻辑秩序进行写作。从股市投资实战的专业要求出发，在客观化、定量化、保护化、科学化以及系统性和可操作性等方面，揭示了专业化投资、科学化管理的思想精髓。

从心态控制、资金管理、技术功力三大实战投资要素出发，本书还着重论述了投资交易心理专业管理、投资资金专业管理、投资能力专业训练、投资专业境界达成等重要问题。在“荣枯循环与混沌分形、交易心理学的实战运用、交易行为的实战运用、专业能力及科学训练”等方面也有所涉及。

同时，着重要强调的是，本书不是入门读物，不是为断章取义、跑马观花的人写的。本书是为那些愿意花费巨大心血把股市投资作为自己的一种神圣使命，希望自己成为专业投资高手的人而写的。因此，本书既不企图让所有的人能够彻底读懂，也没有企图把它写得完美无缺，更不是点石成金的秘诀。如果能对有缘的朋友有点启发，作者也就心满意足了。

本书是为那些愿意用自己毕生的精力和心血把股市投资作为自己终身神圣职业，并企图取得巨大成功的人而写的。他们没有把股票投资活动当成随意的炒作，而是作为一种需要殚精竭虑，用生命去捍卫的孤独生涯。

如果，其中部分有缘的朋友因阅读本书，而成为真正的专业投资高手或成功的职业投资家，作者将为此感到无比的欣慰！

只铁帅印

思念如举不动的大山！

谨以此书表达对我多灾多难幼儿思淼的愧疚之情并感念与我风雨同舟、患难与共的女人！

——在外征战多年的只铁于西南、东南“战区”

伫立岁月渡口，笑看万丈红尘。

横笛落梅江畔，轻拂衣上流云。

——只铁自勉

金融投资活动是一种事业，或者说它是一种使命，需要科学化、专业化的管理才能真正取得成功！

好的东西，是需要用“心”才能消化的。我们强调的首先要“专心”然后才能“专业”！

“空仓”也是一种很好的战斗！

骗线就是骗心，套牢就是套心！

炒股成功要有“四心”：耐心、细心、决心、狠心。

知识转化为能力的唯一途径——苦练！

技术分析仅仅是一种工具，错把工具当真理，这显现出的是一种哲学上的无知和灵性上的幼稚。

任何技术方法使用效果的好坏都与是否掌握了该种方法的各种使用限制条件有着绝对的关系！

顶尖高手的短线操作铁律——短线出击非常态高速行进中的股票，其内部子浪运行结构安全且无破绽。而绝对不是仅仅满足于买进能涨的股票这么简单。

找回坚强的心灵意志，比找回亏损失去的资金重要的多！

只有建立了一套适合自己的交易系统，并在实战中无条件执行，才能笑傲江湖。

系统化、规范化、专业化、科学化是实战操作的生命，也是只铁体系的灵魂！

——只铁

生命的长征

生命经挣扎而来到人世，岁月总在无声的期待中从梦中流失，历经浮浮沉沉的命运，生命仍然面临着何去何从的迷茫和选择……

没有目标的生命“蝇营狗苟”，而有忧患意识的人是不甘心宝贵短暂的生命无所作为的。选定目标希望成功是大多数人的梦想，可是有多少人真正明白有目标的生命是一条布满荆棘、坎坷不平的艰难征程；又有多少人能够像二万五千里长征的红军那样，历尽千辛万苦、跋涉完自己生命中的长征？

假如把股市比喻成没有硝烟的战场，那么生命的长征就是走向凯旋的惟一途径。挫折和沮丧犹如烈火炼金，顽强的意志和坚定的信念才能经住大浪淘沙的考验！是被逆境消灭还是与困难争斗，取决于人的精神。生命的长征是精神的仪式，是英雄的炼炉，没有绝境下的抗争就没有奇迹的诞生；寻常的个体要追求不寻常的人生价值惟有战胜平庸、超越寻常，在灵魂的困斗中脱胎换骨、经苦难的洗礼而重生。

没有任何人能随随便便成功！拼精神、钻技术、战心魔、斗才智，是走向成功的不二法门。经历挫折，怨天尤人的时候，自问有过哪些超出常人的付出？自己真正经历过什么苦难的历程？古人头悬梁、锥刺股也许因为年代久远已经丧失了激励的功效，可当我亲手翻阅着近60岁的老人为了完成参加我集训的任务，在10多个小时的旅途中，站立在火车卧铺车厢里抄完的5遍中最后一遍《短线英雄》的笔记本；眼见着20出头的小伙抄写《短线英雄》整理出来的纸居然有半人多高，得知他可以背诵1000多只股票的K线图时，我被这种苦心孤诣的心力付出深深地感动了！

“自信人生二百年，会当击水三千里”，那只是前人豪放的诗句；孤灯、只影、默默地苦练，将汗水、泪水掉头抹去，把委屈、压力咬牙承受，这才是有志者必经的过程和成功的契机。这是不足与人说只堪回味的宝贵经历；如果要问成功从何而来？我说，成功是吃苦吃出来的！“没有人喜欢痛苦，但当把痛苦咀嚼出味道，成功其实已经不远了。”

哭泣的心灵企盼雨后的彩虹，人都是在绝望中生出希望，在危难中坚定信仰，在一切都幻灭的时候才重新踏上寻求生命真谛的旅程！朝圣的途中，匍匐而行的信徒孤独沉默地前行着，朝着心中的圣地前行，那是生命为之激昂的理由，是将千难万苦踩在脚下的力量源泉。一步一叩，无怨无悔，额上沁出的鲜血辉映着高原湛蓝的天空，寂静的画面回荡着坚定脚步亘古不息的声音。这是朝圣者最神圣、庄严的仪式。

无比的执着和虔诚，在一拜一叩之间，他们身后的每一个脚印里都绽出洁白的莲花，永远地震撼着我的心灵……

云山万里别，天地一身孤；生命的长征是寂寞、孤独的苦旅，须凭着孤胆英雄的气概，以宗教般的执着去完成。

挣扎进取的灵魂，
坚定不移的目光，
执着顽强的背影……

成功不会从天而降！用自己的生命去做一次心灵的长征吧。走过生命长征里的雪山、草地，无怨无悔、依然忘我执着地朝着心中的圣地前行。每个英雄的生命都必将经历刻骨铭心的巨大磨难，不在磨难中奋起，就在磨难中消亡！天助自助者，福追有心人！

岁月流逝，希望如歌。生命的征程无所不在，只有坚强的心灵才能赢得喝彩！珍爱自己的生命，无怨无悔地去完成自己生命的长征，铸就自己生命奋斗的奖杯，长征的起点是奇迹诞生的地方，用燃烧的生命激情去点燃心中理想的绚丽辉煌。

挑战自我，迈向成功；
战胜自己，飞跃颠峰！

只　铁

2002年9月25日

目　录

上篇　道

一、投资哲学 …… 3
引子：宇宙之间、天地枭雄 …… 3
(一)宇宙、自然的根本 …… 5
(二)穷终尽极之世界本源 …… 8
1.东方哲学：思想混沌——阴阳运动 …… 8
2.西方哲学：思想精确——分形运用 …… 9
3.混沌、分形的基本原理 …… 10
1)混沌、分形与哲学 …… 10
2)混沌是本质，分形是方法 …… 12
4.东西合璧道一相生：思想混沌和方法混沌的和谐统一 …… 12
(三)人与世界的关系 …… 13
1.有限度客观认识世界 …… 13
2.有条件限定实战操作 …… 13
3.天人合一、和谐共振 …… 14
4.定性与定量，模糊与精确 …… 15

二、股市兵法 …… 16
(一)股市运动的描述——寻宝图 …… 16
1.参照系的确立 …… 16

1)道一相生——荣枯循环 …… 16
2)混沌、秩序——线性、非线性 …… 19
2.股价螺旋运动——寻宝图 …… 20
1)股价循环运动结构 …… 20
2)执简驭繁，得意忘形 …… 21
3)股价生命运动循环历程 …… 23
3.股市周期循环论 …… 25
1)低迷期 …… 25
2)青年涨升期 …… 26
3)反动期 …… 26
4)壮年涨升期 …… 27
5)老年涨升期 …… 27
6)下跌幼年期 …… 27
7)中间反弹期 …… 28
8)下跌壮年期 …… 28
9)下跌老年期 …… 28
4.投资心理演化历程 …… 29
5.岁月更替、日子有功 …… 30
6.宏观经济波动周期分析 …… 32
7.各周期寻宝图展开 …… 33
(二)寻宝图——知识结构和实战原则 …… 37
1.知识结构 …… 37
2.实战原则 …… 37
(三)股市实战兵法之战无不胜 …… 40
1.股价循环运动各阶段的市场意义 …… 41
1)盘底阶段的市场意义 …… 41
2)上涨阶段的市场意义 …… 44
3)做头阶段的市场意义 …… 46

4)下跌阶段的市场意义 …… 47
2.个股涨跌能力的图表研判 …… 50
3.翻倍黑马的图表特征 …… 50
4.静态专业化快速看盘的实用方法 …… 51
1)大盘涨跌能力的图表研判 …… 51
2)黑马股只静态技术图表的技术特征 …… 52
(四)快速发现黑马的线索与要领 …… 54
1.经典快速看盘程序:81、83 排序功能活用图解 …… 54
2.操盘技巧——稳健果断精彩操盘把盈利变成现实 …… 57
1)操作目标股只的预先圈定：操盘计划的形成 …… 58
2)操作目标对象股只的最后圈定 …… 58
3)准确买点框定 …… 59
4)精彩卖点框定 …… 59
三、股市经典理论之飞跃巅峰 …… 61
(一)传统投资理论的认识论误区和实战制约——经典的破绽 …… 61
1.感恩的心灵——道·琼斯理论对股市的贡献 …… 62
2.道氏理论的精华 …… 62
1)科学天才的思维方法：短线 5 年时间形成理论轮廓 …… 62
2)理论还原和灵性体悟：作者的认识 …… 63
3)道·琼斯指数：股市最伟大的发明 …… 64
4)三大基石：技术分析的三大公理 …… 64
公理一：市场行为包容和消化一切 …… 65
公理二：市场运动具有趋势 …… 66
公理三：历史会重演 …… 67
3.道氏理论的关键要点 …… 67
1)大盘背景制约个股表现 …… 67
2)股市是国民经济的晴雨表 …… 68

3)各要素相互印证 …… 69
4)波动架构分级原理 …… 69
5)不可人为操纵原理 …… 72
6)牛市和熊市的定义 …… 74
7)相反方向次级骗人波 …… 74
8)挡不住的日间杂波诱惑 …… 76
9)股价运动趋势的定义 …… 77
10)股价运动趋势发展的阶段 …… 78
11)成交量对股价运动趋势的认可 …… 78
4.道氏理论的缺陷 …… 79
1)主观与粗糙 …… 79
2)背离与实战 …… 80
3)个股选择的无力 …… 81
4)宏观务虚 …… 81
5.道氏理论的实战精华 …… 82
1)对于股价运动趋势的利用 …… 82
2)对于股价乖离的把握 …… 82
3)对于股价走势陷阱的回避 …… 83
6.江恩理论的精华 …… 84
1)江恩理论客观化努力的价值 …… 84
2)江恩理论要点 …… 86
3)江恩分析理论的破绽 …… 88
4)江恩理论实战精华 …… 90
7.波浪理论的精华 …… 90
1)艾略特波浪理论的主观随意和实战制约 …… 90
2)波浪理论的要点 …… 91
3)波浪理论的破绽 …… 94
4)波浪理论的实战运用 …… 95

8.简述相反理论及形态理论应用 …………………………………… 95
1)相反理论的精髓 ………………………………………………… 95
2)形态分析举要：形态分类，识别要领及实战运用 ………… 96
(二)经典的超越及实战运用 ………………………………………… 97
1.经典理论的共同缺陷 ……………………………………………… 97
2.传统经典投资理论的彻底改造运用——经典的升华 ………… 98
3.寻宝图实战指挥图谱的关键 ……………………………………… 99
4.各种操作战术展开的精细条件和注意事项 …………………… 100
1)实战买进条件注意事项 ……………………………………… 100
2)实战卖出条件注意事项 ……………………………………… 102
5.各种典型实战技法透析及形态分析精华举要 ………………… 104

中篇　交易为王

一、主流力量做盘之洞烛玄机 ………………………………………… 109
(一)投石问路之庄家试盘 …………………………………………… 109
1.试盘的目的和作用 ………………………………………………… 109
2.试盘的技术特征 …………………………………………………… 112
3.试盘的各种方式 …………………………………………………… 112
(二)确立目标之庄家建仓 …………………………………………… 113
1.建仓的数量和价格要求 …………………………………………… 113
2.完成建仓任务的阶段 ……………………………………………… 114
3.庄家常用建仓方式与特征 ………………………………………… 115
1)以空间换时间 ………………………………………………… 115
2)以时间换空间 ………………………………………………… 116
3)实战操作注意事项 …………………………………………… 118
4.时间因素对建仓方式的限制 ……………………………………… 118

1)打压或拉高快速建仓 …… 118
2)横盘缓慢建仓 …… 118
3)复合手法建仓 …… 118
(三)打开空间之发力拉高 …… 120
1.初级拉高 …… 120
2.中级拉高 …… 121
3.最后拉高 …… 121
(四)声东击西之狡猾洗盘 …… 122
1.洗盘的目的 …… 122
2.洗盘的时机 …… 123
3.洗盘的方式 …… 123
1)打压洗盘 …… 123
2)震荡洗盘 …… 124
3)向上洗盘 …… 125
4.所有洗盘方式的根本特征 …… 126
5.洗盘行为与出货行为的区别 …… 126
6.洗盘结束的技术标志 …… 127
(五)兑现利润之庄家出货 …… 128
1.出货的目的 …… 128
2.实战出货操作难度 …… 128
3.出货的时机 …… 128
4.出货的方式和市场背景 …… 129
1)拉高出货 …… 129
2)震荡出货 …… 129
3)打压出货 …… 131
4)反弹出货 …… 132
5.出货的根本特征与洗盘的区别 …… 133

二、动态看盘之走向辉煌 …… 135
(一)动态盘口要素简介 …… 135
1.股市动态系统 …… 135
2.即时图表要素在实战看盘研判中的巨大价值 …… 135
1)开盘价 …… 135
2)均价线 …… 136
3)波动态势 …… 138
4)量价关系 …… 138
5)收盘价 …… 139
6)最高价 …… 139
7)最低价 …… 139
3.开盘半小时判定大盘走势 …… 139
4.即时盘口数据对股价走势的重大研判意义 …… 144
1)量比 …… 144
2)涨跌幅 …… 144
3)委比 …… 144
4)内外盘 …… 145
5)买卖盘 …… 145
6)即时盘口成交回报 …… 145
5.即时图表与分时技术图表的区别 …… 145
(二)动态盘面专业解析 …… 150
1.波动态势、运动类型 …… 150
2.个股涨跌家数对比：多空争斗表现 …… 153
3.盘中涨跌量价关系：运动的真实性 …… 154
4.专业选手如何迅速判断大盘强弱 …… 155
5.如何判断当日是否具备短线获利机会 …… 156
1)个股攻击力度要求：涨幅、量 …… 156

2)群庄协同分化情况：盘中热点 …… 156
3)敏感问题回避要领：技术敏感、时间敏感 …… 156
6.动态盘面异动——异动雷达捕捉 …… 157
7.快速发现黑马的线索与要领 …… 161
8.战术错位化解：分析研判与临盘操作；个股走势与大盘背景 …… 164
1)分析研判与临盘操作的错位 …… 164
2)个股走势与大盘背景的错位 …… 165
3)大盘背景与操作方式关系强调 …… 165
(三)动态买卖之精确操作 …… 166
1.临盘实战操作最佳买点 …… 166
2.临盘实战操作最佳卖点 …… 168
3.百步穿杨之精确操作：盘中波动之最佳买卖点 …… 172
(四)专业化实战操作的正确原则与标准次序 …… 177
1.临盘实战操作展开的条件是否具备 …… 177
2.板块个股获利机会：热点－热点聚焦 …… 179
3.实战投资参战资金是否充分 …… 185
4.实战研判和操作的专业次序 …… 185
(五)经典战法之实战运用 …… 189
1.低吸战法之操作要领 …… 190
2.追涨战法之注意事项 …… 195
3.高抛战法之心领神会 …… 201
4.杀跌战法之冷酷无情 …… 205
5.不同技术状态的保护措施：补仓、观望、止损 …… 211
1)空仓、观望战术：操作成立的前提条件 …… 211
2)短线操作临盘失误的技术处置 …… 212
6.常规战法之详细解剖 …… 215
(六)技术陷阱识别 …… 221

1.盘口真假 …………………………………………………………… 222
2.正确辨别即时波动骗线 ……………………………………………… 222
3.图表形态陷阱 ……………………………………………………… 223
1)日线图表形态中的假上升攻击形态骗线 ………………………… 223
2)日线图表形态中的向上假突破形态骗线 ………………………… 224
3)日线图表形态中的假破位向下突破形态骗线 …………………… 227

下篇　天人合一

引子 ……………………………………………………………………… 231
一、投资成功的实战要件 ………………………………………… 233
(一)看对 ………………………………………………………………… 233
(二)做对 ………………………………………………………………… 234
(三)看对与做对 ………………………………………………………… 235

二、专业境界的具备过程 ………………………………………… 237
(一)学：学过、学会、学好、学精 …………………………………… 238
(二)练：练过、练会、练好、练精 …………………………………… 238
(三)做：做过、做会、做好、做精 …………………………………… 240
(四)专业投资艺术——境界 …………………………………………… 241
(五)如何在学习过程中少走弯路 ……………………………………… 241
(六)个人成长的七个阶段 ……………………………………………… 244
(七)读书心得和投资训练计划书 ……………………………………… 245

三、成功投资的三大法宝 ………………………………………… 250
(一)专业交易心理学 …………………………………………………… 251
1.辩证地看待贪婪和恐惧 …………………………………………… 251

2.良好的专业交易心理特征 …………………………………… 252
(二)实战操作前的心理训练方法——模拟训练法 …………… 254
1.模拟训练法 ……………………………………………… 254
2.不同大盘背景条件下的模拟 …………………………… 255
3.抗拒操作环境干扰的模拟 ……………………………… 255
4.反败为胜、扭亏为盈的模拟 …………………………… 255
5.复杂专业投资技能训练导致的“高原现象” …………… 255
(三)专业交易心理训练方法 …………………………………… 256
1.应对实战投资操作失败的心理训练 …………………… 256
1)实战前过分激动状态 ………………………………… 256
2)实战前心理淡薄状态 ………………………………… 257
3)实战前盲目自信状态 ………………………………… 257
2.实战操作过程中的不良心理状态 ……………………… 257
3.在实战操作结束后的不良心理状态 …………………… 259
4.投资者最佳竞赛心理状态——积极战斗准备状态 …… 259
5.实战操作过程中的最佳心理状态
——适度的紧张、自我感觉良好 ………………………… 260
6.实战后的最佳心理状态 ………………………………… 260
(四)专业投资行为管理学——投资资金管理 ……………… 260
1.对实战投资参与资金规模的制约 ……………………… 261
2.大资金的区域概念 ……………………………………… 261
3.仓位的集中和分散 ……………………………………… 261
4.资金配置管理：试验性仓位、保护性仓位、追击性仓位 …… 262
(五)专业交易能力训练 ………………………………………… 263
1.训练有素、成功率与效率 ……………………………… 263
2.专业能力训练流程标准化 ……………………………… 264
3.专业化能力日常训练科目 ……………………………… 265

四、实战境界的成功达成 …… 267
(一)慎重初战，首战必胜 …… 267
(二)牛刀杀鸡，一招致敌 …… 268
(三)无招有招，不变万变 …… 268
(四)操作风格，天人合一 …… 269
(五)触目惊心的调查 …… 270
(六)学习体会 …… 280
(七)只铁论魔鬼式残酷训练 …… 284
(八)吃苦 …… 285

五、炉火纯青，出神入化 …… 288
(一)惊心动魄世纪之战——香港恒生指数保卫战 …… 288
1.悲壮回顾——一招的恶果 …… 288
2.四面楚歌——最后的孤岛 …… 291
3.力量对比——立体化组合 …… 292
4.眼花缭乱——生死大决战 …… 297
5.彻底掌控——悲壮的凯歌 …… 312
(二)只铁战法的外盘研判 …… 313
1.技术研判操作 …… 314
2.投资理念验证 …… 317
3.宏观经济分析 …… 319
4.中国股市展望 …… 322
5.战法学习心得 …… 323
(三)专业投资计划书范例——成都华联 …… 324

后记：快乐股市笑面人生 …… 330
鸣谢 …… 332

—— 上篇 ——

道

一、投资哲学

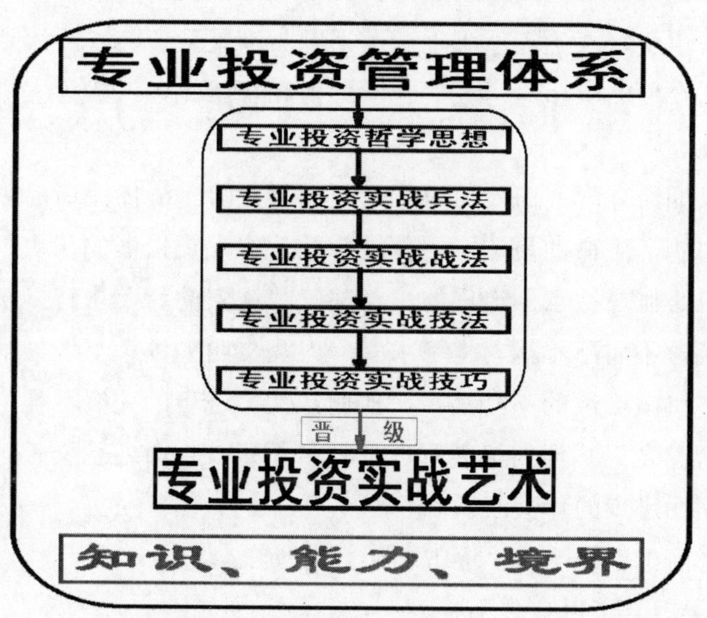

图 1.1——此图是全书体系的总纲目

引子：宇宙之间、天地枭雄

天 问

遂古之初 谁传道之
上下未形 何由考之
冥昭瞢暗 谁能极之

冯翼惟象　何以识之

明明暗暗　惟时何为

阴阳三合　何本何化

……

《天问》是古今罕见的奇特诗篇，中国文学史上第一位最伟大的爱国诗人屈原以其超凡的智慧一连向苍天提出了172个问题，内容涉及宇宙、自然、文学、哲学、人生等重大本源性话题。沧桑巨变、岁月流逝，其中的许多问题迄今仍然昭示着巨大的哲学魅力和智慧光芒，成为人类不屈灵魂的千古之问！

沧海风烟，雾雨桑田，历史伴随着光阴更嬗。缅怀流逝的岁月，追忆人类先贤思想、生命的足迹。回首展望几千年人类发展的历史，我敬叹英雄们用自己心血与智慧创造出的一部部气势恢宏的壮美史诗。正是由这些人类的精英，不屈不不扰、上下求索为人类文明的繁荣与发展，进步与振兴，谱写了可歌可泣的不朽篇章。他们是人类进步的先锋！他们传承着人类文明的智慧之火！他们留芳万世，其名不死，生命之意义长远。他们永远是人类文明进步的伟大旗帜！

宇宙之问千年回响，“遂古之初 谁传道之？”

“天行健，君子以自强不息。”

开天劈地，谁为枭雄

传说中，混沌如茫茫黑夜中的原始昏暗与死寂般的沉静里，盘古孤独地生活了一万八千年。有那么一天，他挥动巨斧，向黑暗劈去，新世纪的光亮在幽冥中洞彻了天与地、阴与阳的混沌。

以后，天日高一丈、地日厚一丈、盘古日长一丈。又一个一万八千年的未曾言语，只有萌动的声音拨响清清冷冷的音符，用心中固执燃烧着的精诚之爱去鼗划宇宙洪荒的运转。翘首云天、俯视平原，血肉之躯化为了无限的风月山川，左眼为日、右眼为月、血泪成河、肌骨成尘……从此，大地充满无限生机。

在人类孕育和诞生之初，这位顶天立地、独立苍茫的巨人，即定格成了英雄的原型。从这个古老故事诞生的那一天起，文明即隐含和规设了这样一种悲壮的痛苦：未凿混沌，黑暗中的盘古是一个孤独无傍的自我。这是一种命运，这是一个悲壮的预言！

“古来圣贤皆寂寞”，这是千古不绝的悲音！

如果人有生而平等的东西，那么孤独就是其中的一种。逃避孤独是大众的选择！

（一）宇宙、自然的根本

万经之首、群经之王的《易经》说：“万物生于有，有生于无”，“无极生太极，太极生两仪，两仪生四象，四象生八卦”。

《易经》认为，天体运动、宇宙变化、四季循环、昼夜更替、生命传递、人体结构、时空观念、社会变迁等一切事物的变化，从外象到实质，无一不是螺旋往复循环运动着的。

从宏观上讲，整个宇宙是一个深广无穷的太极八卦图象，此象中阴阳既分明而又阳中有阴(真阴)，阴中有阳(真阳)，反映在视觉上就出现了白天，黑夜(白为阳，黑为阴)。以天、地、水、火、风、雷、山、泽为代表的八卦图示，精练又直观地展示出了整个宇宙全部的运行规律。

宇宙八卦图像始终处于运动状态之中，由它的运动就形成了千变万化的气候现象以及其他一些奇特自然景观。宇宙八卦的运动具有周期性，又有非周期性，这就反映出有些自然现象呈周期性出现，而另一些现象则无规律可循。

《易经》思想体系结构严整、伟岸而精湛。它包含着“简易、变易、不易”三个根本的道理。天地世间，万物众生，俱源于大道。大道遵循着简单、容易的规律运动、变化、发展着。

孔子详细注释了简易的重要性：“乾以易知，坤以简能。易则易知，简则易从。易知则有亲，易从则有功。有亲则可久，有功则可大，可久则贤人之德，可大则贤人之业。”只有简单、容易的道理，百姓才容易理解和遵从。易学易用的道理，才能得到人民的拥护，才能广泛流传。将宇宙间的现象与人事，归而纳之为极简单的必然之理，称为简易。

几条简单容易的道理，怎么能够阐述天地万物呢？关键在于变易(运动、变化、发展)。这就是为什么“有”分成了太极、两仪、四象、八卦几个层次，为什么《易经》的六十四卦要由八卦正交组合而成的原因。事实上，无极所生的太极，虽为一体，但已内含阴阳，且阴中有阳，阳中有阴。变化从一开始就已经产生，是本源的，不可避免的。《易经》是否定从天而降的突变，因为一切突变的事情，实际上，内部的变化早已孕育着。在《易经》中，爻和卦的排列、组合和次序有很多变化。“爻也者，效天下之动者也。”特别是，六十四卦以乾卦始，以未济卦终，其含义是“物不可穷也，故受之以未济终焉”。暗喻了变化可以循环往复，永无止境的道理。

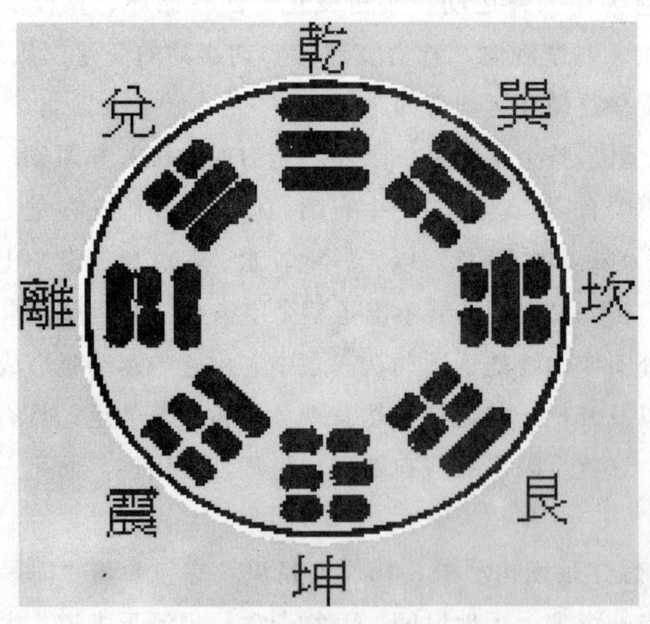

图 1–2——八卦图

尽管变易无穷，《易经》还有不易之理。孔子解释道：“易穷则变，变则通，通则久。”因此，变化本身是永恒不变的；“万物生于有，有生于无”的道理是不变的；从无极到太极、到两仪、到四象、到八卦、到六十四卦、到《易经》的生长规律是不变的。这就是根本的道理，西方称为上帝，佛教称为佛，老子无以名之称其为道。不论其名如何，其所代表的是不变的本体规律。从体用人生的角度上讲“不易”还意味着对大道、对事业的追求要执着、坚忍，遇见困难不轻易放弃。《易经》“天行健，君子以自强不息。…… 安贞，吉……立心勿恒，凶。”说的就是这个道理。见群龙无首，吉(无秩无序的秩序，是最好的秩序)和利用贞(永不改变的规律)，是整个64卦体系结构的太极点，是《易经》体系的龙眼所在。

伏羲创立“先天八卦”、周文王演“后天八卦图”、据传说孔子又制“中天八卦图”，从而完成了八卦天、地、人的三种卦象规定。

“一阴一阳谓之道”，阴阳的对立统一是宇宙的总规律。“立天之道曰阴与阳，立地之道曰柔与刚，立人之道曰仁与义”。每一事物的运动、变化、发展都包含了三才之道(即阴阳、刚柔、仁义等规律)，是它们的有机统一体。“易一物而合三才，天人合一，阴阳其气，刚柔其形，仁义其性。”(《横渠易说》卷三)。

长久的审视发现，《易经》最大的贡献是阐明了“万物生于有，有生于无”的道理。指明了世界上万事万物运动、变化、发展的根本规律以及宇宙万物生成的原理。此处，从“无”到“有”的第一个“有”(太极)包含着从太极、两仪、四象到八卦的丰富的内容，并不仅仅只是太极一点。

天地万物都是从“道”—“无”—“有”(太极)化生而来的。“道”是天地万物产生的本原。太极是一种阴、阳未分的原始的混沌状态，就是宇宙这个整体，就是世界的本源。宇宙最初是浑然一体的元气，它是世界的开始，万物的根基。物质世界的一切生成变化都以此为源头。

《老子》第一章：“道可道，非常道。名可名，非常名。无名天地之始；有名万物之母。故常无，欲以观其妙；常有，欲以观其徼。此两者，同出而异名，同谓之玄。玄之又玄，众妙之门。”《易经》、八卦、《道德经》所体现出来的整体观、系统观、和谐观、变易观及阴阳的对立统一、相反相成的思想是几千年悠悠中华文化思想的总根源和实践行为的总指南(图 1-3)。

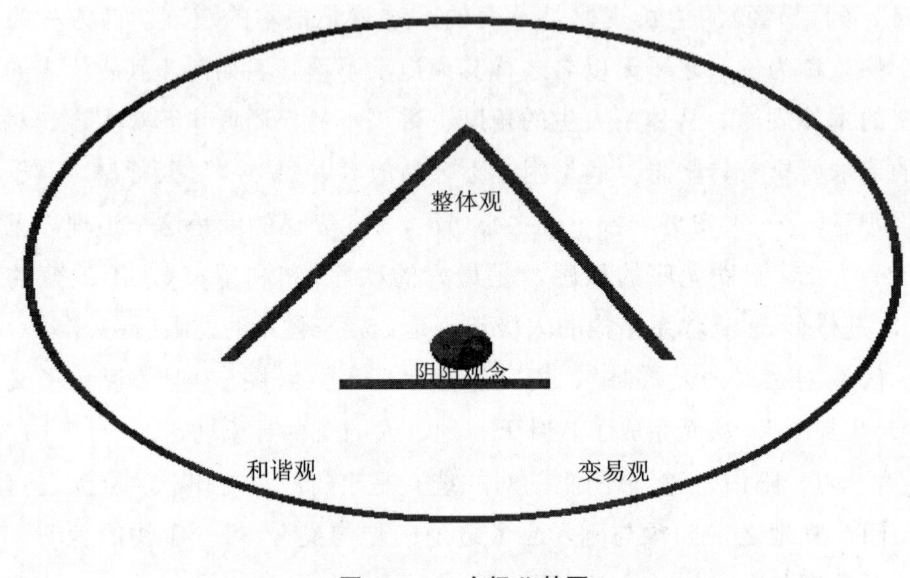

图 1-3 太极八卦图

(二) 穷终尽极之世界本源

1.东方哲学：思想混沌——阴阳运动

《易经》说："一阴一阳谓之道"。老子说："万物负阴而抱阳"。宇宙是一个阴阳两种力量的统一体。如果把阴阳看作矛盾，那么，矛盾的统一就是道。"道"是宇宙的根本原理和总规律。宇宙万物，内部都存在着阴阳对立而又密不可分的两种力量永恒不断地相互作用着。

《老子》第二十一章："孔德之容，惟道是从。道之为物，惟恍惟惚。惚兮恍兮，其中有象；恍兮惚兮，其中有物。窈兮冥兮，其中有精；其精甚真，其中有信。"混沌的秩序("道")永不改变，遵循着"简易、变易、不易"的规律、循环往复、螺旋运动着。道是宇宙之本、万象之律！

从另外一个角度地看，易学包含着理、象、数三种要素。理——是以哲学的方式，解释宇宙间的万事万理；象(形)——是以形态的方式，解释宇宙间事物的现象；数——宇宙每一个呈现都有数量在其中，而象、数都是属于现代科学的范畴，绝非玄而又玄的虚无。

早在几千年前，我们的先哲就指出宇宙万物是处于浑然一体的混沌。世界上第一个登上航天飞机，遨游太空的华人王赣骏博士，就是戴着象征地球文明的太极图臂章飞向太空的(图 1-4)。

图 1-4 太极八卦图

2.西方哲学：思想精确——分形运用

精确地描绘物质世界是自然科学最大的目的之一。但 20 世纪物理学的成就，却证明了这一目的的不可企及。海森堡对此精确地加以描述，分析十分深刻。从整体上看，电子携带的信息有限，电子的速度和位置在量子容限的制约下互容相让。海森堡把这一观点称作“测不准原理”。这个思想非常深刻：它不仅是 20 世纪的，而且是整个科学史上的伟大科学思想之一。

“测不准原理”认为，没有一种过程，不仅仅是原子运动的过程，可以确凿无误地加以描述——即容限等于零。这一原理的深刻之处在于，容限的量度就是马克斯•普朗克所说的量子。在原子世界中，不确定的区域总是由量子划定。

“测不准原理”的全部目的就是要最终确定所有的知识都是有限的。科学是知识的一种富于人性的形式。人类总是处于已知事物的前沿，总是企求所希望的事物。科学中的每一个判断都富于个性，都濒临失误。人类不得不为绝对知识和绝对权力而袪除自己的奢望。科学不断进步，成为人类文明历程最为成功的事业。科学使人们懂得，人与自然、人与人之间的信息交流只能发生在一定的容限之内。其次，人类的全部知识、全部信息只能在容限作用的范围内进行交流。无论是在科学研究中，还是在文学、宗教、政治以及任何一种追求某种信仰的思想中，都是如此。

“上帝已经死亡!”尼采无情的宣告，让在理性至上的时代里，精神的危机彻底暴露。失去了曾经作为信仰的终极，人类精神世界的领空乌云密布，人类的精神面临着流离失所的境地。寻找精神村落的途中再也没有了路标。绝大部分人，选择了现实的欲望作为信仰的替代品。只有极少部分人，仍然义无返顾、死心塌地地前行在寻找心灵、智慧、生命、宇宙终极归属的艰难苦旅上……这是人类心智艰难的寻求之路，也是人类伟大心灵谱写的一曲赞歌。

3. 混沌、分形的基本原理

20 世纪 40 年代的天空，有两个声嘶力竭的呼喊在天地之间弥漫：“确定性已经终结”，“上帝不掷骰子”。这是人类几千年文明思想惊心动魄的呐喊，这是人类几千年智慧不甘屈服的悲歌……

1) 混沌、分形与哲学

混沌(chaos)、分形(Fractal)和孤子(soliton)是非线性科学(nonlinear science)中最重要的三个概念。非线性产生于反馈、散逸以及相互作用下简单比例关系的破坏。

20 世纪六七十年代，以混沌理论为代表的新的科学研究的世界观和方法论在美国逐渐兴起。混沌理论认为无序性和混沌状况是宇宙事物的根本特征，认为有序性不过是无序性本质的外在表现。

分形的特征是：客观自然界中许多事物具有自相似的层次结构(图1-5)，局部与整体在形态、功能、信息、时间、空间等方面具有统计意义上的相似性，成为自相似性，在理想情况下，甚至具有无穷层次。这种自相似的层次结构，适当的放大或缩小几何尺寸，整个结构不变。并且其相似结构的系统之间的最佳关系为斐波那契(Fibonacci)等黄金比率数列。而分形图案的复杂性来自无穷层次局部与整体的自相似的简单数学关系的反复迭代。例如，一块磁铁中的每一部分都像整体一样具有南北两极，不断分割下去，每一部分都具有和整体磁铁相同的磁场。

《道德经》:“道生一，一生二，二生三，三生万物。” 表达的是一种朴素的宇宙生成论，其中已经蕴涵着最古老的分形思想！

图 1-5 美丽的分形几何艺术图形

2）混沌是本质，分形是方法

有了分形的方法，用简单而少量的规则就可以生成出最复杂的结构。相反，事物在运动、变化、发展的过程中也大量使用着分形迭代机制。

近几十年来，分岔、突变、混沌、耗散结构、分形（分数维）、协同学和细胞自动机等新学科掀起了一场汹涌澎湃的激浪，就其威力、创造性及波及面而言，是古往今来所罕见的。这些新的思想彻底批判了西方几千年来形成的以有序性为宇宙根本特征的认识。这是西方科学思想史上的一场真正革命。

“上帝已经死亡。”“确定性已经终结！”

4.东西合璧道一相生：思想混沌和方法混沌的和谐统一

东方的思想是在宇宙、世界总体混沌的前提下，反观具体事物的混沌属性。务虚而深刻的本质特征尤其明显。也就是由总体哲学思想方法上的混沌、统一、和谐指导人们对世界、对人生、对心灵进行认识和把握。而西方则是先有对具体事物混沌非线性的具体认识，反作用于原本哲学思想方法上的精确、秩序的总体认识。

东方总体思想方法务虚而深刻，西方总体思想方法务实而成功，两者的缺陷都是明显的。只有把东方哲学总体思想方法上的混沌与西方对具体事物的混沌、分形等非线性方法结合，才能达到真正意义上的深刻和成功。这也才是人类知识和把握世界真正最理想、最和谐的完美境界。

换句话说，必须以东方哲学的混沌思想为指南，指导西方混沌分形的方法才能从根本上摆脱西方总体哲学上那种定量、精确的思维框架，同时也能很好地弥补东方具体科学方法上务虚、玄奥而“深刻”的不足。以此，彻底摆脱西方哲学思想上和东方方法手段上的局限性。真正达到宇宙和谐、天道合一、阴阳互补（虚为阴、实为阳）的大乘境界。

（三）人与世界的关系

1.有限度客观认识世界

“道生无、无生有、有生万物”。世界是有根本规律和根本秩序的。人类受自身因素的制约只能有限度地认识和利用局部的规律。或者说，人类只能在特定的时空背景中了解世界局部的客观规律。

这是一切实践活动取得成功的根本前提。在这一哲学前提之下，具体到金融市场，根据对股票市场运动的三大经典理论：道氏理论、波浪理论和江恩理论的哲学提炼并进行客观化、定量化、保护化的实战限定，即构成了我们专业投资哲学体系的大致理论框架。即以模糊、定性、混沌的东方思想为哲学内涵，辅以西方科学定量、精确以及混沌、分形技术手段的专业实战投资体系。

从专业实战思想原则上，我们不企图，也没有能力去把握金融市场的全部规律(包括已经被认识到和未被人类智慧认识到的)。有所为，有所不为！

2.有条件限定实战操作

《易经》揭示了万事万物运动、变化、发展的规律。具体在金融市场中的表现就是市场运动遵循阴阳转化、涨跌轮换的基本法则。这个法则包容着西方道氏理论的哲学核心。

在此基础上，我们结合道氏理论三个级别的运动，形成以30日、周、月等均线为坐标表述的“寻宝图”，并辅以多周期、多要素和谐共振进行周密确认、科学规划。

在实战操作时，我们首先进行客观化、定量化、科学化、保护化限定，在此限定范围内，根据个人性格进行个性化、精确化的科学操作和艺术化管理。

这种投资思想体现着对风险控制的透彻理解，符合这种哲学原则的操作其风险已在很大程度上得到锁定，而利润的获得则可以根据投资者的个人风格采取不同的实战操作方式进行逐步积累(摘自王宁成都研修班学习总结哲学部分)。

3.天人合一、和谐共振

相对于人类的智慧来说，世界总体是混沌的，不可能被完全认识的。穷终尽极是个永恒的梦幻。

《金刚经》中说："凡所有相，皆是虚妄，若见诸相非相，皆是如来，"意思是只有你具备了透过现象看本质的能力时，才有可能把握规律，把握真理。

"道之尊，德之贵，莫之命而常自然。"说的是人们在有限条件下尽情享受生活的快乐哲学。

而我们则认为，市场即不是传统经典理论认为的完全可认识，也不是随机理论认为的全部不可以认识。正确的观点是市场在特定的时空条件下是可以被认识和把握的，也就是说市场部分可认识，部分不可被认识。只有真正理解了这一点，投资者才会客观对待成功和失败，才永远不会产生预测派想成为神的无知妄想。

"道无终始，物有死生"风霜雨雪、四季循环，《齐物论》中说："死生无变于己，而况利害之端乎?"庄周与蝴蝶合而为一，乃至整个世界也与蝴蝶合而为一。这就是所谓的"物化"，即物的交合化一。不论是庄周梦成了蝴蝶，还是蝴蝶梦成了庄周。反正是因为"物化"，才达到了弃知而忘物，去形而忘己，舍死而忘生的境界。这也就超越了当下事物有限时空的限制，使一事一物变为无穷，使须臾瞬间化作永恒，最终达到天人合一的无上境界。所以，庄周才"栩栩然"而"自喻适志"。这是一种自由的展现。既如此，物我何必挂心，死生何足挂齿，不用羡慕过去，不必期望来生，当下就是无穷和永恒。与市场和谐共振，物我两忘!

"总有一天，有一扇门肯定会开启，显露出这个世界的闪闪发光的中心机制，既质朴，又优美。"——约翰·惠勒

"原天地之美，而达万物之理。"——庄子

4.定性与定量，模糊与精确

由于市场总体的不可认识，因而定量地对市场全局进行分析和描述就成为绝对的不可能。任何投资分析理论都必然带有模糊的主观随意色彩。对于这种自然根本性模糊的描述，经典的传统数学工具也绝对难以胜任，未来的变化还有待于慢慢的观察。这一问题的研究工作，目前属于世界最尖端课题。然而，在实战投资操作行为展开时又绝对不允许模糊和主观随意。这就是投资分析研判理论与实战投资操作理论和谐统一的两难问题。几百年来，各国都有许多伟大的投资家非常痛苦地挣扎其中，心智倍受两者背离的煎熬。

我们采取的方式是承认自己在某些时候的无能，放弃对认识全部市场规律的幻想。只将能够被我们认识、把握和定量描述的市场部分作为我们投资活动展开的实战基础。心平气和、坦然地放弃不确定和无把握的市场机会，以确保我们的投资活动处于完全可以被自己控制的范畴之中。

因此，我们的实战操作必须建立在完全客观、定量化的基础之上。我们只赚属于我们自己的，可以稳定获利的市场机会的钱。我们追求的是一种必然的成功而绝非偶然的运气。同时，实战买卖操作信号必须定量、客观化是我们对操作系统评价和衡量的最为重要的标准。

二、股市兵法

世界的本质是永恒的运动。世界的运动、发展、变化遵循着混沌、阴阳循环、螺旋往复的根本规律。股票市场是运动的。它也绝不例外地遵循着世界的根本运动规律。

下面我们用衍生于《易经》思想的“寻宝图” 从运动学的角度来对变化无穷的股票市场进行客观、定量、系统的研究和描述。

（一）股市运动的描述——寻宝图

波涛汹涌、千变万化的股市现象中，唯一不变的是股票的运动规律。股票市场的运动永恒地遵循着阴阳转化、涨跌轮换的基本法则。

股票市场是由具备稀缺性属性的商品——筹码、资金、时间和人类心灵意志构成的一种特殊运动。它是实体经济、虚拟经济、人类心智运动的高级形式。

1.参照系的确立

1）道一相生——荣枯循环

《筋经内丹功》的口诀：“阴阳者，天地之道也，万物之纲纪，变化之父母，生杀本始，神明之府也。治病必求于本。故阴阳四时者万物之始终也，死生之本也，逆之则灾害生，从之则苛疾不起，是谓得道，道之大敌，天地相邻，阴阳配合，而生成之道存乎其中，故五行之化无乎不在”。

阴阳鱼太极图(图 1-6)是我们中华民族智慧的象征，其内涵深奥，丰富而神秘。称为万物太极本源图。之所以称为太极，是言太者，极大也；

极是最高最远，至尽而无余。太极是说明宇宙广阔无垠，是万物发生发展变化的根基，故朱熹说："总天地万物之理便是太极。"

图 1-6　阴阳鱼太极图

阴阳鱼呈圆形，象征事物的永恒、循环式的运动状态，也象征人的生命起源。圆周内分左右两部分：左侧为白鱼，头向上属阳；右侧为黑鱼，头向下属阴。这一设计也表达了中国传统文化。古人认为左侧为东方，是阳气升起的地方，右侧为西方，是阳气下降的道路，同时在上的阳需下降，在下的阴需上升，阴升阳降，运动不息。白鱼和黑鱼之间由一条反"S"形曲线分开，这说明事物的阴阳双方并不是截然以直线的方式分开的，而是彼此相互依赖、相互为用的。同时也指出事物是负阴抱阳，任何一方均不能脱离另一方而单独存在，事物的阴阳双方既对立又统一，彼此协调和谐而又相互制约，共同维持事物阴阳双方的动态平衡。

对于寻宝图(图 1-7)的运用必须要能执简驭繁。30 单位线仅仅是形，各阶段循环位置反复转换才是意。我们这里所说的"位置"并不仅仅是价格要素的函数，它包含着价格、时间、量能、结构、人等市场的本质要素！用“图说”仅仅只是手段，万万不能拘泥，一旦知其要旨，就可以彻底抛弃，得意忘形。

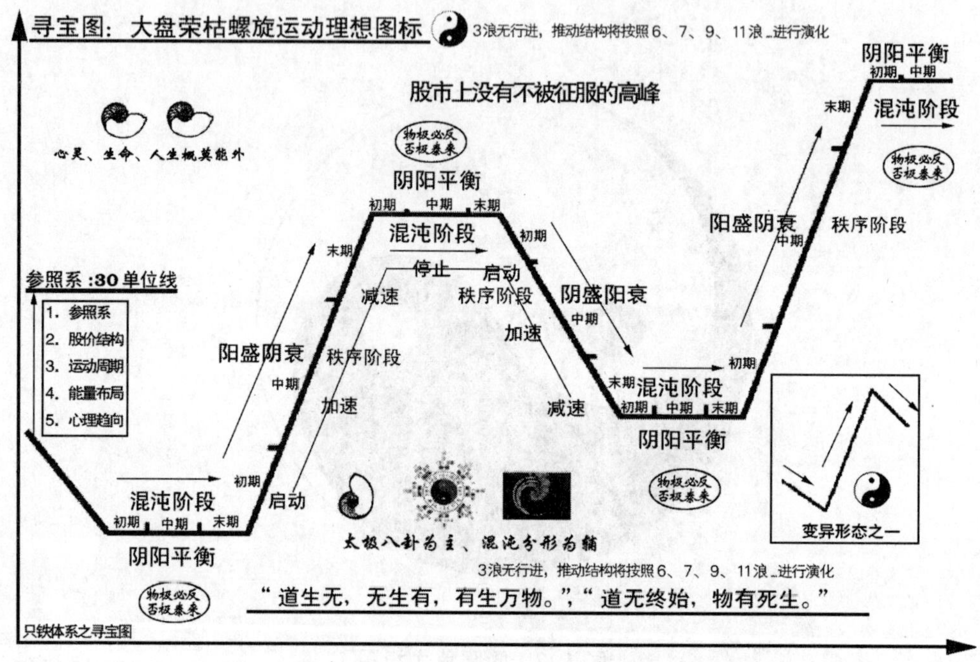

图 1-7 道一相生——荣枯循环

标志性技术信号出现时，几大要素达到和谐境地，则做多或做空的最佳位置出现，市场出现最明确的涨跌趋势，资金管理按照该信号出现的级别大小，实战中需要艺术性地进行部署；一旦几大要素中出现不和谐情况，则相应地调整资金管理的结构或作战时间的周期，从而达到最大限度获利避险的目的。

在具体的实战操作中，我们用分形来把握各个运动循环阶段量变结束拐点的标志性技术信号。而标志性技术信号必须满足我们框定的条件。这个标志性技术信号的反复出现、反复相似，就是分形的本来含义。中国古代早就有混沌分形的概念和具体应用了，它们并不神秘！

天道，反映的是宇宙间万事万物不断发展变化的规律，阴阳互补是其主要特征。如日月升落、四季循环、昼夜交替等，八卦图是它的有机模拟和高度概括。地道，反映的是地面万事万物之间相互依存(克制、促进)的规律，刚柔相应是其主要特征。如江河奔流、生态平衡等。人道，反映的是人与自然界的体用规律，就整体而言人类为体，自然界为用，就个体而言上长辈为体晚辈为用，仁义互根是其主要特征。易学中“梅花易数”体用之分析，是对它的简明探索。

寻宝图蕴涵着天地万物最深的道理。按照寻宝图的轨迹运动，心灵、生命、人生概莫能外！此图囊括了一切！

2）混沌、秩序——线性、非线性

《道德经》第二十五章是这样描述的：“有物混成，先天地生。寂兮寥兮，独立而不改，周行而不殆，可以为天下母。吾不知其名，强字之曰道，强为之曰大。大曰逝，逝曰远，远曰反，故道大，天大，地大，人亦大。域中有四大，而人居其一焉。人法地，地法天，天法道，道法自然”。

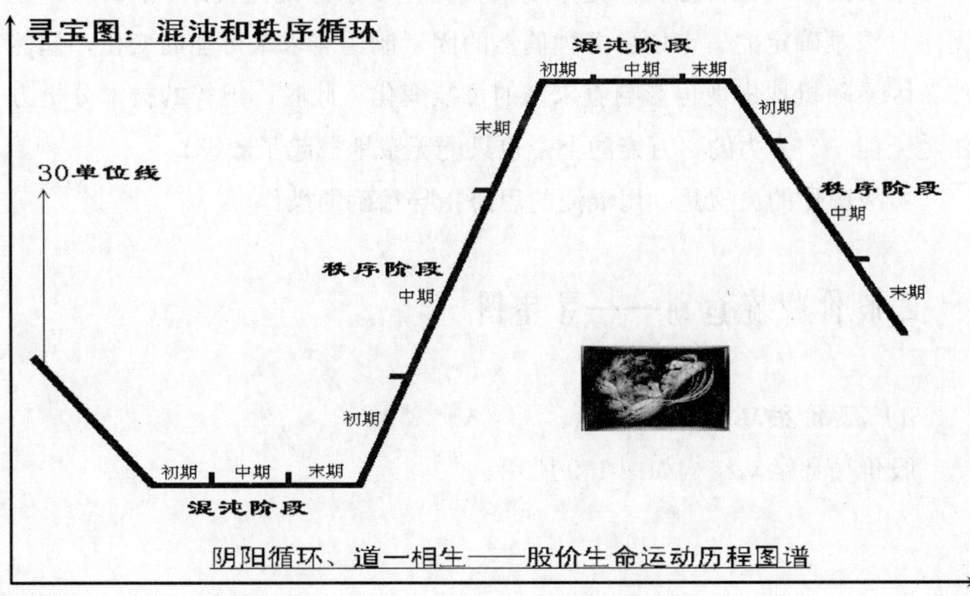

图 1-8　混沌秩序——线性、非线性

赫西俄德的《神谱》(Theogonia)中说，宇宙最古老的神是“混沌”(开俄思)。开俄思生下了黑暗(俄瑞伯斯)和夜晚(尼可特)。俄瑞伯斯和尼可特因爱而融合，生下了光亮和白昼……直到宙斯即位后才有了秩序、限度……混沌相当于自然的本无。混沌生下黑暗和夜晚，此时自然仍然是奥秘，而没有显现，之后，产生了光亮和白昼，自然才具有了显现的基础……

关于混沌我们认为应该着重学习的是“混沌”的思想，而不是仅仅拘泥于“混沌”的方法去图个热闹、赶个时髦。

关于市场我们认为既是线性的，也是非线性的；线性的部分是有秩序的，非线性的部分是混沌的；市场是由有秩序走向混沌又从混沌演变为秩序的螺旋往复的循环过程。市场是在有秩序与混沌的不断转化中运动、变化、发展着的。

市场的线性特征指的是市场的变化是一种简单的因果关系，是有规可循的。在这个时候，我们可以用技术分析的方法分析市场并把握其变化的规律。

市场的非线性特征指的是市场的变化是复杂的混沌关系(图 1-8)，是无序且很难确定的。市场由多种偶然的因素制约着未来可能的变化，偶然的新因素随机地出现也影响着未来的可能变化。此时，纯粹的技术分析方法是无能　为力的。万能的上帝也只能无奈地掷起了骰子！

实战操作的灵魂是：用混沌的思想指导精确的操作。

2.股价螺旋运动——寻宝图

1）股价循环运动结构

股价循环运动结构如图 1-9 所示。

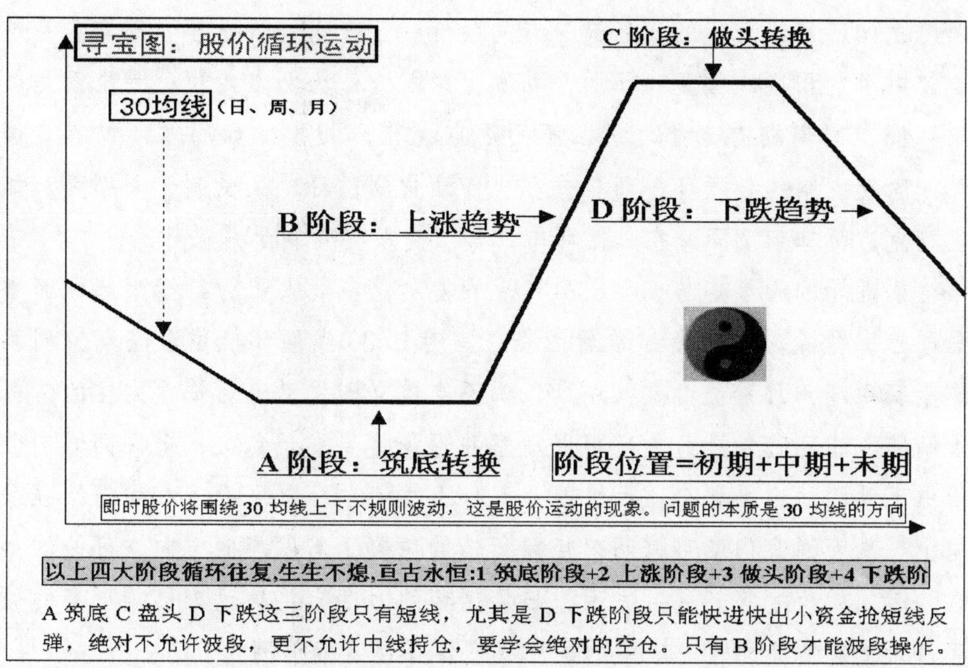

图 1–9 股价循环运动结构寻宝图——执简驭繁，得意忘形

2）执简驭繁，得意忘形

本段借马俊的文章来表述。

对只铁老师30均线“得意忘形”的顿悟，并感谢梁艳芬同学的启发。

2000年8月15日(周四)看到梁艳芬同学的帖子，突受启发，见到大帅的点评的“得意忘形”，有顿悟之感。

寻宝图揭示的是股价运行的内在实质，由高到低、由低到高、涨跌互换、牛熊交替循环复始的规律，即由生至死，由死及生的自然定律，阴阳法则。春夏秋冬、日月更替，阴阳互转。无生有，有生太极，太极生两仪，两仪生四象，衍八卦，衍生不息，千变万化。在股价上，演变历程形态各异，组合万千，变化莫测，魅力无穷，实是阴阳互替。然追根溯源，唯循天道。大道若简，以心度之。

老师画了一个寻宝图，是平面的，而实质上老师要告诉我们的，却远非用立体就可以表述的。任何一点的股价一旦产生，同时在各周期各系统中都有了它相应的位置和作用，并发生影响，此为一点定位；寻宝图是个循环图，同周期有大小之别，不同周期有相容相生，如周循环包容日循环，激发或制约日循环，而日循环生而演化周循环，又受制于周循环，相生相克；而二者又同处在月循环中，其演变多要受制于月循环。

如近期的大盘走势，“6.24”行情喷发，多数人认为行情大起，而事与愿违，排除其他因素，单看图表，当时日30线循环低位盘底期，周系统盘底中期，月系统盘整初中期，都不支持立即发动大行情，内在的牵引压制使股指回落，至此大家可以理解并预测将要发生什么，也许同学们会得出下跌的结论，那么让我们看看更高的循环——季循环，30线继续强劲向上！从而，我们就可以明确目前行情的位置，其发展的方向，可能的形态，时间的跨度等。另一方面，日周循环的力度也将反过来影响更高的循环，天道有常亦无常。庆幸的是，我们站在巨人的肩膀上！

望远之后而窥细，分时系统，即时系统道理相通。望远可定心性，此为“看”，窥细可明智，此为“做”，道通实质！“知行合一”，可以借此在技术上保证。

深刻理解多周期、多要素系统循环的演化关系，并借此指导自己的认识和操作。多周期、多要素系统，他们是相生相克，互助互制的。如月循环盘底末期或上升初期，周循环上升初期，而日30线却已是上升末期或是下跌中，如600057st厦新2002年5～6月的演变，这时我们可以这样判断：月上升，长线向上，安全；周上升初期，中线向上，安全，同时注意到是初期，会有反复，回抽；日30线下行，是因为周30线的牵引回落，日系统的获利回吐或受阻，此时是上升途中的调整，而不是反转，但我们应清醒地认识到，此时并不是介入的最佳时机，等待才是选择。调整的时间和空间，因股而异，牵涉到更多方面……

又如，月循环上升初期，周盘整期，日上升初期，日30线虽健康向上，但受更高循环的周循环的限制(盘整期一切为了筑底)而回落，如000009深宝安2002年2～6月的演变，000029深深房类似，例子很多，有兴趣自己多看看。

由此我们可以根据各阶段的性质特点判断行情的发展方向，可能的形态，时间的跨度，配合指标系统、量能、资金面、政策面、消息面、大盘背景等，作出最佳选择，板块的龙头亦不难选择。

老师说过市场背景的重要，“个股不敌大盘”，大盘本身的循环阶段(包含各周期)对个股的发展演变同样影响巨大(大盘向好是市场最大的获利机会)。

影响演变的因素很多，30线多周期的相生相克，30线的牵制作用，大盘背景的影响，还有老师所说的四大要素(价，时，量，人)，及图表以外的因素，复杂多变，深奥啊！这也正是股市的魅力所在！

老师提示我们“得意忘形”，是提醒我们不要拘泥于30线的精细形态，被30线所限制而困惑执迷，30线是老师量化循环理论的工具，反映到k线图上，30线有时并没有完整的演化过程，即下跌—盘底—上升，而是出现了变化下跌—上升，拘泥于此，而丧失了大好机会。佛家有位禅师，不识一字，有人鄙视之“不识字何懂禅”，禅师抬手指明月，问“何物?”答“明月”，禅师又问，“无吾手指之，汝不识月乎?”

寻宝图的循环理论不仅体现在均线系统，指标系统也相通。老师指出了kdj指标，高低位的互换，循环不息。更重要的是与30线的配合，相互影响，多周期的共振尤为重要！

更多的思考，四大要素(价、量、时、人)，30线，KDJ都是价格上的研究，寻宝图也可大致预测，还有江恩预测，那么量呢?

3）股价生命运动循环历程

从某种意义上看，人生几乎是一首四季循环的诗（图1-10）。它有韵律和节奏，也有生长和腐蚀的内在规律。人生在这个世界上，开始是天真无邪的童稚时期，嗣后不知不觉中走向粗壮的青春期，企图去适应成熟的社会，带着青年人的热情、梦想和雄心，走进成年。随着经验积累，阅历增多，渐渐有了成熟的世界观，懂得了宽容和圆滑，在近乎玩世中保持着理智的清醒和现实主义，那便是中年人的心境。殆至老年，血气渐衰，而思想更为老成圆熟，此时的生活哲学像一杯陈年老酒，余味悠长，醇厚、苦涩、和平、稳定、闲适、知足构成一道夕阳西照下老年人精神世界中的斑驳色彩。最后生命火花闪灭，长眠在另一个世界中。

人生四季歌的主旋律始终是苦与乐的交响变奏。青年人乐多于苦，那是喜剧的人生；中年人苦乐参半，在苦的跑道上追逐乐的结局，那是悲剧人生；老年人苦多于乐，却能在苦中玩味出乐的滋味，带着喜剧心态观看人生悲剧，那是哲学的人生。

春蚕先食桑，而后吐丝；先成茧，而后化蝶。痛苦，乃自由的必经之路。生、老、病、死是生命的永恒规律，股价的运动亦然！

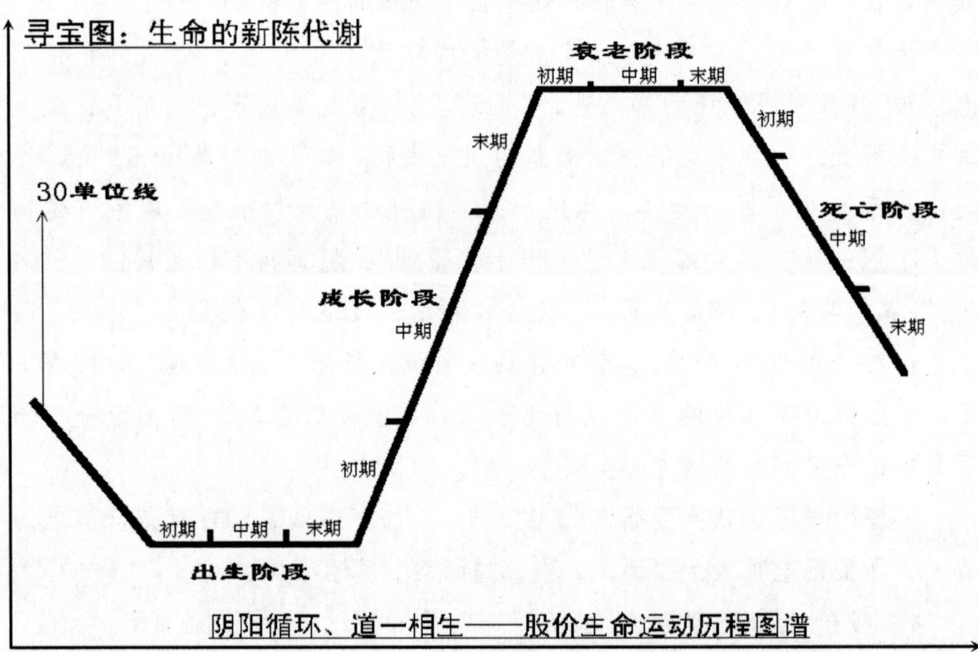

图 1-10 生命运动——新陈代谢

“未经审察的人生没有价值”，个体生命的哲学问题简单的说就是对生死道理的想明白和活成怎样一个自己。基于人生境遇和社会现实感慨而产生的探索哲学的动机也许是一个人深刻的开始，先生剖析得精辟：深刻≠成功，无论西方哲学的务实底蕴还是东方哲学的宦海沉浮，人生哲学解决的都是入世—出世—入世的人的心灵历程中的问题，心灵历程须凭实实在在的行动去走完！那就是对选定的现实目标执着实现！“凡间仙、世中佛、无律度的孔子”这才是人(至少是我)渴望达到的存在状态。也用这话对照只铁先生，不敢说这就是先生，却也是我心目中的这类人了(上面这段文字选摘自“只铁股票实战初级军校”黄睿同学的文章)。

宇宙真理和生命意义的个体寻求和现实外化是不分东西南北的，好的统统都拿来。笑面人生、快乐股市！——只铁点评

3.股市周期循环论

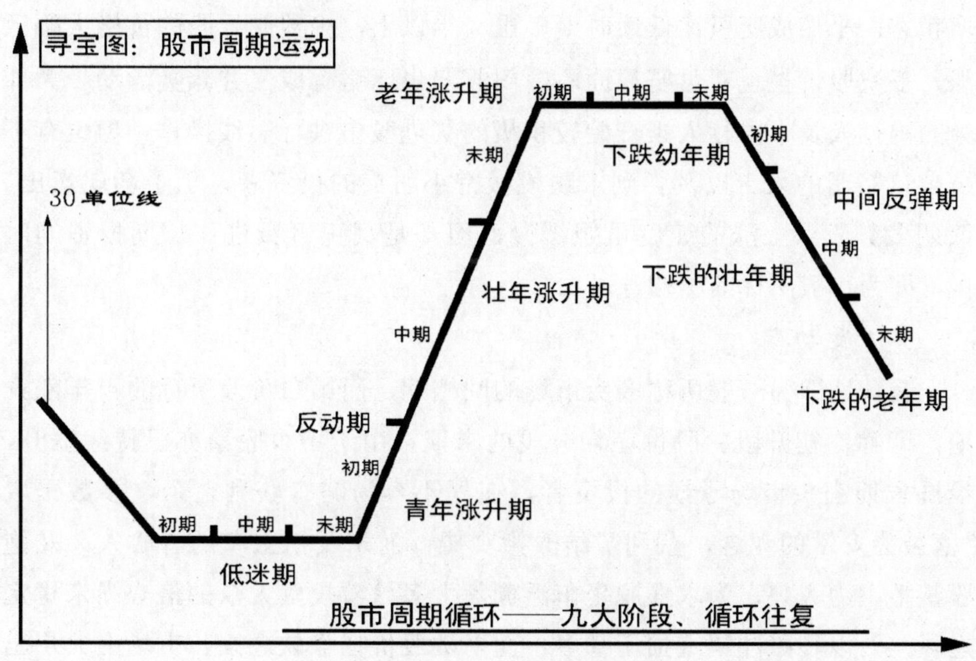

图 1-11 股市周期循环

1）低迷期

行情持续屡创低价，此时投资意愿甚低，一般市场人士对于远景大多

持悲观的看法，不论主力或中散户都是亏损累累。做短线交易不易获利时，部分中散户暂时停止买卖，以待股市反弹时再予低价套现放空；没有耐性的投资人在失望之余，纷纷认赔抛出手中的股票，退出市场观望。低迷期为真正具有实力的大户默默进货的时候，少数较具长期投资眼光的精明投资者多在此时按计划买入。该期盘旋整理的时间越久，表示筹码换手的整理越彻底，而此期的成交量往往最低。

2）青年涨升期

此时的景气尚未好转，但由于前段低迷期的长期盘跌已久，股价大多已经跌至不合理的低价，市场浮股亦已大为减少，在此时买进的人因成本极低再跌有限，大多不轻易卖出，而高价套牢未卖的人，因亏损已多，也不再追价求售，市场卖压大为减轻。此时的成交量大多呈现着不规则的递增状态，平均成交量比低迷时期多出一半以上，少数领导股的价格大幅上涨，多数股价呈现着盘坚局面，冷门股票也已略有成交并蠢蠢欲动。大部分的内行人及半内行人士开始较积极的买进股票进行短线操作，但也有不少自认精明的人士以及尝到末跌段做空小甜头的投资者，仍予套现卖出。该期多数股票上涨的速度虽嫌缓慢，但却是真正可买进作长期投资的时候，即为一般所称的“初升段”。

3）反动期

反动期即为一般所称多头市场的回档期，而第二阶段所称的青年涨升期，即称作初升段。股价在初升段的末期，由于不少股票亦已持续涨升，经过长期空头市场亏损的投资者，在好不容易略有获利之余，多数采取“落袋为安”的观念，获利了结改为观望；而未及搭上车的有心人，及抱股甚多主力大户，为求摆脱坐车浮额，大多趁着投资大众的信心尚未稳定之际，乃以转账冲销或掼压甚多，而多数股价在盘软之余，市场上大户出货的传言特别多，此时空头又再呈活跃，但股价下跌至某一程度时，即让人有着跌不下去的感觉。反动期是大户真正进货的时期，也是真正买卖股票的精明投资人，所乐于大量介入投资的时期，但该期真正到来时，中散户的两手大多空空，甚至有少数在低迷期尝到作空小甜头的散户们。

4）壮年涨升期

壮年涨升期即为一般所称的“主升段”，由于景气亦已步入繁荣阶段，发行公司有盈余大增。此时大户手上的股票特别多，市场的浮动筹码已大量地减少，有心人利用各种利多消息将股价持续拉高，甚至于重复的利多消息一再公布，炒冷饭也在所不惜，该期反映在股票市场的是人头攒动到处客满。由于股价节节上涨，不管内行外行，只要买进股票便能获利，做空头的信心已经动摇，并逐渐由空翻多，形成抢购的风潮，而股价会在此种越涨越抢，越抢越涨的循环，甚至形成全面暴涨的局面。市场充满着一片欢笑声，从来不知道股票为何物的外行人，在时常听到“股票赚了多少”的鼓动下，也开始产生兴趣，买进几张试试。该阶段的特性，大多为成交量持续大量的增加，发行公司趁着此时大量增资扩股及推出新股，上涨的股票也逐渐地从强势热门股延伸到冷门股票，冷门股票又逐渐转势而列居于热门榜中，“轮做”的风气特盛，有心大户的动态到处可闻。此期为有心大户操作甚久之后，逐渐获利了结的时期，他们所卖的虽非最高价，但结算获利已不少，精明的投资人也趁此机会了结观望，只有中散户被乐观气氛冲昏了头而越买越多。

5）老年涨升期

老年涨升期即一般所称的末升段。此时景气十分繁荣，发行公司的盈余均为大增，反映在证券市场上的，除了人气一片沸腾之外，新股亦为大量发行，而上涨的股票多为以前少有成交的冷门股，原为热门的股票反而开始有着步履沉重的感觉。该期的成交量常破记录地暴增，暴涨暴跌的现象屡有可见，投资大众手中大多拥有股票，以期待着股价进一步上升，但是股价的涨升却显得步履蹒跚，而反映在成交量上面的，便常有：股价上升但成交量减少，股价下跌，但成交量反而增加。该阶段行情的操作犹如刀口舐血，如果短线操作成功的话会大有斩获，但是一般投资人大多在此阶段惨遭亏损，甚至落得倾家荡产的局面。

6）下跌幼年期

下跌幼年期即为 K 线理论上的渐落期，也称初跌期，由于多数股价都已偏高，欲涨乏力的结果，不少投资人在较难获利之余已开始反省。此时大主力多头均已出货不少，精明的投资人见利渐减少开始出货，套得饱饱的中散户们心里虽然产生犹豫，但还是期望着行情仅是回档，期待着另一段涨升的到来，甚至买进摊平的实例也到处可见，只有冷门股已开始大幅下跌，此为该段行情的重要指标之一。

7）中间反弹期

中间反弹期即称新多头进场或术语上所称的逃命期。该期由于成交量的暴减，再加上部分浮额的赔本抛售，使得多数股价的跌幅已深。高价卖出者和企图摊平高位套牢的多头们相继进场，企图挽回市场的颓势，加上部分短空的补货，使得股价止跌而转向坚挺，但由于反弹后抢高价者已具戒心，再加上部分短线者的获利回吐，使得股价欲涨乏力，于弹升之后又再度滑落。少数精明的投资人纷纷趁此机会将手上的股票卖出以求“逃命”，而部分空头趁此机会介入卖出。

8）下跌壮年期

下跌壮年期一般称为主跌段行情，此时大部分股价的跌幅渐深，利空的消息满天飞，股价下跌的速度甚快，甚至有连续几个停板都卖不掉的。以前套牢持股不卖的人信心也已动摇，成交量逐渐缩小，不少多头于失望之余纷纷卖光股票退出市场，而做多的中散户也已逐渐试着做点小空。

9）下跌老年期

下跌老年期即称末跌段，有以沉衰期称之。此时股价跌幅已深，高价套牢要卖的已经卖光了，未卖的也因赔得太多，而宁愿抱股等待。该阶段的成交量很少是其特色之一，股价的跌幅已经缩小，散户浮空到处可见，多数股票只要一笔买进较多股票的话，便可涨上好几档，但不再有支撑续进的话，不久则又将回跌还原。股市投资大众手上大多已无股票，真正有眼光的投资人及大户们，往往利用此期大量买进。

大结构的周期循环分为上述九大阶段(图 1-11)。实战操作中，只要我们能够客观地将现阶段的行情性质予以分析研判，并与寻宝图明确对应具体属于哪一阶段及其初期、中期、末期的位置，然后再确立做多、做空、长线、短线等操作策略，投资成功的可能便会增加许多。

4.投资心理演化历程

股市投资心理一般按照恐惧和贪婪的相生相克、彼此依存、相互转化的规律，由惯性力量推动着进行如下格局的具体演化，并在寻宝图上可以找到一一对应的关系（图 1-12）。

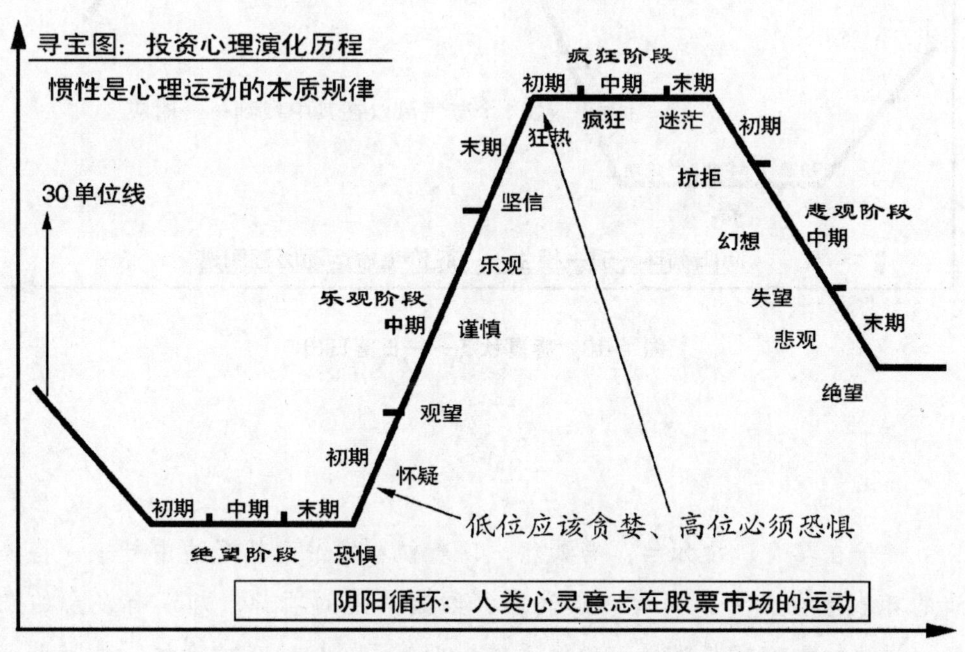

图 1-12　心灵情绪——人生道路

恐惧—怀疑—观望—谨慎—乐观—坚信—狂热—疯狂—迷茫—抗拒—幻想—失望—悲观—绝望—恐惧……生生不息、反复重演。

恐惧、贪婪是人类的本性，本身没有对错之分、善恶之辨的。关键是看恐惧、贪婪是否合乎于天道、地道、人道！

5.岁月更替、日子有功

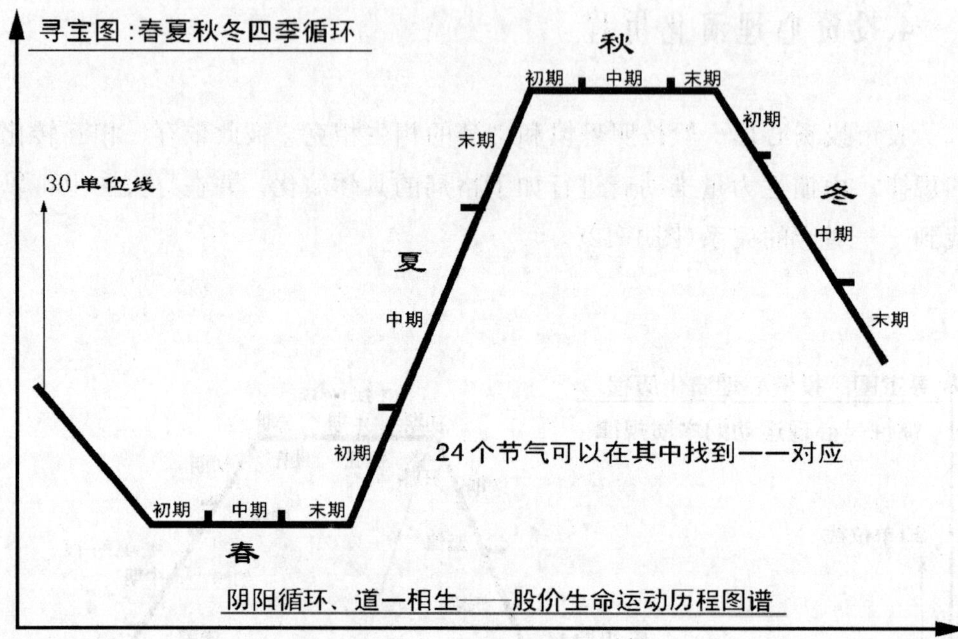

图1-13　春夏秋冬——日落日出

春

种子在孕育，柳如丝，烟如丝，顶着初春的细雨从混沌中赶来，将淡淡的春水漾在云霄，倾泻一点润泽，细数夕阳的项背，却没有多余的杂音。岸边的垂柳挥着略显粗糙的手臂，只为了一份绿色的牵挂，如带着理想和信念在人群中徜徉的行者，这一段无歌的生命是一幅粉笔画，轻轻的一抹就更改了颜色和印记。春风，恰在乍暖还寒时，推醒了枯木，于是鸟儿便站在枯木的嫩芽上呢喃，唤醒了春天。光影流转，炊烟袅袅，孕育的希望恰在百花的香氛里生机冉冉。手握一卷，香茗一盏，静静地伫立，深思于红尘外雪青天碧的世外桃源。

夏

桂花香遍了整个八月，夏天的雀跃，有如窈窕的仙子翩跹而至，亭亭玉立的身姿让人浮想悠悠，她踏香而来，凝脂眉颦，盈水依然，你会否为之动情？为之牵眸？天空点缀的星辰澈澈可数，溢满河池的磬香是那杰出污泥，而灿烂于自然的莲花，剪开了几多涟漪，却是摇曳了多少梦境？倘是你倚栏凝望，忽有纤纤细雨洒洒而来，缓欢而缀，触眉触眼的柔情，便萦怀一路清凉,你可曾采摘一朵莲花，留于梦的窗前。夏恰是一副淡彩的水墨画，雅致而温馨，在这样浓香与清香交织在一起的季节里，无数次的缅怀，那稻田的广袤和天高云淡下的牛羊，绿，可以一直从脚下绵延到天边。

秋

当时针指向落日的时刻，纷飞的落叶把秋的过客一并赶回了南国，却也带来如此妩媚多娇的快乐，枫叶染红了心扉，看着硕果湛满谦恭的笑敂，那红红的樱桃、颔首的稻谷、挂满支架的葡萄、还有那迷醉在收获里的采摘的娇娇，多美的一副农家乐的仕女图。摇枝凝羞旋一笑，长裙裹尽小楚腰。迷了吗？醉了吗？莺语声声的欢笑里你可曾遗失了自己的心在这个季节。春山翠渺，怕是今生缘未了、情未了、心未了。而夏就如一副浓磨重彩的油画，渲染的是绚丽缤纷，勾勒的是收获的喜悦，假如时间可以成为一种定势，我情愿把自已葬送在这个季节，和落叶一起埋于厚实的泥土中，恒古不变，圆一个千年的梦。

冬

生命的行板匆匆而起，在这个银装素裹、分外妖娆的季节，能够存活下来的才是雪中的傲骨，万岭雪漫千山尽孤寂，捻一瓣冰花在手，终于看到了那曾在时空里纠缠的落英缤纷的美丽，数点寒梅迎风怒放， 眸凝处，

思絮随雪花而翩跹起舞，暗香浮动。季节总在春夏秋冬中往返，而生命却在酸甜苦辣中轮回，倘能与心爱之人执手暖炉，细语声声迟暮，欲醉谁还言归路。如可将那份情怀永扶于胸，怕也是另一种幸福!多情总被相思苦，披衣向火的时刻，看着窗外的寂寞红尘星斗阑珊，谁能告知今年会不会是瑞雪兆丰年呢？而冬就如一副黑白色的粉笔画，清新而洁净，翻开泥土，你会看到种子睡在梦中，那就留下一片温暖，给新桃换旧符的人间吧。(上面这段文字由“只铁股票实战初级军校”梁艳芬同学撰写)

岁月更替、日子有功！时间积累能量。春夏秋冬的四季轮换，盘底、上涨、做头、下跌的反复演化是股市的四季。年复一年的故事，年复一年的悲欢，有多少人曾用心去体味过？四季是分明的，如果一切都处于混沌，人类将无法生存，苍天有眼、悲天悯人。

“无法顺应股市四季的人，你可以想象，他必然在生命的四季里，也输得一塌糊涂。”——无名氏语

6.宏观经济波动周期分析

股票市场波动通常与经济波动周期紧密相关。股票价格也不例外。因此，股票市场价格波动承受着国内经济波动周期以及世界经济的景气状况影响。

经济周期一般由复苏、繁荣、衰退和萧条四个阶段构成(图 1-14)。

复苏阶段开始时是前一周期的最低点，产出和价格均处于最低水平。随着经济的复苏，生产的恢复和需求的增长，价格也开始逐步回升。

繁荣阶段是经济周期的高峰阶段，由于投资需求和消费需求的不断扩张超过了产出的增长，刺激价格迅速上涨到较高水平。

衰退阶段出现在经济周期高峰过去后，经济开始滑坡，由于需求的萎缩，供给大大超过需求，价格迅速下跌。

萧条阶段是经济周期的谷底，供给和需求均处于较低水平，价格停止

下跌，处于低水平上。在整个经济周期演化过程中，价格波动略滞后于经济波动。

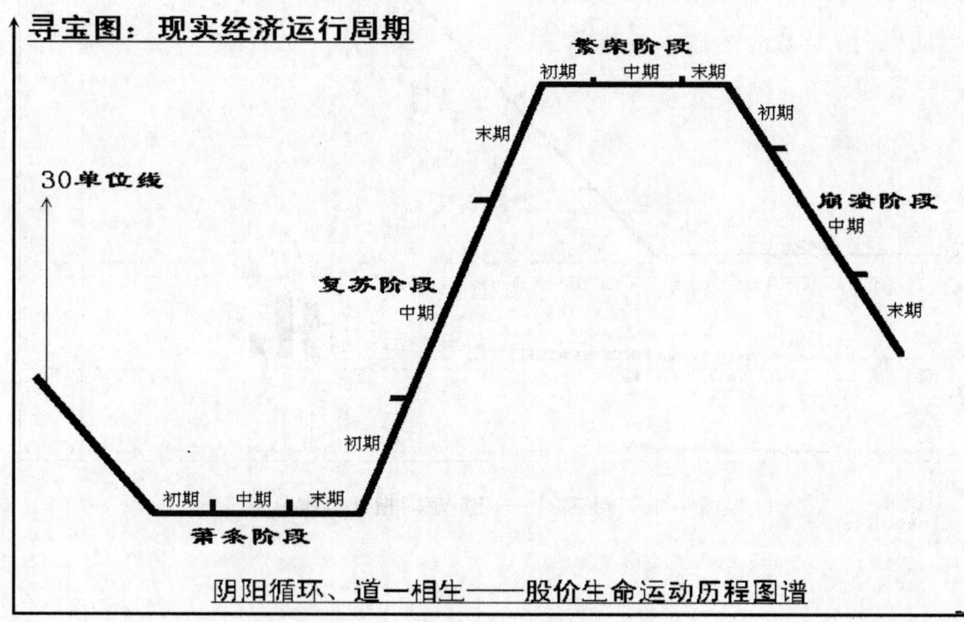

图 1-14 荣枯嬗变——经济周期

这些是经济周期四个阶段的一般特征。不同国家、不同时期的经济周期可能具有自己不同的特点。因此，认真观测和分析经济周期的阶段和特点，并与寻宝图一一对应对于正确地把握股票市场价格走势具有重要意义。

7.各周期寻宝图展开

寻宝图的运用可以在各个周期上按照相同的结构及要素展开。宏观(年、季线图)可以从战略上规划我们的实战投资操作，中观(月、周、日线图)可以从战术上规划我们的实战投资操作，精细(分时、实时线图)可以从技巧上规划我们的实战投资操作。不同周期操作都可以与寻宝图一一对应(图 1-21)。

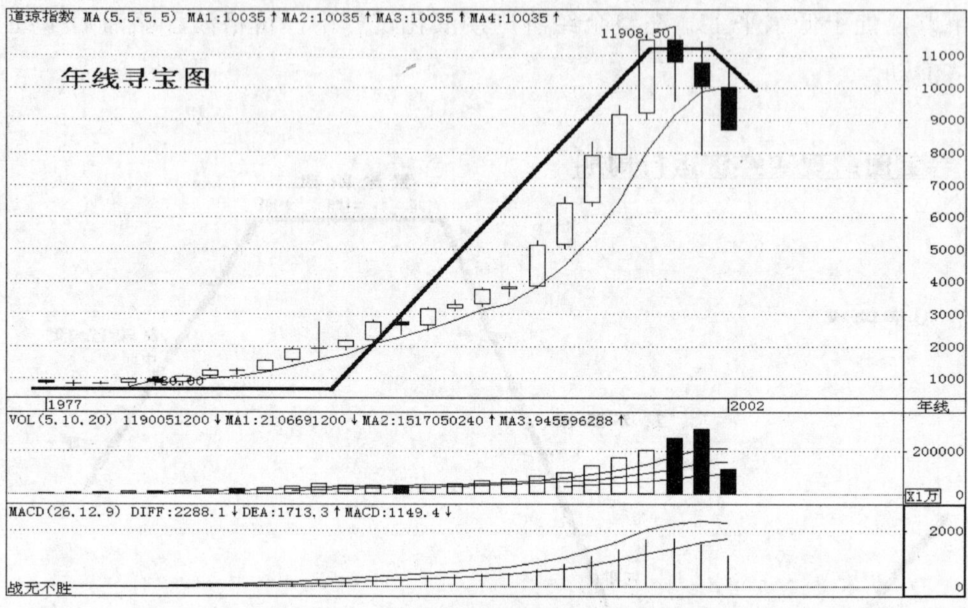

图 1-15 寻宝图——道·琼斯指数年线图

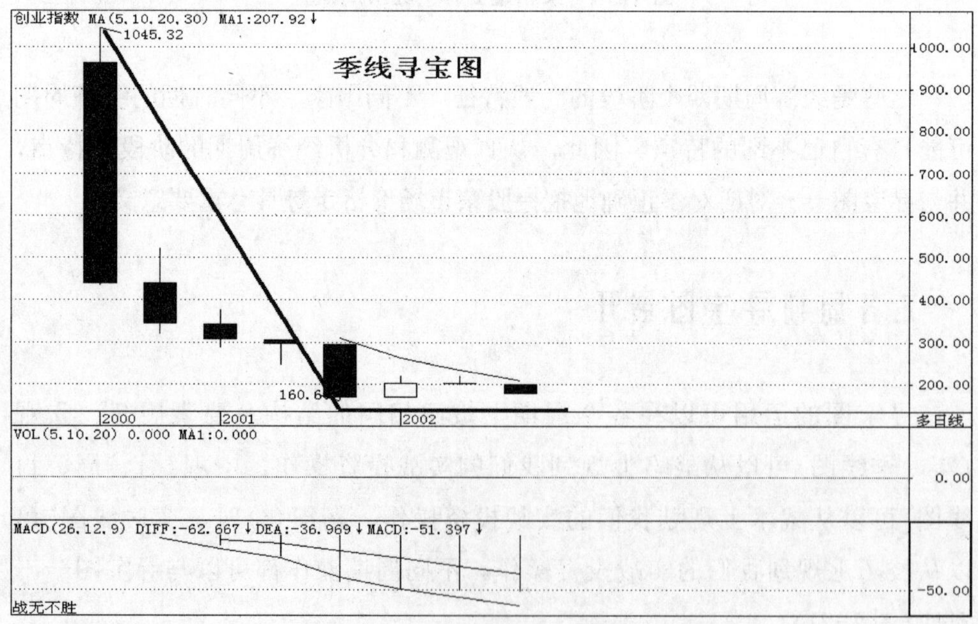

图 1-16 寻宝图——香港创业板指数季线图

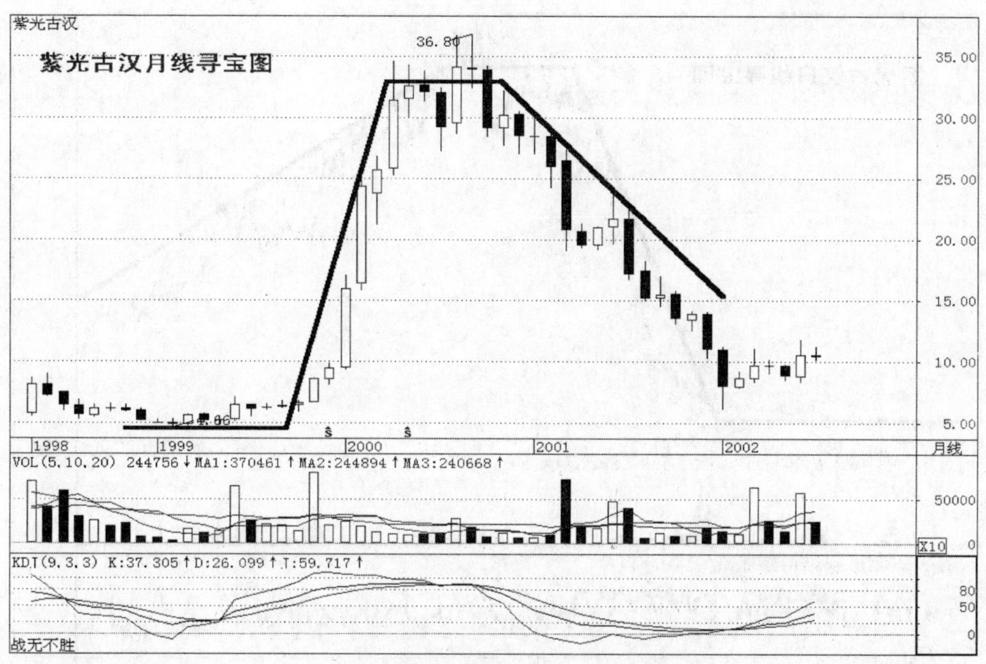

图 1–17　寻宝图——紫光古汉月线图

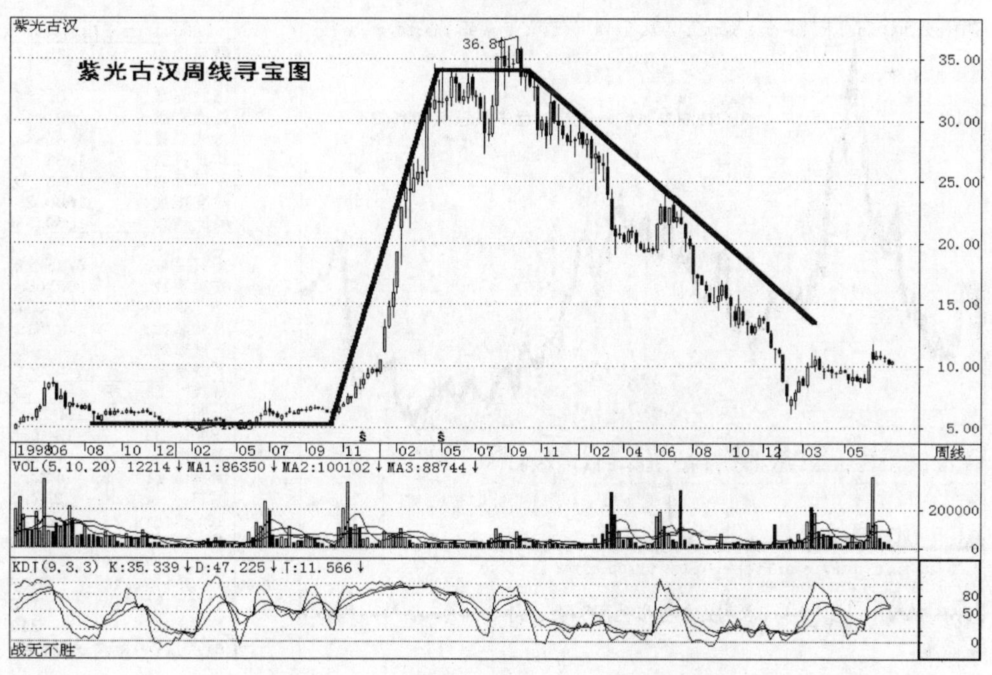

图 1–18　寻宝图——紫光古汉周线图

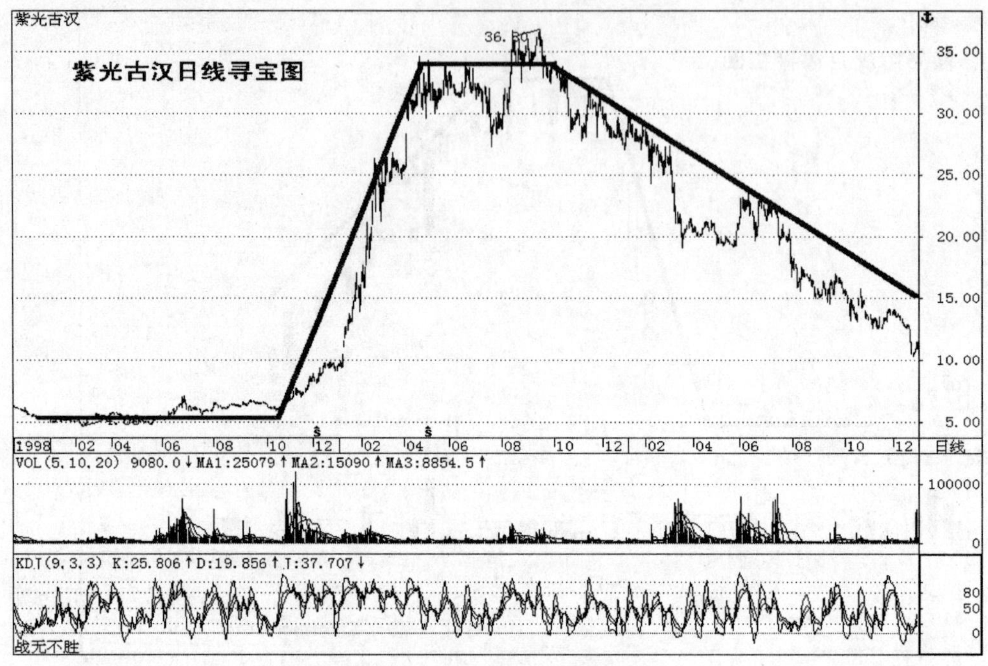

图 1-19 寻宝图——紫光古汉日线图

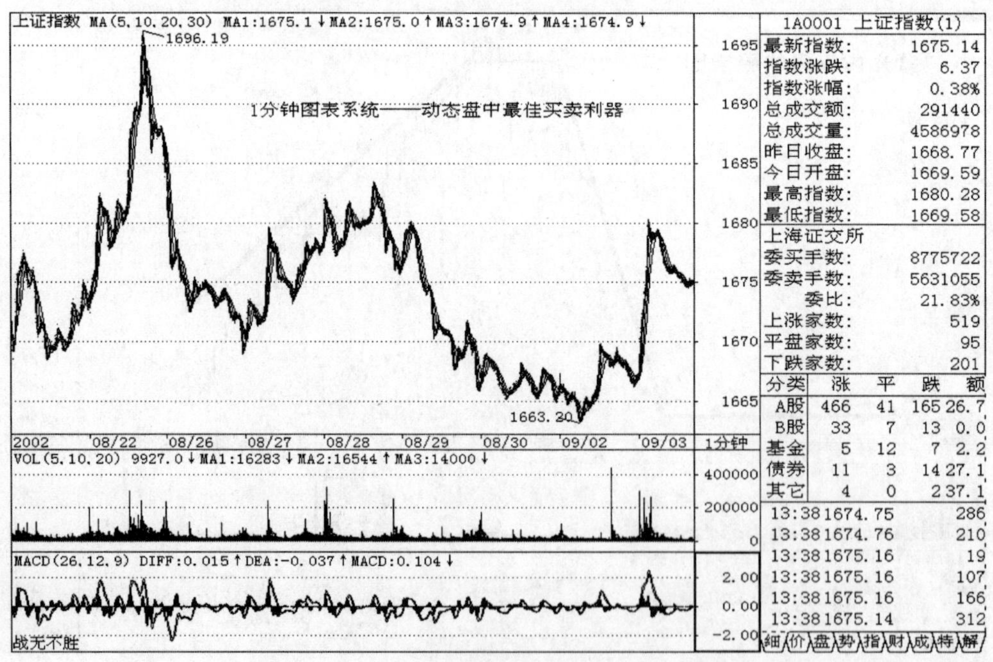

图 1-20 上证指数 8 天时间的 1 分钟线图

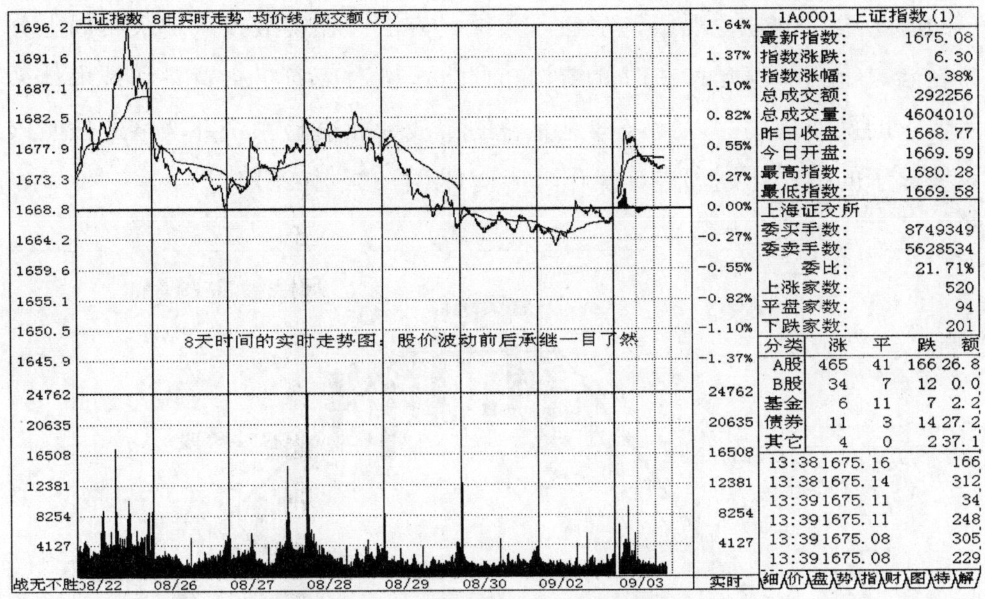

图 1-21 上证指数 8 天时间的实时图

(二) 寻宝图——知识结构和实战原则

1.知识结构

知识结构包括市场要素——价格、时间、成交量、人、多周期、多要素和谐共振及量变结束分形呈现之标志性技术信号。

这些知识在临盘操作中应对着建仓入局、持仓待涨、落袋为安、空仓等待几个实战步骤(1-22)。

2.实战原则

实战原则包括客观化、定量化、保护化、系统化、专业化、科学化。

根据股价在寻宝图中所处的不同阶段位置，实战投资在战略布局上分为：激进型—进攻、保守型—防御两种操作态度；在操作战术上分为：买

(补仓)、卖(止损)、观望、空仓四大经典方法；在实战投入资金布局上分为轻仓、重仓和满仓；在时间结构布局上严格对应着机会背景和技术体系所要求的操作周期。以此来构建完整的实战专业交易系统并严格地按照该系统提示的操作计划书进行操作、应变(图 1-23～1-25)！

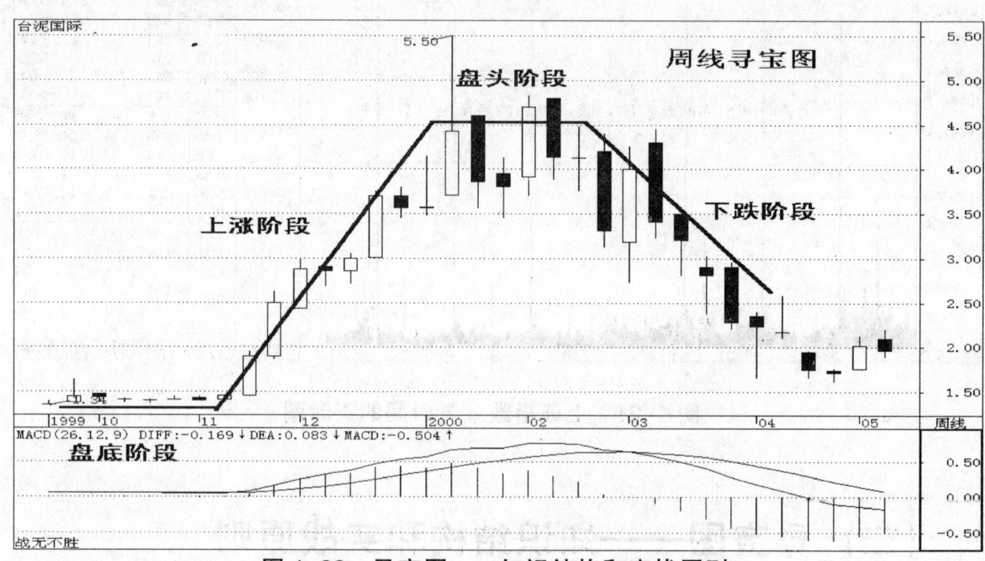

图 1-22 寻宝图——知识结构和实战原则

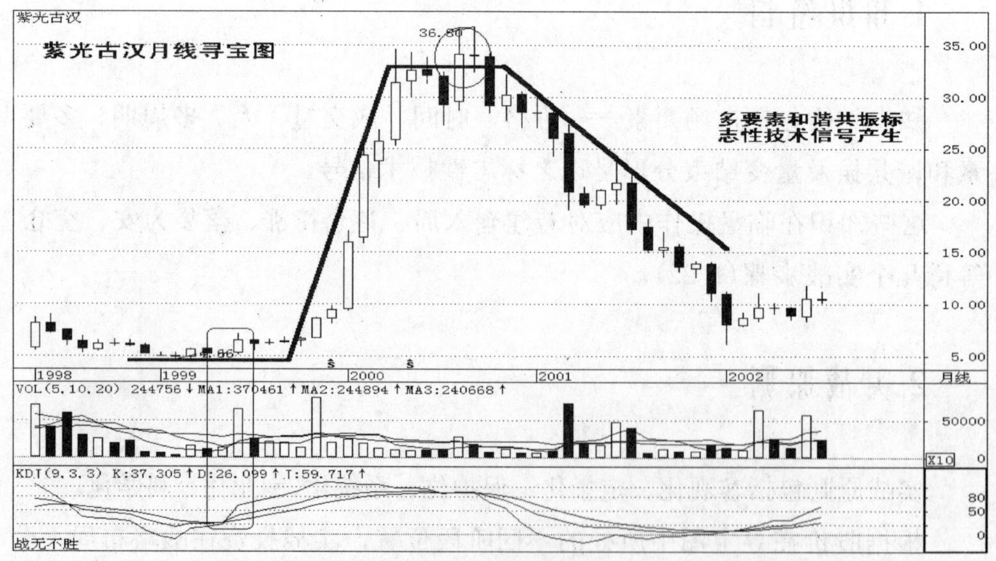

图 1-23 实际图例——价格、量能、指标、时间共振

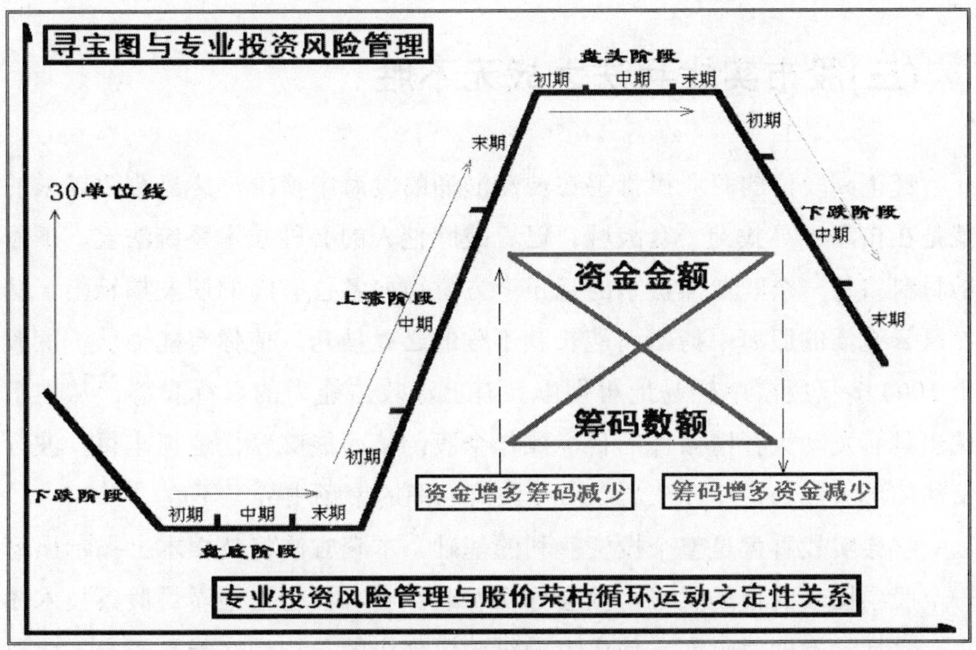

图 1-24 实际图例——布局

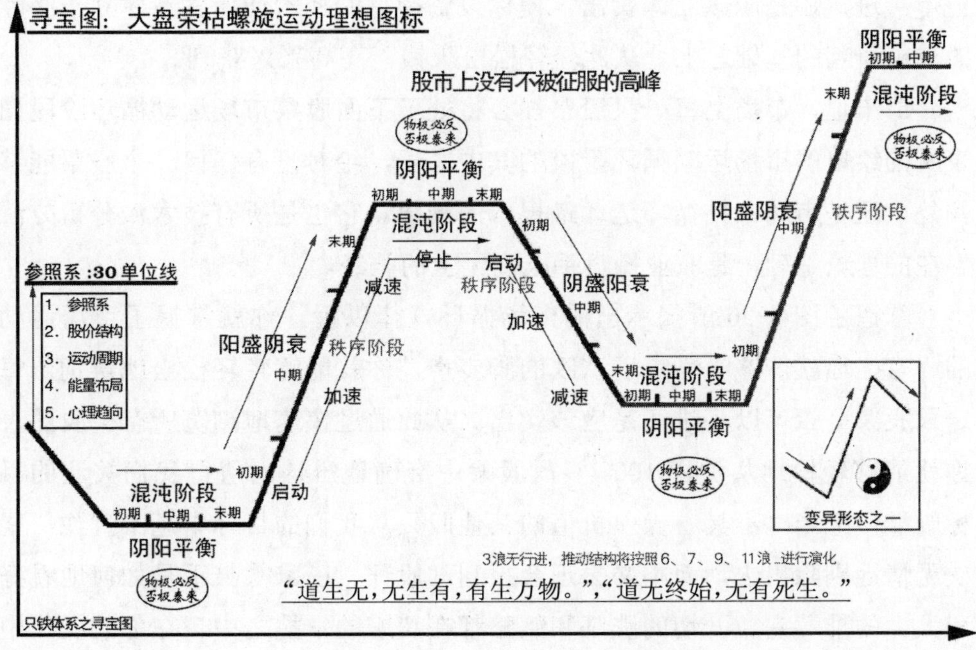

图 1-25 寻宝图各阶段突出解说

(三)股市实战兵法之战无不胜

真正高段位的职业操盘手在波涛汹涌的股海中搏击，终身孜孜以求的就是在市场中寻找到一套战胜自己、战胜他人的必胜技术系统法宝。下面的材料将从一个职业操盘手的视角全方位地向各位有缘的朋友揭示出一套在风云诡谲的股海中搏击而能长胜不败的必胜技巧，使你有能力从沪深股市 1000 多只股票中轻易地辨别出具有上涨攻击能力的目标股群，从中筛选出具有发动大行情条件的目标操作个股，从而能够轻松地抓牢每一波行情的超级大黑马，使你从此以后在波涛汹涌的市场中战无不胜。

学会实战看盘是整个投资获利的基础。本套方法将从根本上揭示出每一个股票图表的市场意义，教会你像看连环画一样轻松地看懂股票技术图表，看懂动态即时盘面，使庄家操纵股票坐庄的花招彻底暴露于光天化日之下。本方法使你能够立即以充分的专业技术依据判定任何一只股票是否值得买进，还是应该立即卖出，使你投资操盘的战术动作真正建立于必胜的分析研判的基础之上。从此轻轻松松赚钱，高高兴兴获利。

请牢记，市场上每一只股票都必将处于下面股票市场运动循环阶段图表所描绘出的市场运动循环阶段的其中之一，绝对没有任何一个股票能够例外。这是市场荣枯循环运动最根本的规律。它也是所有技术派分析方法存在的理论基础，是职业操盘手至高无上的圣经。

掌握了图 1-26 所揭示出的市场循环规律以后，你就掌握了市场运动的语言，你就能够听懂市场涨跌的脚步声，你就能够轻轻松松地辨别出每一只股票是否可以买进还是应该卖出。从此通过快速地浏览所有个股图表你就能够轻松地从沪深 1000 多只股票中准确地辨认出值得我们关注的目标股群，把当时不具备操作价值的其他股只从我们的目标中毫不犹豫、坚决无情地剔除出去，而不必去理会报刊、股评、庄家吹鼓手是如何地看好和大力的推荐它。一切的涨跌和赚赔都在我们的掌握之中。在你的操作中赚钱成为了一种必然而产生亏损才是一种偶然。战无不胜的光辉战绩将永久地陪伴在你的身边。

如下股票市场运动阶段循环图表揭示出的市场真理是我们职业操盘手的生命。你务必认真领悟牢记在心。这是你从此迈向投资成功中最最重要的一步，该循环图表的重要性无论如何强调都决不会过分。弄懂了该图表的真正含义，你就可以从报刊、股评所推荐的股票和所作的大盘分析研判上对一个股评家的专业水平做出客观的评价，同时你也会惊讶地发现绝大多数股评家的水平远远不如你自己。你已经从理论和操作上晋升到了一个相当高的职业水准。当然你要达到业内顶尖操盘手的水平，还需要进行更加专业化的严格细致训练。

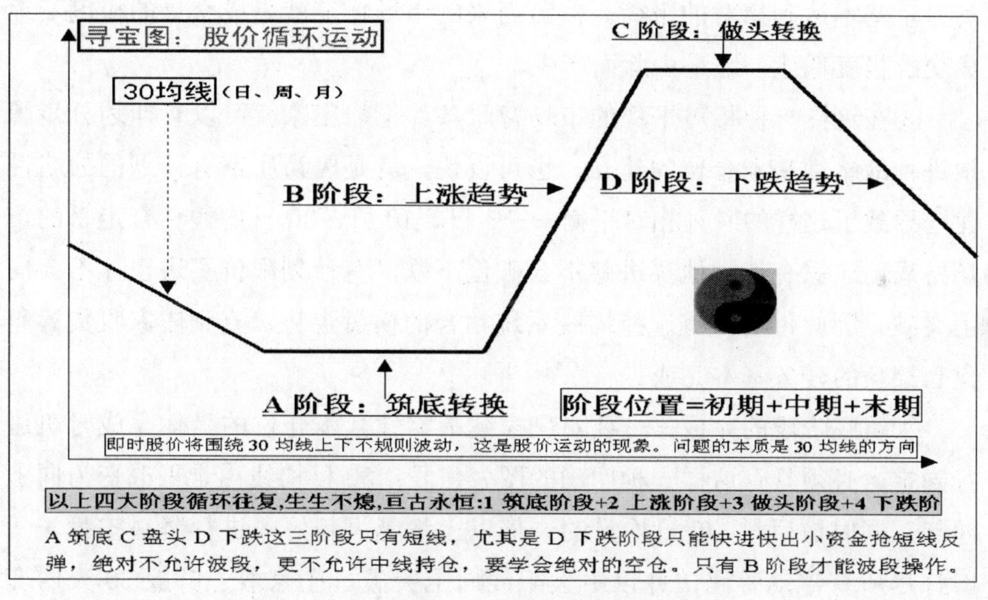

图 1-26　股价荣枯循环运动结构寻宝图

1.股价循环运动各阶段的市场意义

1)盘底阶段的市场意义

一只股票经过相当长时间的下跌以后，做空的市场能量基本得到释放，这只股票就初步具备了展开上涨行情的市场条件。经过长期下跌后的股票，它的30日均线一旦横向走平就要引起我们高度的注意。这种股票图表的特征说明了如下的市场事实：

①30天以前买进该股票的人已经处于保本的状态，他们已经从亏损的套牢困境中解放出来，处于将要盈利的阶段。5日、10日均线与30日均线横向运动趋于粘合，说明中短线投资者的成本趋于一致，市场中已基本没有套牢亏损盘，因而促使广大投资者卖出该股票的下跌恐惧心理已基本消失，也就是说他们不再恐惧继续亏损，故而下跌动力基本消失。

②从流通筹码的角度看，就是浮动筹码基本消失。市场中几乎所有的获利盘、套牢盘、割肉斩仓盘也已基本完成出局的操作动作。此时多空市场力量基本达到相对的平衡。伴随而来的市场特征就是成交量的极度萎缩成交的极度低迷，地量由此而产生。

③在这样一种相对平稳的市场背景条件下，庄家就可以有计划分步骤地进行战略性基本仓位的建立。也可以说，就是因为庄家有计划的战略性建仓导致了这样的一种相对平衡——5日、10日、30日均线粘合走平的市场格局。庄家有计划地买进就不会破位下跌，有计划限价买进也才不会向上突破。因此市场只有选择均线系统粘合的横盘走势，直到庄家收集筹码建仓控盘的任务基本完成。

④筑底阶段的完成——要对庄家建战略性基本仓位的具体完成时机进行判定，必须具有这样一种明确的图表信号：30日均线由走平改变为向上翘起；同时放巨量（5日均量的一倍以上量越大越好）进行坚决扫盘。一网打尽所有浮动筹码，并以中大阳线向上突破。庄家敢于解放30天内套牢的人并让他们获利，这充分说明该庄家志不在小。未来的大黑马就将从这里诞生！这就是低买高卖的低。同时这也说明该股票已经准备好了向上攻击发动行情的物质基础和市场条件。

⑤在技术指标的层面上来说就是对应着周KDJ指标的低位向上金叉。此时实战中坚决买进就是临盘操作的主旋律！

⑥筑底阶段各时期对应的实战操作方式：请注意与临盘实战的对应关

系(图 1-27)。

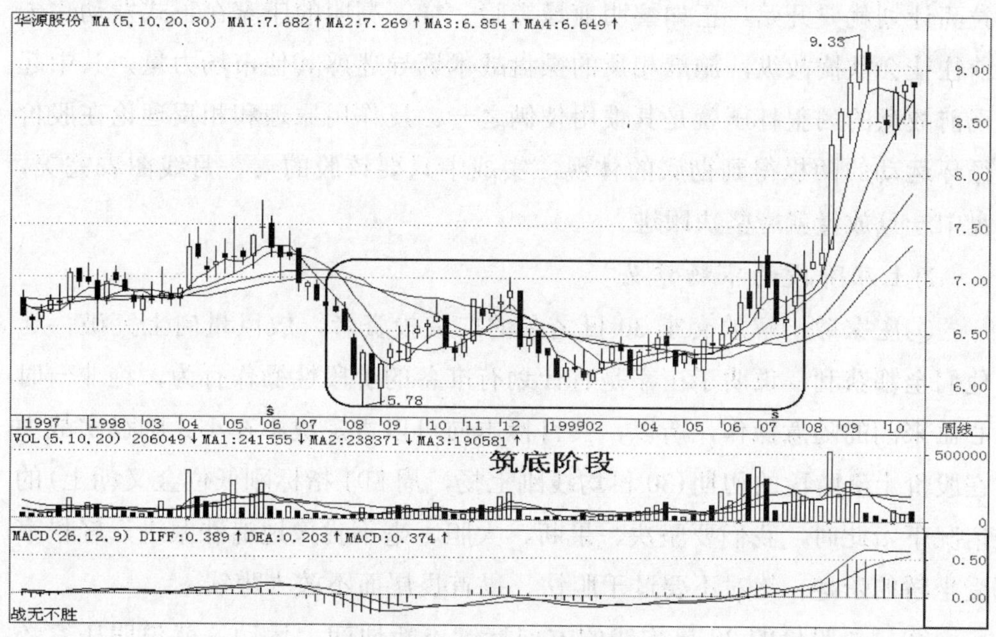

图 1–27 筑底阶段

筑底初期：筑底阶段初期市场非常悲观，绝大多数市场人士还沉浸在被空头无情巨大的下跌力量的沉重杀伤之中；盘中交易气氛沉闷，成交极度清淡、低迷，偶然有个股上涨也是庄家初次进场建仓行为中的试盘或补仓性放量，并非是持续攻击性放量。此时，市场中获利机会极少。当然，这种现象同时也说明，在庄家建仓的阶段，它不希望提供差价机会给短线客，不希望有人进场参与而可能捣乱、破坏他的操作计划。此时，非顶尖级的高手最好在场外观望，轻易不要参与其中，以免将心态搞坏或资金被粘，在后续真正有机会出现时反而无法迅速捕捉，打乱了自己的操作方寸和节奏。

筑底中期：筑底中期由于庄家已经介入，而且对盘中的各种情况也不像刚进场时那样心中无数，因而股价的走势已经完全落入庄家有计划的控制之中。此时，庄家为了不引起其他市场力量的注意，故提供的股价波动获利机会将比筑底阶段初期更少。此时场外跟风盘的极大耐心和临盘绝对空仓战术的展开就显得尤为重要了，否则盲目参与，绝难获利。

筑底末期：筑底末期，庄家建仓的预定计划基本完成，下一步的果断拉高计划就要开始。正如黎明前最黑暗一样，高明的庄家在正式发动攻击前往往会欲擒故纵，施展相反的操盘战术诱导迷惑其他市场力量，其中起飞前故意的凶狠打压就是其惯用伎俩之一。反作用原理和相反理论在股价循环运动的两极得到彻底的体现。实战中只要该股的周、月线图表完美，盘中一旦放量就应坚决跟进。

2)上涨阶段的市场意义

①庄家敢于解放套牢 30 日之久的广大投资者，放巨量向上突破，让他们全都获利，说明了庄家是有计划有准备的阶段性操作行为，绝非一时心血来潮的随意操作，所以，其目标志向可以肯定决不在小。临盘实战中在股价上涨阶段的初期(30 日均线刚上扬，周 KDJ 指标刚低位金叉朝上)的情况下，此时，我们要坚决、果断、大胆、毫不犹豫地追涨跟进，轻松享受坐轿的乐趣。绝对不要过于胆怯、畏首畏尾而不敢去赚钱。

②只要股价的 30 日均线的方向持续不断地朝上运动，就说明庄家还处于拉升股价为今后出局打开出货空间的有计划，有目的的战略性多头上涨操作过程之中。在股价运动的这一阶段中我们可以放心大胆地持有该股票，而不为庄家短线洗盘的诱骗动作所迷惑。请牢牢记住，只要 30 日均线还没有走平，该股票的走势就是健康和安全的，此时，庄家的出货计划就无法全部完成。在这一阶段中我们绝对不要惧怕庄家的凶狠洗盘花招。在该阶段持仓坐轿就是我们临盘实战操作行为的主旋律。

③上涨阶段各时期对应的实战操作方式：请注意与临盘实战的对应关系(1-28)。

上涨初期：上涨阶段的初期，市场往往不认可该股的走势，临盘体现出该股上涨时追高的人不多，人们往往都认为只是反弹行情。逢高减磅或认赔出局成为共识。在盘面上表现出成交量放大，抛盘汹涌，这就为庄家在较低的位置再次低成本最后加仓提供了最佳条件。在股价初步拉离建仓成本区域后，庄家也会顺势回调，让部分抛出筹码的人认为自己判断行情是反弹的结论是正确的，在回调时更不会去回补逢高抛出的筹码。相反，我们的学员在突破底部时介入的仓位，此时,可以在庄家回调洗盘无量时在各重要技术关口再次介入。

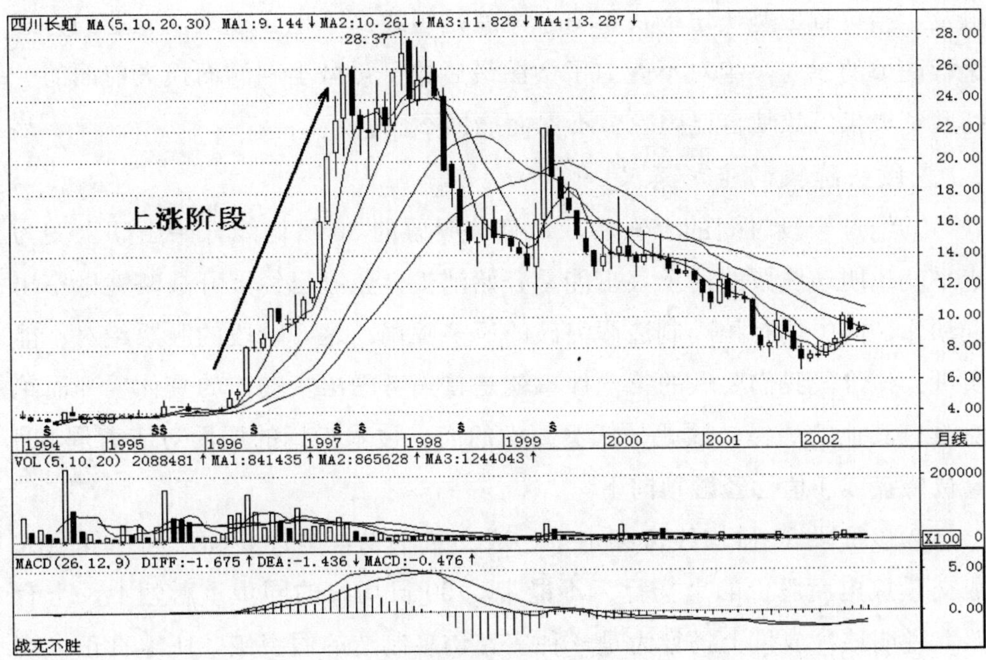

图 1-28　上涨阶段

上涨中期：上涨阶段的中期意味着经历初级洗盘后，庄家的工作重点已经从筑底建仓的准备阶段转入到上涨阶段的拉高攻击战术行动之中。这时无论庄家在拉高过程中采用何种操作手法和买卖花招，其最终都必须拉抬出必要的获利空间。因而庄家在拉高期间的盘中即时震荡或 K 线组合震荡，均是为了恐吓出部分跟风盘，中线投资者可持股不动，等待庄家加速拉升力竭时出局，而短线选手可在庄家振仓高点出局，等待股价回调到 20 或 30 日均线位置，成交量萎缩至地量时再次买入。再次买入时请注意 20 日或 30 日均线的运行方向必须朝上。

上涨末期：上涨阶段的末期，意味着庄家经历凶狠的拉高后，获利的目标空间已经达到，此时庄家将完成两大任务：A 边拉高边派发。此时图表系统体现出 5 日均线的攻击力枯竭且成交量较大；B 通过盘中或 K 线组合中加大振荡幅度以吸引场外资金进场参与，不断换血维持形态让跟风盘保持较高的持仓成本减轻获利盘的抛售压力，以便赢取更多的出货时间。此时持股者应设定严格的止损限定以保证自己的资金安全，一旦盘中下跌触及止损位置应坚决出场决不留恋。就是短线高手也必须采取专业的方法进行谨慎的参与，绝对不能为了贪图最后的一点微小利润而损失前面的一切胜利成果，致使自己因晚节不保而痛悔不已。

3)做头阶段的市场意义

①经过一段时间的上涨后，一旦该股票的30日均线开始由朝上变为走平就说明该股票的向上攻击能量开始消失。庄家已经展开战略性做空出局动作，间中偶有拉高制造假突破的诱多骗局。这一阶段的股票绝对不能买进。该阶段我们要做的第一件事就是首先考虑出货动作的具体展开而绝对没有其他的选择。这就是低买高卖的高。技术指标的层面对应着周KDJ高位横盘或J值已经触顶向下。

②该阶段30日均线持续走平，成交量不见规则性萎缩，间中偶有大成交量放出而股价的上扬行为不能带动30日均线的同步重新朝上，十有八九说明该种放量上扬行为是一种庄家诱多制造的假突破。庄家真正大规模出货，残暴屠杀散户和跟庄小机构的做空杀跌动作就要全线彻底开始。此时我们应该根据短期5日均线的信号坚决出局，不再卷入庄家故意制造的涨涨跌跌股价波动起伏不定的浑水之中。

③从技术指标的层面上来说，就是对应着周KDJ指标的高位死叉。此时卖出就是我们临盘实战操作行为的主旋律。此时绝对不能因为股价偶然的上涨而以为行情仍未结束而盲目随便买进。

④做头阶段各时期对应的实战操作方式：请注意临盘实战的对应关系(图1-29)。

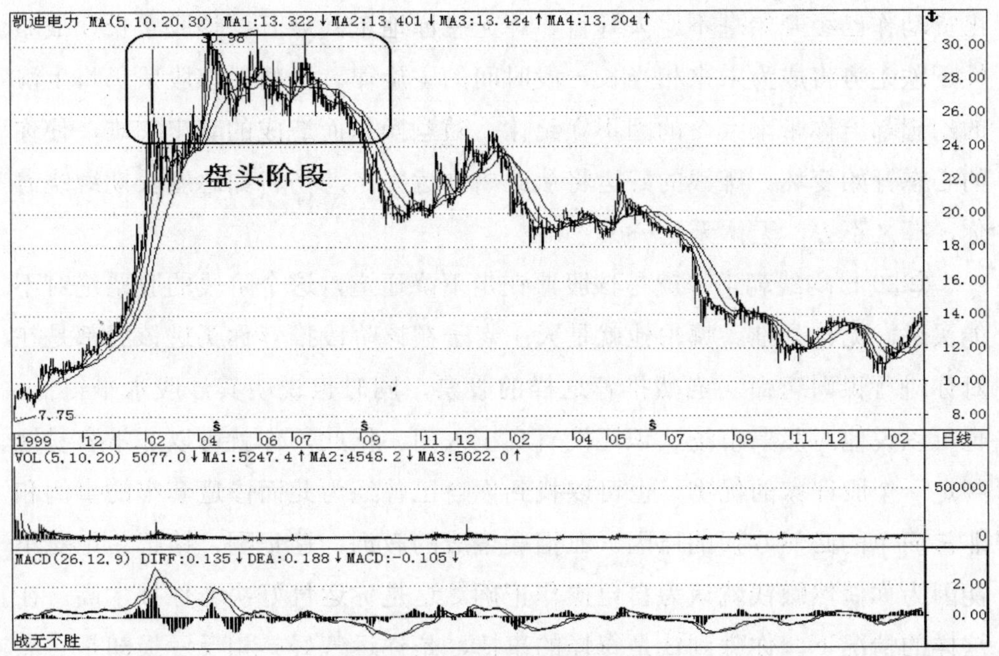

图 1-29　盘头阶段

做头初期：股价的振荡幅度较大且成交量也较大。庄家用盘中高低点的大幅振荡和汹涌放大的成交量来迷惑和诱惑投资者积极参与。此时中线投资者应严格按照止损位置出局，专业短线高手可以用小资金参与。普通投资者应出局空仓观望，忍耐寂寞。千万不要眼红短线大幅振荡所产生的短线利润诱惑，出而复返最终被套。切记，切记！

做头中期：此时庄家的较大部分筹码已经出脱，因而成交量表现有所萎缩，盘中或 K 线组合的振荡力度将减小且股价不再触及前期的高价，庄家不会再为高位的套牢族解套，相反，让他们抱着创新高或反弹再走的幻想在高位站岗。此时，已绝对没有中线参与价值，并且短线机会也非常之小，明智的投资者将不再关心该股的反复波动，更枉论参与了。

做头末期：庄家出货接近尾声，凶狠的跳水随时都可能出现，空仓是最好的选择。抱有幻想的持股在多均线死叉出现时，必须逃命了。

4)下跌阶段的市场意义

①某日一旦该股票的 30 日均线转为朝下，就说明庄家彻底而坚决的

出货动作已经开始毫不避人耳目、肆无忌惮地正式展开。该股票长期战略性下跌走势将成为未来相当长一段时间的主旋律。任何对该股票仍将上涨的幻想都给你带来致命的因不守纪律，随意操作而造成的套牢灾难，使你的心态开始变坏。赚钱的好运将从此离你远去，悲伤将如恶魔长期缠绕着你，挥之不去，无休无止……

②30日均线朝下，就是该股票在走下降通道，这个阶段的股票绝对不能买进。无论是谁。哪怕他就是天王老子在该阶段推荐你买进该股都是在对你进行谋财害命。当然推荐这样的股票，同时也说明其炒股水平很低，也可以说他对股票市场认识还没有真正入门。据此，你就可以非常容易地判定一个股评家的优劣，也可以找到你自己曾经为此而惨遭套牢的事例和非常简单的必然亏损的原因。血泪凝聚成的教训，铭记啊，铭记！绝对不能因为你偶然赚钱就认为自己操作正确。这是你运气好决非你技术高。在这样的情况下，你赚到钱是奇怪的事情，是你运气好；相反亏损却是必然的事情，是你技术差。

③该阶段的股票偶有反弹，也是庄家为了全部出货故意制造市场跟风买气的二次拉高出货的恶毒花招。因此靠抢反弹赚钱来弥补以前的割肉损失的念头是一种非常危险的有害心态。上升通道这么容易赚钱的机会都不能让你赚到钱，更何况是操作难度极大，获利机会极少的下降通道。请牢牢记住：轻易决不抢反弹，水平高的朋友，可以用少量资金快进快出抢反弹。如果不幸套牢也必须坚决、果断，立即马上第一时间割肉斩仓，止损出局。这是铁的专业操盘纪律。绝对不能对该股票抱有会再次上涨的幻想，继续顽固持有或逢低买进，而违背职业操盘手铁的纪律。同时经常抢反弹也会养成不注重操盘质量的盲目，随意操作恶习。这将使你永远不能晋升成为职业高段位选手，切记！下降通道中的反弹具有偶然性和随机性，把握难度极大。真正的职业操盘手追求的是一种上涨阶段赚钱的必然性。这就是区别职业选手和业余选手的标准之一。不要为业余水平的人偶然的赚钱而眼红，那是一种凭运气的赌博而绝对不是一种赚钱的真本领。在操作股票赚钱的同时，我们一定要提高自己的思想境界，只有具备较高

的境界才能铸就人生真正的成功！

④下跌阶段各时期对应的实战操作方式：请注意临盘实战的对应关系（图 1-30）。

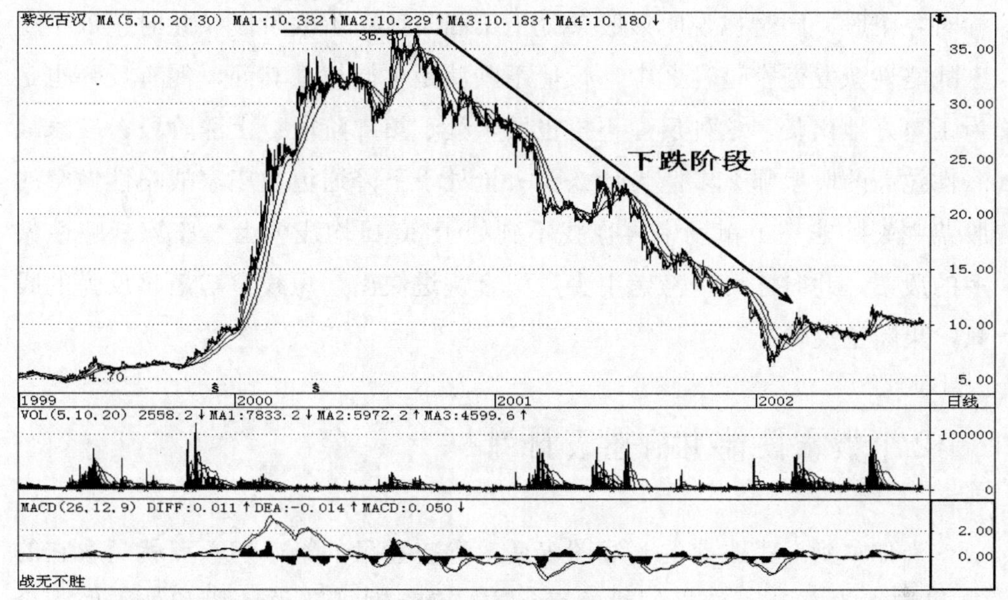

图 1-30 下跌阶段

下跌初期：在股价急速下跌的初期，由于庄家还有货未出完，因此还有短线抢反弹的机会。投资者可在股价偏离 30 均线较远，乖离较大时用小量资金快进快出介入抢一波反弹。实战中操作速度快是获利的关键。

下跌中期：在下跌阶段的中期，所有的市场力量一致认识到下跌已经成为行情发展的主旋律，因而操作获利的机会几乎消失，绝对的空仓休息是最好的投资战术。只有在市场出现分歧，认识混乱时短线机会才较多。

下跌末期：在下跌阶段的末期，部分先知先觉的庄家已经预感到后续的获利机会就要来临，因而领先一步提前进场进行战略性建仓，所以较少的短线机会再次出现。短线高手可用少量资金参与短线操作。

以 30 日均线为标准，一次完整的股票市场荣枯循环运动必然包含图 1-26 框定的四个阶段，没有任何一只股票能够例外。30 日均线是机构庄家操盘战略战术动作展开的生命线，其中的短线操作价值务必要引起我们绝对高度的重视。要把 30 日均线对股票运动的极其重要性铭刻在我们的骨髓中。只要 30 日均线的运行方向朝下，这只股票就绝对没有短期内产生大行情的物质基础和市场条件，就绝对不是我们展开买进操作动作的目标对象个股。同时也说明该股票处于第四阶段：下跌阶段。此时正处于庄家战略性派发做空过程之中，行情下跌就是主旋律。其间，偶有反弹也是为了更好地出货，这种反弹不抢也罢。处于第二阶段：上涨阶段。庄家战略性拉高的股票那么多，为什么要去抢处于下降通道，庄家战略性做空的股票呢？除非整个市场中再也找不到处于 30 日均线朝上：庄家战略性做多的股票，此时才可以考虑用少量资金快进快出，短线参与最早反弹的股只，果断抢反弹。

2.个股涨跌能力的图表研判

当你拿到一张股票的 K 线图表后，静态看盘的第一切入点就是看它的 30 日均线的方向。30 日均线的运行方向朝下处于下跌阶段和处于做头阶段的股票立即排除在我们候选的目标股群之外。无论它是绩优股还是别的有一千个买进理由的股票，也不管是什么股评家推荐的股票。这种股票绝对不是我们可以买进或者持有的品种。请牢牢记住 30 日均线朝下的股票就是绝对的坏股票。推荐你买进 30 日均线朝下股票的股评家或咨询机构是低水平误人子弟的股评家和专业操作水平低下的机构。他们还没有达到一丁点专业操盘手的水准。这样的股评家和机构的文章不看也罢！

3.翻倍黑马的图表特征

能翻倍的股票必须满足月、周均线粘合并且横向行走或方向已经微微朝上，经历的时间越久，均线系统粘合越紧密则爆发的行情将越大！只有超级大庄家才能将长、中、短线图表形态构筑的如此规律、漂亮、整齐和彻底完美，对此我们一定要坚信不疑。这是中外运作大资金的顶尖高手最为看重的分析研判和实战操作依据，这也是他们的实战成绩能够超越众生的关键所在。相反，周、月均线系统向下的股票表明庄家正在长线进行战略性派发，其间偶然出现的上涨均是庄家为了出货所作的诱惑反弹行情，绝对不会出现一般人所梦想的翻倍行情，投资者对此一定要有清醒的认识（图 1-31）。

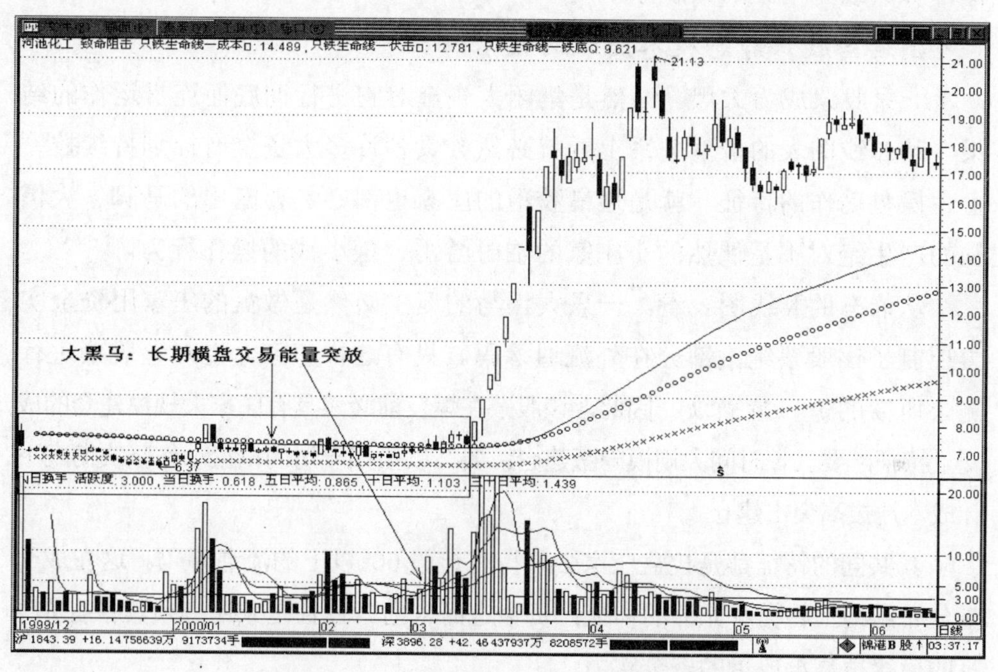

图 1-31　大黑马河池化工的日线技术特征

4.静态专业化快速看盘的实用方法

1)大盘涨跌能力的图表研判

掌握了股票市场运动循环阶段图表这一看盘的法宝之后，你就可以快速浏览所有股票的 K 线图表，对每一只股票所处的运动阶段有一个绝对清晰而毫不含糊的判定。如果市场中绝大多数股票的 30 日均线都是朝上具有攻击能力的话，大盘就绝对会上涨，哪怕此时利空消息是如何的铺天盖地，股评家是如何的鼓吹大盘要向下调整。在这样的情况下没有任何力量能够根本地改变大盘运动的方向，这就是市场自身的规律。因为大盘是由每一只个股组成的，绝大部分股票都朝上攻击，大盘还会下跌吗？不要自己吓自己，市场的统计清楚地结果告诉了我们事情的本质和真相。你只要平平静静、放放心心地耐心地等待，轻松获利就可以了，不必为市场一时的涨涨跌跌而心态不宁，情绪波动。任你风吹浪打我自闲庭信步，这是千锤百炼、战无不胜的大赢家风度！

2)黑马股只静态技术图表的技术特征

一只股票成为大黑马必然是集团大资金对它进行彻底而连贯运作的结果。从K线图表的价量关系上看就必然会具备许多大资金有计划持续控盘、操盘动作的特征。就是连最狡猾的庄家也都必然要露出的马脚。大黑马的产生绝对不是偶然的小庄家的临时游击、赚小钱的操作行为。

从静态的K线图表看，一只大黑马的诞生必然是做盘的庄家用资金实力控制了该股票绝大部分在外流通筹码。只有这样庄家才能对该股票进行随心所欲的价、量操纵。因此，该股票在爆发前必然具有庄家大规模建仓的成交量特征：要么长时间大规模隐蔽建仓；要么以横扫一切的抢盘动作坚决彻底不计成本地拔高突击建仓。

其共同的特征都是控盘庄家必须持有该股60%以上的流通筹码。这在成交量分布结构上将会有充分的体现：资金进而未出。并且庄家还必须具备有充足的后援拉高再放量的资金实力。

从日K线图表看，该股票的图表必须是30日均线走平向上，处于股价循环运动第一阶段盘底已经胜利结束，或第二阶段上涨初、中期的时候。

该股票的短期均线系统必须全部形成向上攻击的多头排列，并且必须以大成交量：量比放大1倍以上，支持3日均线的大角度(大于50度)，陡峭上扬的向上攻击态势。这是大黑马股票的重要特征之一(图1-32、1-33)。

对有翻倍能力的超级大黑马必须附加其他的图表技术条件。不具备该条件的股票在短线也可能有相当惊人的涨幅，但是该情况的出现必须是整体大盘背景的健康良好并具备有板块股群向上助攻的人气鼎沸的市场氛围条件。

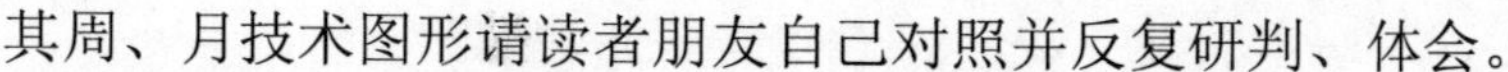

其周、月技术图形请读者朋友自己对照并反复研判、体会。

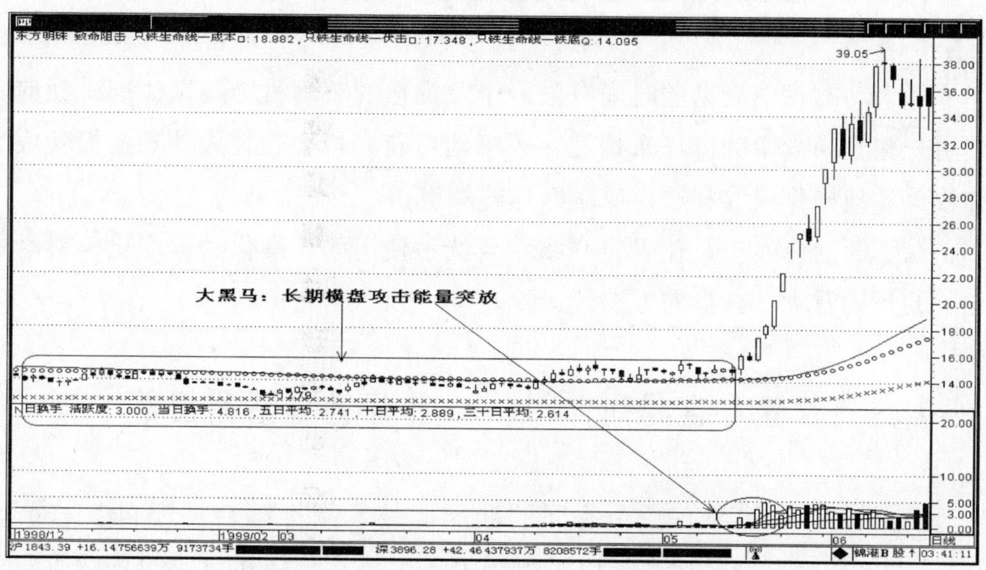

图 1-32　大黑马东方明珠的日线技术特征

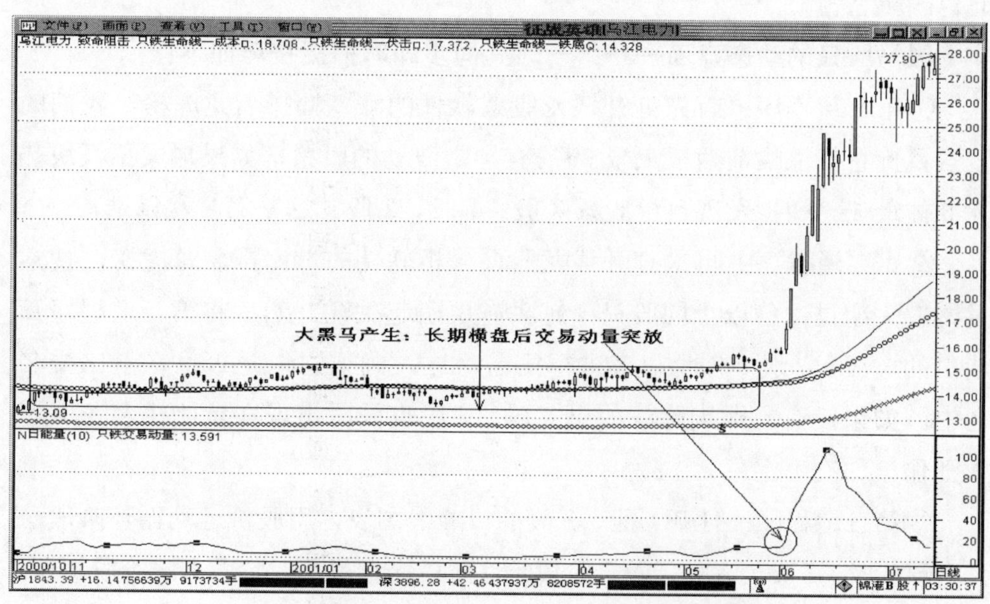

图 1-33　大黑马乌江电力的日线技术特征

(四)快速发现黑马的线索与要领

每天动态盘中交易的时间有限，个股最佳的获利机会稍纵即逝。如何使用一整套高效率的方法来快速、正确地对获利机会进行成功的捕捉就成为攸关实战操作成败和操作质量好坏的关键。

在下面的内容中，作者将介绍专业选手使用的标准化、程序化、科学化了的正确看盘、操盘的方法。

1.经典快速看盘程序：81、83 排序功能活用图解

各种分析软件都有一个共同的功能：技术指标综合排序(图 1-34、1-35)。该功能充分快捷地反应了市场中各大要素最强和最弱的目标股票的情况，是市场中各种力量最典型的汇聚之地。对综合指标排名榜的很好研究利用能够提供捕捉获利机会的捷径，有利于快速出击爆发性黑马，因此也叫黑马窗口。

黑马股只的动态盘面——第一时间同步即时捕捉技巧如下：

①第一道程序：首先打开钱龙股票软件的涨跌幅排名龙虎榜，我们的搜索目标直指涨幅前两板大于 3%的有异常波动的股票，如果形成了板块热点群体最佳。初步发现目标股票 X 股、Y 股、Z 股。这是第一次筛选。

②第二道程序：再次打开钱龙股票分析软件的量比排名龙虎榜，搜索量比放大超过 1 倍以上的股只，越大越要引起关注。然后将第一道程序筛选出的 X 股、Y 股、Z 股拿来进行排名对比，确认它们是否也在量比排名之中。如果没有立即剔除；如果 X 股、Z 股也同时出现在量比排名龙虎榜中则作第二次确定。

③第三道程序：打开 X 股、Z 股的日 K 线图表，用股价运动循环阶段法判别该 X 股、Z 股是否处于第一阶段筑底阶段末期或第二阶段上涨阶段初期，如果是，立即作第三次确认。如果它们处于上涨阶段末期或第三阶段做头阶

段立即剔除。如果它们处于第四下跌阶段更是要立即淘汰出局、毫不犹豫。

④最后确定：如果只有 X 股满足前面三道程序，则立即打开钱龙股票分析软件 X 股的周 K 线图表。如果该 X 股在周 K 线图表中也处于第一阶段筑底完成末期或第二阶段上涨态势形成初期，请立即以较大(大于等于 60%)的仓位在分时走势图表均线系统的第一阶段筑底阶段和第二阶段上涨阶段，在第一时间坚决展开买进操作动作。如果周 K 线图表处于第三阶段做头或第四阶段下跌，则只能以小于等于 20%的仓位快进快出参与短线抢反弹行情，绝对不能以大仓位抱太高期望长时间参与；并且只要它的 5 日均线一旦走平失去短线向上攻击能力就必须不论盈亏立即止损离场出局，切记。如果周 K 线图表形态处于第一阶段筑底完成的末期或处于第二阶段上涨的初期，同时该 X 股如果月 K 线也同时处于第一阶段完成的末期或第二阶段的初期则立即毫不犹豫重拳出击满仓参与围捕决战！未来的翻番超级大黑马肯定就是它。

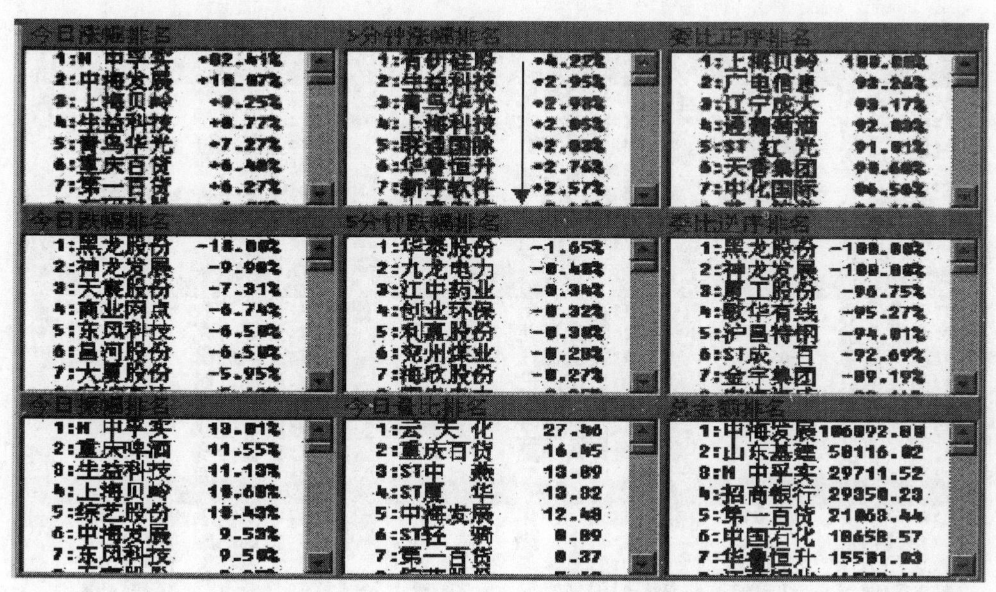

图 1-34　2002 年 6 月 26 日 81 沪市综合指标排序图示

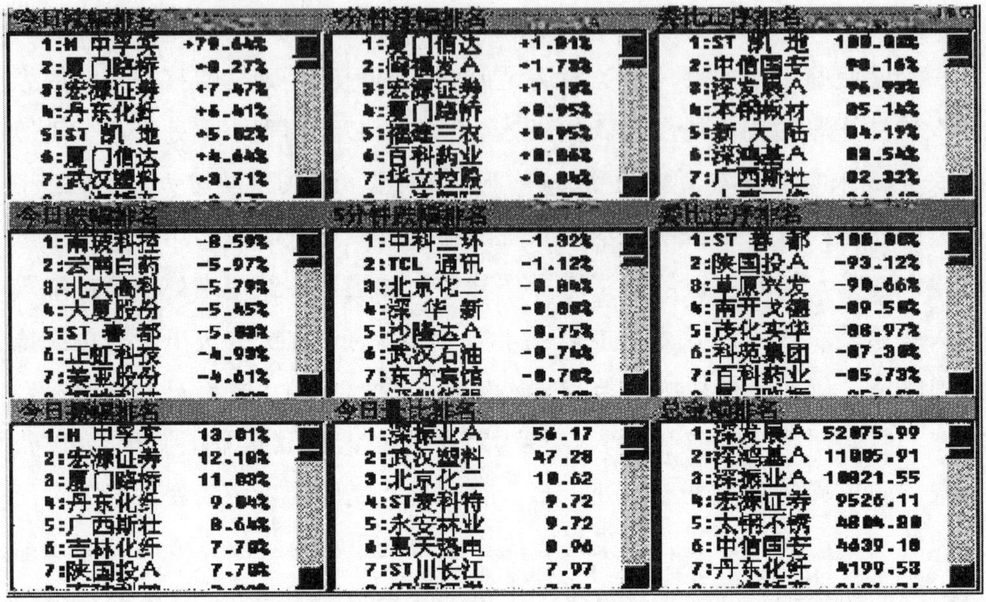

今日涨幅排名		5分钟涨幅排名		委比正序排名	
1:H 中孚实	+79.64%	1:厦门信达	+1.91%	1:ST 凯 地	100.00%
2:厦门路桥	+8.27%	2:海虹发A	+1.78%	2:中信国安	98.16%
3:宏源证券	+7.47%	3:宏源证券	+1.18%	3:深发展A	96.98%
4:丹东化纤	+6.41%	4:厦门路桥	+0.95%	4:本钢板材	85.14%
5:ST 凯 地	+5.82%	5:福建三农	+0.95%	5:新 大 陆	84.19%
6:厦门信达	+4.64%	6:百科药业	+0.86%	6:深鸿基A	82.54%
7:武汉塑料	+3.71%	7:华立控股	+0.84%	7:广西斯壮	82.32%

今日跌幅排名		5分钟跌幅排名		委比逆序排名	
1:南玻科控	-8.59%	1:中科三环	-1.92%	1:ST 春 都	-100.00%
2:云南白药	-5.97%	2:TCL 通讯	-1.12%	2:陕国投A	-93.12%
3:北大高科	-5.79%	3:北京化二	-0.84%	3:草原兴发	-90.66%
4:大厦股份	-5.45%	4:深 华 新	-0.80%	4:南开戈德	-89.50%
5:ST 春 都	-5.00%	5:沙隆达A	-0.75%	5:茂化实华	-88.97%
6:正虹科技	-4.99%	6:武汉石油	-0.74%	6:科苑集团	-87.30%
7:美亚股份	-4.81%	7:东方宾馆	-0.70%	7:百科药业	-85.73%

今日振幅排名		今日量比排名		总金额排名	
1:H 中孚实	13.01%	1:深振业A	56.17	1:深发展A	52075.99
2:宏源证券	12.10%	2:武汉塑料	47.28	2:深鸿基A	11005.91
3:厦门路桥	11.08%	3:北京化二	10.62	3:深振业A	10821.55
4:丹东化纤	9.04%	4:ST麦科特	9.72	4:宏源证券	9526.11
5:广西斯壮	8.64%	5:永安林业	9.72	5:太钢不锈	4804.80
6:吉林化纤	7.70%	6:惠天热电	8.96	6:中信国安	4639.10
7:陕国投A	7.70%	7:ST川长江	7.97	7:丹东化纤	4199.53

图 1-35 2002 年 6 月 26 日 83 深市综合指标排序图示

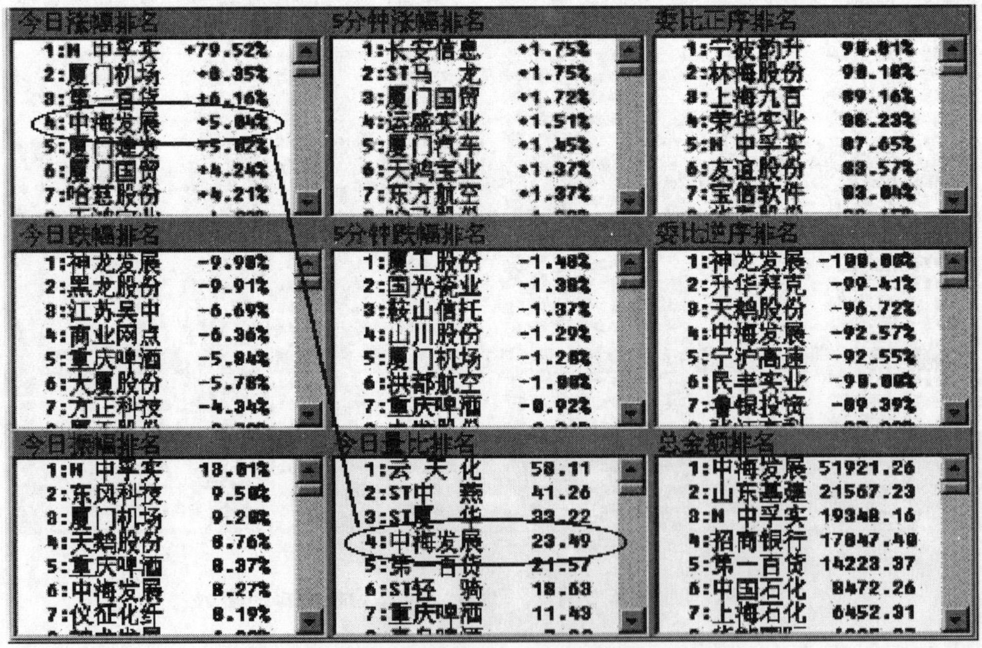

今日涨幅排名		5分钟涨幅排名		委比正序排名	
1:H 中孚实	+79.52%	1:长安信息	+1.75%	1:宁波韵升	98.81%
2:厦门机场	+8.35%	2:ST马 龙	+1.75%	2:林海股份	98.18%
3:第一百货	+6.16%	3:厦门国贸	+1.72%	3:上海九百	89.16%
4:中海发展	+5.84%	4:运盛实业	+1.51%	4:荣华实业	88.23%
5:厦门建发	+5.02%	5:厦门汽车	+1.45%	5:H 中孚实	87.65%
6:厦门国贸	+4.24%	6:天鸿宝业	+1.37%	6:友谊股份	83.57%
7:哈慈股份	+4.21%	7:东方航空	+1.37%	7:宝信软件	83.04%

今日跌幅排名		5分钟跌幅排名		委比逆序排名	
1:神龙发展	-9.98%	1:厦工股份	-1.48%	1:神龙发展	-100.00%
2:黑龙股份	-9.91%	2:国光瓷业	-1.38%	2:升华拜克	-99.41%
3:江苏吴中	-6.69%	3:鞍山信托	-1.37%	3:天鹅股份	-96.72%
4:商业网点	-6.36%	4:山川股份	-1.29%	4:中海发展	-92.57%
5:重庆啤酒	-5.84%	5:厦门机场	-1.28%	5:宁沪高速	-92.55%
6:大厦股份	-5.78%	6:洪都航空	-1.08%	6:民丰实业	-90.00%
7:方正科技	-4.34%	7:重庆啤酒	-0.92%	7:鲁银投资	-89.39%

今日振幅排名		今日量比排名		总金额排名	
1:H 中孚实	18.81%	1:云 天 化	58.11	1:中海发展	51921.26
2:东风科技	9.50%	2:ST中 燕	41.26	2:山东基建	21567.23
3:厦门机场	9.28%	3:ST夏 华	33.22	3:H 中孚实	19348.16
4:天鹅股份	8.76%	4:中海发展	23.49	4:招商银行	17847.48
5:重庆啤酒	8.37%	5:第一百货	21.57	5:第一百货	14223.37
6:中海发展	8.27%	6:ST轻 骑	18.68	6:中国石化	8472.26
7:仪征化纤	8.19%	7:重庆啤酒	11.43	7:上海石化	6452.31

图 1-36 2002 年 6 月 26 日选出中海发展

中海发展(600026)(图 1-36)为 2002 年 6 月底停止国有股减持行情中低价大盘股的龙头品种，在当日经过大幅换手后，几天内有近 30%的涨幅。这就是专业化选股方法的威力。

至此，我们采用了四道客观的职业程序来防止买错股票。以上我们已经讲解完成了初级的看盘研判技巧，同时也对你的看盘能力进行了培训。从现在开始，你立即打开沪深股市 1000 多只股票的日 K 线图表进行快速浏览，对每一只股票所处的运动循环阶段的位置进行精确的研判，分类罗列出处于以上四个不同阶段股票的数量。排除不具备上攻能力：处于第三阶段做头的和处于第四阶段下跌的股只，这些股只不在我们的关心范围。如果有大于 50%的股只均处于具有上攻能力的第二阶段上涨阶段，那么大盘绝对看涨。此时不论是否利空四起、乌云漫天，涨是绝对的主旋律！如果有大于 50%的股只均处于第四阶段的下跌中，那么大盘绝对看跌。不论此时是否利好纷传，人气冲天，跌是行情绝对的主旋律。

如此，你的专业境界将诞生一轮精神的日出。心态上能够做到耐心等待漂亮图表的出现。能够细心鉴别黑马股只的图表特征。看盘能力将上升到一个你从未达到过的高超境界！恭喜你了……

2.操盘技巧——稳健果断精彩操盘把盈利变成现实

只有严格按照纪律进行高质量的规范化专业操盘，你才能将树上你能够看到的已经成熟的美好果实摘下来放进你自己的口中，细细地去品尝成功带给你的喜悦！

具备了高超的看盘技巧仅仅是走向成功的第一步，而能够不受任何干扰地进行精彩的操盘才是真正取得成功的比第一步更加重要的第二步……我们务必要追求操盘的高质量，我们一定要做最漂亮的操作，买进最大的黑马，而非去追求简单粗糙的操盘数量。大成功率，出手凶狠，准确是职业操盘手的基本功。

请打起精神，你将迈进我们走向成功的直通高速列车，前方就是大上海……

1)操作目标股只的预先圈定：操盘计划的形成

在圈定我们的操作目标股票之前，我们有必要再次强调什么样的股票是绝对不能买进的，什么样的股票是必须坚决卖出的：

①请牢牢记住：处于第三阶段，做头阶段的股票绝对不能买进，处于第四阶段，下跌阶段的股票绝对不能买进，哪怕它有万千的买进理由。千万不要为短线的蝇头小利所诱惑而进行所谓的非职业水准的短线操作。切记！这是保证你不会惨遭套牢，掉入赚小钱亏大钱泥坑的关键方法之一。

②请牢牢记住：处于第三阶段，做头阶段的股票必须卖出，不要幻想会有更高的价位；处于第四阶段，下跌阶段的股票必须无条件坚决卖出，绝对不要幻想反弹才出货！如此才能使你保留能够再次战斗的实力。

③相反处于第一阶段筑底完成末期的股票绝对不能卖出，处于第二阶段的股票绝对不能卖出。千万不要这山望到那山高，展开随意的换股操作战术动作。只要该股票已经有资金在作有计划的介入，那么它的上涨就是迟早都要发生的事。赚钱需要耐心等待。投资=投入资本，除了投入资金和本领外，时间也是一种投入。

2)操作目标对象股只的最后圈定

①通过钱龙动态龙虎榜确认放量上涨的买进异动目标股票：上涨幅度大于3%或至少大于大盘，量比越大越好；同时也可以通过钱龙动态龙虎榜确认破位下跌的卖出目标股只。买进圈定战术完成。

②通过钱龙静态日K线，周K线的图表条件做出最后的圈定。30日均线走平，5日均线向下弯头的持仓目标股票立即卖出；30日均线向下弯头的目标股票必须坚决无条件全线卖出。卖出圈定战术完成。切记，切记！

③特别强调：翻倍的股票必须满足月、周均线粘合并且横向行走或方向微微朝上，经历的时间越久，粘合越紧密，爆发的行情越大！只有超级大庄家才能将图表形态构筑的如此规律漂亮整齐完美，对此我们一定要坚信不疑。这是中外运作大资金的顶尖高手最为看重的分析研判和实战操作依据，这也是他们能够超越众生的关键所在。相反周、月均线系统向下的

股票表明庄家正在进行战略性派发，间中偶然出现的上涨均是庄家为了出货所作的诱多反弹行情，绝对不会出现一般人所梦想的翻倍行情，跟风盘对此一定要有清醒的认识。

3) 准确买点框定

欲买进的目标股票必须具备日 K 线、周 K 线图表健康漂亮，这是展开买进操作战术动作的战略性前提。如果月线也漂亮就是超级大黑马！相反超级大黑马必须月线也完美。

正确的第一买点：第一阶段筑底完成以大成交量(越大越好，说明庄家投入的资金越多，彻底扫盘的决心越大)支撑 5 日均线以中大阳线大于 50°的陡峭大角度向上进行突破，当日盘中的任何一次回调低点都是坚决买进的点位。操作中切忌患得患失计较价位高低，必须确保一定能够买进。有条件者以分时图表为最佳买点。

正确的第二买点：第二阶段上涨阶段的初中期每一次回档缩量≤5 日均量后，5 日均线再次带量上扬均是理想买点。有条件者以分时图表系统为最佳买点。

下述条件框定下的股票不应该卖出：中线只要 30 日均线没有走平它的方向仍然向上，同时 30 周均线朝上就坚决持仓，千万不要为庄家短线展开的凶狠洗盘恐吓动作所吓倒。在你的操作水平提高以后，短线操作可以 5 日均线的方向作为进出依据。5 日均线的方向是每只股票上涨下跌已经开始的信号弹。

4) 精彩卖点框定

随意卖出处于强烈涨升加速期的大黑马股票是职业操盘手不可原谅的大错误。没有技术上买进卖出充分依据的操作行为是普通操盘手的致命伤。凭自以为是的小聪明，凭自以为是的市场感觉，就随便展开操作动作是职业水平晋级的大敌。绝对不能简单地认为一只股票涨的高了就应该卖出。涨的高说明它表现好。你总不能因为一个人表现好就开除人家吧？这样的人我们应该更加重用才对，股票同理。你的任何一次临盘操作哪怕是一股都必须具备充分的技术理由。

具体的精彩卖点：在第三阶段做头阶段 30 日均线走平，成交量的放大和萎缩没有规则，阶段性天量出现。此时一旦 5 日均线走平，朝下的信号一旦发出就必须立即出货。均线系统的向下死叉更是普通人都知道的必杀出局信号。

具体的逃命卖点：第四阶段下跌阶段 30 日均线一旦朝下必须全线清仓离场去舞厅跳舞。在下降通道中每一次股价反弹到 30 日均线掉头向下时均是套牢盘最后的逃命机会，当然我们是不允许有这样的情况发生的。这一方法可以用来指导你被套牢的朋友以减少损失，保留下波行情报仇雪恨的实力。

至此你已初步完成了一轮精神境界的日出。在操作动作的展开中你的心态能够做到执行计划有决心，临盘进出操作有狠心。耐心，细心，决心，狠心四心具备，你可以纵横驰奔，征战沙场去夺取最大的胜利了。

三、股市经典理论之飞跃巅峰

吃透经典、超越经典。简单高于复杂。如果你希望自己成为成功的投资家而不是普通的投资者，那么，你就必须对经典的投资理论进行艰难的超越，绝对没有捷径可走。一分耕耘一分收获。

（一）传统投资理论的认识论误区和实战制约——经典的破绽

所谓经典的投资理论，其所指的是目前为投资分析界、投资务实界及投资学术界所普遍公认，处于主流地位的投资理论。并且，它也同时为绝大多数的普通投资人所遵从。

传统的经典投资理论主要包括：①道氏理论、②江恩理论、③波浪理论、④相反理论等。而其他的一些投资理论均为它们所派生和繁衍，不具备投资哲学上根本的独创性，因而在此我们不做深入讨论。

对传统经典投资理论认识和领悟的深浅程度，直接反映出投资家理论功力的大小，并且也直接影响到其实战投资成绩的好坏。几百年来，真正伟大的实战投资家均在对经典投资理论的研究上，有着重大的理论突破和他们自己投资哲学认识上的独到之处。

下面作者将把自己集十年、数不清多少个不眠之夜的艰辛思考和在无数次残酷实战的成败中，总结出来的，对传统经典投资理论的认识和领悟陈述给有志于用自己毕生的努力、决心去成为专业投资家的朋友们，以期对他们在理论认识和实战投资操作中有所启发和帮助。其中部分观点作者坚信已经处于世界最先进行列，具备了国际领先水准。

1.感恩的心灵——道·琼斯理论对股市的贡献

伟大的发明:道·琼斯指数(Dow-JonesAverages)

从16世纪初，比利时的安特卫普和法国的里昂开始，世界上就有了股票交易。到17世纪初荷兰的阿姆斯特丹成为欧洲的证券交易中心，股票交易的规模已经开始扩大，但是，直到19世纪80年代为止，人们都无法对股票市场的运动，从总体和宏观上进行思考和认识。只有Charles·Dow查尔斯·道在1896年5月26日创造出道·琼斯指数(Dow-JonesAverages)后，人们才有可能对股市的运动现象进行完整、准确的记录，因此，也才能谈的上对股市的运动规律进行宏观和微观的思考和认识。所以，我们每一个投资者都必须牢牢记住，查尔斯·道是世界股市理论研究的开山鼻祖。我们每一个投资者每时每刻都承受着查尔斯·道的巨大恩惠。

如果没有查尔斯·道，天才般创立出道－琼斯指数，人们可能还将在股市投资的艰辛、黑暗的道路上摸索很久、很久；也可能还将浪费多少代人的珍贵心智和金钱。道氏思想就如指路明灯将永远照耀着我们。

我们必须无条件地感恩于道氏的伟大天才；我们必须永远牢记道氏的伟大功勋；同时我们也可以说，自从有股市以来，道氏理论是第一个对其进行完整理论归纳和描述的哲学和分析操作学理论体系。因此，我们必须在对道氏理论的学习和研究中用尽自己所有的心血和智慧。

道氏所创立的道－琼斯指数，是股市历史上最伟大的发明，它将记入世界股市史册、流芳千古，同时它也将伴随世界股市的发展而永垂不朽。

2.道氏理论的精华

1) 科学天才的思维方法:短短5年时间形成理论轮廓

1896年5月26日这个历史性的日子，查尔斯·道Charles·Dow创立了道氏理论。直到道氏于1902年逝世，共经历了短短的5年多时间，道氏就形成了自己理论体系的总体轮廓。而该理论在道氏逝世后，最终由汉密尔顿 W. P. Hamilton 及瑞尔 R. Rhea 归纳、总结并完成。

几百年的市场事实，反复证明了道氏理论是股市技术分析理论中最为重要的奠基石这一伟大论断。其在股市及其他资本市场中的理论和实战地位直到今天，无论你如何强调都绝对不会过分。其所蕴涵的哲学观点的深刻洞察力、客观科学含量及其理论体系的完整性，迄今仍令我们叹服不已。

该理论同时也以其理论结构的异常简明而凸显优美无比。在此我们不得不对道氏在当时非常简陋的历史条件下，仅用 5 年如此之短的时间，就能够研究出如此深刻的理论体系而表示我们对人类英雄人物的崇高敬意，同时，也对其天才般的非凡智慧和科学思维方式表示无比的敬畏。

道氏的伟大成就，也深刻地启示了我们，真正能够赢得大成功的人，是绝对不会被艰难困苦的环境条件所限制，而无所作为的。总是将自己失败的原因归结为外在条件恶劣的人，是不会赢得真正成功的。这不过是其为了安慰自己失败，寻找的借口而已。切记，如果你投资炒股亏损，决非是因你所用的电脑设备不好或软件不先进。外在条件的恶劣，绝对不是你投资失败的真正原因。不从自己的理论功力、临盘实战技能等根本素质的欠缺上寻找失败的原因，哪怕你就是拥有了世界上最先进的电脑和最先进的软件，最终，你同样也还是会在投资时不断地失败和亏损的。

同时，也正是因为道氏理论的简明，许多年来，其并不为市场中绝大多数的投资人所重视，更谈不上对它进行深刻认识及很好的运用。客观地说，目前，无论是在国内、还是在国外，市面上流行的绝大多数的投资类书籍，往往由于其作者并不大规模参与残酷的市场实战，因而对道氏理论体系无比巨大的实战威力和真正的哲学理论的内涵，并无深刻的理解。他们的书籍往往都是仅仅停留于不同作者之间反复抄袭，以讹传讹的无知重复中而已，并且也极其严重地埋没了该理论的伟大价值，有的甚至误导投资者错误地理解道氏理论的真义，致使天才遭辱，明珠蒙羞。

2) 理论还原和灵性体悟：作者的认识

本部分所叙述的内容，力图以作者个人多年的理论思维和实战磨练的不懈努力，来尽力揭示道氏理论的哲学理论精髓及其实战技法精华。作者同时也斗胆指出，由于历史原因的局限和人类认识持续性限制等问题，所必然带来的该理论及其他经典投资理论的不足，以期对渴望成为专业投资家的朋友投资实战功力的提高有切实的帮助和深刻的启迪。

3) 道·琼斯指数：股市最伟大的发明

道·琼斯指数的伟大诞生，使我们对股市的描述有了客观的标准，同时也使我们能够从宏观、战略的高度从总体上思考股票市场运动的根本规律。只有有了该指数的描述，股市运动的现象和规律才能被忠实、客观的记录，我们的思考也才有了客观的参照系和丰富的实际素材。道氏的这一伟大功绩，无论我们如何强调都绝对不过分。现今市场中流行的各种股价指数如SP500美国标准普尔指数、NASDAC拉斯达克指数、香港恒生指数等均滥觞于此。因此，道氏是所有技术分析派别之鼻祖。在这之前的几百年中，人们都只能对股市的问题进行一些微观战术上的零星、破碎的思考，这种只见树木不见森林的思考也极大地阻碍了投资理论的研究和发展。

4) 三大基石：技术分析的三大公理

什么是市场行为？市场行为就是市场中的买卖行为。它包含了市场中的四大根本要素：价格、成交量、时间和什么人参与。

其中价格要素是第一位重要的。这里的价格，主要指的是市场成交均价，因为只有成交均价才代表了市场主流参与者的真实意图。而最高、最低、开盘、收盘价等均容易被操纵、做假，从而掩盖了市场主流参与者的真实买卖做盘意图，因而它们的分析研判地位较为次要，并且在实战分析研判时，我们还必须仔细辨别其蕴涵的真实市场含义。

而成交量要素在目前的中国股市被放在了最为重要的位置，其实这隐含着目前国内投资界眼界的狭小和理论认识上的误区。在美国等市场容量较大的市场，交易活动中有很大一部分成交量的产生并不具备战略性攻击或战略撤退的买卖做盘意图。其成交量的产生，仅仅是有的机构为了调剂头寸，回避其他投资品种的参与风险而已；并且由于市场中，买卖角色理论和实际上的不确定，因而从根本上无法杜绝对倒等虚假买卖行为的产生，因此交易中的许多成交量具有极大的虚假、欺骗成分其并不具备真实的买卖用意，所以其市场地位必然排列在价格要素之后。

其时间要素主要体现在，人们在完成任何一种行为时都必须要一定的时间才行。就正如从上海坐飞机到北京，就绝对不可能只需 5 分钟就可以到达一样。同时也由于每一种事物都有他们自己的荣枯运动循环周期，该周期不断制约该事物的变化和发展。因此，该周期必然在其运动变化中产生不可低估的作用。这在股市就体现为市场的波动周期。而股市的波动周期这一根本要素，目前还未得到广大投资家的普遍认识，其巨大功效的发挥有待有心成为专业投资家的朋友花大功夫去研究。这也就是市场时间要素的价值。其具体体现为均线系统和时间之窗。

什么人参与？这一要素直接反映出目前的市场是否活跃？是否有发展潜力？是否存在着有目的、有计划、有组织的投资者进行有序参与？这在目前国内股票市场上体现为是否有庄？在美国则体现为，是否有具备实力的做市商参与。只要一个市场中存在有序投资者参与，就意味着其中隐藏着较多、较大的获利机会，这一点中外股市概莫能外。相反无有计划、有组织的资金参与，市场的买卖就必然清谈，行情性质就会体现为典型的散户行情，获利的机会就微小。具体地说，有序投资者持续大量买进，需求大于供给，市场中就存在着极大的做多获利机会和巨大的做空投资风险。有序投资者持续大量卖出，供给大于需求，市场中就隐藏着较大的做空获利机会和巨大的做多投资风险。如果市场中某只股票如果一直都是散户参与，就绝对没有大的获利机会，就是绝对的冷门股。该种情况的彻底改变一直要等到某一天有有序投资者参与为止。这就是跟庄才能获利的理论依据。庄家就是有目的、有组织、有计划的有序资金流。其实质是市场的主流投资力量，而非一定局限为某个具体的庄家或机构。

公理一：市场行为包容和消化一切

股价的涨跌和放量、缩量等规则、不规则市场行为，已经全部将能够影响到市场波动的各种内、外因素进行了反映、包容和消化。同时，股市的电脑图表系统也对其进行了忠实而客观的记录和描述，所以，我们也可以说图表包容了一切。图表就是市场的语言，图表也会讲话，关键的只是，你懂不懂它的语言并且精不精通而已。

如果有了好消息而市场却并不上涨，说明市场并不认为它是好消息，此时请你听市场的，不要自以为聪明；相反，如果有了坏消息市场却并不下跌，也是同样的道理。任何利好，只要不转化为市场中实实在的需求性买单，股价是绝对不会上涨的；任何利空只要没有转化为市场中实实在在的卖单，股价也是绝对不会下跌的。市场中买卖的真实需求决定一切，而并非消息决定一切。而这一切又被图表忠实地进行了记录。

永远不要企图比市场聪明。除了在牛熊转变的极点位置，请牢牢记住市场永远是正确的，相反理论并不可随便乱用。当市场经过一定的时间将价格，成交量的变化达到一定的程度后，原先起作用的市场各种内外因素就会失去其作用。这也就是说，市场行为已经消化完了当时的一切。

从这里我们可以引申出股市必将涨跌互现，牛熊终将更替，这一股市根本的真理性结论。这一涨跌循环、牛熊互现规律可以用中国古老的易经进行描述和解释，具体见寻宝图。

市场行为包容和消化一切。这一公理，是所有技术分析理论存在和成立的理论性前提，其所蕴涵的哲学思想和生活道理请仔细思考。

公理二：市场运动具有趋势

牛顿定理告诉我们：运动中的物体在未受到外来力量的作用下，将保持原来的运动不变。这就是物理学中最有名的运动学惯性定律。从该定律可引申出如下重要的实战操作性结论：

在市场中，多头的买进力量未遭到空头的卖出力量的根本性打击之前股价将保持上涨的态势，牛市也将继续发展，直到空头的卖出力量从根本上超过多头的买进力量时，股价的上涨才将停止，牛市也才会结束；相反的结论也成立。在市场的力量没有产生根本性、质变逆转时，投资者绝对不要轻言趋势已经结束、盲目地去预言市场的顶和底，从而展开反向逆势操作，自以为自己比市场聪明，结果却吃了大亏，付出了惨重的代价。

这就是技术派投资家最为看重的重要投资原则：顺势而为的科学理论

依据。在我们的投资实战操作中必须无条件坚守。真正伟大的投资家甚至会像捍卫生命一样对她进行无条件的坚守和捍卫。

公理三：历史会重演

由于人类心理行为模式具有遗传性特征，因此，在市场具备相类似的情况和波动态势时，投资者倾向于采取相同的人类心理、思维和行动方式进行应对，从而使市场的各种现象表现出与历史现象具有相互类似的重演特征。同时，也由于市场的运动具有客观的周期性，这也会表现出历史会重演的表面化特征。实战操作中，请牢牢记住历史会重演，不是讲的历史现象的简单重演，而是讲的历史规律和历史本质的反复不断作用。投资者在运用时不应呆板和教条的进行理解。

人的心思不可预测，但人的目的和为达到该目的所采用的行为方式却是有限和可以在一定程度被推测的，这才是历史会重演，市场可以被部分把握的真正本质原因。人们所谓的江山易改、本性难移，说的也就是这个意思。当然，历史的这种重演，绝对不是简单的现象重复，而是指的运动规律的恒久不变。笑看股市风云诡谲、千变万化，我自从容飞渡、以不变应万变，这才是领悟了股票市场真谛的大赢家境界。现象多变，而本质规律不变也才是万事、万物运动、变化规律的真谛。

以上所述三大公理为所有技术派分析理论的根本基石，请用心反复体会、仔细思考并深刻领悟。如果在这些问题上能够得出投资者自己个人独特的认识则必将能够成为真正的大师，在投资实战中取得辉煌的成就。

3.道氏理论的关键要点

1) 大盘背景制约个股表现

1896 年的美国股市，当时坐庄控制股价获取暴利的行为，正如现今新兴的亚洲股市尤其是中国股市一样盛行。道氏能在当时这种市场氛围中扫除迷雾、洞烛出整体市场背景对个股股价表现的宏观制约关系，可以说目光如炬，见识和胆略超人。其体现出的非凡智慧也决非普通的急功近利之辈可以比拟。这也正是其顺势而为思想的最好体现。这种超越常人的非凡观点之所以能够产生，如果没有深厚的投资哲学思想的指导是绝对不可想象的。从这一点上也启示我们：在投资事业中，如果要追求达到卓越的投资成功，非得具有坚实的投资哲学功力不可。所以，在投资活动中，我们一定要加强自己在这一方面的反复、不断锤炼、努力提高自己在投资哲学上的扎实功力。所谓有风才好驶船、仗势才好欺人。

道氏的这一理论论断，在现实的市场中表现为个股不敌大势。市场中纵使有个别逆势庄股的存在，也并不能从总体上推翻该理论的真理性。多年来国内外无数的统计事实，充分证明了该理论在中外股市的真理性。

当投资者的资金实力足够大或有机会运作大资金时，相信对这一问题的理解无论从战略和战术高度上，会有更加深刻的认识。市场大势背景健康、良好，这一前提是大资金进出股市安全的最根本保证。逆势而为这种市场行为，对大资金而言鲜有能够成功而不失败者，切记。满足于抛开大势做个股，这种想法是目前中国小农经济影响下的典型散户思维。满足于此种认识和投资行为的人，在他今后的投资生涯中，也绝对难以成就大器，更是绝对难以担当运作大资金能够稳定、持续成功获利的重任。

2) 股市是国民经济的晴雨表

各国的股市中，都云集着人类最聪明的精英分子。他们对事物变化的认识和领悟，往往超越于芸芸众生之上，因而股市的变化总是领先于国民经济的变化。请相信，古往今来的人类历史绝对是由英雄引导和驾驭的。

股市就像预报天气的晴雨表一样，可以成为预报国民经济状况的晴雨表，这一观点在中外股市中都得到大量统计事实的证明，其可信性不容置疑。而在道氏之前，人们一直无法找到一种能够真正正确衡量国民经济整体情况的客观尺度。当时，人们对国民经济整体状况的衡量主要是以价格作为中心的经济指标体系，包括利率等来进行的。但是，价格尺度本身不但具有滞后性，而且国民经济周期性的供求失衡，在很大程度上也正是因为价格的误导作用而产生，其作为衡量标尺的弊端不言而喻。道氏理论的贡献，对人们能够从总体上衡量国民经济的宏观情况，可谓居功甚伟。

3) 各要素相互印证

道氏理论认为，对股价运动结论的正确得出，必须建立于道•琼斯铁路指数与道•琼斯工业指数的相互一致性的印证基础之上。该理论揭示出的实质问题是，任何国家的国民经济的生产与流通两个部分均表现出向好的健康态势时，其经济状况才是健康，其股市也才是有活力的。只要其中的任何一个部分出现不好的情况时，都预示着国民经济及股票市场将会出现严重问题。这一观点的作用在于，可以警示我们，思考问题的视角一定要全面而完整，绝对不能只见树木不见森林，一叶障目不见泰山。

在投资实战操作活动中，我们要善于把握投资目标与其内在制约因素间的变化关系。当代世界最伟大的投资家索罗斯，就是精确地把握了亚洲政府与企业间存在内在的不和谐制约因素，从而才能够在极为精确的出击时机和投资规模上，成功地对亚洲资本市场发动凶狠的阻击，巧妙地诱发了席卷亚洲的金融风暴，从而获得了巨大的投资成功。

道氏所指的相互验证原理并非是现象间简单的验证，而是指的不同相关制约要素间的相互验证关系。也绝对不是同一要素，不同指标间的相互验证。对此投资者应该进行准确的理解。只有这样才不会搞出用 KDJ 指标与 RSI 指标及 MACD 等，这类线性相关的价格类要素之间进行相互验证这样的笑话。这样的笑话在目前中国的股评界简直是太多了，而报纸杂志竟然也予以发表，其理论水平和实战功力就可想而知了。悲哉！

由于在具体的实战投资活动中，这种各类股价平均指数之间相互背离矛盾的情况时有发生，致使道氏理论处于无法研判和利用这种不和谐行情机会的地步，因而也会使投资者错失许多较大的局部性获利机会。该理论的这一点对实战的不利制约作用，请投资者务必要有清醒的认识。

4) 波动架构分级原理

道氏正确地将股市的波动分为：①主级正向波；②次级逆向波；③日间杂波三个波动级别(图 1-37～1-39)。这一观点，为我们在实战中正确地进行战略和战术性投资规模的界定，奠定了可以遵循的理论原则。

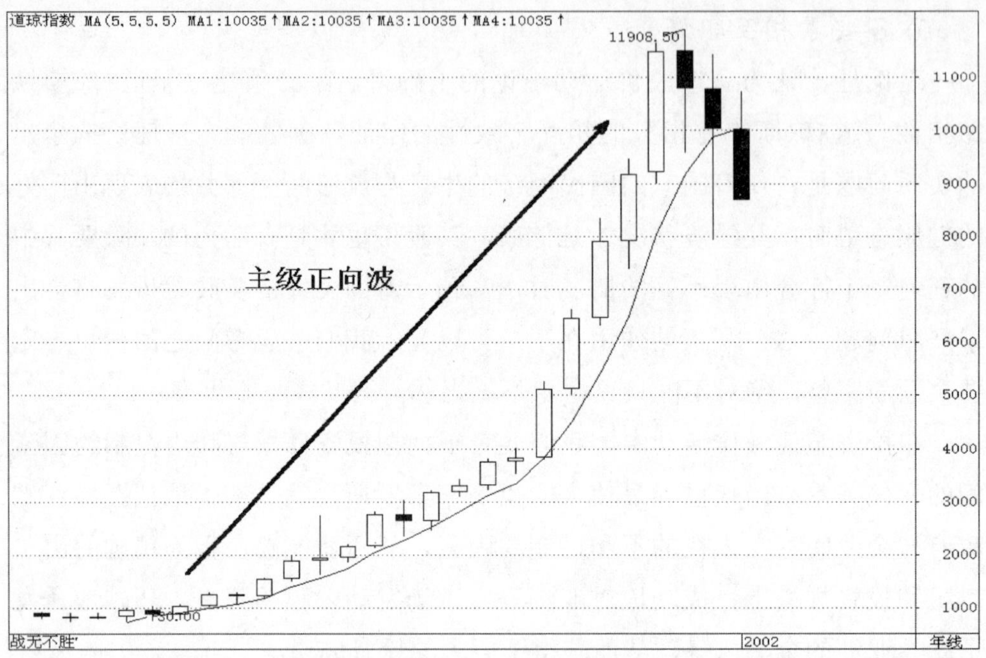

图 1–37 主级正向波

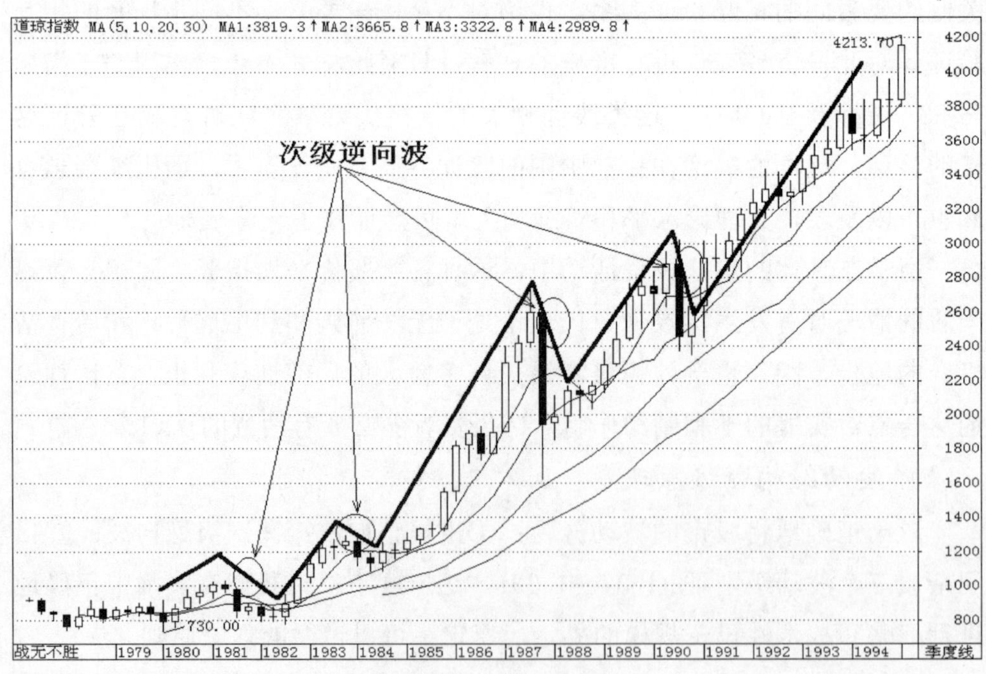

图 1–38 次级逆向波

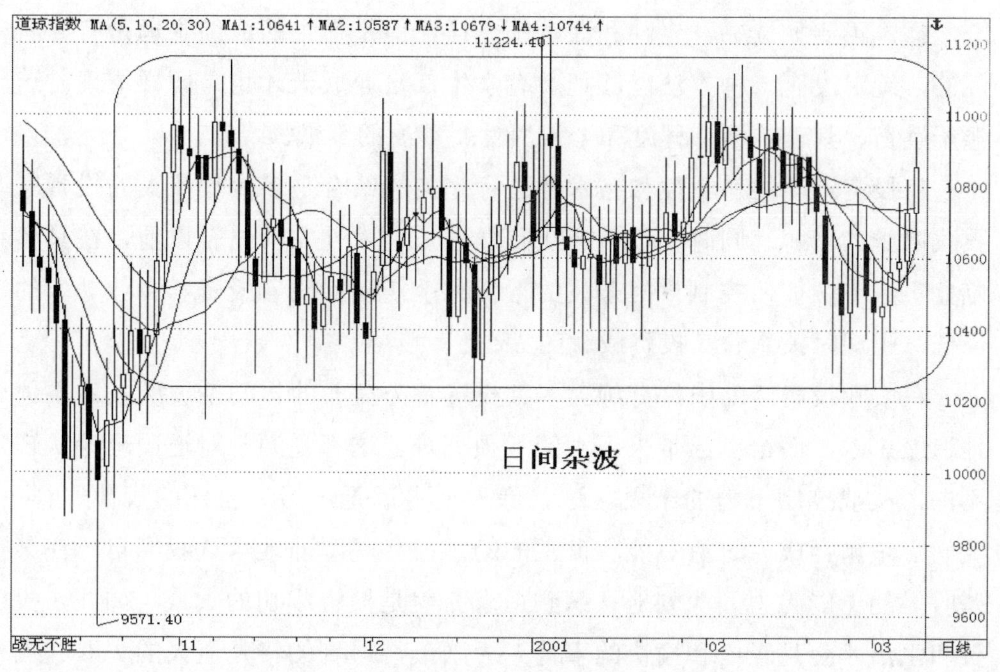

图 1-39　日间杂波

股价第一级的波动，即主级正向波，是最为重要的价格波动形式，是投资者获取战略性利润的基础，这也正是我们通常所说的牛市或熊市。第二级波动，即是次级逆向波，是最具虚假性的欺骗性波动，是市场得以存在的基础，也是绝大部分投资者亏损失败的陷阱，也正是我们通常所说的调整或反弹。第三级波动，即是日间杂波，是最无意义的价格波动，是诱惑投资者不断参与的诱饵，也正是我们通常所说的盘中即时股价走势。该种日间杂波走势目前无法寻找到不变的规律，今后也永远无法寻找到。从本质上看，它具有最大的随意性、不确定性和可人为操纵性。100 年前道氏就对此给定了明确的结论，但是直到今天，甚至将来还总是有人沉浸于妄想之中，耗费自己无穷的精力，企图寻找到日间杂波的规律。日间杂波绝对无规律可寻，有的只是实战投资家总结出的可供参考的经验，而且对于这些经验的把握和灵活运用还具有极大的艺术性成分，其运用效果的好坏与投资者的基本素质与理论功力的深浅有着极大的关系。就正如中国武术，套路人人都会练，但是人的武功深浅却并不相同，有着高低、强弱之分一样。再比如读书，老师和课本都一样，但是学生的成绩永远是有好有坏的，绝对没有一种方法能够把所有学生都培养成天才也是同样道理。这源于勤奋、刻苦的训练程度和个人悟性、素质的高低。

将投资活动的科学性和艺术性进行完美的结合是多少代伟大的投资家孜孜以求的梦想。同时在没有解决科学性与艺术性完美结合以前，在具体临盘实战中，如何控制日间杂波的干扰和杀伤则标明着投资者专业功力的高低，也同时关系着其投资成就的大小。

在实际投资活动中，有绝大多数投资者为盘面的日间杂波所左右不停地追涨杀跌，而给自己带来巨大的亏损灾难。这都是源于对道氏理论认识不深，实战控制不力的结果。这就像人类永远无法穷尽自然的规律一样。我们必须抛弃成为无所不能救世主的幻想，客观冷静地承认我们自己在某些时候的无能为力，深刻地认识到追求完美是投资成功的大敌。如此，投资和生活才会是轻松和愉快的事情。否则最终得到的将是巨大的失败和彻底的绝望。这一点，作者本人在大学对理论物理科学的学习中，有过刻骨铭心的经历和极为彻底成功的认识和超越，才没有走上像牛顿、爱因斯坦这种大科学家，尼采、康德这种大哲学家，海明威、顾城这种大文学家临死才彻底绝望，这种悲凉的灵魂不归之路。

在股市的具体运动阶段之中，就算是庄家，也只能在某种程度上控制自己坐庄股票的日间波动，而且这种控制是有一定的大盘背景和时间条件限制的，也不是100%的绝对无条件能够控制股价的各级波动。他们也只能是相对的控制和把握。并且这种违背市场运动规律的人为控制，在庄家出货的环节上其将付出巨大的代价。谁都不能违背客观规律，更何况小小的一个庄家，否则必将遭到客观规律的无情惩罚。

5) 不可人为操纵原理

道氏理论坚定地认为在主级正向波的级别上，市场或股价的运动不可被人为控制及操纵。因为，这是市场的根本规律。违背规律的任何人为的控制和操纵，其最终都必将为此而付出惨重的代价。在次级逆向波和日间杂波的级别上市场或股价可能被人为控制或操纵。

其实这就像自然规律一样，是不可被违背的，人们硬要违背自然的规律，自然也没有办法，只不过，最终人们必将受到自然规律的惩罚而已。

人们在多大级别上违背了自然规律，就会在多大级别上遭到客观规律的惩罚。道氏在对这一点的强调上还显得过于温和了。他只认为在主级正向波上股价的运动不可被人为操纵和控制。他还没有彻底认识到，凡是规律均不可被违背和操纵，硬要违背和操纵就必将为此付出代价的不可更改的事实。这就包含了在次级逆向波和日间杂波的运动上违背规律地去人为操纵和控制，也会为此付出代价，并遭到相同级别的市场报复和惩罚。

投资就是投入资本。你光投入资金而不投入本领，市场就用套牢、亏损对你进行教训。

对于该定理的深刻认识，还可以帮助我们更好地认清庄家行为的市场实质，能够更深刻地把握庄家行为的致命缺点，以便我们更好地利用庄家的弱点从而彻底地战胜庄家，最终彻底地战胜自己。

在一定的条件下庄家可以改变市场的供求关系，操纵股价的波动甚至是股价主级正向波动，但是庄家为控制和操纵股价的波动和获取暴利所必须收集的大量筹码在庄家出局离场时将遇到极大的麻烦。该种麻烦致使许多庄家在出局环节上，向市场回吐筹码的时候无法成功，自己却遭到致命的杀伤而惨遭失败。庄家控制筹码，制造需求可以让股价不停地上涨，但是这种需求是庄家自己的特定需求，而并不是市场的真正普遍需求。这种推动股价上涨的需求是虚假的，得不到市场真正普遍的认同。

亿安科技的庄家控制和操纵了所有级别的股价运动，其庄家就必然会付出无人接盘，遭到无法顺利出货的市场报复。其庄家只能想办法，钻国家的空子，并天天烧香期盼有一群大傻瓜出现，来接走自己巨量持有的筹码，好让他能够脱离天天自拉自唱并痛苦万状的苦海。

也有一部分狡猾的庄家，他们可以利用种种欺骗伎俩，让部分愚蠢的投资者认同庄家制造的这种虚假市场需求进场接盘而得以侥幸出局成功。但是，庄家的这种侥幸的成功仅仅是因为有部分投资人愚蠢，并不说明庄家没有遭到市场规律的惩罚，只不过市场惩罚庄家，而庄家又惩罚了那些愚蠢的人而已。这也正是庄家敢于坐庄的理论依据，因为市场中，生活中永远有更愚蠢的人。正所谓，只要敢骗，就总会有人上当，是也。

6) 牛市和熊市的定义

道氏给出的牛市(Bull Market)和熊市(Bear Market)的定义是以主级正向波的运行方向来进行确定的。所谓主级正向波的方向朝上就是牛市，而相反，主级正向波的方向朝下就是熊市，与主级正向波相反的运动，相应的被称为调整或反弹。而牛熊市场性质的根本改变被称为反转。

绝非任何时候的涨跌互换都能叫作反转。这一点希望投资者一定要把基本概念搞清楚。而且，这种基本功不过硬还自以为是的不严肃工作作风也正好就是目前中国投资界最为突出的优点。不花功夫去搞懂最基本的概念而好高骛远地去搞什么神秘莫测的日间波动预测和挖空心思去揣测庄家动态盘口意图，这种连大投资家穷其毕生精力都无法彻底解决的问题，在错误的研究方法和投资方法的道路上越走越远。

投资基本功力的普遍低劣，正是目前各类投资群体最为薄弱的致命地方。其巨大的投资失败绝对不是因为盘口分析功力高低这种可有可无的技巧。就好比绝大多数股评人士无知地将 1999 年 12 月 28 日的上涨点位称为反转一样，闹出了一个大玩笑。其实从 1999 年 6 月 30 日展开的下跌行情，其本身就是牛市中的级别较大的调整。我们的市场从来就没有由牛市变为熊市，何来反转？这也是中国的股评家基本功不够扎实的悲哀吧！

在这组常用的投资概念中，道氏没有给出市场运动空间和时间的明确定量标准，从而也致使众多投资者在实战的具体运用中出现的许多问题无法得到解决。这种不定量性缺点也正是许多经典投资理论的共同缺陷。这种缺陷也极大地削弱了这些经典理论的可操作性和实战获利能力。这种不能定量化问题对实战的根本性制约是投资者在实战时必须加以注意，并在自己的投资活动中必须加以克服的。因为专业投资家的所有实战操作都必须是定量化的，绝对不允许一丝的信号模糊和主观随意。

7) 相反方向次级骗人波

股票市场从其交易规则上看，就注定了绝大多数人必须赔钱亏损，游戏才能最终不断地进行下去。因为股票市场，甚至资本市场本身并不是一个生产性领域，其市场活动行为的本身无法创造价值。它只是个利益不断再分配的场所。所有赢家的获利均全部来源于输家的亏损同时为赢家和输家服务的机构和个人也必须由输家来养活，由于这一消耗，因此输赢永远无法平衡。

这就是资本市场的残酷无情，也正是资本市场的零和规则。这和生产、流通领域有着本质的不同，也就是说股市绝对没有双赢的局面产生，对此任何人都不能产生美好的幻想。股票市场利国、利民的说法是绝对有待商榷的。股票市场利国不错，但绝对无法有利于成为输家的股民，对吧？当然，输家也不能怪国家，只能怪自己本领不如赢家高而已，因为市场中毕竟还有5%左右的赢家吗，人家能赢为什么你不能赢？原因在于你自己！

同时，如果市场中没有了输家，市场的游戏活动就无法不断地继续进行，市场也就无法存在。因此，市场必然会通过某种机制让输家必然产生和持续存在，这就是股市的奇妙之处。其具体到资本市场和股价的运动上就体现为，如果人人都能完全认识清楚市场的主级正向波，那么就没有人会成为输家。因此市场总是要使绝大多数的人无法正确认识主级正向波，这包含着对主级正向波的性质、空间幅度、时间长度和规模等的综合认识。这时次级逆向波的效力就发挥出来了，在主级正向波的相反方向上出现新的股价运动，让你无法判别是否是主级正向波动已经运行完毕。市场就是这样不断地反复着主级与次级运动，让投资者每次受骗或总有一次受骗。如果你的功力高被骗的次数就少，功力低被骗的次数就多或总是被骗。次级逆向骗人波对应的就是上涨过程中的调整，下跌过程中的反弹。这种次级行情不确定的人为因素最多，实战中必须采用资金管理技术进行应对。

股票市场存在的历史已有近400年了，就是连最伟大的江恩、索罗斯等实战投资家也不敢讲没有被市场欺骗过。更枉论是普通投资者了。市场有的时候就是骗你没商量，不要感到奇怪。我们是人，不是神。是人就会犯错误。承认自己某些时候的无能为力，坦然地接受错误。这样你才会成为大家，具备谈笑自若、赢大钱的卓越风范。

就算能够让你认识到了市场的主级、次级波动，市场也未必能够让你把握得到。这里有一个非常重要的知道和做到的心理控制，资金管理和操作行为能力的实战大问题。懂不等于会，会不等于好！就正如在市场中有许多人明明知道要涨，却在临盘时就是不敢买，就是赚不到钱，明明知道要跌，却在临盘时就是舍不得卖，就是喜欢抱着股票去亏钱。这些都是人类贪婪和恐惧心理弱点在作怪，而不再是懂于不懂的技术的问题了。

千百年来，谁都懂得将油倒入瓶子的道理和方法，可是千百年中就只有一个卖油的老翁能够流传千古。这就是懂与会，会与好的区别，也就是知识和能力的区别。有知识的人未必有能力。人的能力是一种综合的整体素质，它需要刻苦的训练和用心的体悟才能不断具备的。而知识却是单一的，只要看看书，听人家讲解一下就能搞懂了，比较简单和容易。这也正是许多人看了很多书而实战投资却还总是亏损的原因吧。

8) 挡不住的日间杂波诱惑

如果人们总是亏损，那么有谁还愿意永远成为傻瓜，继续在市场中不停地参与下去呢？相反，为了能将市场的游戏持续不断的进行下去，市场也会不断地制造赢家和输家之间的彼此互换，以便吸引大家继续留在市场之中，心甘情愿地继续参与下去。能够成为赢家的希望，不停地激励着广大的投资者不断地奋不顾身、舍身忘死地去英勇就义。市场的日间杂波就担当了这一制造希望和幻想的巨大重任。

日间杂波运动的不确定性会让你偶然地、间歇性地，一会儿赚钱，一会儿又亏钱。它总是让你看到能够赚到钱的希望，给你诱饵，让你不断地幻想自己最终总是能够发大财，而不停地参与下去。让输家与赢家不断地互换，就像春夏秋冬，一年四季不断地更替一样，希望、失望，无休无止……输赢互换就像鸦片，有多少吸毒者能够具有非凡的意志，戒掉鸦片呢？

在日间杂波的级别上，可以说每一个投资者都曾有过赚钱的经历，偿到过赚钱的甜头。但是，有许多人至死都还没有弄明白自己有过赚钱的经历，但绝对不等于自己已拥有了赚钱的能力。他们最终搞不清楚自己是凭运气偶然赚到的钱，而不是凭本事赚到的钱。靠运气偶然赚钱与凭本领必然赚到钱，这两者之间是有着的根本区别的。不能产生这种大智慧般的天才认识，也间接地阻碍着他们不断地、自觉地从具备赚钱的能力上反复刻苦训练，以便真正地提高自己。不吃苦中苦难成人上人，不会错。本领投入的越多，本钱就可以投入的越少，亏损套牢的学费就可以少交。

日间杂波，说穿了就是市场用来钓鱼的诱饵，它的瞬息变换，不断地让贪婪且无知的人们心甘情愿、奋不顾身地进场献身。不深刻地领悟和透彻地认识到这一点，你就终究无法在投资生涯中达到最后的超越。这一问题甚至令大师级的江恩和艾略特也无法最终跨越而抱憾终身。由此，道氏的伟大天才更加光彩夺目，奕奕生辉……

专业选手持续稳定必然获利，业余选手间隙偶然获利。这就是区别！

9) 股价运动趋势的定义

当一日以上的股价运动，造成方向改变的幅度大于股价本身的 3%时则被称为上升浪或下跌浪。当后续上升浪突破前一高点，且后续下跌浪终止于前一低点时则表明价格处于上升趋势中。相反，当后续上升浪无法超越前一高点，且后续下跌浪突破浪前一低点时，则表明股价处于下跌趋势中。在该定义中道氏给出了用价格比较和运动方向比较的方法确定趋势的较为科学的方法。但是却没有对价格的高、低点给出定量的限定。

纵然如此，道氏对趋势的定义也比其他后来的分析家对趋势的定义不知要高出多少倍。只有对上升浪和下跌浪有深刻的理解也才能对趋势的含义有根本的理解和正确地运用。比如最常见的趋势线概念就只用最高点或只用最低点连线而给出，其根本就没有考虑到高低点间，上升浪与下跌浪间，这两个要素间的相互比较关系。其研究理论的正确性和研究水平的高低，自然不言而喻。这也反映出后来的投资者急功近利，不对最基本的东西花费巨大功夫的心理和认识误区。基本功不过硬，迟早要出问题。

道氏认为道•琼斯指数反映和记录着市场的规律，但是却并不能比市场更聪明地能够去预测市场的变化。这使它与许多自以为无所不能的投资理论明显的区别开来，更加凸现道氏的客观与伟大。只有谦虚地与市场和谐相处的投资家，才能最终成为市场的真正赢家。那些企图战胜市场，超越市场并预测市场应该怎样的聪明理论，最终都被市场教训的灰头土脸，至今，还绝对没有人能够例外的。

10) 股价运动趋势发展的阶段

由于供求力量及心理因素由量变到质变的积累需要有一个不断推进的时间过程，因而牛市和熊市都不可避免地分为 3 个必然经历的行情演化阶段。即牛市中，由大众投资者对上涨行情的怀疑不相信，演变为大众投资者对市场扬升行情乐观到大众投资者对赚钱渴望的最后的疯狂而产生买进力量的总爆发，最终形成市场全体的总买进，而导致牛市的死亡和熊市的诞生；相反在熊市，由大众投资者对上涨行情的失望开始，逐渐演变为大众投资者对市场充满悲观情绪，到市场全体由于对可怕的不断下跌行情的不堪承受，对上涨期待绝望而形成卖出力量的总爆发，最终产生市场力量的总卖出，而导致熊市崩溃，牛市诞生。这种趋势演化过程分别对应着只铁战法寻宝图的上涨阶段的初期、中期和末期以及下跌阶段的初期，中期和末期。市场就是这样的不断反复循环中，生生不息，直到永远，永远……

11) 成交量对股价运动趋势的认可

道氏坚定地认为，经济的发展和事物周期循环的规律以及市场的买卖需求决定着股价的涨跌规律。供求关系的规律是所有经济规律的根本。市场中供小于求股价就会以上涨来进行反映，反之供大于求股价就将以下跌来进行反映。这种市场供求关系的运动和变化，市场通过价格和成交量的变化给予记录和进行反映。把握了供求的运动和变化就把握了实战的胜机。

成交量放大说明市场参与的投资者多，表现出市场对股价的运动方向的强烈认同，市场的量价关系处于和谐的状态；如果成交量的变化与股价的变动方向相反，则说明市场对股价的该种运动方向并不认同，市场的量价关系处于背离状态，股价肯定受到了人为的控制和操纵。是一种不健康的市场行为，这种市场行为将遭到市场规律的纠正。具体地说就是，股价上涨而成交量反而缩小表明市场并不认同这种上涨，其股价不健康的上涨走势必定受到庄家人为的控制和操纵。这种价量关系的异常也是我们用于判定庄股的最佳线索。看盘，看盘，就是看异常的波动现象而不是其他。

4.道氏理论的缺陷

由于历史条件限制以及人类知识发展程度的制约，道氏理论也像所有的其他科学理论一样，不可避免地存在着各种缺陷。迄今为止，人类还没有任何一种理论是完美无缺的。道氏理论的缺陷主要体现在如下几个方面，作者将根据自己多年潜心思考得出的认识进行阐述。

1) 主观与粗糙

由于道氏本人及其理论的后续完善者们，本身都不进行大规模的股市实战投资，因而，从本质上看，道氏理论总体上是一套宏观重于微观的市场分析研判系统而非实战操作系统。故在其理论体系中，宏观的、定性的性质描述远远多于微观的、定量的操作限定。这一缺陷，也使得道氏理论从多个侧面上看显得粗糙和论断主观。当然，这种性质的问题绝非道氏理论独有，几乎现存的所有经典投资理论均存在这一共同的缺点。相对来说，道氏理论的主观性缺陷还是较少的。

分析研判家对市场而言只需要考虑看对，这是一个方面的问题；而实战投资家不光要考虑看对的问题，还要考虑做对的问题，同时也还必须考虑看错了如何处理的众多实战问题。显然，分析家与实战投资家的视角存在明显的不同，而且市场对实战投资家的要求也远远高于分析家。这就是股评分析家在实战中往往低能的根本原因，因为他们首先考虑的是说对和写对，而不是更加重要的做对。相反，实战操盘手首先要考虑的不是说对、看对这种肤浅的表面问题，他们主要考虑是如何做对的问题。这对他们的理论功底，实战能力都比股评家提出了高无数倍的更加严格的要求。因此，一个普通的操盘手的综合水平，绝对远远超出最好的股评家的综合水平。

对于最优秀的投资家来说，由于残酷市场实战的需要，要求他们不光需要具备深刻独特的分析研判系统，更加重要的是他们必须具备客观、严格、定量、精细的实战操作系统。

他们必需永远掌握着客观而不是主观，定量而不是定性，精确而不是含糊的实战操作系统。这一实战操作体系的优劣直接关系着投资家实战成绩的好坏，直接关系着其运作资金的风险与安全。

因此，对于实战投资家来说，判别任何投资理论体系，无论是传统经典的，还是时髦现代的好坏的唯一标准，就是其实战能力威力的大小和避险能力的强弱，绝对没有其他第二个标准。

这一实战检验标准直接要求，好的投资理论必须同时具备：客观，不受人类情绪和心态干扰；定量，而绝对不是一种对风险与收益，心中无数的一种大概；精细，而绝对不是对风险和收益的一种随意把握，其进场和出局的操作信号，都必须精确到丝毫不可犹豫，对各种意外变化的处置早就确定好了应对的具体方案，而绝对不是临时抱佛脚。

从这些实战所要求的标准来看，我们认为道氏理论离最优秀、最有效的投资理论还有着一定的距离。

2) 背离与实战

道氏理论对市场根本方向的最终认定，是以多均价指数的相互确认为最终判据的。也就是说，只有当道•琼斯工业指数与道•琼斯铁路指数相互一致时，道氏理论体系才能对市场运动的性质和股价波动的趋势给出最后的结论。但是，在实际的投资活动中，这种不同指数之间的相互背离矛盾出现的时候还是较多的，此时道氏理论处于其研判理论的盲区，对实际存在的客观市场机会处于无能为力的状态，因此也丧失了许多获利的机会。这显示出道氏理论对市场客观机会应变捕捉的教条和死板。同样，在大盘与个股走势背离出现的市场机会面前，道氏理论也缺乏细致的实战应变法则。

而真正的实战投资家在指数与指数间背离，个股与指数间背离的情况下，他们并不为这种外在的背离表象所迷惑。他们永远是坚定地按照风险与收益比率的大小来客观地决定自己的操作，绝对不僵化和教条。因为他们时刻牢记的是，获利避险才是他们投资行为的根本目的。而背不背离仅仅是其能否获利的环境条件，并不是他们入市投资的目的。他们永远关心的是风险与收益之间的关系。比如出现这样的情况：如果大盘指数间目前正好出现相互背离，而某个股票根据我们的实战操作系统判定，其获利与风险的比率为 9 比 1，那么，投资家会毫不犹豫地执行实际投资操作，决不会为指数间的相互背离所困惑和限制。在个股与指数间出现背离时，他们处理投资机会的原则也是同理。

3) 个股选择的无力

股票市场不同于期货市场，其投资获利的最终实现必须建立在个股的买进行为之上。而道氏理论在个股的选择上却不能提供很好的具有可操作性的实战选股战术方法体系。这也是道氏理论作为分析研判系统的必然缺陷。我们反复强调过分析家与投资家的不同之处。分析家关心的是看对而投资家不光关心看对、更重要的是做对。仅仅看对是赚不到钱的，必须既能看对，也做对才能成功地赚到钱。这也是所有的投资分析理论体系的共同毛病。分析家往往更多地关心的是宏观和定性的问题，以确保他们在看对而做错的时候，能够有堂而皇之的借口来安慰自己。所以，他们在投资获利的重要战术体系上总是无能为力或能力低下。投资者对此一定要有充分的认识和应对。当然，我们可以很好地利用道氏理论的波动分级原理和趋势概念发展出具有巨大实战威力的操作战术系统来弥补道氏理论在投资操作层面上的不足。运用方法详见只铁战法寻宝图之细分。

4) 宏观务虚

宏观定性的东西太多就会过于虚幻，当然如果不务虚也无法使自己达到深刻，但是仅仅只有务虚，却无法使你走向投资的成功。伟大的投资家必须在深刻和成功之间寻找到完美结合的桥梁。真正的投资家必须要比分析家更加严格地苛求自己，因为投资家必须参加残酷的投资实战，必须要能够做到既能看对、又能做对。看对是一件事情，是一个系统；而做对又是另一件事情，又是另一个系统。这两者间有着太多的不同。投资家必须承担起资金安全和资金增值的巨大实战责任和严酷心理压力。必须想尽办法将看对，甚至在看错的情况下，也要将他们变为实实在在的辉煌战果。

5.道氏理论的实战精华

通过精心的改造后，道氏理论将在实战研判和实战操作中发挥出巨大的运用价值。其主要体现在如下三个方面：

1) 对于股价运动趋势的利用

将道氏理论的波动分级与趋势定义相结合，同时给出牛熊市的客观定义标准就构筑成为只铁战法寻宝图之总体轮廓。以 30 周股价均线的方向作为牛熊的定义和波动级别以及趋势的判据。道氏理论的主观、不定量问题就得到了化解和克服。道氏理论的趋势思想可以直接引导出顺势而为的重要投资获利原则，同时也正是由于其顺势而为原则的无比重要和实战操作的巨大威力，反而迷惑住绝大部分的投资者，让他们错误地认为投资活动就仅仅是顺势而为，忘记了投资活动是为了获利避险。

其实，问题的关键是，顺势而为仅仅是一种重要的获利方法和投资思想，但是它绝对不是唯一的方法和唯一的投资思想。投资的根本目的是获利避险，只要是能够获利避险的方法和思想都是正确的。而顺势而为并不是投资的目的。在满足达到获利避险目的的总追求的前提下，将投资思想精细地转化为实战方法战术体系是职业投资家必须具备的基本功。

2) 对于股价乖离的把握

将次级逆向波是骗人波与市场平均成本对股价的引力作用相结合，我们就可以得出用乖离回归向心力作用原理，来回避和利用次级逆向骗人波进行避险和获利。在利用道氏的这一原理的时候，如果我们能够很好地将艾略特，江恩理论的股价空间比例关系原理和江恩理论的运动循环时间周期之窗原理进行结合，则其分解出来的实战战术投资操作体系的实战威力就将更加巨大无比。详见寻宝图之实战细分。

乖离原理的核心，就是市场的平均成本对股价发展具有极大制约作用。成本与股价的偏离程度代表着市场获利和亏损的程度。也代表着部分投资者获利及避险程度的先决要求。市场的乖离达到某种程度后就会让特定的投资者将获利兑现或展开止损避险(成本制约原理)。

3) 对于股价走势陷阱的回避

用道氏理论的相互验证原理，在实战中我们可以利用多周期，多要素之间进行共振效应验证，就可以回避掉股市中的许多巨大陷阱。其内容祥见只铁分析研判系统和只铁实战操作系统。

真正的实战投资家必须牢牢记住，投资活动和投资行为的根本目的就是获利及避险，而实现这一根本目的，绝不是仅仅只需要分析研判体系就能完成的，他还需要更加重要的实战操作体系。

只有具备这一实战操作战术体系后，我们才能将正确的投资哲学思想成功地转化为实实在在的辉煌投资战果。并且，在各种分析研判理论体系对市场运动把握的部分出现无能为力的情况时，我们也可以用严格而精细的实战投资操作体系，去进行弥补和化解。使我们在各种投资活动中，真正达到既能获利也能避险的高超境地。如果仅仅记住获利而不记住避险对实战投资家来讲也是非常危险的事情。

同时，实战投资家仅仅记住避险，而没有切实可行的办法和体系去进行实实在在的风险化解也是不行的。这必将使避险成为空谈，无法达成实际的效果。人经常必须对许多无能为力的情况进行应变和控制的准备，才能永远使自己立于不败之地，或即使失败也很小而成功却很大。也就是说，好的投资系统必须既能捕捉良好的市场获利机会，也同时能够化解因股价运动不确定性变化带来的投资资金的安全性风险。

股价的盘底阶段和做头阶段是无法用规律进行描述的股市部分，实战必须进行资金管理。例如空仓战术的展开或复合操作技巧的运用等(图1-40)。

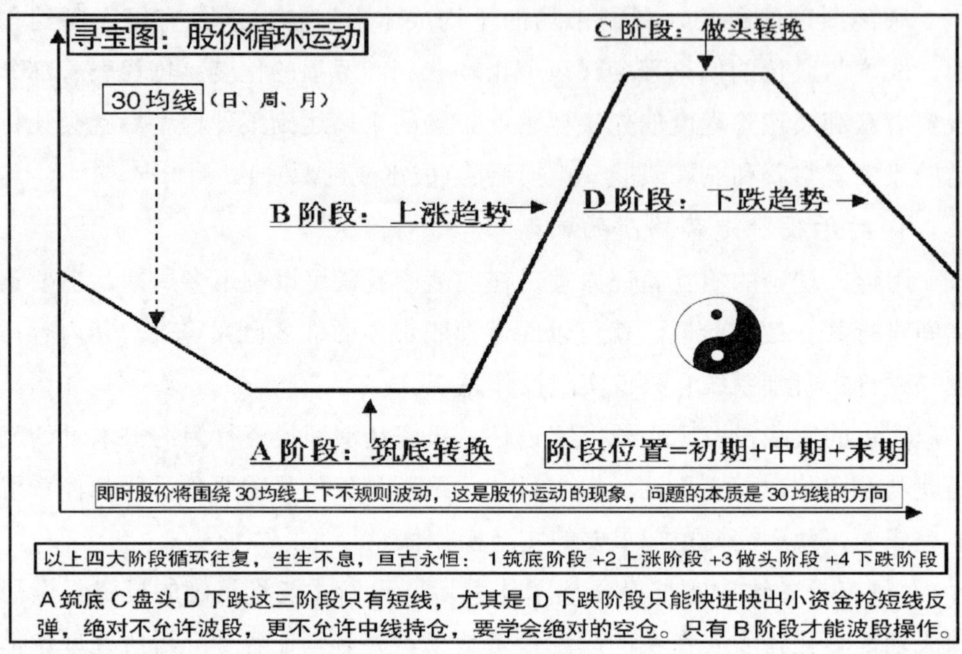

图1-40　寻宝图

6.江恩理论的精华

1) 江恩理论客观化努力的价值

人物简介

青壮年时代的江恩是股市中最伟大的传奇人物，其作为大规模参与资本市场实战投资活动的卓越投资家，所取得的投资辉煌战绩，自从有股市以来，唯有伟大的索罗斯才能与其比肩。中外股市已经存在了近400年的历史，其中有三个传奇般的英雄人物，作为巨大的榜样，激励着一代又一代的专业投资家，向着辉煌的成功之路艰难地迈进。请投资者牢牢记住他们的名字。他们就是江恩先生、索罗斯先生及目前并不为中国投资界所熟知的理查德·丹尼斯先生。他们共同的特点都是在风云诡谲的市场投资活动中取得了辉煌的业绩，并且他们都有着自己独特的实战投资操作个性和精深独到的投资哲学理论，正是由于这两者的具备，使他们都形成了区别与普通投资者的神秘个人投资风格。并且，他们都是靠白手起家，以单纯的技术分析功力，凭借智慧，公平地从股市赚取了巨大的财富，创造了一个又一个投资神话故事的英雄。

在本世纪初，江恩曾经以个人的力量赚到几千万美元，这笔金钱在当时是极为巨大的。而索罗斯则是从吃剩饭的饭店里的服务生起步，最终创造了成功阻击英国中央银行，一个月获利 20 亿美元，令人瞠目结舌的辉煌投资记录。并且他还在 1997 年成功地诱发了亚洲整个地区的金融风暴，凶狠地阻击了亚洲各国的资本市场。在较短的时间内，其获利至少达到了 100 亿美元，成为亚洲各国泡沫经济的终结者。而名不见经传的理查德·丹尼斯先生更是创造了以 1600 美元投资本金起家，完全以个人的身份，凭借其独有的市场技术分析研判体系和实战操作技术体系，在短短的 16 年时间里将 1600 美元增值成为近 10 亿美金的股市新神话。

这三个最伟大的投资家的辉煌战绩，并不是我们必须崇拜和景仰的关键，因为，这是他们专业技术功力的必然结果。但是，他们能够在如下几方面给予投资者获取成功最大的启发力量。他们是股市里的真正英雄！

①出生平淡，绝无耀眼出生背景，白手起家，完全凭借个人的技术功力取得巨大的投资成就，以非凡的智慧成为历史上罕见的投资大赢家。

②他们都笃信资本市场的总体公平。坚定不移地刻苦锤炼过硬的技术分析研判和实战操作功力。他们的成功完全凭借的是非凡的个人智慧和超人的心理意志，而绝对不是靠诸如内幕消息这类东西。他们凭借的是高超的本领，而绝对不是凭借偶然的运气在市场中赚钱和成功。正所谓，没有本领靠运气，偶然赚钱；有了本领靠功夫，必然赚钱。

③他们都通过忍受常人无法忍受的刻苦，孤独地进行理论的研究和无数次不怕失败的腥风血雨实战。由此，总结出了独具他们自己个人风格的投资分析研判理论体系和投资实战操作技术体系。并像珍惜自己的生命一样，对她们进行永不放弃地坚守。他们伟大的心志力量上也是超人。

下面作者将介绍江恩理论的关键要点，并指出其客观存在的理论上的缺陷，以期对有缘的投资者有所启发。

2) 江恩理论要点

江恩坚信在股票和其他资本市场上，存在着不以人们主观意志为转移的客观运动规律，并且他毕生都在为寻找这一客观规律进行不懈的努力，直到他生命的最后一刻。江恩坚信，这种不以人的意志为转移的客观市场规律可以用精确数学的方式进行描述和表达。只要是有见地的投资者都能从江恩理论的描述中，看到自然和谐运动规律对市场的反复作用。我们也将为自然之力的神奇和伟大叹服不已。

①江恩第一个将自然的时间要素引入市场分析和投资实战之中。江恩彻底地完善了对市场三大要素相互关系的包含。这三大要素，也就是市场的价格，成交量和时间。任何对市场的技术分析研判，如果缺少了这三大要素之一，都必将是不全面和不完整的，也必将与市场的真实运动规律存在着绝对的差距。在所有的经典投资理论流派中，也只有江恩理论将时间要素的分析与价格要素的分析进行了和谐有机的统一。实战中，脱离时间要素的限定，孤立地去分析股票的价格运动是绝对片面的。就正如回答一个人能够走多远这样一个简单问题，而不问用多少时间的限定是无意义的一样。只问价格能涨多高，而不问价格在多长时间内能涨多高，这样的问题是无实际意义的。江恩将时间要素引入市场是对投资界的一个巨大贡献。他将使我们的分析研判更加全面，实战操作更加从容。

②江恩理论从定量的角度极大地完善了道氏理论的光有定性、缺少定量的不足，极大地提高了其投资理论的实战可操作性。其具体表现在对次级逆向波对主级正向波的修正的空间幅度上。即在市场的上涨趋势中，价格的次级回调，往往在如下位置出现止跌启稳而结束调整：0.3-0.5-1 等位置。相反，在市场的下跌趋势中，次级的反弹往往也将在反弹高度的上述位置遇阻回落而结束反弹。江恩认为，只有这样，市场的运动才是最和谐完美的，同时也才是最为稳定的。将这一理论与江恩角度线进行结合，将得到江恩实战技法中最为有名的价格带战法即江恩螺旋。

③江恩时间之窗：江恩认为市场的运动就像自然界中万事万物一样具有循环的时间周期。在如下的神奇时间位置，市场波动容易从量变的积累，转变为质变的爆发。具体表现为以费波纳兹级数为代表的神奇数字系列，即1，1，2，3，5，8，13，21，34，55……也就是说，在市场趋势运行到如上数字的天数、周数、月数时，市场容易产生变盘情况发生。这就是江恩的时间之窗理论。其在股市中最常体现为5，8，13，21，34，55这几个数字。当然，这些数字并不具备客观的确定意义，他们均具有一定的实战浮动漂移性。同时，实战投资者也还要注意，对由费波纳兹级数演化出来的黄金比例0.618、0.382等的实战运用。

④江恩将市场的运动方向用角度线的方法进行定量的描述，以此界定出市场运动力度的强弱。市场运动的角度越大，市场趋势发展的力度就越会越强烈，反之则越疲弱。这就是江恩的角度线，即上下甘氏线。其中尤其以45度线最为著名，因为它处在空间中最为稳定的位置。

⑤江恩在晚年，为了能够彻底地认识和描述市场的和谐运动规律，搞出了大量的烦琐理论，甚至于不惜走到了玄学的地步，背离了作为实战投资家最为重要的原则。这也和其晚年脱离市场实战有着很大的关系。完全要搞懂神秘的江恩理论是艰难的，甚至是不可能的，同时，我们也认为是完全不必要的。就算你能完全搞懂江恩的全部理论，也不代表完全搞懂了市场的规律。因为江恩理论的本身，是否全部正确也是存在问题的。

⑥相反，江恩的实战投资操作体系，却与其繁杂神秘的分析研判理论体系背道而驰。江恩的实战操作体系以其简明，客观而凸显优美无比，同时也表现出巨大的实战威力。拥有这样的优秀的实战操作体系，必然会令人怀疑到江恩自己在投资实战中都未必会完全按照自己烦琐的分析研判理论进行。这就是知行合一的巨大困难。这在最伟大的投资家身上也难以完全避免，可见在具体投资活动中想要战胜自己的艰难和真正战胜自己对取得投资成功的重要性。

投资实战中，在出现投资理论和实战操作相背离这种情况的时候，伟大的投资家都会坚定不移地以实战操作要求作为自己的最高原则，一切从实战的要求出发。江恩作为伟大的投资家自觉地做到了这一点。这就是伟大的投资家共同具备的非凡之处。比如，艾略特就无法做到这一点，因为他并不大规模参与市场实战，没有接受过大规模残酷实战的血腥考验，因此艾略特只是伟大的理论家，而不是真正伟大的投资家。

3) 江恩分析理论的破绽

总体上讲，江恩的分析研判理论体系具有极大的主观随意色彩。实战中，最好只作为宏观定性上的指导。并且，江恩的分析技术理论主要是一种预测性的企图比市场聪明的分析理论。与他的实战操作理论有着本质上的区别。江恩的实战操作技术体系，是一种完全客观、定量化的市场信号追踪确认体系，它并非为了企图比市场聪明，而是努力比其他投资者更聪明。也正是由于这两者间的根本背离，因而江恩的分析理论体系存在如下缺陷：

①分析起点选定的无法客观和确定。江恩理论中的所有分析起点都缺乏客观精确的定义，因而在具体的分析使用中投资者将出现极大的操作使用困惑。而江恩理论正确分析结果的得出又极大地取决于分析起点选择的好坏。实际分析中不同的起点选定，往往具有完全不同的分析结果。让你在实战运用中无所适从，因举棋不定错而失良机。

②具体到股市中，图表的画面涵盖天数的大小，也会使江恩理论的分析结果之间大相径庭。让人感到展开具体的分析毫无标准而无所适从。

③江恩的晚年，非常坚定、甚至顽固地企图发现市场的所有规律，甚至发展到走向玄学的极端地步。并且自己片面地认为，所有的市场运动都应该是和谐和完美的，犯下主观主义的错误。其实，早在他之前的道氏就非常具有洞察力地认识到，人类的能力相对于浩瀚的宇宙自然来讲是渺小的，有许多的事情人类是无能为力的。可见江恩也没有很好地理解道氏。

请记住，世界上永远也不会有完美的理论出现，来囊括市场的全部规律。比如，道氏就明确指出日间杂波是不确定的，是不可认识的，也是没有根本意义的重要观点。但是，至今仍然有许多投资者依然沉迷与对日间杂波规律的捕捉和对庄家意图的无谓揣测之中，使自己掉入迷恋雕虫小技不可自拔的泥潭而最终毁灭。

总体上说，人类永远不可能完全认识自然规律。人类只能在特定的时空条件下认识局部的自然规律。并且，就自然的本身来说，其总体本质就是模糊和不确定、无规律的，其中精确和确定的有规律部分，仅仅只是其总体中的一种特殊情况而已。这也就是说，投资者只能在局部的范围，在特定的时空背景条件下，才能认识市场运动的局部规律，而其他部分则是投资者永远无法完全认识的，在实战中也无能为力的，应该回避。

勇敢地承认自己的渺小，承认自己在某些时候的无能为力，才会比普通人更加伟大，才不会走向最后时刻的彻底绝望。理解了这一点，在实战中，投资者就只会做自己能够认识和把握的到的行情和机会，而不会勉强随意地去做自己认识和把握不到的行情和机会。在具体的投资实战中，我们既不能，也不必把握所有的市场机会。我们只赚属于自己能够认识和把握的到的市场机会的钱。切记，追求完美是最终走向投资成功的大敌。这种完美主义的念头，将使你的内心永远无法保持宁静和平衡。具体到股市来说，就是不要妄想去捕捉到所有的黑马，妄想去赚尽每一次市场波动机会的钱。这既不必要，也不可能。只赚属于我们自己的钱。

但是，如江恩这样伟大的投资家也没有真正认清这一点。他枉费心机地去企图认识市场的全部规律，不承认市场没有规律或人们认识不到的部分，甚至幼稚地认为市场的所有运动都必须是和谐的，都可以用数学公式进行精确的描述。他看不到市场中同时存在大量的不和谐运动，并且，这些不和谐的运动是不可以用经典的数学公式进行精确描述的，故而耗费大量的心血，做了许多无用功，最后还是以失败而告终。当然，这样深刻的错误绝对不是只有江恩才会犯的，过去、现在以至将来也还会有许多人会犯。后面的艾略特，就是一个再犯这一相同错误的典型例子。

不去深刻地理解道氏理论，基本功不扎实就想好高骛远，眼高手低地企图去钻研高深莫测的东西，甚至于轻易就去创造自己的理论。这种无知是绝大多数人共同致命的毛病。比如，许多投资者连最基本的 KDJ 技术指标的根本内涵和使用方法都还搞不清楚，就迫不及待地去渴望理解高深莫测的庄家盘口意图等，就是这种毛病的生动体现。如果无法在灵魂深处，真正超越这种毛病，就注定永远成就不了大器。这绝非危言耸听。

4) 江恩理论实战精华

操作信号产生的客观化和定量化以及用止损措施对利润的保护和对不确定风险的控制，是江恩实战操作体系的精髓。投资者每一次的实战操作行为都可以毫无例外地根据江恩实战操作体系对自己的进出场点的情况用最佳、次佳、理想亦或可接受来进行衡量，并对自己的投资实战活动的好坏进行客观判定和精确的控制。江恩实战操作理论体系的完美、科学以及其长期稳定性，几乎已经达到了当代的最高水准。这也是江恩对实战投资界的巨大贡献。江恩是最早将客观性、科学性、安全性以及稳定性操作要求引入投资领域的伟大先行者之一。因此，我们同时也可以据此轻松地得出对任何投资理论好坏进行衡量的最为重要的标准之一：客观化、定量化、预防保护化和科学化。请投资者认真体会，这些结论写来轻松，得来却并不容易。多少个不眠之夜，多少次呕心沥血……

7.波浪理论的精华

1) 艾略特波浪理论的主观随意和实战制约

人物简介

早年的艾略特从事的是企业会计工作，后来由于生病修养无事可做的原因，偶然地开始了从事股票投资分析的理论研究。他当时研究股市投资理论的起因，并非是因为参与残酷投资实战的需要，而仅仅是他病极无聊之后的消遣。因此，这决定了他绝对不会像实战投资家一样，背负着沉重的投资资金安全和资金增值的巨大交易心理压力。所以，他的研究视角也并非源于实战的迫切需要，而仅仅是为了证明他自己的无比聪明而已。其实，事情就是这么简单，只是后来的人把他搞的神秘起来罢了。也正是因为他研究动机的简单，才会隐含着脱离实战的巨大缺陷。投资者在研究和运用该理论的时候，对此务必要引起高度的重视和警惕，并且对其理论缺陷一定要想出在实战中的应变之道。也就是说，艾略特始终是以分析家而非运作大资金的实战家的眼光和思路来研究股票市场的，他没有运作过大资金，就绝对无法真正亲身地感觉到投资家需要的是什么。

2) 波浪理论的要点

自然的波动韵律是艾略特波浪理论的灵魂。股价运动要素的模式、时间、比例及其相互关系是其波浪理论体系的关键架构。即是说，市场的运动趋势可以用波浪来进行体现。在波浪的运行中，由于人类行为模式并非仅是简单的重复，因而浪形往往总是并非必然地以交替的方式运动。

①艾略特把主级正向波的运动趋势以推动 5 浪的存在形式，进行划分和确定；而把次级逆向波以调整 3 浪的存在形式，进行划分和确定。也就是说完整的市场循环运动必然可以用这 8 浪的存在形式进行包含，至于为什么是 8 浪，艾略特本身并无法从理论上进行证明。其仅仅表现为大量的统计规律特征而已。我们由此也可得出，艾略特的波浪理论也并非市场运作绝对不变的天条。实际的市场中必然隐含着不符合艾略特波浪理论所描述的运作形式存在，而这一点就连艾略特本人也并无清楚的认识，因此他也就对此无法进行正确的描述。普通投资者如果认识不到自己将要使用的投资理论的缺陷也就无法正确地使用该理论，并正确发挥该理论的长处及回避、化解由于该理论的缺陷所带来投资风险。

②艾略特本人坚信，市场的价格运作与人类行为变化以及自然的客观规律之间存在确定的规律性关系。而这种关系可以用艾略特波浪理论进行描述和反映，其具体体现在三个方面，即模式关系、时间关系以及比例关系。而以后的人，正是在这三个不同的方面进行发展而形成了不同的波浪理论的分析派别。诸如精确化波浪记数派、费波纳兹级数派、市场心理结合派以及目前最先进的计算机记数派等等。

③艾略特波浪理论的模式关系，更多的是反映了人类行为心理变化因素对股价的作用，而时间关系和比例关系则更多的是表现了自然规律对股价运动变化的作用。而且，这种作用效力的存在，对任何股市而言均概莫

能外，绝对不存在中国股市比外国股市在规律上特殊这种幼稚浅薄的说法。这也绝对成为不了某些人无法成功运用该理论的借口。

④艾略特波浪理论，从总体上来说是一种预测性理论。其预测方法的关键手段就是对于费波纳兹级数以及由此派生出来的黄金数字的组合运用。并且这种运用具体地表现在股价运动的时间周期和空间位置上。这也是艾略特波浪理论中科学内涵最多的精华部分，因为，它们反映的是自然规律对市场的可能存在的定量化作用效果。

可惜的是，艾略特本人并没有很好地认识到这一点。而将其对波浪理论的研究重点放在了不确定性较多的人类行为模式的研究方面，而对其科学的起点进行了偏离，将自己的理论研究在某种程度上引向了歧途，而忽略了对其他两个客观成分含量更大的时间要素和比例要素的更加深入、细致的研究。艾略特的部分门生在这一方面甚至偏离的更加遥远，以至达到走火入魔的可悲境界。如国内投资者最为熟悉的所谓波浪理论的掌门人、精确化波浪记数派的代表人物柏切特。当然该派最终是以彻底的惨败为自己画上了句号的。

⑤艾略特波浪理论的结构可以用图(图 1-41,1-42)进行彻底的描述，从中我们可以轻易地掌握波浪理论的精髓，也可以明显地发现波浪理论的缺陷。

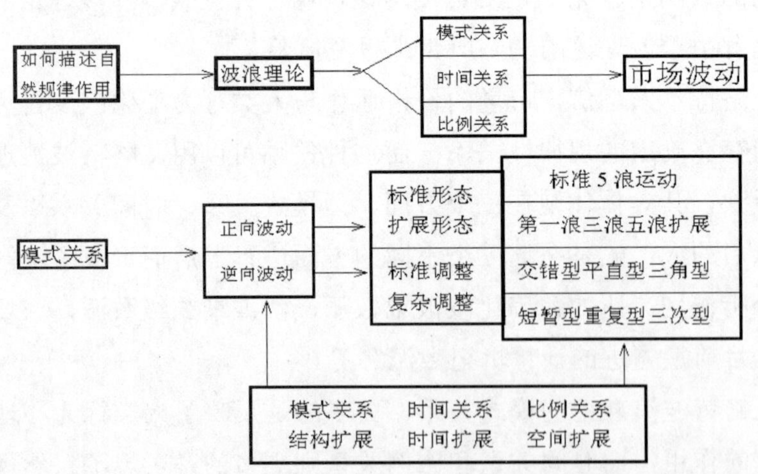

图 1-41 自然规律与波浪理论的逻辑关系

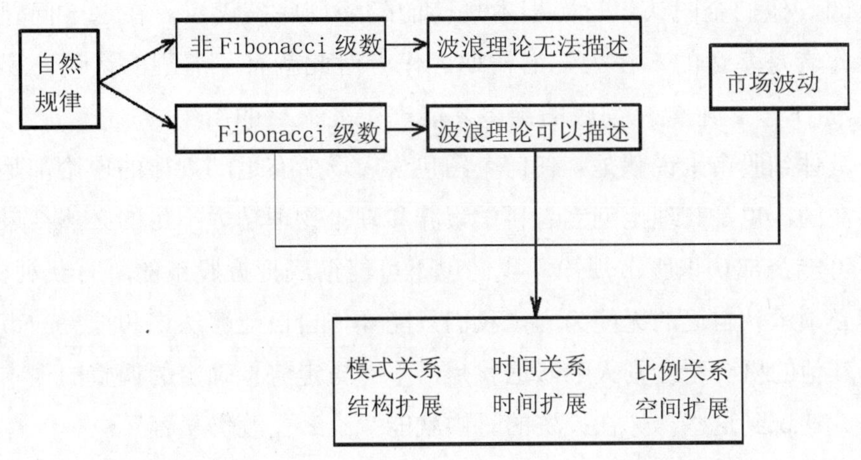

哲学错误：艾略特主观地认定了和谐结构 ibonacci 级数在事物运动变化模式上的唯一性！

图 1-42　波浪理论与自然规律，人类行为、市场波动关系图示

其实自然既有和谐的部分也更大程度上存在不和谐的部分，费波纳兹级数并不能全部进行描述。片面地将自然简单划分为和谐与否是人类对自然研究方法的误区。这样的错误江恩、牛顿、爱因斯坦均有。因此，艾略特他老人家有就并不奇怪了。这也就好像本人固执的认为全世界的人都是好人一样弱智！

千百年来人类总是渴望彻底认识自然，并进而彻底把握自然，甚至于要征服自然。其实，这些都是错误的认识和思维方式，人类为什么不认真想想自己就是自然的产物，为什么不与自然和谐相处，而要狂妄地去征服她呢？利用人类自己能够认识到的部分规律，好好地与自然和谐相处，人类就会非常幸福了，拼命地妄想改变自然、征服自然，最终得到的却是自然的无情惩罚。这样的例子已经太多、太多了。

从科学的角度说，人类永远也不可能得出或找到一个规律来囊括自然的全部规律。自然从总体上讲是模糊和不精确的，目前的科学只能在很小的限度上认识到局部精确的自然规律。因为精确是自然的特殊情况。这也就是牛顿最终还是借助与上帝，爱因斯坦晚年的眼睛充满绝望和悲伤的根本原因。他们企图认识自然根本规律的幻想彻底破灭了。在这一问题的认识上作者是幸运的，在大学的初期，作者对此就有了清醒的认识，那年作者刚刚 18 岁，绝望，彻底的绝望才能产生死灭后的新生。

具体到股市来说就是，任何企图包含市场所有运动规律的理论都是不可能存在的，也是其理论创立者科学素养和理论物理功力不足的必然结果。我们不可能全部认识股市规律，我们也不可能彻底把握股市的所有获利机会，我们必须承认自己的无能为力。我们只能操作自己能够认识和把握的市场机会，其他的机会留给别人吧。这就是，不参与走势不确定的调整的根本理论依据。认识到这些，你在投资的时候就能“乱云飞渡仍从容”……

3) 波浪理论的破绽

对完美主义的错误追求和对人类智力水准的过高估计是艾略特波浪理论产生错误的根源。艾略特从本质上没有认识到波浪理论不能也不必囊括市场的所有规律。艾略特总是千方百计地企图将每一种股价的波动都包容在自己的理论中，这就是晚年的艾略特波浪越搞越复杂的根本原因。他根本就不知道市场中还大量存在不满足费波纳兹级数能够描述的价格运动。这是艾略特投资哲学的根本性错误。下面几点是其理论的具体错误：

(1) 波浪的起点不能定量、客观地精确化确定。这就像江恩理论一样给具体的投资实战活动带来了巨大的操作性困难。

(2) 波浪理论是一套预测为主的分析研判系统。艾略特本人并没有制定将分析研判系统与实战操作系统转化的精细规则。这一问题直接决定了波浪理论最好只作为宏观定性使用，实战切忌精细化使用的倾向。

第一，波浪理论只能宏观上定性使用，微观上定量使用必须附加其他实战限定条件！

第二，波浪理论在根本上存在哲学误区，主观地认定了和谐结构在事物运动变化模式上的唯一性！

第三，坚决反对机械的精确化数浪。在作者的书中大量地使用着“波”而非“浪”，请用心体会。

第四，艾略特本人从未参与过大规模的市场实战，对于大资金的安全运作模式没有办法也没有条件进行彻底的思考。

因此，波浪理论仅仅是一套仅供参考的定性的分析研判体系。而不是一种高度专业化、科学化、规范化的实战操作体系。

4) 波浪理论的实战运用

实战中，我们可以很好地借用波浪理论的股价空间比例和时间比例关系，用以将投资行为的可能风险和收益进行对比，以确定投资活动是否值得展开以及展开的规模和所用时间的大概。实战中切忌将该理论的预测结果用来确定自己的实战操作行为。每一个投资者都必须牢牢记住，实战投资家是市场追踪者，其一切实战操作战术行为的展开都必须是以市场发出的客观信号为准，绝对不是以自以为是的预测结论为准，这是确定投资者是否专业的关键。也就是说，艾略特理论在投资实战中只具有参考作用，不具备操作行为展开时的决定作用。

8.简述相反理论及形态理论应用

1) 相反理论的精髓

相反理论表达的是一种哲学上的理念。它主要揭示的是，人应该拥有自己独特的思想和行为风格。而这种思想和风格一般是不会轻易动摇的。针对于股票市场而言，有如下观点必须引起我们的注意，以便在行情转化的关键时刻，我们能够比常人有更加敏锐的警觉。

相反理论指出不论股市还是期货等资本市场，投资买卖的决定全部基于群众的行为。当所有的人都看好时，就是牛市到顶，上涨行情结束的时候了。当人人都看空时，也就是熊市到底，下跌行情结束的时候了。在此时，只要你与群众的意见做相反的操作，致富的机会就永远存在。

相反理论在使用时，由于无法对牛熊两极的根本性转点，进行客观化、精确化定量，因而必须非常小心和注意。在实战投资操作中，它的警示价值，远远重要于其具体操作意义。

相反理论所谓的相反，并不是指的任何时候都要与群众相反，群众也不是任何时候都是错的。相反，群众在行情发展的大部分主要阶段的看法都是对的。他们只是在牛熊市场行情的两个极端位置，因每一个人都看对，就会质变，而变成为每一个人都错误。所以，运用该理论时必须借助于其他的技术分析方法，来对牛熊转化的两个极点进行确认。遗憾的是目前还没有绝对正确的方法能够给予该理论以实战价值巨大的真正帮助。因此，该理论只能作为宏观警示使用。其实战操作价值较低。

盛极而衰，否极泰来的两极运用，以及行情运动趋势的量变与质变的度的把握是一门艺术。投资者只有通过刻苦的反复训练，才能在操作运用的艺术的把握上，真正具备一定的功力。人类的许多行为就是如此难以用确定的科学规律去衡量。立志成为伟大投资家的朋友在投资行为的科学性和艺术性的和谐结合上还有许多事情要做。

投资者请注意，有这样一个标准，在我们的投资实战中具有重要的指导作用。即任何投资理论只要无法做到客观、定量和处变，就无法真正成为深具价值的实战操作系统。投资者在实战运用时必须对其进行客观化，定量化以及投资安全保护化，即意外出现时的正确处理。

2) 形态分析举要：形态分类，识别要领及实战运用

一定的时间段落内，股价走势所形成的状态就叫做形态。任何图表形态的意义都必须结合其所处的股价运动循环阶段的具体位置及形态的规模和形成时间才能准确地进行运用。这是形态分析的最高原则。任何脱离位置、规模和时间的形态分析均会将你带入模棱两可、不知所云的地步。

①形态的分类：根据形态完成后股价的后续走势情况，形态可以分为持续形态和反转形态两大类别。形态完成后股价维持原来运动趋势不变则该形态被称为持续形态；形态完成后股价的运动趋势产生了方向性的根本改变则该形态被称为反转形态。

②形态的识别技巧，传统图表分析均用阴阳交替的 K 线组合来进行形态分析，这使得形态的辨认变得不够简单。我们可以用 5 日均线的具体运行状态来进行辨认。5 日均线的平滑比起 K 线的凌乱来说对于形态的辨认会更加容易和准确。专业投资家总是能将复杂的事情变得简单明了。

(二)经典的超越及实战运用

1.经典理论的共同缺陷

①传统的经典投资理论，由于历史及投资活动的时间太短以及分析研判手段低级等等问题限制，因而不可避免地存在许多共同的缺陷。完美无缺的投资理论过去、现在以至将来永远都不会产生。

②基本概念主观随意是绝大部分经典投资理论的共同毛病。缺乏客观确定的基本概念，则所有关于投资风险和收益的判断和衡量，就无法做到定量化以及规范化。同时，在实战投资操作过程中产生的买卖操作信号交易指令就会因为人类情绪、意志等问题的干扰而不可避免地出现走样和变形。从根本上影响到投资行为的真正成功。

③分析研判体系与实战操作体系脱离。在分析时，可以用宏观和定性的大概式结论，而在操作时，绝对不允许大概情况的出现。所有的实战操作行为都必须要求做到确定无疑、精确定量，任何人为因素的干扰都将是致命的。只有这样才能在投资活动中不会因意外、偶然等因素而失败，也才能保证投资活动长期稳定，不受环境变化等因素的制约而取得真正的成功。

④具体地说江恩理论、艾略特波浪理论等其他投资理论都是从不同的侧面对道氏理论进行了深入化、精细化、完整化的工作而已。而且，这些工作往往都主要局限于理论方面；相反，对于经典投资分析理论体系与实战操作体系背离等根本问题，并未进行真正的解决。而投资实战操作规则体系是否有效，才是投资活动成败的真正关键。这一问题不能很好地解决，投资者就会永远处于知行合一不能和谐统一的实战痛苦之中。永远不能超越自己，去达到轻松投资成功的高级境界。

下面的部分内容是作者对传统经典投资理论进行综合处理后的成功运用，它包含投资分析研判理论体系和实战投资操作体系两大部分。

2.传统经典投资理论的彻底改造运用——经典的升华

传统的经典投资理论的最重要部分由道氏理论，波浪理论及江恩理论构成。其投资理论的主干是道氏理论。江恩理论和波浪理论都仅仅是从不同的侧面对道氏理论进行深化和完善了而已。

本部分内容力图将传统经典投资理论的最精华部分从实战运用的角度进行彻底的消化。并将他们在实战操作中不能客观、定量化的问题进行一定程度的解决，同时给出实战投资操作中处理意外变化的保护性安全止损操作措施。

请牢牢记住，专业化实战操作体系的根本要求是客观化、定量化和保护化。实战中绝对不允许有模棱两可的操作情况出现。市场信号是实战操作的唯一，也是最高原则。市场信号产生时，必须无条件机械化执行操作动作，不需要、也不允许你心理上再去东想西想，为自己寻找理由。市场的图表信号就是唯一充分的操作理由，也就是战斗的命令。切记，切记！

传统经典投资理论实战运用祥解如图 1-43 所示。

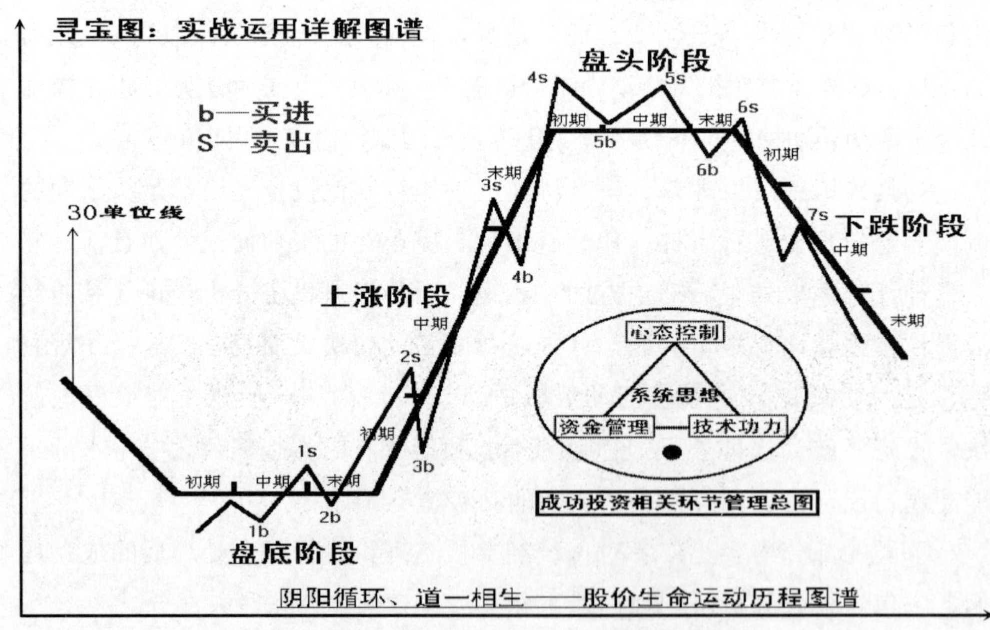

图 1-43 寻宝图 - 实战指挥图谱

荣枯循环、阴阳更替是中国对人类认识的最伟大贡献。万经之首、群经之王的《易经》对此有彻底的论述。无论市场如何波动变化，无论用什么理论进行描述，市场股价的运动都必然从荣枯更替、阴阳循环中得到体现，绝对没有例外。就像波浪理论也不过仅仅是对荣枯运动可能具备的某一种具体方式的描述而已。也就是说，波浪理论部分只是揭示了上涨阶段可能的运动方式是 3 浪推动，2 浪调整而已；下跌阶段也是 3 浪推动，2 浪修正的可能模式罢了。其问题的实质仍然是阴阳交替，荣枯循环。江恩理论也仅仅是企图将万事万物的这种阴阳交替，荣枯循环从时间和空间方面给出定量化的判据，并无根本的创新。因此，道氏理论、波浪理论、江恩理论已经被本寻宝图完整而和谐的包容。寻宝图彻底揭示并反映了市场运动的根本规律。

下面几点将从定量的角度给出实战中的使用规则，以确保对市场荣枯循环规律的正确运用。

3.寻宝图实战指挥图谱的关键

①方向：寻宝图指示的方向，最为直接地表明了市场股价目前是处于荣枯、阴阳变化的哪一个方面。如果 30 均线向上就直接表明市场的股价处于荣和阳的循环阶段。实战中买进做多投资就是操作行为的主旋律。反之卖出做空就是实战投资操作行为的主旋律。如果 30 均线横向走平，实战投资操作行为中空仓战术的展开就成为必然。

②角度：股价运动趋势的强弱，从时间和空间的相关程度上也体现出来了。如果股价在较短的时间中价格上涨的多，就表明其短期趋势强。这种强势必然会表现为均线系统的向上角度较大，反之股价下跌的趋势强弱判别也是同样的道理和用同样的方法。把握了这一点，实战中我们就可以专做最强势的股票非常态行情，大幅度地提高资金获利效率。

③位置：目前的股价所处在的具体位置，直接反映了该运动趋势已经进行演化了的量变程度，并直接限定着实战投资规模、获利程度及可能的损

失的大小。实战中表现为投资风险与收益的比率及投资胜率大小。

④模式：股价在已经运行的行情中表现了什么样的模式的认知，对于判定后续股价可能出现的运动方式有所帮助。比如，前期的股价是以复杂的方式进行运动的，则随后的运动就可能以较为简单的方式交替展开。

⑤时间：寻宝图中股价目前所处在的具体位置，直接地反映了该种荣枯运动循环趋势已经经历了多少时间。推动该运动趋势的动力在多大程度上得到了消耗，未来的股价运动趋势还可能持续多长时间，以及未来股价运动可能到达的空间位置等。此处，江恩的时间之窗对行情转点的判断可以起到宏观上的警示作用，也就是说在江恩时间之窗的时间范围，投资者应该比平时更加地提高警惕，来注意市场是否产生操作信号。

4.各种操作战术展开的精细条件和注意事项

1) 实战买进条件注意事项

追涨建仓性买点 1 的必须条件：快和准、决心和狠心：

①股价经历长期大幅度下跌。

②30 均线角度变为走平且有了一段时间。

③买进前的一段时间成交量已经高度萎缩。

④今日向上突破 30 均线成交量放大为 5 日均量 2 倍以上。

⑤周线多头排列是该买点安全的前提条件，月线多头排列最好。

⑥5 日、10 日均线上升角度越大，则该股向上攻击的力度越强。

⑦该买点的实战实施以短线操作为首先考虑，预防假突破后进行长期箱形调整。仓位控制为半仓操作。

低吸补仓性买点 2 的必须条件：慢和稳、耐心和细心：

①30 均线必须向上或至少要走平。

②回调时成交量大幅萎缩，大资金未出逃。

③5 日均线重新走平，有一组 K 线止跌企稳。

④30 分钟均线形成金叉，60 分钟 30 线走平或朝上。

⑤在 30 均线方向朝上的前提下，回调跌破 30 均线也不可怕。

⑥周线多头排列是该买点安全的前提条件，月线多头排列最好。

⑦该买点的实战实施，以中线波段操作为首先考虑，回调后的重新放量上攻说明真正的上升趋势已经确立。要敢于重仓出击。

持续性买点 3 的必须条件：

①30 均线必须向上。

②回调时成交量大幅萎缩。

③5 日均线重新走平，有一组 K 线止跌企稳。

④5 日均线第一次下破 10 日均线可以肯定为洗盘。

⑤30 分钟均线形成金叉，60 分钟的 30 线已经朝上。

⑥该种状况为股价上涨阶段的初中期，实战买进较安全。

持续性买点 4 的必须条件：

①30 均线经历大幅上扬但角度并没有变缓。

②回调时成交量必须大幅萎缩，明确表示庄家未逃。

③5 日均线重新走平，有一组 K 线显示股价止跌企稳。

④30 分钟均线形成金叉，60 分钟的 30 线已经走平或朝上。

⑤该种状况为股价上涨阶段的中后期，实战以短线方式操作。

⑥有的股票可能多次出现买点 4 这种状况，称为持续性买点。

⑦实战中的资金管理以积极的止损为原则，不允许采用补仓战术。

短线买点 5 的必须条件：

①30 均线经历大幅上扬后攻击角度已经开始变缓。

②股价在盘中或日 K 线组合中出现大幅度高低震荡。

③成交量的放大和萎缩没有次序和规律表明庄家无力控盘。

④必须采用逢低买进的低吸战术，低吸位置在重要均线处。

⑤实战操作仓位宜轻，进出以短线操作为方式，操作速度必须快。

⑥实战中的资金管理以积极的止损为原则，绝对不允许采用补仓战术。获利基础利用的是股价高低的短促大幅振荡，持仓不允许超过 3 天。

抢反弹风险买点 6 的必须条件：

①30 均线经历大幅上扬、走平后开始朝下，攻击力度消失。

②利用的是市场大众对上涨行情仍将回来的幻想和均线的引力。

③股价短时间快速远离 30 均线，超跌严重，周 KDJ 处于低位日 KDJ 在低位形成金叉。无此条件决不轻易进场。

④操作方式是绝对的有条件情况下的短线抢反弹。操作仓位必须轻，操作速度必须快。心态控制严禁贪，反弹到 30 均线位置时注意力度的强弱。实战中以 15 分钟死叉为卖点，止损措施必须严格执行。严禁补仓摊平。如果该股不涨，持仓也不允许超过 3 天。绝对的短线思维。

第二次抢反弹买点 7 的必须条件：

①股价再次经历大幅度下跌。

②股价短时间快速远离 30 均线超跌严重，周 KDJ 处于低位日 KDJ 在低位形成金叉。无此条件决不轻易进场。

③操作方式是绝对的有条件情况下的短线抢反弹。操作仓位必须轻，操作速度必须快。心态控制严禁贪，反弹到 30 均线位置注意力度其强弱。实战中以 15 分钟死叉为卖点。止损措施必须严格执行。严禁补仓摊平。如果该股不涨，持仓也不允许超过 3 天。绝对的短线思维。

2)实战卖出条件注意事项

短线卖点 1 的必须条件：

①短线的卖出是为了低价买回。

②卖出操作必须坚持技术理由的充分。不允许凭感觉。

③30 分钟均线 5 线下穿 30 线，60 分钟 KDJ 高位死叉。

④对超级强势股以 60 分钟系统的卖出信号为操作准绳。

⑤短线卖出后必须按买进条件及时进行回补防止被扎空。

短线卖点 2 的必须条件：

①股价经历大幅快速上涨，短期乖离偏大。

②30 分钟均线 5 线下穿 30 线，60 分钟 KDJ 高位死叉。

③5 日均线攻击角度开始减小，方向意欲走平，调整将开始。

④不允许因为该股涨的太凶，怕它下跌而凭感觉随意卖出股票。

⑤短线卖出后，必须按买进条件及时进行回补防止被扎空。

短线卖点3的必须条件：

①股价经历大幅快速上涨短期乖离偏大。

②30分钟均线5线下穿30线，60分钟KDJ高位死叉。

③5日均线攻击角度开始减小，方向意欲走平，调整将开始。

④不允许因该股涨的太凶，怕它下跌而凭感觉随意卖出股票。

⑤短线卖出后，必须按买进条件及时进行回补防止被扎空。

中线卖点4的必须条件：

①30日均线经历长期大幅上涨后攻击角度变缓。

②30分钟均线5线下穿30线，60分钟KDJ高位死叉。

③周KDJ高位J线走平向下，日KDJ死叉或背离向下。

④成交量巨幅放大后不能增加，庄家无力继续投入资金。

⑤临盘实战中一旦卖出信号出现，必须毫不犹豫坚决出局。出局后股价没有大幅下跌之前，绝对不要轻易进场抢反弹。

最后卖点5的必须条件：

①30均线已经彻底走平，表明多头占据控制地位的优势局面已经演变为多空达到平衡。且空头力量随时均可能反占先机。

②中线优势力量的丧失对多方是一个不利的征兆，变盘的危机已经四伏，空方随时都可能占据控盘的优势，暴跌随时可能出现。

③实战中必须对市场发出的卖出信号保持高度的敏感。

④30分钟均线5线下穿30线，60分钟KDJ高位死叉必须立即出局离场，绝对不允许犹豫、观望和幻想。

⑤万一被套，必须按30分钟出局信号止损，绝不允许补仓。

逃命卖点6的必须条件：

①30日均线变为朝下，确定无疑地说明局面已被空方力量控制。

②短线入场的抢反弹资金必须快进快出。长空短多是市场的主旋律。

③30分钟均线5线下穿30线，60分钟KDJ高位死叉出现，无论盈亏

必须出局。任何幻想和犹豫都会带来致命的灾难。

④此时体现的仅仅是股价下跌趋势的开始，漫长的黑暗还在后面。持有仓位的投资者必须坚决止损，忍痛割肉，千万不能补仓。

⑤以后漫长的时间内空仓战术的展开成为必然，一定要忍耐，一定要学会寂寞。下降通道不亏，当赢。千万不要去勉强操作。

反弹卖点 7 的必须条件：

①短线抢反弹的铁血纪律就是快。快进快出，不能犹豫。

②只要 30 日均线朝下，则所有的上涨都仅仅是反弹，不能期望过高，将本来是短线的操作方式随意就改变为中线方式。

③实战进出场信号以 15 分钟为操作依据。不贪不恋。

④操作仓位宜轻，只能止损，不能补仓。

5.各种典型实战技法透析及形态分析精华举要

追涨战术的展开条件：右侧交易用于短线

①30 日均线朝上，不允许追击 30 日均线朝下的股票。

②30 周均线组保持走平或朝上排列。周线为中、小阳线。

③日线图中 5 日均线首次带量攻击且攻击阳线力度较大。

④大盘最好处于涨势阶段，最少也需平稳不能在大跌趋势中。

⑤技术面的图表和指标系统最理想的是全部金叉共振，多头向上。

⑥其他情况下最好采用低吸战术，轻易不要追涨。追涨战术最适合于短线热点股群的突击操作。

⑦追涨失败的实战处理：止损和补仓。其具体实施请参照寻宝图。

低吸战术的展开条件：左侧交易用于中线

①上涨阶段回调到关键技术位置、止跌缩量企稳时低吸。

②在 30 日、30 周均线朝上的前提下，股价回调到这些位置可以坚决低吸。这通常是大手笔补仓战术展开的良机。

③追涨目标股只遇大盘突然暴跌后缩量时，可以低吸。前提是满足短

线神枪手的条件。

④长期下跌后股价远离均线系统，周 KDJ 处于低位，日 KDJ 两次金叉出现时，可以用短线抢反弹的眼光低吸。

⑤技术面上从分时到周、月所有的指标均处于低位金叉将成时可以低吸。抢反弹操作的仓位应轻。30 分钟发出卖出信号无论盈亏必须坚决出局。

⑥特别提示，下降通道中低吸战术的展开一定要小心、小心又小心。

杀跌战术的展开条件：右侧交易用于短线

①上涨中的目标股票应该让其彻底表现。

②只有等待其向上的攻击能力消失后才可以判定是否出局。

③实战中 30 分钟或 60 分钟图表系统死叉是临盘杀跌出局的法则。

④在目标股票没有发出技术上的卖出理由之前绝对不能只凭感觉，因恐惧、担心其可能下跌就随便将该股卖出。这是非专业投资者的通病。

高抛战术的展开条件：左侧交易用于中线

①投资分析界推崇的低吸高抛的高抛不具备专业操作价值。

②其高抛的高，在实战中无法确定出客观定量的可操作性标准。

③该方法纯粹是业余水平的思维方式和操作方法，实战中不宜提倡。

④在目标股票没有发出技术上的卖出理由之前绝对不能只凭感觉，因恐惧、担心其可能的下跌就随便将该股卖出。这是企图比市场聪明的投资者的致命通病。其隐含着极大的投资哲学思想上的错误。

—— 中篇 ——

交易为王

一、主流力量做盘之洞烛玄机

庄家的所有行为都是围绕着如何诱导控制跟风盘的心理而展开的。以大资金运作的立场和视角，以人性弱点本性的利用和控制来看待对手，一切市场行为的本质就洞若观火，玄机毕露。庄家和跟风盘是市场行为的主体，它们在根本利益上互为对手和存在的前提。庄家可以利用自身优势局部地制造获利的机会，而跟风盘只能利用、捕捉机会。彼此如何战胜对方就成为获得投资最后成功的关键。

不论市场行情如何波动，庄家和跟风盘进入市场投资的根本动机和目的是完全一样的，均是为了获利避险。为达到这一目的庄家和跟风盘采用的手法可能千变万化，但是其基本行为模式却是能够穷尽的，是谓万变不离其宗，这也是股票市场可以被认识的理论基础。庄家成功完成一轮资金进场和出局工作将经历建仓、拉高和出货的必然阶段，其中可能交织着为更好达成这一根本目的的试盘、洗盘行为，并且期间可能夹杂多次上述行为的不断反复。下面的内容将详尽披露庄家坐庄行为的本质意义，为我们跟风盘利用庄家，彻底战胜庄家，走向投资的最后成功打下坚实的技术基础。

(一)投石问路之庄家试盘

1.试盘的目的和作用

庄家通过漫长的耐心等待以后，在各种市场环境初步具备发动行情的条件下，通过制定严密的坐庄资金运作计划准备进庄对某目标股只进行价量的控制，将本身不能确定的股价走势在确定的时间和价格范围进行控制，以达到自己操纵股价，获取较大利润的目的。正如打仗，知己知彼才能百战百胜一样。在真正进庄该股之前，庄家必须对它的基本情况进行正确的了解，我们这里只讲技术面的图表表现。这就是庄家进庄前展开的试探专业投资动作——试盘(图 2-1、2-2)。

通过试盘动作庄家可以了解：

图 2-1 东方明珠试盘

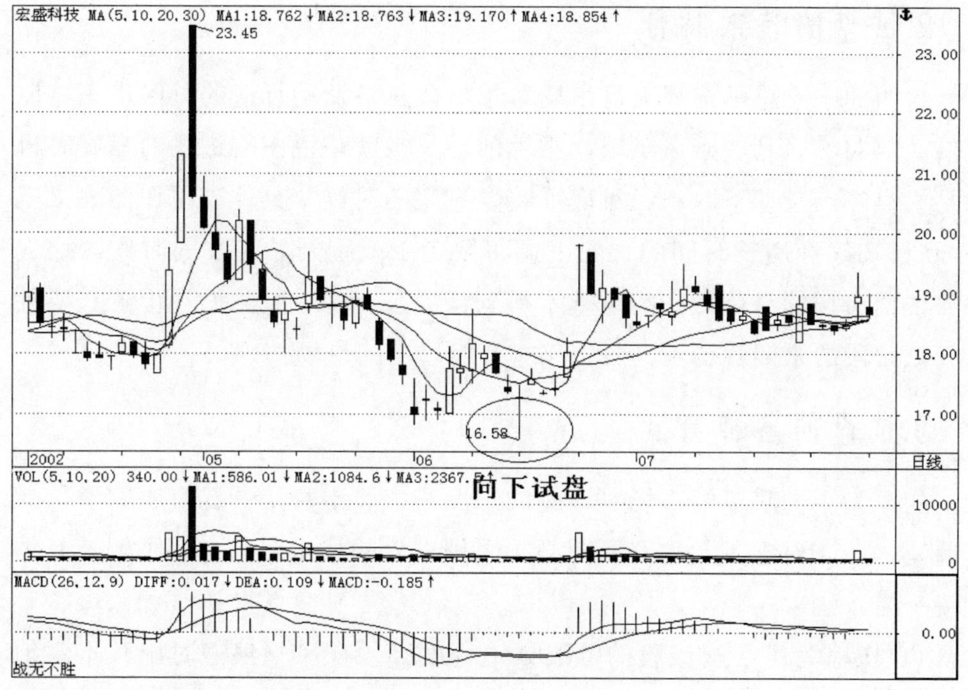

图 2-2　宏盛科技试盘

(1)该只股票是否有别的庄家已经潜伏在内。如果有别的庄家已经潜伏在内则该股的筹码吐纳将体现出非散户持有的特征。新进庄家必须采取较为稳妥的办法进行解决：换庄、抢庄、联庄、助庄、跟庄、放弃。

(2)该只股票的筹码分布情况：在该试盘价格范围内庄家根据上档场内套牢筹码抛压的轻重、下档场外买盘的支撑力度，明确将可能有多少筹码会吐出，能够被他吸纳。以便制定正确的建仓计划和采用的具体后续建仓措施。

(3)庄家通过试盘买进的部分筹码可以用于今后正式建仓时做空打压股价使用，以便在较低的价位买进建仓需要的更多廉价筹码。这也就是试盘时 K 线图表上表现出成交量突然放大，股价异常波动的根本原因。

(4)庄家通过仔细的试探，最后确定是按原计划真正进庄控制操纵该股还是放弃对该股坐庄，以便回避盲目勉强进庄带来的因不可控制因素而造成资金损失的巨大风险。安全第一，获利第二原则对大小资金均适用。

2.试盘的技术特征

聪明的庄家总是选择大盘市场背景将要具备发动行情的时候进庄，以便借大势向好之利，乘风破浪，乘胜前进。也就是说庄家进庄的最好时机就是大盘经历长期下跌已经见底或将要见底的时候。具体表现在图表上就是30日均线经历长时间的大幅下调将要走平或刚开始走平的时候。这一现象说明市场的总体做空能量基本得到释放，此时个股的循环位置只要处于下跌阶段的末期就初步具备庄家对个股进庄的市场基础。

3.试盘的各种方式

庄家为了彻底了解市场对该股的态度和该股本身是否已有庄家潜伏或还有别的庄家对它是否也有所图必须采用试盘的战术对其进行了解。具体地说就是：

(1)庄家为了了解该股的筹码锁定程度必须在风平浪静时出其不意地猛然将该股的股价作大幅的拉升然后让其自然回落以便测试盘中筹码的抛压情况。如果拉升时有大量的抛盘涌出说明在该价位以下庄家可以展开打压建仓专业投资动作；如果拉升时抛盘稀少说明该股在该价位以下收集到筹码有困难，必须考虑以更高的成本价格进行拉高收集才能完成建仓任务。具体表现在K线图表上就是在风平浪静中猛然出现一根长长的上影线，这叫向上试盘，目的是测试盘中抛压大小，辨明建仓难易。

(2)庄家为了了解市场对该股筹码的买进兴趣，在有准备的情况下将用手中的少量筹码出其不意地将该股的股价突然大幅打低，以便观察有多少恐慌抛盘吐出或有多少场外买盘对它的低价位感兴趣而去展开买进专业投资动作，以此了解打压该股的下档支撑极限。如果打压超出该极限打压出去的筹码就可能无法再次买回。其具体表现在图表上就是在风平浪静中突然出现一根长长的下影线，这叫向下试盘，目的是测试场外买盘力度，界定打压极限(图2-3)。

(3)试盘动作的动态盘面特征。在大盘或个股走势风平浪静的时候，个股分时走势图中股价被莫名其妙地突然大幅拉高或大幅打低。这种异常现象说明有庄家对该股票感兴趣在进行试盘了。此时我们对该股的异常现象应引起注意，严密关注他的后续走势的演变，以利于我们在最好的时机对其展开操作战术专业投资动作。

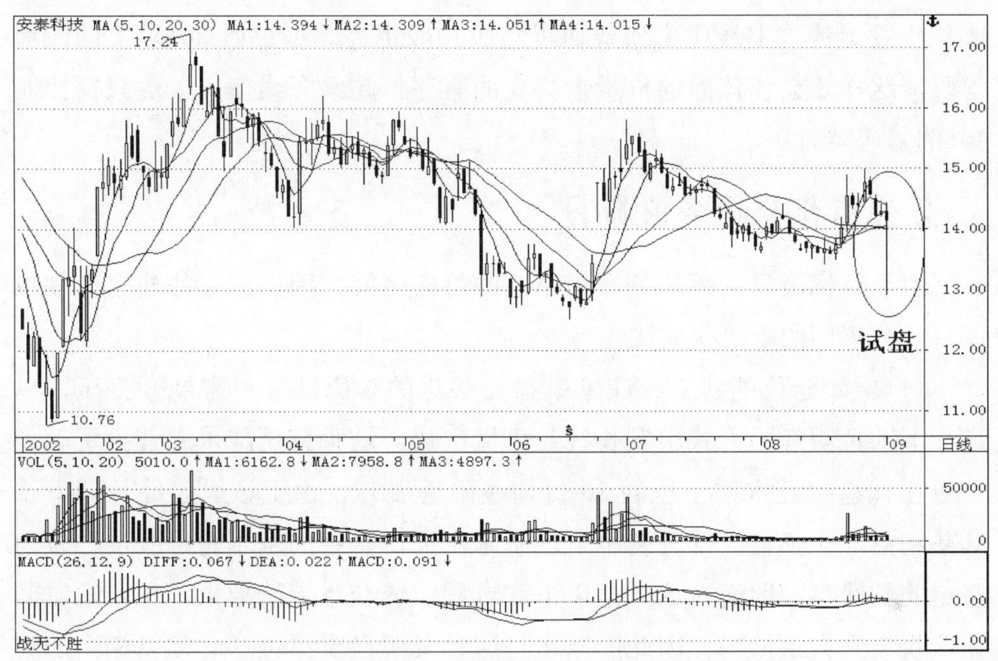

图 2-3　宏泰科技向下试盘

(二)确立目标之庄家建仓

1.建仓的数量和价格要求

庄家只有通过对目标股只流通筹码的控制才能对该股的价格波动方式进行控制。庄家只有把自己大量的资金转换为筹码才能在后续的拉高股价打开出货获利空间的实战操作中达到自己控制股价走势的目的。因此庄家决定进庄该股后首先必须完成的任务就是建立必要的仓位，这是庄家坐庄成功的第一步。而且庄家希望以尽可能最低的价格吃进较多的筹码完成建仓的任务，以利于今后获取巨额利润。当然由于市场的筹码分布结构处于不同的价格阶段因而庄家必须运用各种手法迷惑、恐吓、诱骗股票持有者抛出持股，以便自己在不同阶段大量吃进筹码；同时这也对应着庄家的不同建仓价位。庄家若想要彻底控制一只股票的价格走势和成交量变化，一般均需持有该股 60%以上的在外流通筹码，只有这样才能产生大黑马走势或长庄股走势。中线庄家或普通黑马股一般也需掌握该股 30%以上的流通筹码，这样才会使该股的价量走势变的有序。超级短线庄家一般只需控制 10%的筹码就行了。

2.完成建仓任务的阶段

由于目标股只的筹码分布于不同的价格区间，因而庄家的建仓计划也就只能分不同的阶段来完成。

(1)原始仓位的建立：庄家试盘后买进的筹码部分用来展开打压，以连续下跌拉阴线的方式引发长线盘恐慌出局。这种打压战术专业投资动作一般在试盘接近方向下压的 30 日均线附近展开，由于该股已经长期下跌其获利盘，止损盘，部分套牢盘已基本出局，剩余的基本是持股决心较为坚定的长线盘；因而在这一打压下跌过程中成交量无法放大，庄家短时间无法收集到大量筹码。因此庄家在打压触及买盘支撑位后必须以相当的耐心作上下限价的夹板进行横向窄幅波动以便使没有耐心的持股者和短线客终于无法忍耐无利可图的局面而抛出筹码。这时往往对应着 30 日均线由下跌开始走平，这也就是庄家在进行原始仓位的收集。这部分低廉筹码对庄家极为珍贵，是庄家今后获取巨额利润的源泉，一般对应于庄家全部仓位的 40%。一旦庄家在某一天放量扫盘突破 30 日均线就说明庄家最为珍贵的原始仓位的建立已经完成。其对应的原始仓位的成本也就是 30 日均价。这就是常说的庄家低位建仓。这一阶段庄家最大的困难(任务)是要确保能够收集到足够的筹码，其对应的庄家欺骗手法往往是故意打破重要技术和心理关口，制造虚假的图表技术暗示和疲软的走势气氛诱导持股者抛出筹码。

(2)中级仓位的建立：庄家在完成原始仓位的建立以后，为了今后更好地控盘就要展开收集第二梯队更多筹码的工作。这就是放量突破 30 日均线的第一次拉高，通过该次短暂的拉高专业投资动作庄家收集的筹码一般可达到总体目标仓位数量的30%。其表现为K线图表上成交量根本性成倍放大的质变和股价成本趋势的明确向上。这也就是庄家中级仓位的建立。同时也说明该股发动上涨行情的客观物质条件已经初步具备。股价不断上涨将成为今后该股票价格波动行情的主旋律。

(3)最后仓位的建立：庄家在今后不断拉高股价打开出货空间的操作过程中还将吃进30%左右的筹码进行高抛低吸滚动吐纳的战术操作，通过不断的高抛低吸将股价推升到出货目标价位。这也叫拉高滚动仓位，其特征是庄家不断在筹码和资金间进行频繁转换操纵以拉高股价和获取频繁的小额差价利润。此仓位的变化对应于庄家实战中展开的拉高和洗盘战术行为。其K线图表特征表现为成交量规则性缩小放大，总体价格推升表现为一波高于一波。

3.庄家常用建仓方式与特征

所有坐庄行为中庄家必须遵循的两大定理。

1)以空间换时间

通过快速的，深幅的打压，套牢持股者使他产生经济上的亏损，以惨淡下跌气氛的恐惧或疯狂拉高的专业投资动作吓出跟风盘抛出持股以便在较短的时间内收集到足够的筹码完成自己的建仓任务。此时临盘体现出的建仓方式为打压建仓或拔高建仓。其实质是从物质经济利益上对跟风盘进行打击摧毁；另一方面庄家通过快速的拉高股价使长期套牢的持股者由于终于得到解放，同时又因为不明拉高股价的真相，害怕股价被打回原形再次遭受套牢的恐惧而不假思索地赶快抛出持股正好便于庄家大量收集筹码完成建仓任务。此时临盘体现出的建仓方式为拔高建仓。其实质是以小的利益对持股者进行诱骗和恐吓，并让他们成为今后因过早抛出筹码失去大的利润而后悔导致心态不平衡后悔，让他在最不该改正错误时去改正原先卖出持股的后悔错误成为高位追涨自己曾经拥有心爱股票的成员。庄家以小的差价利益作诱骗，让他为早期卖出该股失去以后大涨带来的巨大利润而追悔，对他的贪婪之心进行最为彻底的精神心理打击，摧毁他的理智

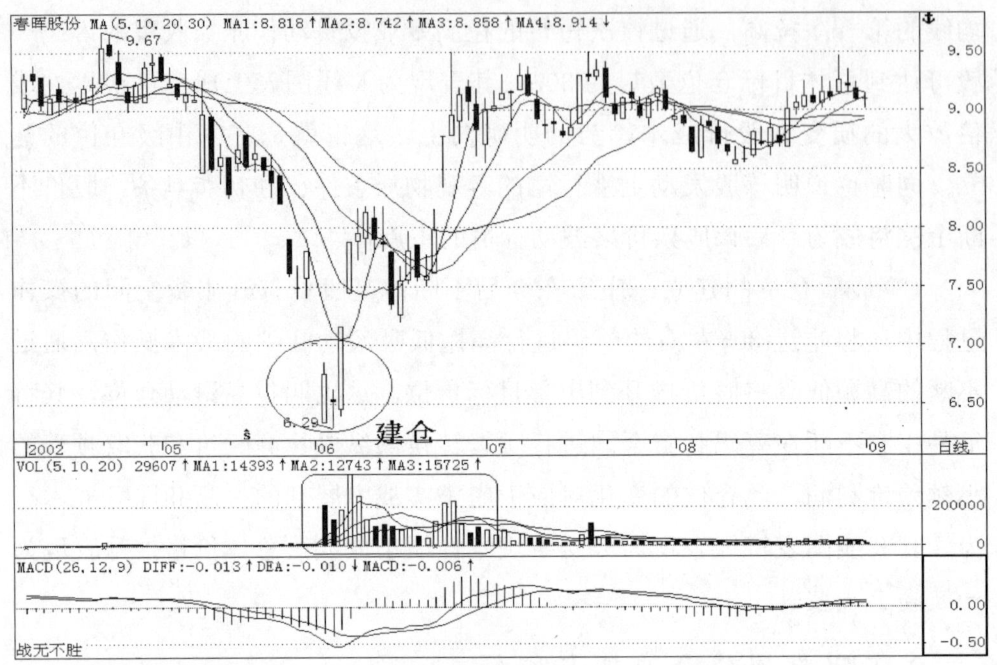

图 2-4 空间换时间

2)以时间换空间

通过漫长的下跌或横盘，庄家以始终不提供获利机会的沉闷股价波动方式，从精神、心理上消磨持股者的信心，让跟风盘从灵魂深处绝望而抛出筹码以达成自己的建仓任务。此时临盘体现出的建仓方式为横盘建仓。其实质是从精神、心理上对跟风盘的耐心和信心进行彻底的打击、摧毁(图 2-5)。

原始仓位的建立过程往往对应着该股股价的盘底区域。其技术图表上表现为成交连续地量和价格形态的小阴小阳 K 线。其市场含义为抛盘枯竭，股价波动幅度不大，短线客无差价可做。

庄家建仓实质：无论庄家采用什么样的手法，其最终都必须买进一定数量的筹码即控筹。这是庄家建仓行为的本质。因此，这也决定了庄家在建仓行为中打压抛出的筹码一定是少数，是为了在更低的价位买进更多的筹码。所以实质上的买进才是庄家建仓操作行为的真正主旋律。一切手法均是为达到这一目的而施展。

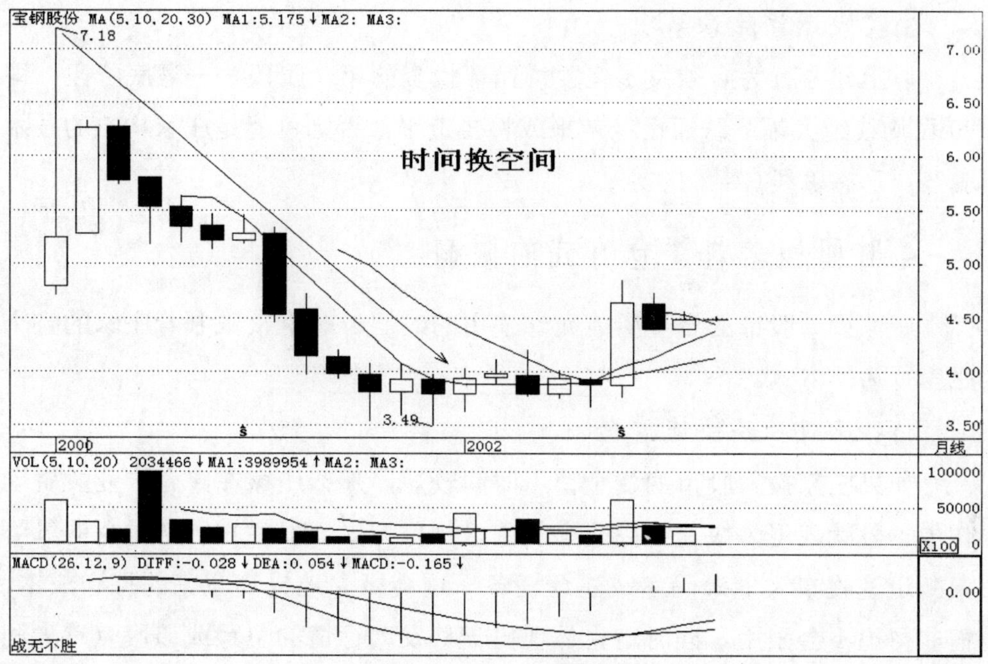

图 2-5　时间换空间

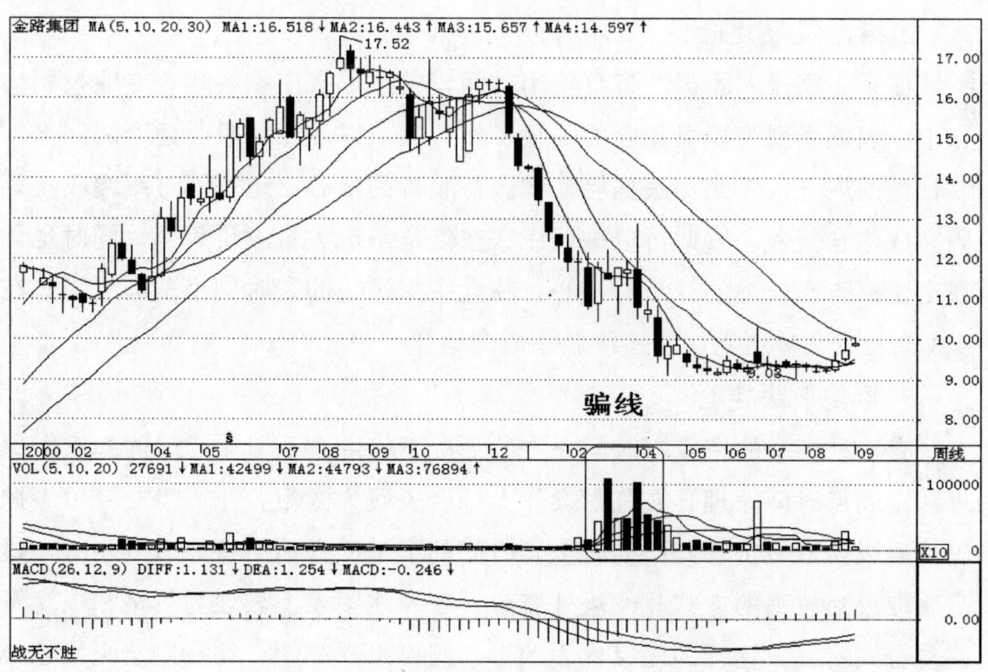

图 2-6　骗线

3)实战操作注意事项

以上建仓行为必须发生在股价循环投资的第一阶段——盘底阶段，即30日均线经大幅下跌后已经走平或将要走平。否则可能是庄家构筑的技术骗线：形态骗线(图2-6)。

4.时间因素对建仓方式的限制

庄家投入股市的资金所能允许使用的时间长短直接限制着庄家的整个坐庄行为的方式。

1)打压或拉高快速建仓

如果庄家投入股市的资金使用时间较短，那么庄家在建仓专业投资动作中一般就表现为快速拉高建仓的临盘操作方式。以横扫一切抛盘的气势果断迅速收集大量筹码完成建仓任务，这会极大地提高庄家的持仓成本，情非得已不会采用。同时这也体现出一种发动行情的急躁或该股有重大利好将要爆发的个股题材背景。庄家运用的是空间换时间原理。这在K线图表成交量上表现为连续台阶式放量，股价上表现为连续中大阳线(图2-7)。

2)横盘缓慢建仓

如果庄家投入股市的资金使用时间较长，那么庄家在建仓专业投资动作中一般就表现为横盘建仓的临盘操作方式。以漫长的吸货建仓时间来压制行情的展开，以此彻底拖垮、摧毁持股者的信心。庄家通过缓慢收集筹码完成建仓任务。以此可以确保庄家在低位吃进大量廉价筹码，同时也体现出庄家志在长远的计划和决心。临盘庄家运用的是时间换空间原理。在K线图表成交量上表现为连续微小成交地量。

3)复合手法建仓

有一种凶狠的庄家在时间允许的情况下将综合反复采用时间换空间原理和空间换时间原理。在临盘操作上综合表现为凶狠打压，恐吓持股者抛出持股以捞取廉价筹码；同时以长时间的窄幅横盘消磨持股者的耐心，最后采取果断拉高的方式扎空场外资金。在K线图表上表现为价格和成交量的复合式特征。这样的庄家实力凶悍，操作水平高超，往往制造短线超级大黑马和长线翻番大牛股(图2-8)。

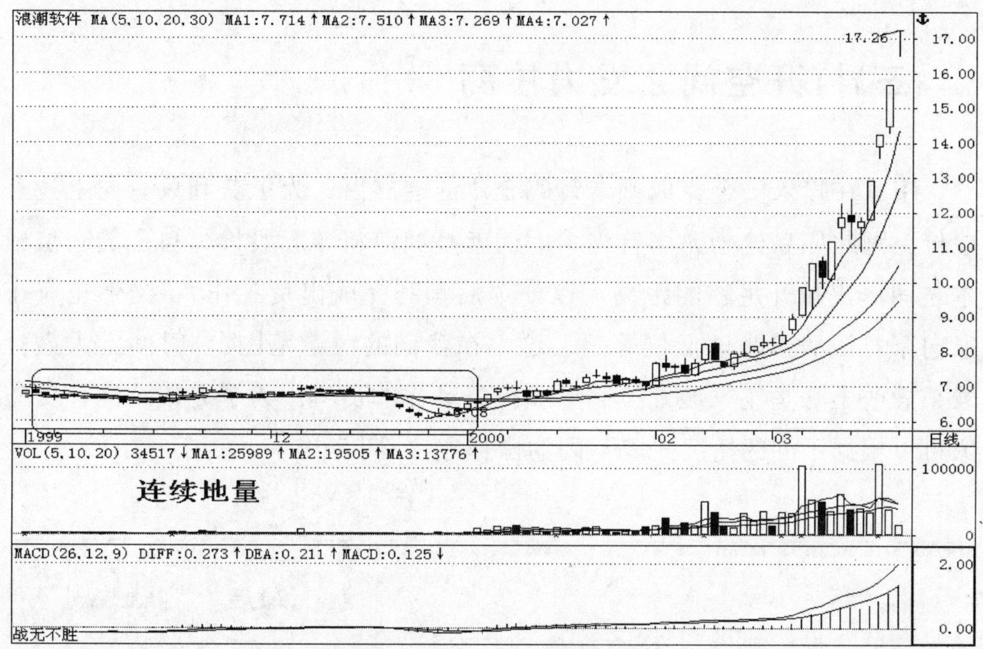

图 2-7 连续地量

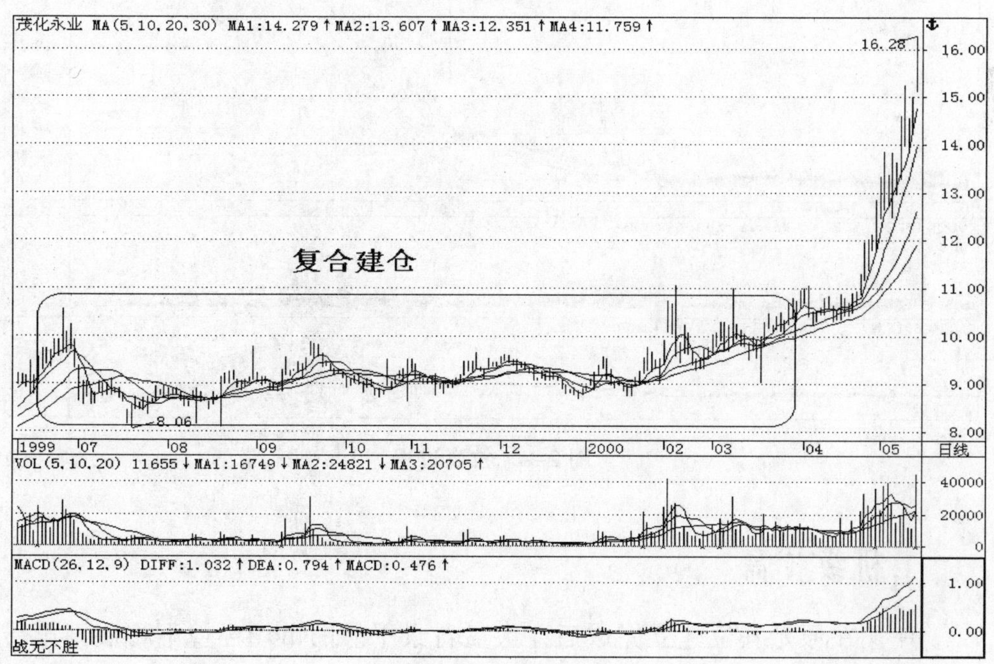

图 2-8 复合建仓

(三)打开空间之发力拉高

庄家在投入资金完成预定筹码仓位的建立后，为了获利只有向上拉升股价。因此庄家建仓完毕首先考虑的就是如何将该股股价与自己的仓位成本之间尽快拉开足够的距离，以便今后顺利完成出货工作。(当然也有庄家向下打压股价赚取低位筹码，这不在我们的讨论范围。)时间上大盘背景平静或上涨是庄家展开拉高专业投资动作的良机。为了完成拉高任务庄家可以根据不同的情况采取不同的操作方法(图 2-9)。

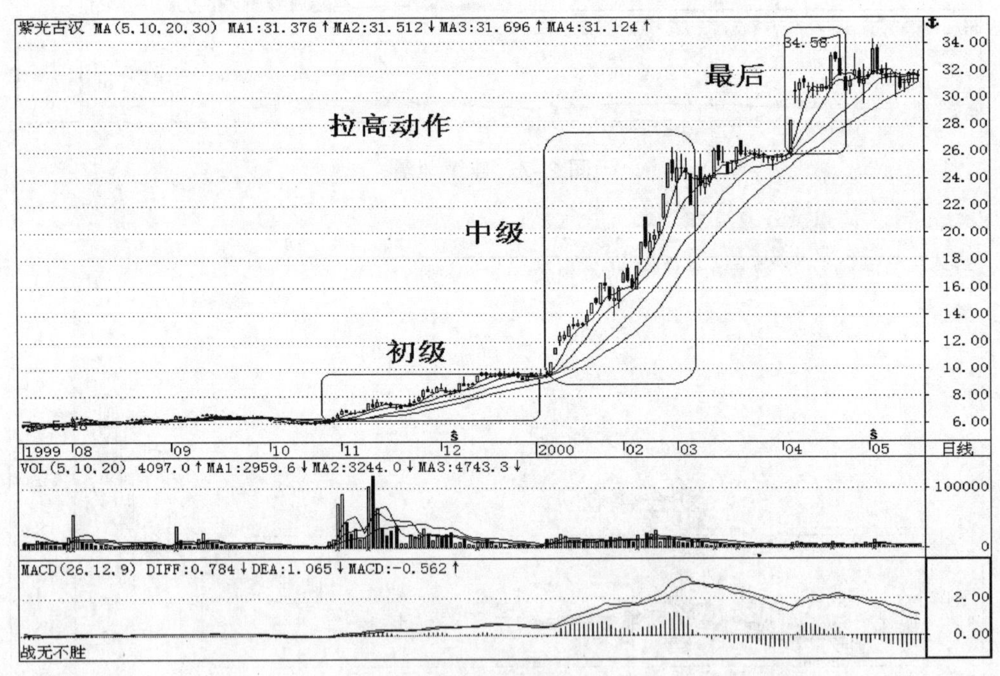

图 2-9 拉高过程

1.初级拉高

庄家在原始仓位建立完成后在大盘背景平静的市场环境下将展开第一次拉高专业投资动作，其目的一方面为完成剩余仓位的建立，同时也将股价迅速拉离自己的原始仓位成本区，以免大盘突然向下变化使自己的操作受到伤害。通过初次拉高专业投资动作同时也将图表的日线形态和指标作了完美的修复。其具体表现为K线图表上成交量突然连续放大，30日均线的方向由走平改变为初步上扬。这表明庄家彻底做盘的决心已经下定，同时也表明经历长期的下跌通道的折磨，许多原来套牢的持股者在获得解放后争先恐后逃命的事实。这正好为庄家轻易收集筹码大开方便之门。

2.中级拉高

在经历初次拉高后庄家对盘中的抛压和买盘情况都已经有了较为明确的了解，而且对是否有较大资金在跟庄或助庄也有明确的判定。这就为庄家自己今后制定精确的操盘细节提供了必要的情报。经历了初次的拉高后，市场中部分对该股看好的投资者和稍懂技术分析的人士在庄家放量突破重要技术关口的时候进行了跟风，庄家不能使这部分人在庄家后续的拉高运作中获取巨大的利润，因此必须想尽一切办法将他们赶下车去，在有可能的情况下还想让他们成为今后高位追涨的有生力量。达成这一目的的战术专业投资动作就是洗盘抖码。在每次完成洗盘，盘中浮码得到清理，跟风盘平均持股成本趋于一致后，庄家将展开预定中的多次反复拉高专业投资动作，使股价朝着预定的目标迈进。拉高一次洗盘一次，复合操作。并且庄家还故意制造一种股价操作和价格波动运行定势，使跟风盘自以为已经摸到了该股股价运行的规律，让他们形成一种先入为主的固定认识，为今后庄家出其不意打破该定式施展反市场操作出货专业投资动作时彻底套牢该批自以为是的跟风盘埋下伏笔。其具体表现为K线图表上成交量温和放大或缩量上攻，表明庄家对该股流通筹码已进行了彻底的控制，其股价均线系统的30日线保持较好角度的健康上扬态势表明长线筹码并未离场改变市场平均成本。

3.最后拉高

在经历了多次的中继拉高和最后洗盘后庄家将展开最后的加速拉高操作专业投资动作，为自己即将开始的艰难出货做最后的准备和掩护。这时庄家用最快的速度迅猛而坚决的加速拉升股价，让场外跟风盘观望犹豫的不认账心态受到彻底的摧毁，利用在上涨中怕回档的散户心态弱点，让他们承受不了庄家充满信心的拉升、拉升、就是不回档，再拉升的气势如虹感染诱惑下，冲垮他们忍耐克制的心理极限，让他们痛苦感觉自己失去巨大获利机会而忍无可忍，不能控制自己，在最后的时刻心理控制的极限崩溃而疯狂地冲动性买进。在最后拉升的尾段庄家已通过盘中的上下震荡隐蔽地展开部分仓位的出货工作。关键是庄家在这一阶段必须通过自己坚定果断的大幅拉高行为无可抗拒地诱惑场外跟风盘，彻底摧毁他们的忍耐意志，让他们失去理智，让贪心的魔鬼主宰他们的行为。其K线图表上表现为成交量大幅放大让跟风盘感觉该股价量配合成交活跃前景看好而决定买入；同时也为自己后续大量出货放出烟雾弹，麻痹跟风盘。其价格均线系统的30日线远离股价且角度变陡后无法再次加大，庄家在拉升巨量的掩护下开始隐蔽地分批出货。由于前期的巨量现象掩护因而一般人很难辨别庄家隐蔽出货的玄机，并且还沉浸在自以为抓住庄家操盘规律将要获取巨大利润的梦境之中。在欢乐中不知不觉走向死亡。庄家最后加速拉升的尾声表现为成交量巨放而股价不涨的盘中或K线组合的上下震荡，以方向不明的震荡来蒙骗迷惑绝大多数跟风盘，使其对股价的后续走势无法判定。其特征表现为巨量拉升的疯狂。其K线图表上表现为带巨量的阴阳十字星和股价远离均线系统的一种濒临死亡的孤单和悲哀！

(四)声东击西之狡猾洗盘

1.洗盘的目的

庄家为了减轻后续拉升过程中的获利抛盘压力必须分阶段地对盘中筹码进行不断的清洗并且通过多次洗盘的操作定式造成一种有规律的操作行为假象以便庄家自己在今后的出货专业投资动作中进行打破前期操作定式的反向利用，诱杀自以为聪明的跟风盘。为了达成这一目的庄家将根据不同的情况采用不同的手法以迷惑跟风盘。

2.洗盘的时机

只要庄家拉升股价达到一定的幅度洗盘专业投资动作将随时可能展开。如下条件出现时庄家将进行洗盘：短期乖离偏大说明跟风盘获利丰厚庄家将进行洗盘；成交量持续放大说明跟风盘太多浮码过重庄家将进行洗盘。

3.洗盘的方式

庄家常用的洗盘方式分为如下几种。

1)打压洗盘

庄家在经历一定的拉升后由于跟风盘普遍获利庄家为了今后的拉升轻松必须展开洗盘专业投资动作。向下打压股价的方式最能达到清洗获利浮码的目的。庄家向下打压股价，使跟风盘感觉已经到手的利润将要失去，由于恐惧利润的消失甚至反遭套牢亏损而抛出持有筹码。庄家利用人性对不利情况的恐惧心理达到清洗浮码的目的。该方式一般用于初次拉高、庄家控盘能力较强或庄家坐庄时间充裕的情况下。其K线图表上表现为高开低走的中大阴线或跳空低开的中大阳线，成交量上呈现规则性三角形萎缩，股价震荡幅度越来越小短线客无利可图的市场特征。这也叫震仓：向下震仓和上拉震仓。共同的心理意义都是让跟风盘害怕(图2-10)。

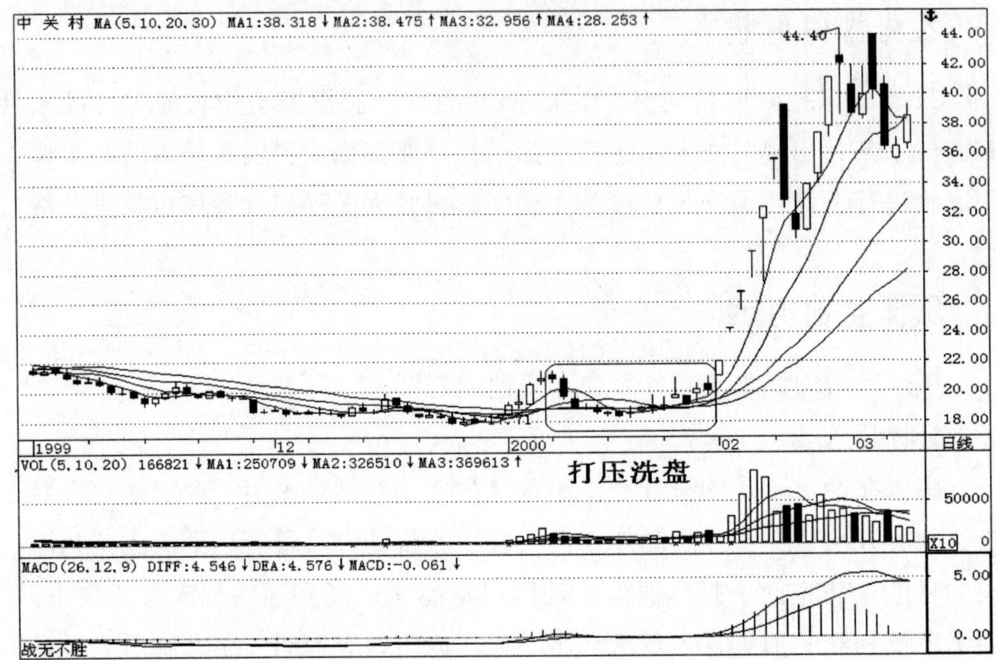

图 2-10 打压洗盘

2)*震荡洗盘*

庄家对股价拉升到一定程度后展开横向持续震荡不再进行拉升，由于跟风盘对股价横向震荡后的走势方向、结果和持续时间无法把握；由于跟风盘自己对自己感到无能为力，有获利的想先落袋为安，无获利的想小亏出局而抛出持有筹码。庄家利用人们对无知的恐惧和对既得利益的贪婪而达到洗盘目的。该方式一般用于该股市场属性较好，庄家不敢向下打压股价怕打压的筹码收不回来，或大盘走势极强或庄家时间急迫或庄家实力强大的情况之下。其 K 线图表上表现为股价震荡幅度越来越小，小阴小阳 K 线组合相间，成交量出现三角形规则萎缩的有计划控盘特征(图 2-11)。

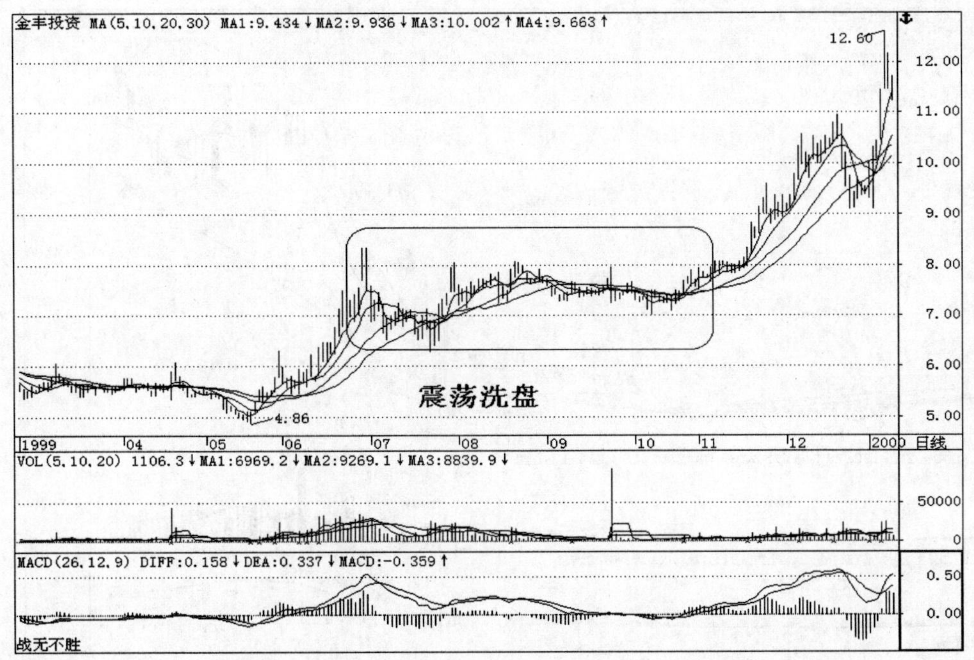

图 2-11　震荡洗盘

3)向上洗盘

庄家由于控筹不足或实力超强或行情发动的时间非常急迫等情况下将采取该种特殊的方式。以向上震荡的波动形态展开洗盘专业投资动作。庄家利用每天盘中的大幅上下震荡吓出部分胆小的持股者，同时庄家利用底部不断抬高的阴阳相间K线组合震荡吓出另一部分胆量稍大的持股者，达到边拉升边洗盘边建仓的目的。其K线图表上表现为均线系统不断向上多头发散，K线组合阴阳交错，成交量规则缩放的图形特征(图 2-12)。

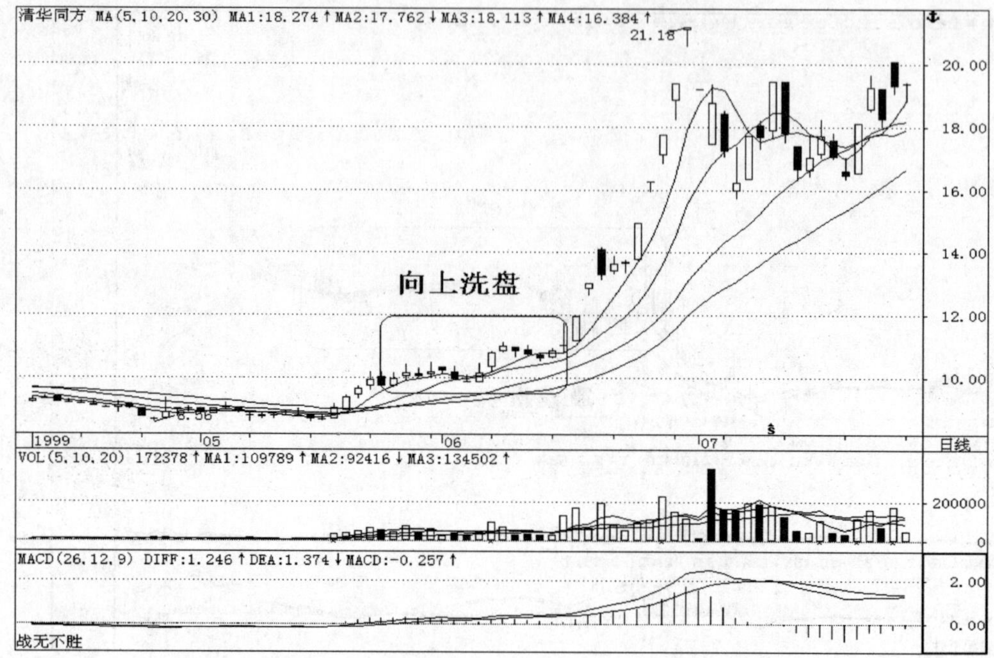

图 2-12 向上洗盘

4.所有洗盘方式的根本特征

庄家洗盘的任何方式最终都必须达到成交量萎缩的第一特征，这也是庄家洗盘的目的。它表明场中抛盘枯竭：获利盘、套牢盘、止损盘、买盘均全部离场出局，不坚定的浮动筹码基本被清洗干净；二是短期均线系统趋于横向粘合，它表明市场总体成本趋于一致场中既无获利盘也无亏损套牢盘，因而杀跌和追涨动力均出现不足，市场暂时处于观望中的平衡状态；三是盘中股价波动幅度越来越小，已经无法产生获利空间和获利机会，促使短线客因无利可图而远离市场。

5.洗盘行为与出货行为的区别

(1)所有洗盘行为必定发生在股价循环投资第二阶段的上涨过程中。股价运行第三阶段的盘头和第四阶段的下跌过程中绝对不会出现洗盘行为。也就是说洗盘过程中K线图表的30日均线的方向必须处于向上，反过来说也就是只要30日均线的方向朝上则该股盘中的震荡行为或K线组合的震荡行为就是洗盘。中长线投资者就可以坚决持股待涨获取后续更大的利润，不必为该股洗盘中的短线上下震荡所恐惧。

(2)所有洗盘行为中的成交量必须呈现出一种规则性萎缩的特征。它表明该种市场行为中并无巨量筹码暗地出逃。成交量表现为规则性萎缩行为只是庄家有计划的控制内专业投资动作。表明这一过程中庄家并未慌不择路的出货溃逃。

(3)所有洗盘行为从股价波动幅度上体现出越来越小的趋势，表明控盘庄家不愿提供差价机会给短线客去赚取利润，不希望有不断的买盘出现来干扰自己的洗盘计划。

6.洗盘结束的技术标志

(1)成交量大幅萎缩表明抛盘枯竭：获利盘、套牢盘、斩仓盘、场外买盘全部出局，浮动筹码基本清除干净，留下的都是意志坚定的持股者。他们不会为各种震荡致亏的可能所吓倒和为获取到手的蝇头小利所诱惑。无奈，庄家只有奖励他们，让他们在今后的行情中赚到信心动摇的胆小鬼、叛逃分子赚不到的大钱。

(2)均线系统的短期均线由向下变为横向行走。它说明市场中短线持股者成本达到一致，后续发动行情过程中将无巨大获利盘短期急于出局带来抛压。

(3)在30日均线仍然健康上扬的前提下，具备上述特征后的某日5日均线带量上扬，表明庄家洗盘工作正式结束。该股上攻能量已再次具备，新的上涨行情又重新开始。此时成交量越大越好。它表明了庄家再次投入巨资，横扫一切抛盘的向上做盘的坚定决心和不可阻挡的大无畏气势。这是跟风盘千载难逢的绝好再次买进时机，该股未来的上扬空间将再次打开，轻松、安全的获利机会将再次出现。

(五)兑现利润之庄家出货

这是庄家坐庄环节中唯一不能100%彻底控制的环节！理论上目前没有完美的方法能确保出货100%成功，庄家只能利用跟风盘人性的弱点来使跟风盘自己失败，也就是说庄家的成功是建立在别人的失败之上而非自己战无不胜、无坚不摧，庄家永远只能取得相对的成功。如果跟风盘不自己失败则庄家自己就会彻底失败。庄家这种成功具有极大的偶然性，它不是一种必然肯定的成功。这也就是庄家最大的致命弱点，而且通过庄家自己拼命努力也无法根本克服，庄家只能靠自己骗术的高明偶然取得成功。

1.出货的目的

只有达到成功的出货庄家才能将看起来丰厚的账面利润转化为现实的盈利，彻底完成资金变为筹码再由筹码变为资金的惊险循环。在没有成功出货以前无论庄家试盘、建仓、拉高、洗盘的操作行为多么精彩都不表示已经最后投资成功，庄家今后面临的巨大兑现风险并未摆脱。出货是庄家坐庄行为的关键之关键，直接关系庄家坐庄投资行为的最终成败。

2.实战出货操作难度

庄家坐庄一只股票从试盘、拉高、洗盘都可以从理论上达到必然的成功，也就是说都可以完全为庄家自己所控制。这些事情庄家通过自己不懈的努力都可以做到。只有出货无法自己控制，因为跟风盘买不买进是跟风盘的权利，跟风盘不买进庄家就无法卖出。庄家唯一能做的事情就是诱骗跟风盘，而人家上不上当是另一回事，庄家无法强迫人家。所以出货是庄家坐庄行为中最为困难的环节，中国股市中大概有60%的庄家都在出货的环节上招致惨重的失败，因不能兑现而痛苦万分。庄家能拉高绝对不是本事，有许多庄家是蠢笨而痛苦万分的。如：阿城钢铁、康达尔等。

3.出货的时机

(1)庄家在将目标股票的股价拉升到一定的获利高度后将展开预谋中

的出局。由于庄家运作大资金必须考虑成本，故庄家一般会将股价拉高30%以上才有获利空间。

(2)庄家在自身资金、时间条件或大盘、个股背景突变的情况下将展开应变式逃跑出局。这时庄家将采用快速打压出货的狠毒方式不顾一切甚至不计成本仓惶逃命弃庄离场。该种出货方式对跟风盘和庄家杀伤力都较为巨大。

4.出货的方式和市场背景

一般情况下聪明的庄家总是选择大盘背景向好的情况下展开出局专业投资动作，因为在这样的市场氛围中跟风盘乐于也勇于买进股票。这正好为庄家顺利出局找到大量对手。在特殊情况下，只需要庄家不顾一切坚决出货，请注意并非每一次出货庄家均能获利。根据不同情况庄家一般采用如下 4 种方式进行出货：

1)拉高出货

庄家在最后拉高的过程中就已经开始分批有计划的出货，而且这种出货行为具有极大的欺骗性，这点务必要引起我们足够的重视。庄家利用最后拉高时成交量巨幅放大追涨气氛疯狂的市场条件，以盘中震荡为掩护采用卖出 10 万股买进 5 万股多出少进的方式让跟风盘作冲锋维持股价继续大幅上涨，达到自己出脱大部分筹码的目的。其 K 线图表上表现为有上影线的中大阳线，成交量呈现阶梯式放大特征。其位置发生在中期乖离较大的时候且均线系统角度无法伴随股价上涨而同步变大。这也叫初级出货。这种出货行为对小资金跟风盘危险不大，但一定要引起较大资金跟庄家注意，它至少表明该股向上攻击能力和上升空间已经不大了，大资金应考虑区域性离场，大资金讲究区域，小资金讲究点位，这是不同的资金管理思路。庄家总是最好地利用跟风盘人性中对最后丁点利润的贪婪和跟风盘自以为聪明地抢短线行为来得逞自己的出货目的(图 2-13)。

2)震荡出货

庄家在把股价拉升到相当的高度后在时间和大盘背景允许的情况下总是希望将自己手中的筹码卖出在较高的价位以获取更多的利润。因此庄家就会把股价维持在高位摆出以前震荡洗盘的架势利用跟风盘对震荡行情最后走向的不确定认识和对股价会再创新高的幻想，分批缓慢出货。而且庄家为了吸引更多的场外资金进场参与会加大震荡幅度提供获利机会勾引短线客进场以便自己抛出更多的筹码，直到自己基本完成出货派发任务。其K线图表上表现为均线系统经历大幅上扬后横向走平它表明上涨动力已经消失，股价震荡幅度加大K线阴阳交错而成交量无法萎缩。一切都表现出一种即将溃退逃跑前的混乱。这也叫中级出货。这时由于对短线利润的贪婪，跟风盘盲目进入市场将遭到巨大的后续资金损失和心理摧毁(图2-14)。

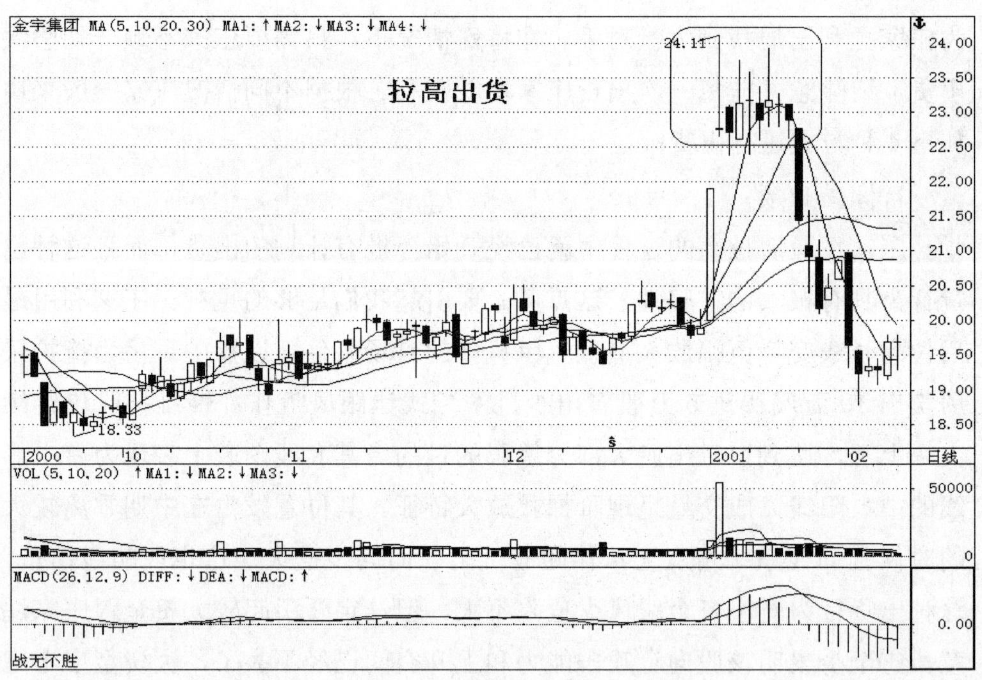

图2-13　拉高出货

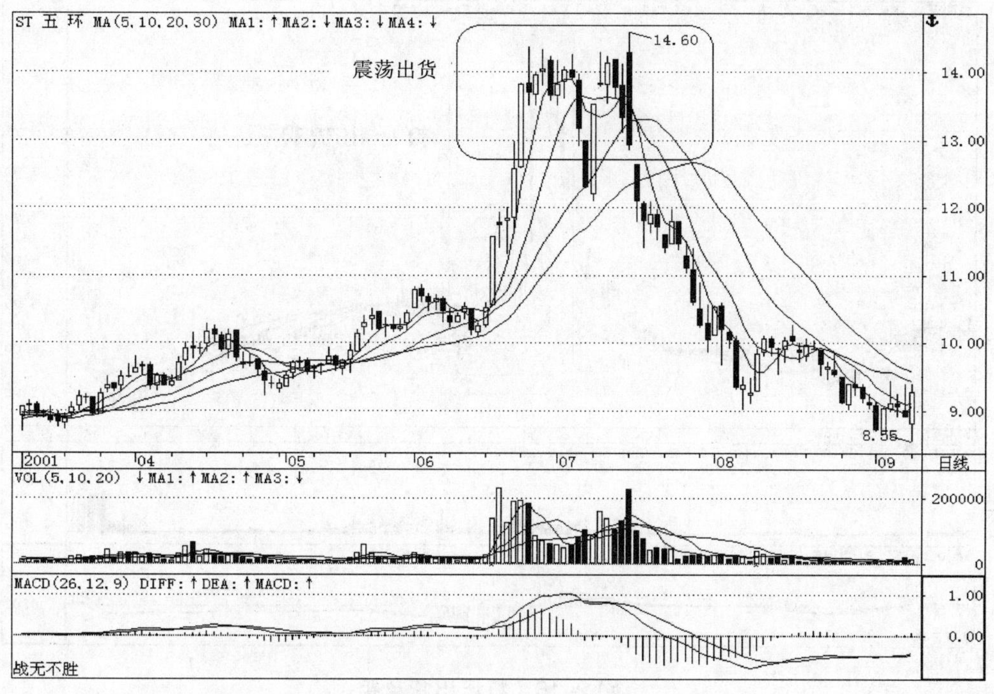

图 2-14　震荡出货

3)打压出货

庄家在将股价拉升到足够的高度后为了较快出清手中筹码会采用批发筹码的方式快速出货。某日庄家将股价大幅高开就开始出货，只要盘口出现买盘庄家就坚决对准买盘进行果断打压，使最高价和市价之间产生较大的差距，如此持续数日，利用人们对比最高价贪图便宜和抢反弹的心理，诱骗跟风盘买进以达到套牢跟风盘自己出货的目的。这种出货操作行为毒辣、凶狠杀伤力极大(图 2-15)。

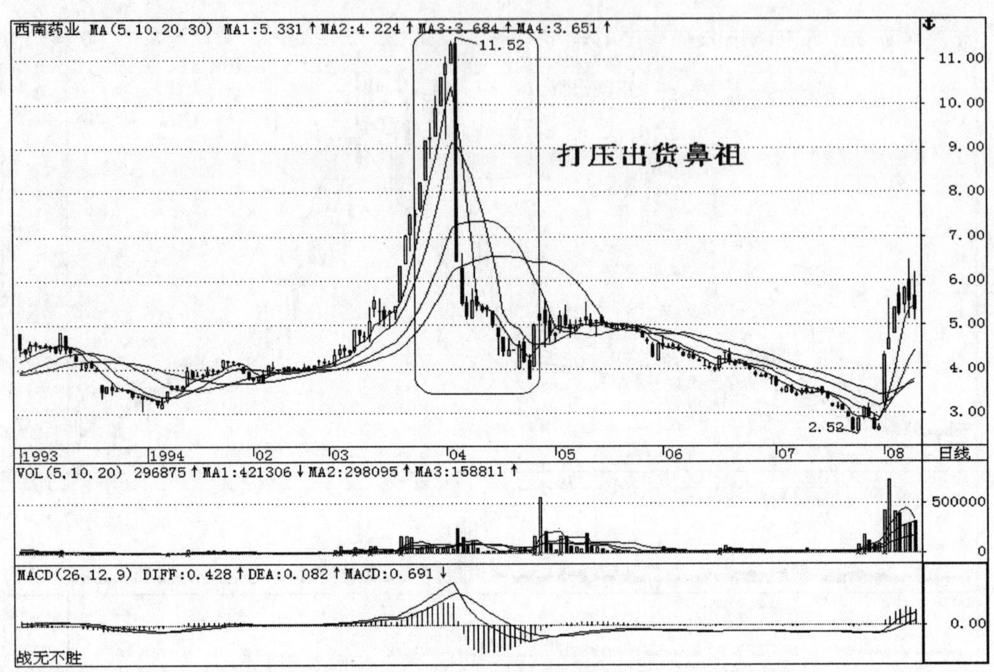

图 2-15 打压出货鼻祖

4)反弹出货

庄家在完成中级出货任务后手中筹码所剩无几，巨大的坐庄利润已经落袋为安。这时庄家会利用手中最后的筹码迅速、果断、坚决往下打压股价砸穿 30 日均线等重要技术支撑位在高位套牢跟风盘。同时由于股价快速下跌短期乖离巨大，庄家就顺势在低位补进筹码做反弹行情获取该股最后利润，彻底完成出货任务。其图表上表现为 30 日均线弯头向下发出庄家彻底弃庄离场的逃命信号，股价毫无支撑跌破关键技术心理位置，股价大幅向下远离 30 日均线后具备产生反弹行情的乖离条件，庄家会再次进场补进筹码打扫战场赚取反弹利润。当股价反弹触及下压的 30 日均线时庄家就离场出局对该股作最后的告别。从此该股失去父母，股价运行将进入漫漫长夜之中，一轮坐庄行为结束。生命的荣枯循环又将重新开始(图 2-16)。

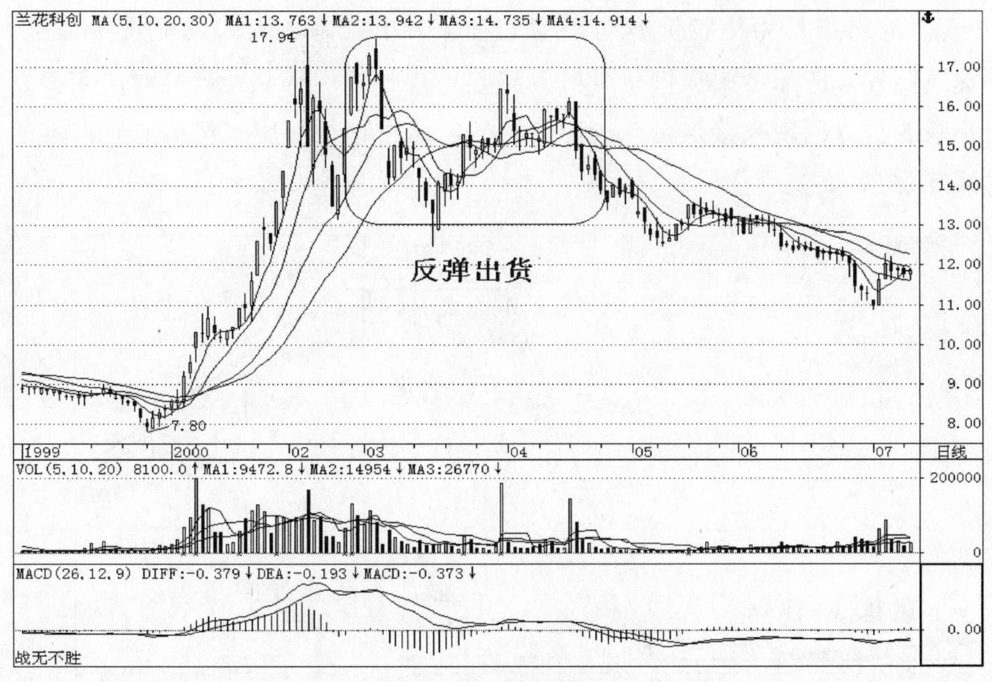

图 2–16 反弹出货

5.出货的根本特征与洗盘的区别

(1)出货行为必定发生在股价循环投资第三阶段的盘头过程中。股价运行第一阶段的盘底和第二阶段的上涨过程初中期绝对不会出现出货行为。也就是说出货过程中 K 线图表的 30 日均线的方向一定由大幅上涨趋于走平。它表明股价的上涨攻击能力已经消失。反过来说也就是只要 30 日均线的方向朝上则该股盘中的震荡行为或 K 线组合的震荡行为就是洗盘而不是出货。在 30 日均线走平庄家正式出货阶段中长线投资者应该坚决出局离场保证安全，而不必为该股出货过程中的短线上下震荡的差价利润所诱惑。

(2)出货行为中的成交量必然呈现出一种不规则放大、萎缩的特征。它表明该种市场行为中有巨量筹码暗地出逃。成交量不见规则性萎缩行为表明庄家已经失去对该股筹码的控制。这显示出庄家慌不择路出货溃逃时筹码的混乱。

(3)出货行为从股价波动幅度上看体现出震荡较大的混乱无序趋势，这表明控盘庄家希望提供差价机会骗取短线客进场赚取差价利润，希望有不断的买盘出现来接走自己抛出的筹码。这种特征与庄家洗盘时有根本的区别(图 2-17)。

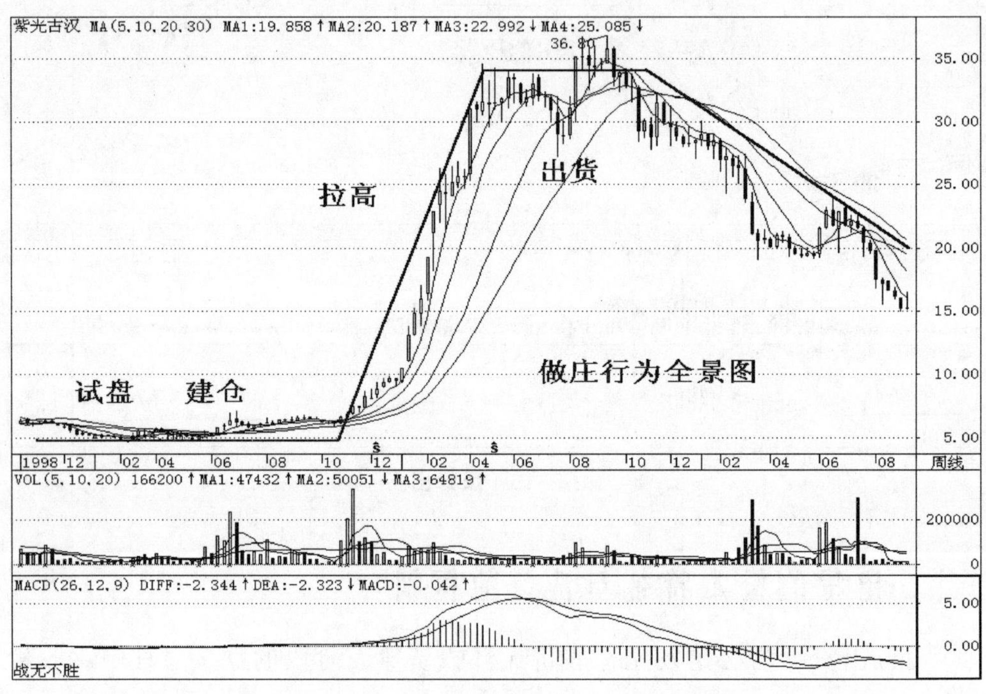

图 2-17　坐庄行为全景图

二、动态看盘之走向辉煌

(一)动态盘口要素简介

1.股市动态系统

股市动态系统包括即时盘面系统、分时技术系统。

即时盘面系统包含：即时图表系统、盘口数据系统。这套系统记录并描绘市场中每一个交易时刻的成交情况成为图表。这就是即时盘面系统。

(1)即时图表包含两个部分：即时波动走势图形与盘口数据。即时波动走势图形包括：多空搏斗基调的开盘价；即时的买卖成交市价；该时刻前累计的成交均价；每一时刻的成交量；多空搏斗最后结果的收盘价；多方信号弹最高价；空方信号弹最低价。盘口数据包含：三档买卖盘数据；分时成交明细；各种比较数据；内外盘、委比、量比等。

(2)即时图表和盘口数据这两者从动态的角度，忠实、直接地记录和描述了市场的客观情况。它是原始的、第一位的未经推论的一手资料。它是职业操盘手研判股价走势运行规律最为重要的根本性依据，其他所有技术指标均是由此推导和派生出来的，是属于第二位的辅助性依据。对此，每一个企图成为职业、高段、顶尖操盘手的学员均必须有清晰而明确的认识。许多机构的职业实战操盘手及绝大多数搞分析研判的股评家对此也没有正确的区分，而我们的学员绝对不能把两者之间的关系和地位搞混淆和颠倒了！

2.即时图表要素在实战看盘研判中的巨大价值

1)开盘价

开盘价是经历一个冷静的夜晚，主力彻底预谋及市场共同预期的结果。它在当日的即时波动走势及股价的后续发展中具有极大的预示意义。这是实战看盘的第一着眼点。明确处于不同股价运动循环阶段时刻的即时开盘价的含义能够指导我们进行最为精彩的临盘实战低进高出操作，确保资金最大限度地获利并最成功地回避股价后续走势的风险。当然只要我们彻底领悟了寻宝图的深刻精髓，盘中股价即时波动的不确定性高低点等所有玄妙莫测的问题就不会再神秘。

当日开盘价分为如下三种：

(1)平开：表明对昨日的收盘结果市场各方表现出一致的认同。它没有明确的向上或者向下攻击预示。这也表明市场各方力量处于平静之中，多空双方的真实意图将在开盘后的股价波动走势中得到体现。

(2)低开：表明空方主力在今日有打压股价向上发展趋势的意图或者多方主力有打压股价建仓或洗盘的非攻击性欲进先退的意图。如果目前股价运动循环阶段处于第一阶段盘底末期或第二阶段上涨的初中期，则多方主力诱空的欺骗意图不容置疑。无股空仓者可以考虑伺机坚决跟进，有股者可以考虑坚决持有，一路轻松获利不为庄家的所有花招所蒙骗和诱惑。

(3)高开：表明多方坚决攻击的预谋将进行果断的按计划展开或者表明空方主力拉高诱骗空仓的场外买盘跟进接盘，有利于自己高位偷偷派发出货。其判别的关键是目前的股价处于运动循环阶段的具体位置：如果处于第一阶段盘底末期或第二阶段的上涨初中期就表明多方主力将发动攻击，持股者可以不为即时股价走势的上下震荡波动所迷惑坚决待涨获利；持币空仓者应积极寻机果断坚决地介入，不为向下的股价即时走势震荡波动所恐吓。相反如果目前股价处于第二阶段上涨末期或第三阶段盘头及第四阶段下跌的初中期就表明空方主力做欺骗性诱多拉抬，持股者应考虑冲高乏力时坚决离场出局，无股空仓者应耐心等待机会不可冲动性盲目随意进场。

2)均价线

即时波动图表中的均价线是多空双方盘中搏斗的生死防线和攻防堡垒。其运行的方向直截了当地表明了当日股价运行的未来结果。这是即时盘中看盘的第一关键。均价线的方向朝上彻底表明多方主力处于决定性的控制盘面地位，当日 K 线收报阳线几乎成定局，持股者不必在意盘中股价的即时上下波动起伏。均价线的方向走平表明今日多空双方力量达到平衡：如果股价运行在昨日收盘价和今日开盘价之上预示着多方主力今日处于相对有利的优势地位；如果股价处于昨日收盘价和今日开盘价之下则表明空方主力今日处于相对有利的优势地位。这两种情况的后续走势均取决于股价目前所处的循环运动阶段的具体位置：如处于低位则总体上后市对多方有利，若处于高位则总体上后市对空方主力有利。另外，即时股价走势处于盘中均价线的上下方是另一看盘关键：股价处于均价线上方多方占优，股价处于均价线下方则空方占优。均价线是多方主力坚强的攻击基地和防守据点同时它也是空方主力阻击多方部队的有力武器和对多方部队上攻时巨大的压力地带。均价线是即时盘中多空双方誓死必争的生命线(图 2-18)。

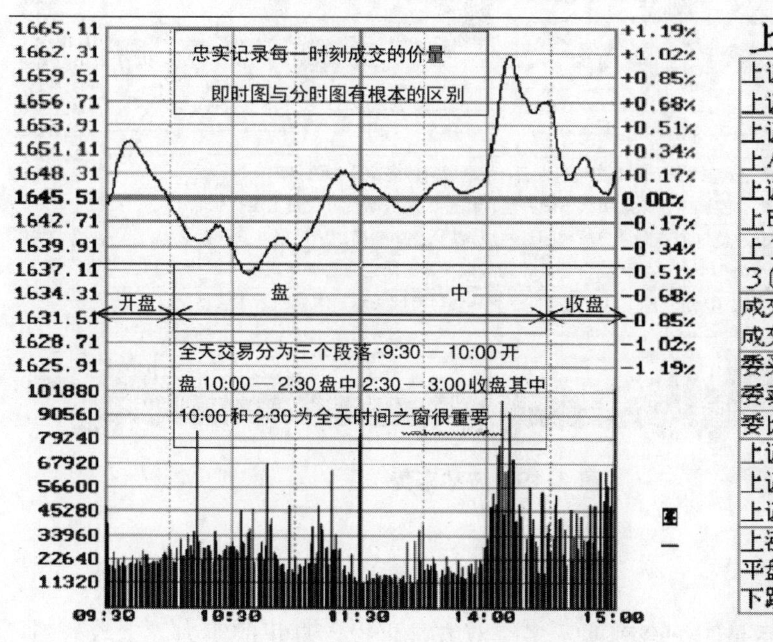

上证综合指数

上证指数		164855
上证涨跌		▲304
上证A股		175188
上A涨跌		▲332
上证B股		4482
上B涨跌		▼011
上30指		372940
30涨跌		▲146
成交总额		67449584
成交手数		7076280
委买手数		937709
委卖手数		823402
委比	114307	642%
上证开盘		164480
上证最高		166216
上证最低		163647
上涨家数	279	246
平盘家数	34	35
下跌家数	222	254

图 2-18　盘中交易时段划分

3)波动态势

(1)连接即时股价运动中每10分钟点位形成曲线，其高点连线方向向上或低点连线方向向上则表明即时股价向上运动的攻击气势形成，股价后续走势看好。其连线向上运动角度大小表明其攻击力度大小、强弱和缓急，角度越大则攻击力越强！相反则表明其向下攻击力度也越大。

(2)如果每10分钟高低点连线的方向均向上则表明今日股价走势为单边上扬；如果每10分钟高低点连线方向均朝下则表明今日股价走势为单边下跌。这两种情况为盘中多空力量最凶狠的攻击态势。

(3)盘面波动曲线中若高低点出现的次数较多其连线的方向转换频繁则表明今日多空搏斗激烈，双方力量均将受到极为严峻的考验(图2-19)。

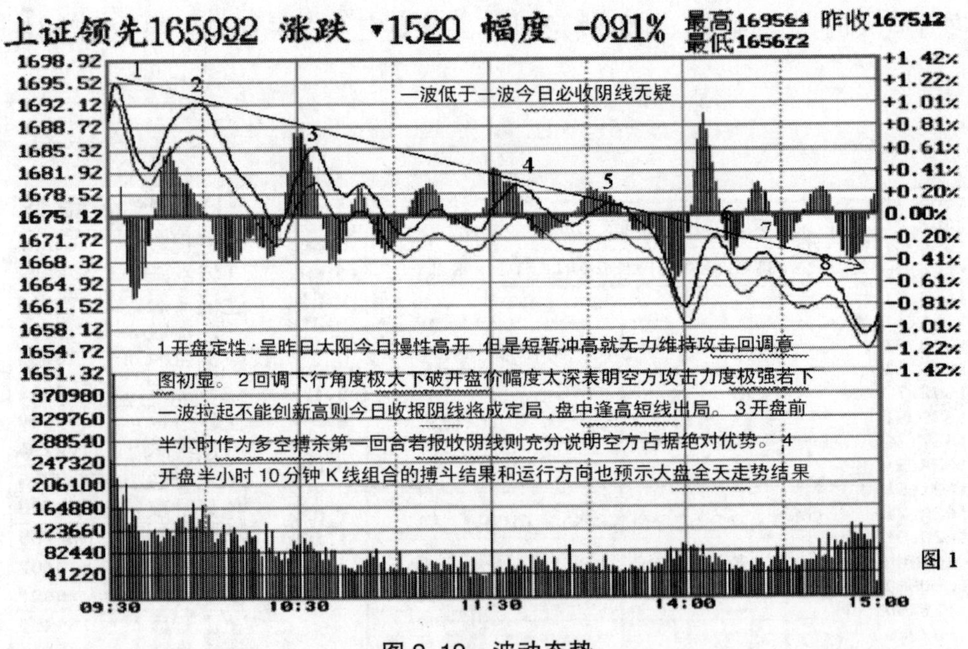

图2-19 波动态势

4)量价关系

盘中量价关系是否配合表明了多空双方是否投入真正的实力。上攻有量表明庄家投入资金，用实力展开真正攻击；上攻无量表明庄家采用控盘技巧而非使用真正的资金实力进行攻击。其具体情况要看庄家的控筹程度：缩量上攻表明控筹程度高，筹码安定，筹码锁定程度好，庄家也无法乘成交量混乱时出局后续他还将进行表演；控筹程度低表明庄家实力有限只能靠使用操盘技巧来弥补其资金实力不足，我们对其股价未来的走势不能过于乐观。

5)收盘价

它是多空双方力量当日搏斗的结果：阳线表明当日多方取得胜利，阴线表明当日空方取得胜利，十字星表明多空双方当日力量取得平衡战斗将延续到次日。收盘价的实战参考价值较大。它对次日的股价运动走势具有一定的预示意义：当日大阳线收盘则次日应有更高点可寻，持股者欲出货可等次日冲高乏力时；当日大阴线收盘则次日必有更低点出现，空仓者欲进货可等次日低点企稳时。

6)最高价

它表明多方当日最大的攻击欲望和攻击力度，隐含着庄家的某种意图。其上影线部分往往是庄家将要攻击目标的信号弹。

7)最低价

它表明空方当日最大的打压目标和打压力度，隐含着庄家的某种意图。其下影线部分往往是庄家将要打击目标的信号弹。

3.开盘半小时判定大盘走势

开盘半小时判定大盘走势：如果大盘的开盘半小时其每 10 分钟连线总的方向朝上即开盘每 10 分钟 K 线组合形成向上攻击则可以判定大盘当日将报收阳线；如果走平则大盘当日将报收小阴小阳线；如果向下则可判定大盘当日将报收阴线。如果能同时配合股价运动循环阶段的具体位置和盘中价量关系进行综合判断则准确率几乎可达到 100%(图 2-20～图 2-28)。

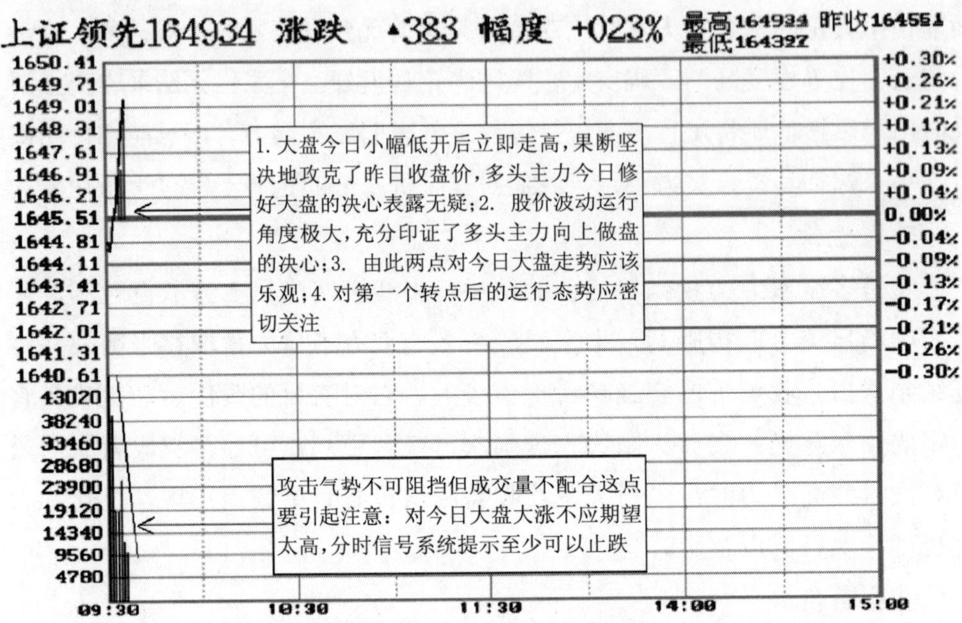

图 2-20 开盘半小时判定大盘走势 -1

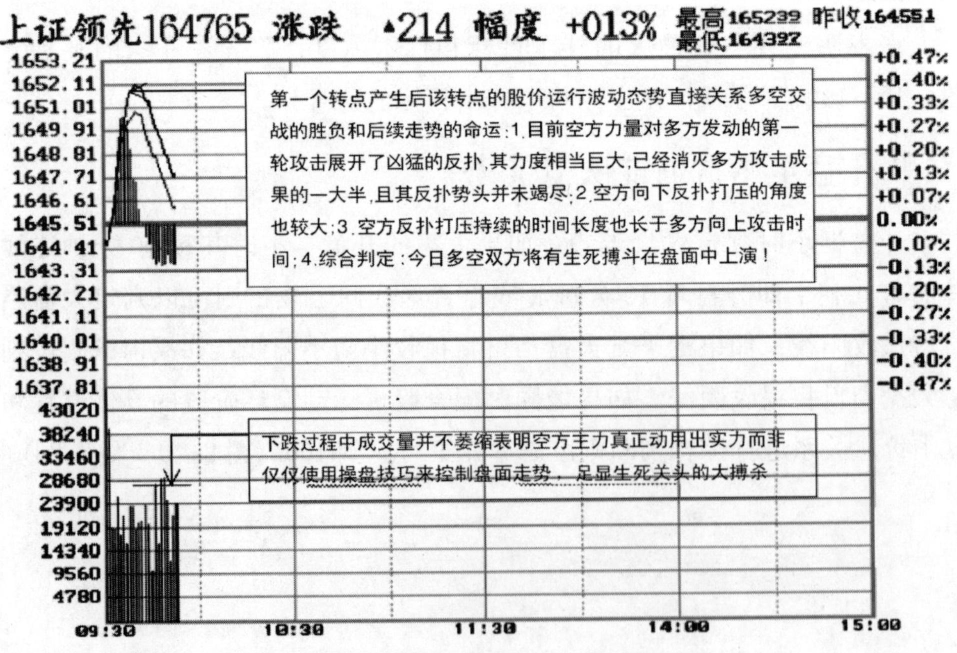

图 2-21 开盘半小时判定大盘走势 -2

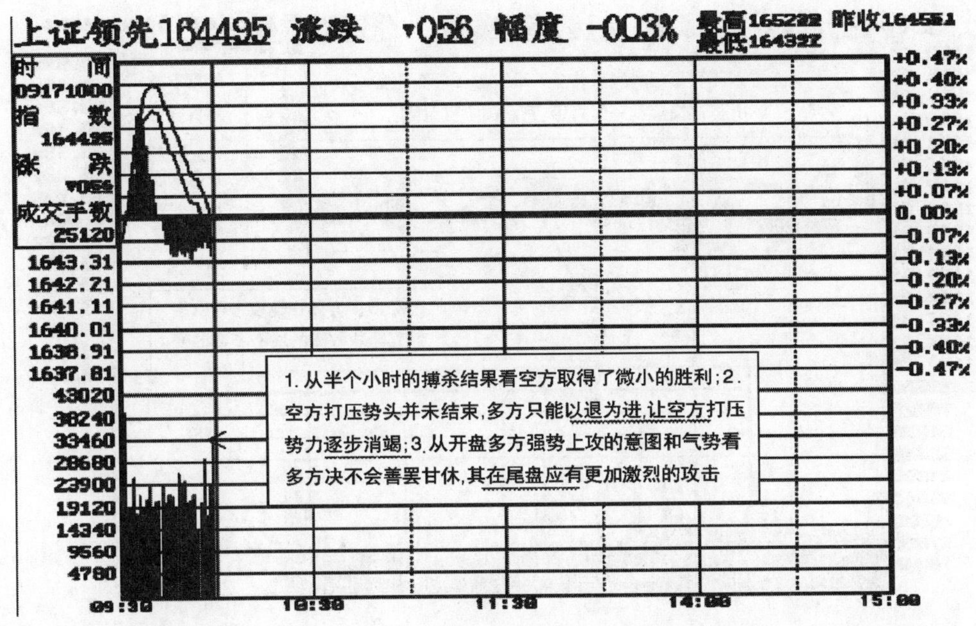

图 2-22 开盘半小时判定大盘走势 -3

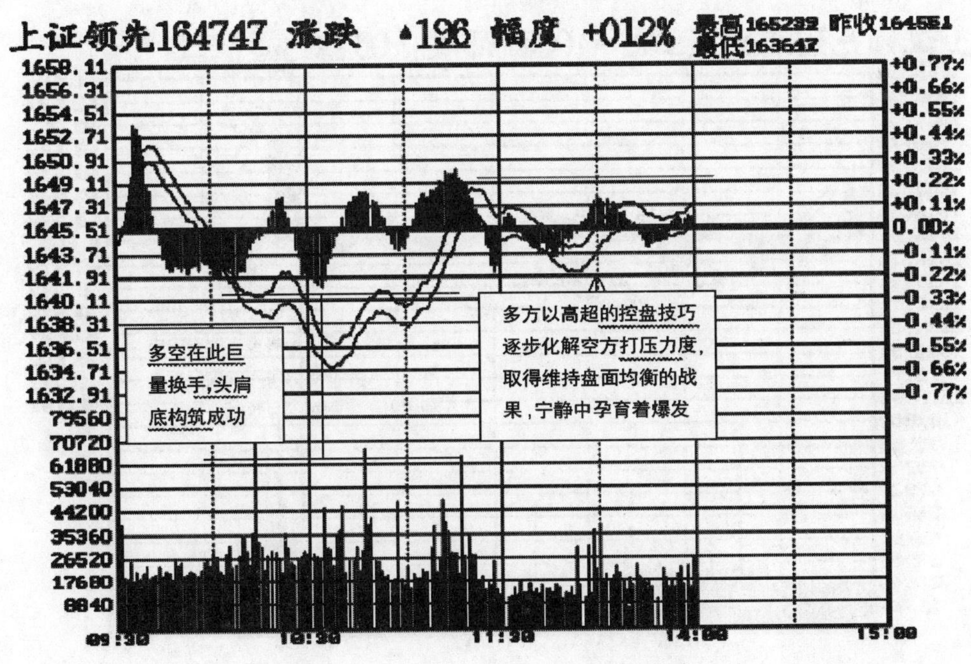

图 2-23 开盘半小时判定大盘走势 -4

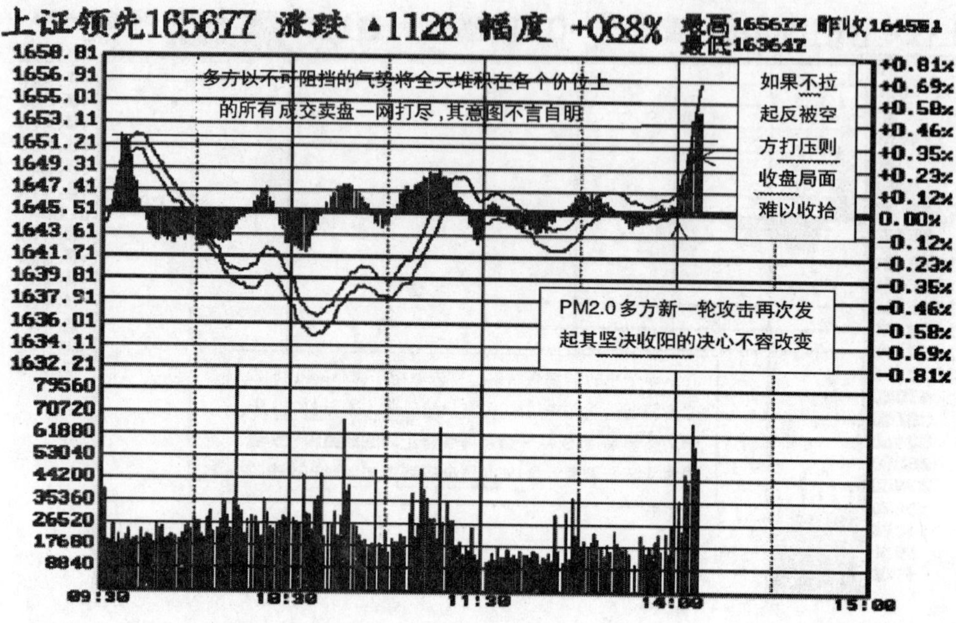

图 2-24 开盘半小时判定大盘走势 -5

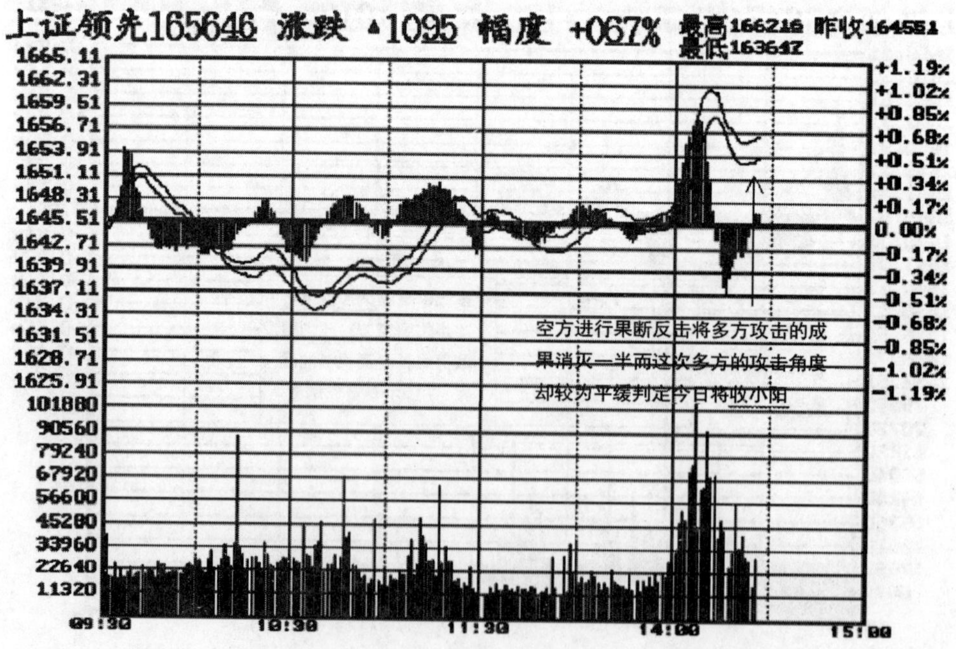

图 2-25 开盘半小时判定大盘走势 -6

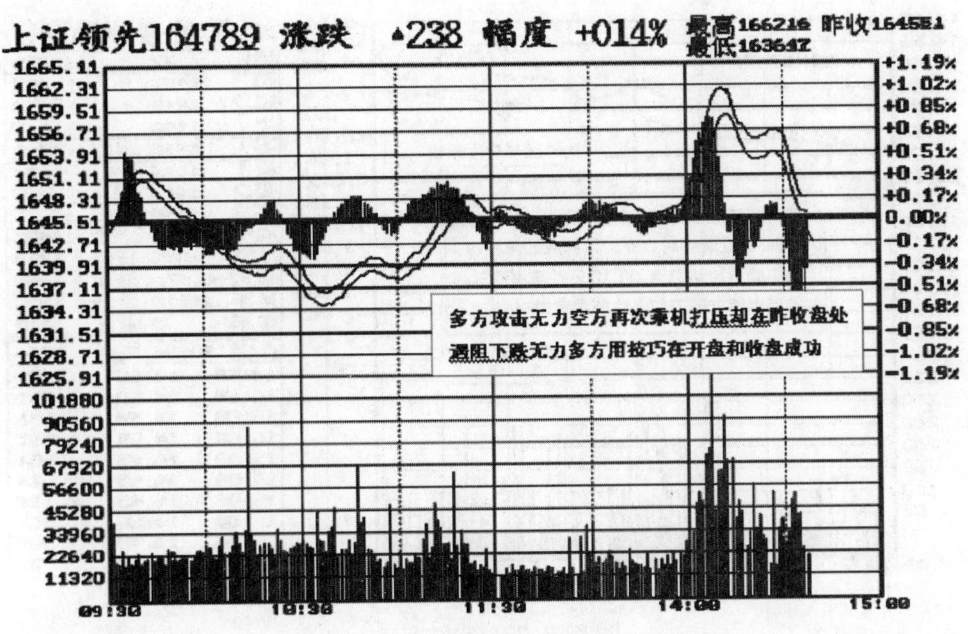

图 2–26 开盘半小时判定大盘走势 –7

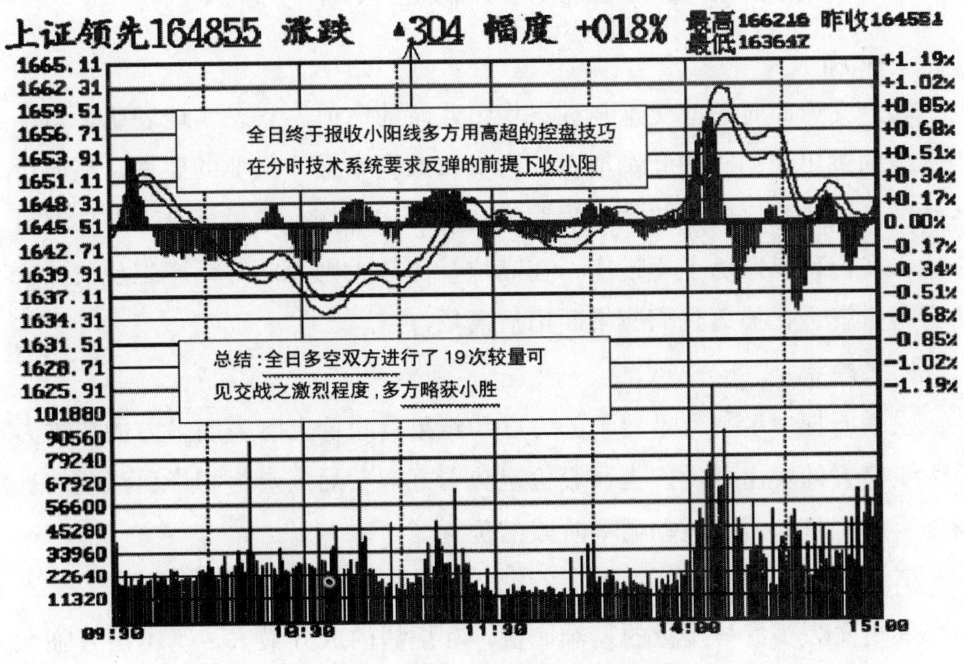

图 2–27 开盘半小时判定大盘走势 –8

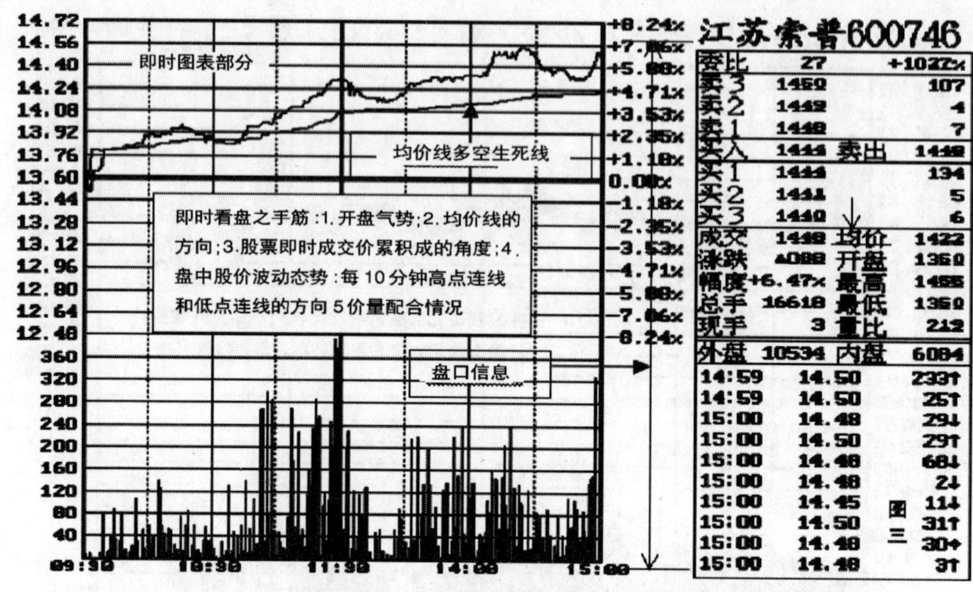

图 2–28 实时图

4.即时盘口数据对股价走势的重大研判意义

1)量比

其定义为此时的成交量与5日均量此时的比值。它忠实地表明了市场中资金的进出和筹码的吐纳情况。为盘口数据中最为重要的要素。在股价运动循环低位量比明显放大则表明成交量产生质变有增量资金在对该股进行注入我们可以跟随主力进庄，在高位量比放大则表明筹码产生质变，表明有存量资金在抽离我们应果断出局离场。

2)涨跌幅

它表明盘中多空力量搏杀的力度和结果。股价上涨表明多方的买进力量大于空方的卖出力量，当日股价走势看好，其后续走势和当日涨跌的真假要看股价目前所处运动循环阶段的位置。

3)委比

其定义为买盘与卖盘的差额比值。其虚假的成分最大，基本没有临盘实战参考价值。

4)内外盘

内盘定义为买进价成交，大众通常错误地理解为抛盘。外盘定义为卖出价成交，大众通常理解为买盘。由于大众通常理解的根本性错误，所以往往被庄家利用来诱骗跟风盘。其实战欺骗价值大于庄家真实意图表示，对此一定要引起我们高度重视。其在大盘走势中表现为红军和绿军。其实战欺骗价值在主力庄家控盘运作中极为巨大。

5)买卖盘

买卖盘价格挂报的时间先后顺序和价格优先的即时成交原则也提供了巨大的欺骗价值为庄家所利用。不想买而挂出不能成交的买单是为了诱骗跟风盘显现买盘踊跃，目的是为了出货派发；不想卖而挂出不能成交的卖单是为了吓唬跟风盘显示抛盘汹涌，目的是为了吸货建仓。庄家诱空、诱多往往由此方式实现。对此我们的学员一定要有清醒的认识，不要不加区分地盲目相信买卖盘口数据。

6)即时盘口成交回报

每一笔实时成交记录于盘口图表的右下角。其上下箭头所指示的买卖方向其实战参考价值并不大。而跟风盘却过于对此迷信盲从，相反其每笔成交单位的大小却具有极大的实战分析研判参考意义。它从一个侧面表现了庄家做盘力度的真假和攻击气势的大小。大笔成交而股价的波动幅度并不大往往就是庄家的对刀盘，其预示意义要根据不同运动循环阶段的具体位置来加以辨别。

除量比以外，所有盘口数据均能做假。因为量比真实的记录了资金的进出和筹码的吐纳，无论庄家是否对敲。因此量比是最重要的盘中研判分析数据。其实战地位无与伦比。临盘分析研判，进出实战操作展开时务必要引起我们绝对高度的重视。

5.即时图表与分时技术图表的区别

(1)原始性与客观性：即时图表只对市场的交易数据做忠实的记录和客观的比较；而分时图表却包含着对以上数据的运算和推导。它是技术分析系统：图表系统和指标系统的短线化。其指标系统部分的取材角度和推导方式的客观真理性必须遭到怀疑。请注意即时与分时的区别。

(2)经验性与分析性：即时图表到目前为止还没有一套完整的理论能对它进行彻底正确的研判。它是股市中不确定性最大的一个部分，也是否定技术派分析人士证明股市不可预测的最大证据。有句话说："能看懂股市三天走势就富可敌国"讲的就是这个意思。看懂即时波动图形凭借的是丰富的临盘实战经验，而非按某种现成理论的教条，因而到目前为止它是一门艺术而非一门精确的科学。总之它是不具备深刻理论基础的经验性的内容。相反分时图表系统已经形成了一套完整成熟的理论体系，运用它可以对股市进行全面而某种统计意义上的精确分析。它企图包含客观科学性的成分。国外在这方面的研究已经迈出了领先的一步，出现了目前最为高深的智能交易机器人这种威力巨大的现役秘密技术。企图将股市的经验性和科学性作完美的融合是古往今来极少部分伟大的职业实战投资家终生孜孜以求的宏伟目标。

(3)作为顶尖职业操盘手一定要正确的区分这两者的根本不同。这是目前所有股评和投资书籍都混淆了的概念。本册内容力图将最不确定的即时波动走势从科学的角度进行艰难的描述，也希望有志于此的学员共同努力来进行这一伟大而艰难的探索和研究工作(图 2-29～图 2-33)。

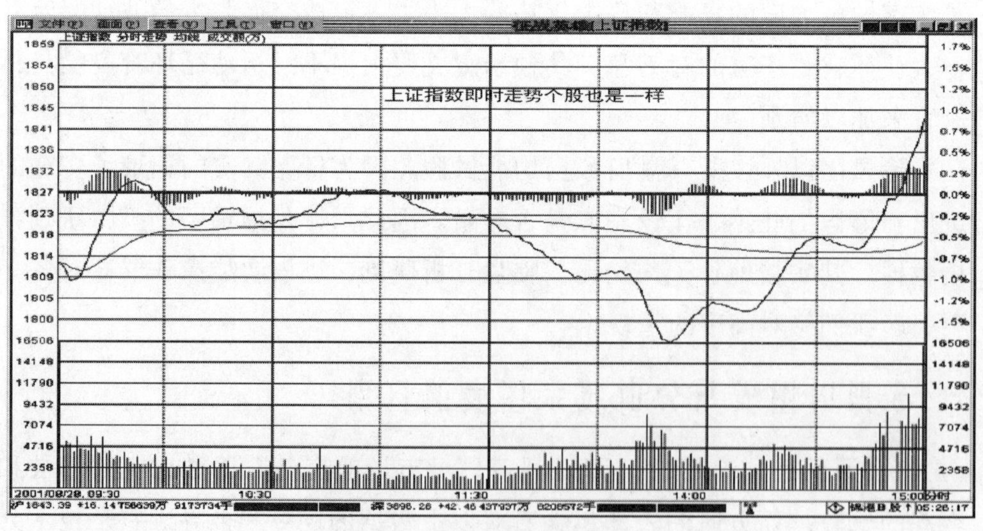

图 2-29　即时技术图形

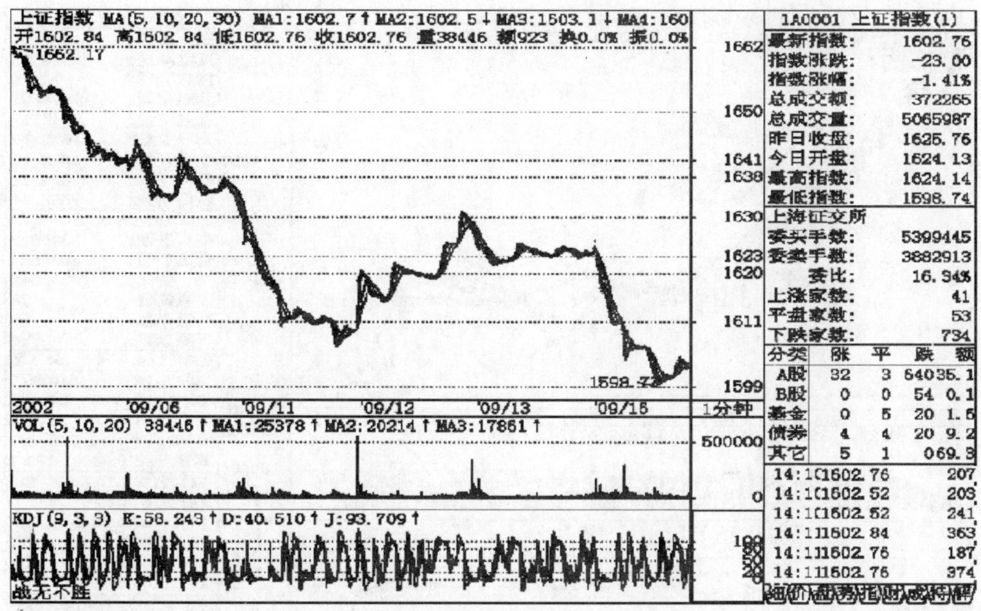

图 2-30　1 分钟技术图形

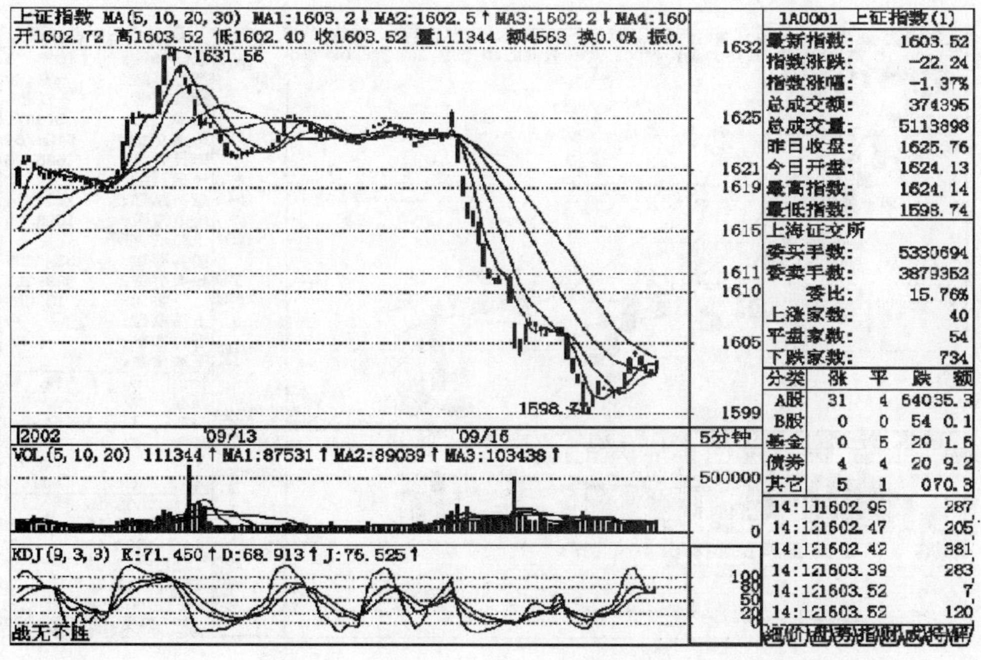

图 2-31　5 分钟技术图形

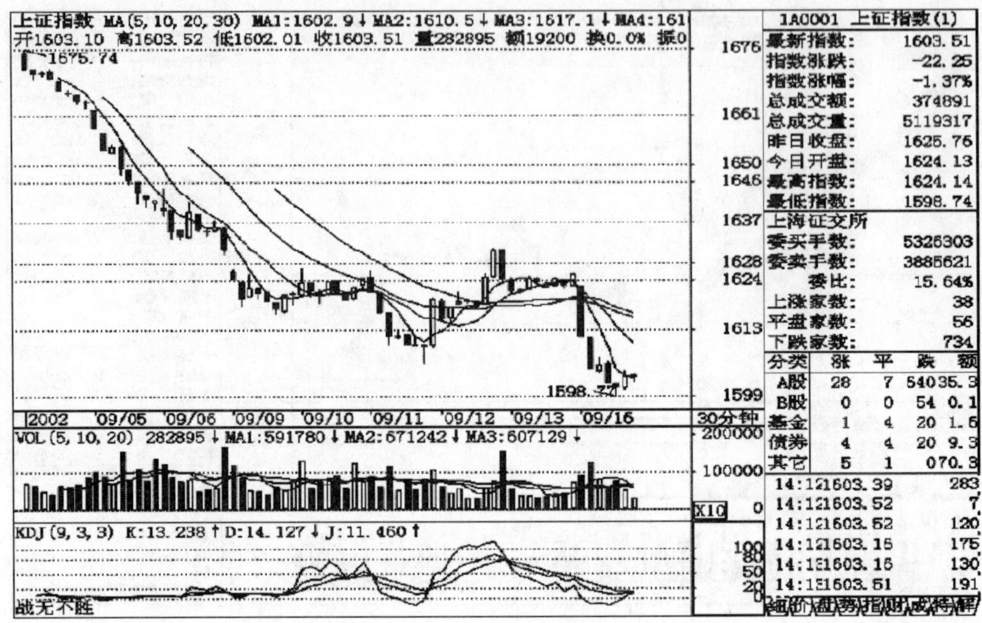

图 2-32 30分钟技术图形

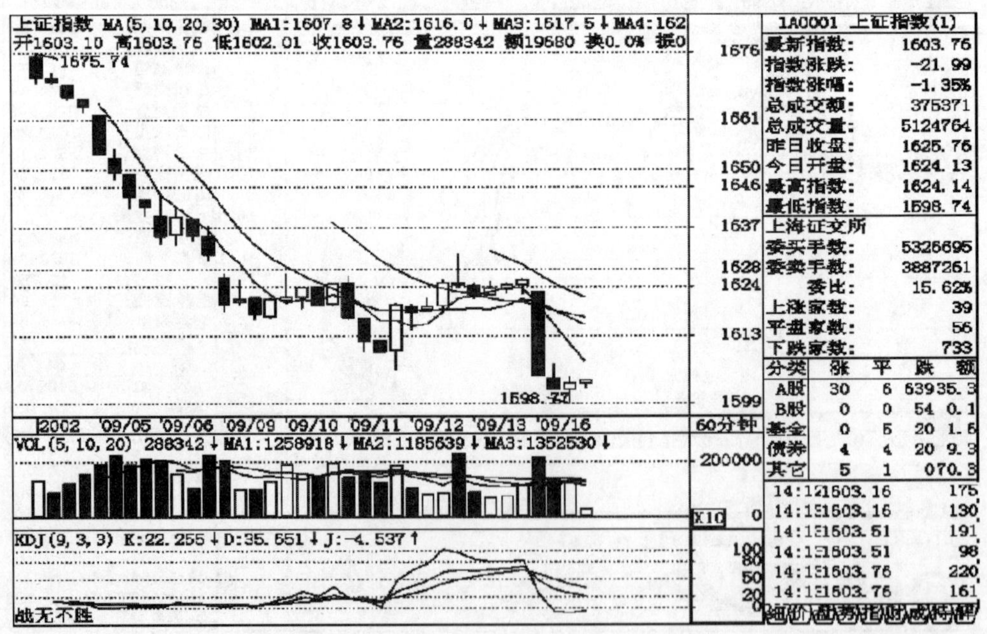

图 2-33 60分钟技术图形

(4)分时技术系统包含两大部分：图表系统和指标系统。这两者有着本质上的不同。图表系统处于技术图表系统画面的上方。它包含三个要素：价格，记录为K线；成交量：记录为K线图下方的成交量柱状图；时间：则体现为两个方面即均线系统和时间之窗，这些市场要素，图表系统均作了原始的记录和客观的运算。它是专业投资家第一位的分析研判和操作依据。

指标系统处于图表系统成交量图形的下方。其种类繁多作用不一，但它们的共同特征都是：只对市场三大要素的其中之一进行单一的推导式反映。其客观真理性及实战有效性存在理论上的缺陷，这一缺陷绝对不是靠单纯修改、优化参数能够解决的。

技术指标系统在职业投资家的实战操作中只起极其有限的辅助作用，最多达到使他的临盘进出能够有一个不随意变动的主观标准而已。切记，指标系统的地位和作用是有限的。如果始终沉溺于此，你终将不能超越技术分析的低级境界去达到走向投资成功的辉煌巅峰(图 2-34)。

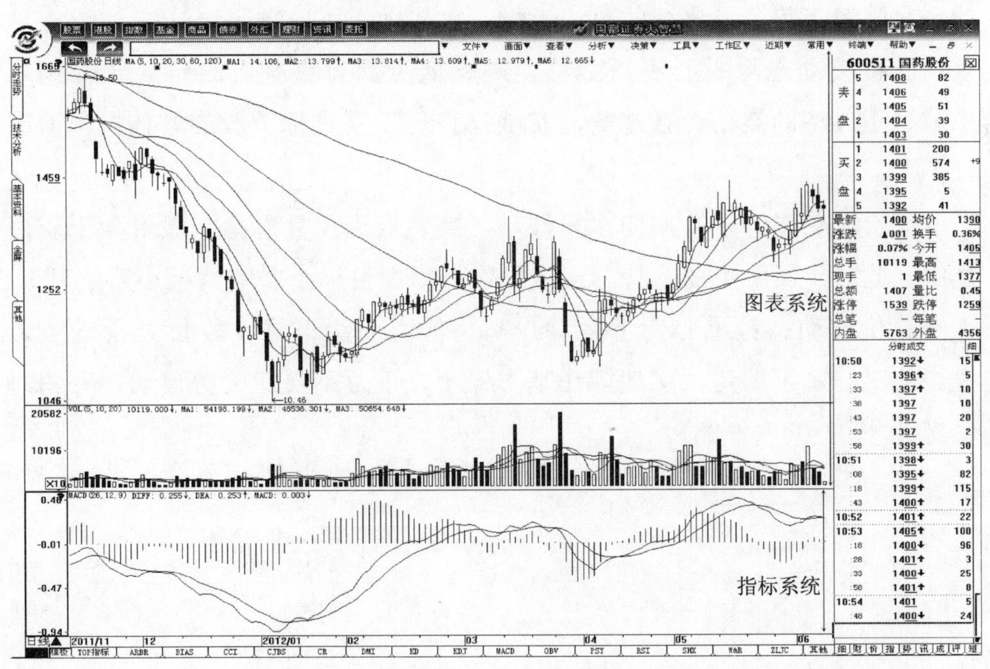

图 2-34　分时技术系统

(二)动态盘面专业解析

即时波动线形态势是股价运动的轨迹。实战中投资者可以从其运行方向、角度以及即时图各要素相互配合等情况进行综合判别。

1.波动态势、运动类型

(1)上涨攻击：1、2、3、5 及多波。注意每波攻击和消退的要素配合情况。

(2)下跌攻击：1、2、3、5 及多波。注意其位置以很好地判别洗盘或出货。

(3)横向摆动：涨跌互换，高低位置重叠。位置不同，实战意义不同。股价波动态势低点不断上移，高点一波高于一波，即时盘面中黄白两条线都处于朝上的走势，涨幅大于 3%，攻击动量配合完美，属于多头完全控盘的超级强势走势，是典型的单边上扬。实战操作可以大胆展开。

股价波动态势重心不断上移，高、低点偶有重叠，股价处于上扬之中，属于典型的震荡上扬态势。实战操作可以视目标个股的具体情况而展开。

股价波动态势重心横向水平波动，高、低点反复重叠，股价处于震荡之中。此时，属于牛皮态势。实战操作可以视目标个股的情况小心展开。

股价波动态势重心向下运动，高、低点逐级下移，股价处于跌势之中。此时，属于弱势。实战操作基本停止，千万不要逆大势盲动，妄图海底捞针(图 2-35～2-38)。

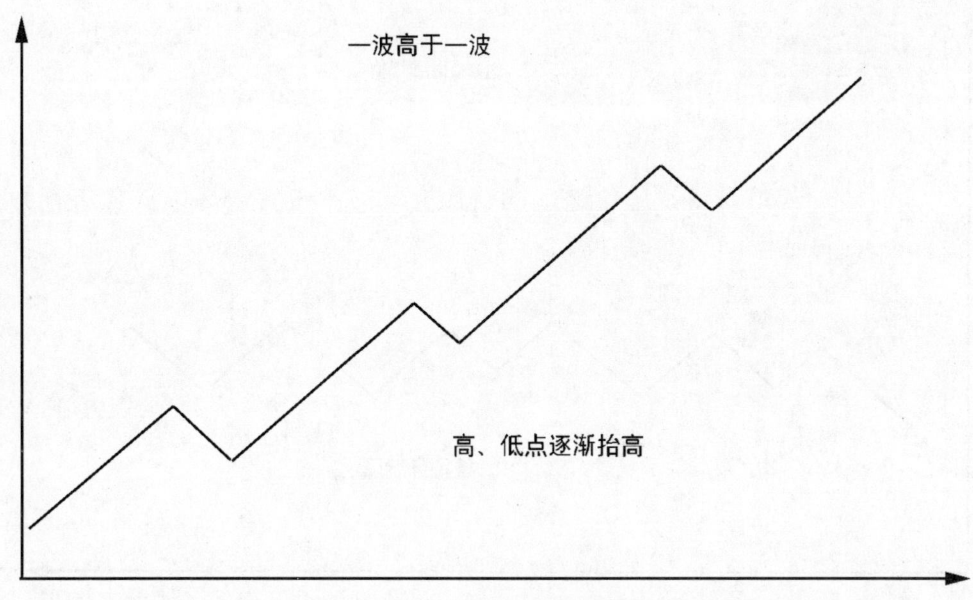

图 2-35　单边上扬格局

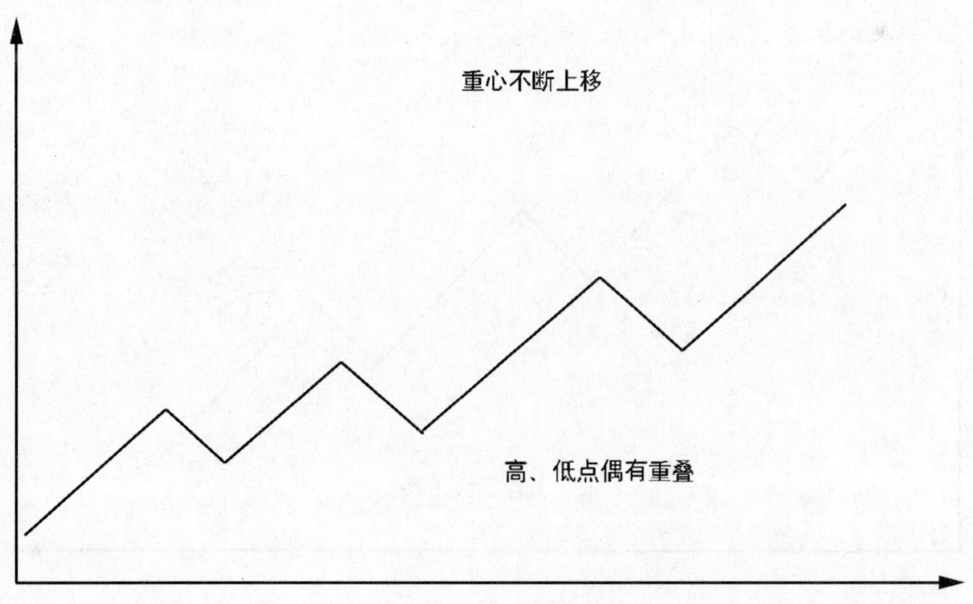

图 2-36　震荡上扬格局

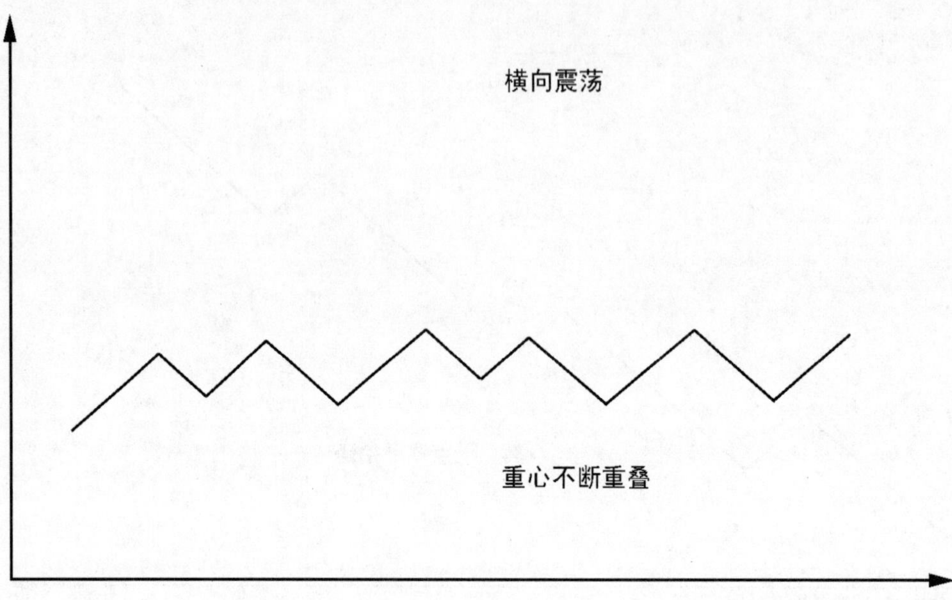

图 2–37 横向震荡格局

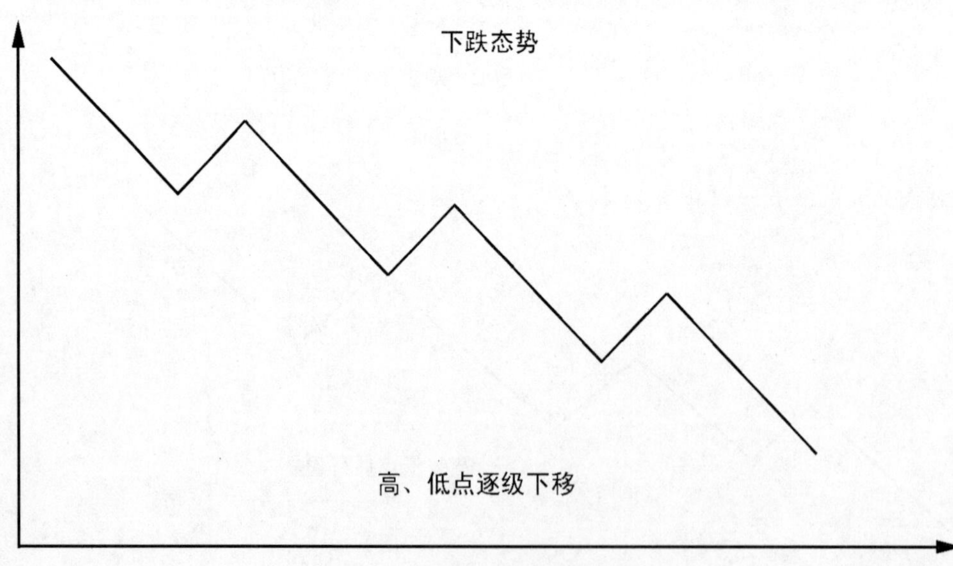

图 2–38 震荡下跌格局

2.个股涨跌家数对比：多空争斗表现

即时盘中涨跌家数多少的统计对比情况，体现出盘面之中多空双方较量争夺的即时结果，细心的研判可以明白大盘涨跌的真实情况(图 2-39)。

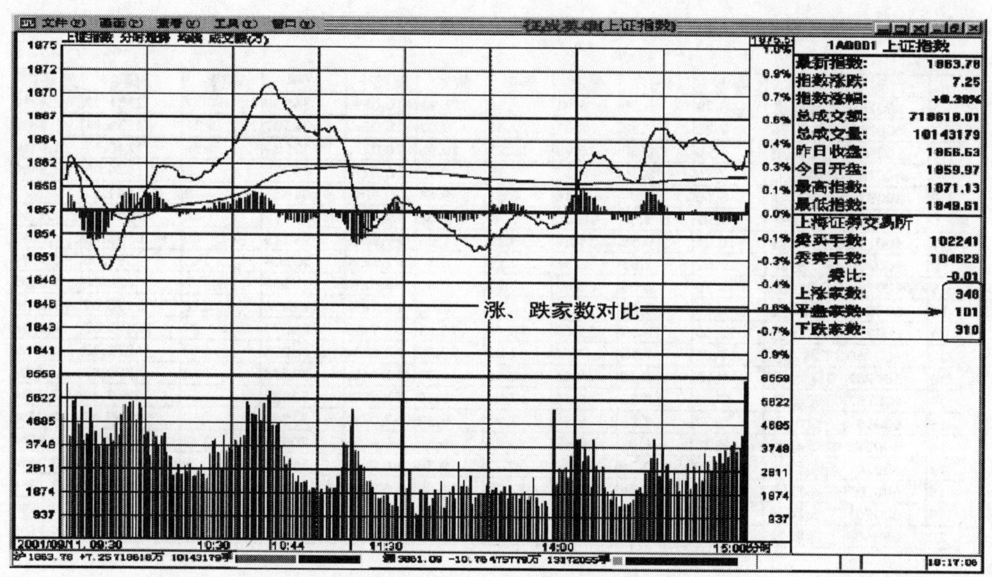

图 2-39 盘中涨跌家数对比

大盘涨同时上涨家数大于下跌家数，说明大盘上涨自然，涨势真实，大盘强。实战操作可以积极展开。

大盘涨，相反下跌家数却大于上涨家数，说明有人拉抬杠杆指标股。涨势为虚涨。大盘假强。实战操作视目标个股小心展开。

大盘跌，同时下跌家数大于上涨家数，说明大盘下跌自然，跌势真实。大盘弱。实战操作停止。

大盘跌，相反上涨家数却大于下跌家数，说明有人打压杠杆指标股。跌势虚假。大盘假弱。实战操作视目标个股小心展开。

3.盘中涨跌量价关系：运动的真实性

大盘涨时有量、跌时无量说明量价关系健康正常。实战操作积极展开无碍。大盘涨时无量、跌时有量说明量价关系不健康，有人诱多。实战操作小心展开(图 2-40、图 2-41)。

	代码	名称	昨收	今开	最高	最低	最新	涨幅↓	总手	现手	总额	换手率
1	600169	太原重工	6.28	6.50	6.91	6.30	6.91	+10.03%	34859	7	2381.47	2.42%
2	600789	鲁抗医药	7.28	7.38	8.01	7.38	8.01	+10.03%	32307	32	2536.11	1.58%
3	600806	交大科技	9.98	10.50	10.98	10.23	10.98	+10.02%	11589	36	1240.11	1.93%
4	600162	山东临工	7.79	8.15	8.57	8.15	8.57	+10.01%	19750	6	1674.40	1.84%
5	600878	*ST北科	8.60	8.99	9.46	8.81	9.46	+10.00%	41485	5	3841.31	
6	600746	江苏索普	7.82	8.00	8.60	8.00	8.60	+9.97%	12425	88	1041.06	1.41%
7	600112	长征电器	10.04	10.30	11.04	10.29	11.04	+9.96%	21815	40	2348.70	4.20%
8	600700	*ST数码	7.62	7.88	8.38	7.88	8.33	+9.32%	53384	143	4391.00	3.43%
9	600758	ST金帝	7.75	8.05	8.42	7.95	8.41	+8.52%	7559	3	620.10	1.23%
10	600846	同济科技	9.29	9.60	10.22	9.48	10.05	+8.18%	21810	220	2178.89	1.84%
11	600770	综艺股份	13.35	13.68	14.68	13.40	14.41	+7.94%	88071	29	12495.87	8.90%
12	600760	ST黑豹	7.05	7.15	7.76	7.05	7.59	+7.66%	86028	118	6373.18	6.54%
13	600787	中储股份	8.33	8.58	9.16	8.56	8.95	+7.44%	30274	24	2709.88	2.40%
14	600707	彩虹股份	7.61	7.80	8.32	7.80	8.15	+7.10%	33481	64	2713.45	2.33%
15	600192	长城电工	7.77	7.95	8.50	7.91	8.32	+7.08%	31384	64	2595.98	2.84%
16	600872	中炬高新	6.15	6.35	6.65	6.24	6.58	+6.99%	20451	125	1328.80	0.82%
17	600703	天颐科技	9.48	10.00	10.26	9.72	10.14	+6.96%	16179	8	1624.61	2.76%
18	600207	安彩高科	12.24	12.54	13.38	12.33	13.09	+6.94%	48808	234	6289.03	2.71%
19	600701	工大高新	8.11	8.38	8.88	8.21	8.65	+6.66%	14326	43	1234.77	0.82%
20	600608	上海科技	11.88	12.30	12.98	12.00	12.67	+6.65%	57523	150	7258.93	4.75%

图 2-40　2002 年 5 月 21 日沪市涨幅

	代码	名称	昨收	今开	最高	最低	最新	涨幅↓	总手	现手	总额	换手率
1	000410	沈阳机床	7.06	7.26	7.77	7.26	7.77	+10.06%	88950	125	6872.43	6.57%
2	000589	黔轮胎A	7.06	7.26	7.77	7.13	7.77	+10.06%	63118	65	4789.76	5.06%
3	000551	创元科技	8.18	8.50	9.00	8.40	9.00	+10.02%	36995	5	3297.63	3.34%
4	000701	厦门信达	9.38	9.58	10.32	9.40	10.32	+10.02%	86393	23	8622.15	7.51%
5	000863	和光商务	12.51	12.80	13.76	12.80	13.76	+9.99%	19926	30	2703.89	5.11%
6	000547	闽福发A	9.43	9.63	10.37	9.60	10.37	+9.97%	24210	5	2475.64	3.29%
7	000628	倍特高新	9.17	9.38	10.05	9.24	10.03	+9.38%	24721	90	2414.67	2.86%
8	000012	南玻A	17.08	17.43	18.79	17.18	18.68	+9.37%	77553	35	14296.48	7.24%
9	000765	*ST华信	8.88	9.10	9.77	9.02	9.69	+9.12%	88779	20	8550.60	
10	000887	飞彩股份	7.38	7.58	8.12	7.58	8.05	+9.08%	19619	20	1565.02	2.16%
11	000606	青海明胶	16.79	16.98	18.47	16.80	18.27	+8.81%	38928	4	6991.88	6.09%
12	000528	桂柳工A	6.68	7.00	7.35	6.82	7.24	+8.38%	40589	2	2934.33	3.39%
13	000404	华意压缩	6.77	6.95	7.44	6.92	7.30	+7.83%	23416	14	1699.48	2.45%
14	000661	长春高新	9.19	9.88	10.00	9.40	9.88	+7.51%	9824	5	963.06	1.23%
15	000698	沈阳化工	5.95	6.10	6.55	6.01	6.38	+7.23%	17661	15	1122.74	0.94%
16	000776	*ST延路	7.75	8.00	8.32	7.83	8.31	+7.23%	5153	5	418.54	0.55%
17	000503	海虹控股	13.89	14.50	14.95	13.97	14.88	+7.13%	26990	119	3950.82	1.79%
18	000852	江钻股份	10.42	10.70	11.18	10.70	11.15	+7.01%	9437	80	1034.89	1.23%
19	000951	*ST重汽	7.34	7.51	7.92	7.51	7.85	+6.95%	16980	10	1312.83	
20	000602	金马集团	16.72	17.17	17.97	17.10	17.88	+6.94%	1048	1	186.07	0.24%

图 2-41　2002 年 5 月 21 日深市涨幅

4.专业选手如何迅速判断大盘强弱

用专业的研判次序、长期坚持形成专业行为的习惯定式，可以帮助专业选手形成快速看盘的高超能力。专业选手通过如下正确的方法快速抓住问题的关键，以帮助自己展开高水平的临盘实战操作。

第一板个股的涨幅标示股市最强势力的云集。

沪深两市都可以通过市场要素排序的方法迅速告诉我们市场运动的真正实质。市场量价要素排序的功能是专业选手快速掌握市场运动真正情况的窗口，也是专业看盘的标准次序。

涨跌龙虎榜 61、63 的第一板直接告诉我们当日、当时市场中最强大的庄家的活动情况。如果连力量最强大的庄家都不敢出来表现，则市场的强弱可以立即得到判定。

在第一板中，如果有 5 只以上的股票涨停，则市场处于超级强势，所有短线战术可以根据目标个股的状态坚决果断地展开。此时，大盘背景为个股的表现提供了良好条件。

在第一板中，如果所有个股的涨幅都大于 4%，则市场处于强势，短线战术可以根据目标个股的强、弱势状态精细地展开。此时，大盘背景为个股的表现提供了一般条件。

在第一板中，如果个股没有敢于涨停且涨幅大于 5%的股票少于 3 只则市场处于弱势，实战操作应该根据目标个股的强势状态小心地展开。此时，大盘背景没有为个股的表现提供操作条件。

在第一板中，如果所有个股的涨幅都小于 3%，则市场处于极弱势，实战操作必须停止。此时，市场基本没有提供获利机会，观望和等待是最好的策略。

投资者必须记住，对目标股票的前日技术状态的彻底研究是判断当日股价波动本质的关键。

5.如何判断当日是否具备短线获利机会

1)个股攻击力度要求：涨幅、量

如果当日盘中 61、63 涨幅榜第一板个股涨幅没有超过 5%的，则可以判定所有庄家都慑于大盘淫威，不敢动作，因此不具备短线操作机会。量比排行榜上没有量比数值大于 3 倍且涨幅大于 3%的个股则当日不具备短线操作机会。

2)群庄协同分化情况：盘中热点

如果当日盘中 61、63 涨幅榜第一板的股票混乱，不能形成横向或纵向关联，也就是说热点散乱，则当日基本不具备短线操作机会。这种状况暗示的是盘面中基本都是游击散庄在活动。集团大资金处于局外观望(图 2-42)。

今日涨幅排名		5分钟涨幅排名		委比正序排名	
1:江铃汽车	+8.00%	1:江铃汽车	+1.92%	1:江铃汽车	98.06%
2:长安汽车	+5.23%	2:长安汽车	+1.37%	2:广济药业	92.56%
3:一汽轿车	+4.37%	3:飞亚达A	+1.31%	3:赣能股份	90.99%
4:四环药业	+3.22%	4:华北高速	+0.97%	4:中国武夷	90.26%
5:钱江摩托	+2.96%	5:公用科技	+0.90%	5:远东股份	88.57%
6:古井贡A	+2.54%	6:世纪中天	+0.88%	6:华信股份	88.56%
7:安凯客车	+2.50%	7:金陵药业	+0.82%	7:ST 襄 轴	88.45%

今日跌幅排名		5分钟跌幅排名		委比逆序排名	
1:青海明胶	-2.94%	1:亚华种业	-1.23%	1:凯迪电力	-95.04%
2:春晖股份	-2.93%	2:ST 七 砂	-1.00%	2:ST中华A	-93.93%
3:云南白药	-2.46%	3:北海新力	-0.92%	3:紫光古汉	-93.10%
4:汇通水利	-2.29%	4:ST 春 都	-0.83%	4:福地科技	-92.86%
5:中色建设	-2.25%	5:长兴实业	-0.82%	5:ST 吉 化	-92.63%
6:河池化工	-2.20%	6:四通高科	-0.80%	6:四川美丰	-90.21%
7:南玻科控	-2.05%	7:龙涤股份	-0.79%	7:河北宣工	-89.80%

今日振幅排名		今日量比排名		总金额排名	
1:江铃汽车	9.92%	1:四环药业	18.14	1:江铃汽车	4823.48
2:四环药业	7.50%	2:唐山陶瓷	5.62	2:一汽轿车	3970.15
3:安凯客车	5.56%	3:一汽轿车	5.58	3:丝绸股份	3427.54
4:青海明胶	5.46%	4:新 大 陆	3.83	4:东方热电	3072.51
5:一汽轿车	5.16%	5:莱茵置业	3.71	5:宏源证券	3011.93
6:ST辽国际	4.66%	6:深 国 商	3.70	6:春晖股份	2786.09
7:石油济柴	4.55%	7:江铃汽车	3.27	7:世纪中天	2442.29

图 2-42　2002 年 6 月 14 日盘中热点是汽车板块

3)敏感问题回避要领：技术敏感、时间敏感

在大盘处于敏感的技术位置如高位巨量长阴、重大技术关口跌破以及

关键的变盘时间之窗时，实战操作必须提高警惕，考虑回避。各种临盘买进操作战术不允许展开。

6.动态盘面异动——异动雷达捕捉

什么是看盘？所谓看盘，就是看市场的各种要素及其相互之间的关系及其异常变动！他们是市场揭示的信息和盘口世界的语言。

市场有四大要素。它们分别是股票的价格、成交量、时间(速度、角度)和参与的投资人。这几大要素的盘中变动及其相互关系是看盘发现获利机会和规避亏损风险的关键。

价格的变动情况通过涨跌幅排序功能能够以最快的速度得到了解。一般股票分析软件的61、63键都能完成这一功能。

价格涨幅排列在前面的目标股票，说明有庄家在对其股价进行往上拉抬做盘；价格跌幅排列在前面的目标股票，说明市场中有人在抛售，庄家在减仓或出货(图2-43)。

粤高速A	5.81	4.24	+10.04%	7847.61	0.53	693	136736
光彩建设	9.54	3.78	+10.03%	9886.05	0.87	22	104772
中金岭南	6.80	3.47	+10.03%	5027.38	0.62	43	74449
深国商	11.74	3.28	+10.03%	9776.38	1.07	3	84836
深天地A	13.94	3.72	+10.02%	6831.81	1.27	7	49803
新都酒店	9.77	3.26	+10.02%	12285.11	0.89	4	128350
世纪星源	5.82	3.43	+10.02%	15876.75	0.53	62	276430
深深宝A	12.85	3.26	+10.02%	4557.90	1.17	4	35515
深华新	10.66	3.50	+10.01%	4649.72	0.97	29	44015
深长城A	13.41	3.27	+10.01%	3772.89	1.22	11	28527
深达声A	10.34	3.23	+10.00%	7768.84	0.94	81	76279
深鸿基A	7.71	3.33	+9.99%	17260.69	0.70	44	228412
深中冠A	14.22	4.13	+9.98%	3310.02	1.29	61	23695
深赛格	10.92	1.66	+9.97%	11775.80	0.99	16	111989
深宝安A	5.97	3.22	+9.94%	17163.69	0.54	19	291546
深宝恒A	11.93	3.04	+9.85%	14891.90	1.07	110	128184
深南光A	13.29	3.49	+9.65%	6791.66	1.17	311	52188
深圳华强	12.56	3.75	+9.31%	10983.84	1.07	15	90015
深赤湾A	13.11	3.58	+9.07%	4056.09	1.09	205	31408

图2-43 6月21日深市63涨幅排序

成交量的变动情况能够通过量比排序功能以最快的速度得到了解。钱龙、胜龙等分析软件的＊键连续按动，就能完成这一功能。

量比排列在前面的，说明该股今日在放量，参与的投资者多；量比排列在后面的，说明该股今日缩量，参与的投资者少或投资力量弱小(图2-44，2-45)。

其他市场要素还可以通过看资金流向的换手率、成交额排序、相对强弱排序以及委比排序等进行细致的了解，以便我们能够更加全面地了解市场的真实情况。

专业选手由于各种技术功力的娴熟，因此总是采用最快捷的方式完成自己的任务。

	代码	名称	涨幅	量比↑	换手率	前收	今开	最高	最低
1	600889	南京化纤	1.75%	5.31	2.89%	10.28	10.25	10.50	10.15
2	600172	黄河旋风	2.48%	4.76	0.53%	10.10	10.10	10.35	10.01
3	600727	鲁北化工	0.94%	4.70	1.06%	10.65	10.69	10.88	10.69
4	600302	标准股份	2.09%	4.39	3.25%	10.51	10.50	10.78	10.48
5	600081	东风科技	-0.94%	4.15	0.68%	22.29	22.29	22.45	21.93
6	600216	浙江医药	1.45%	4.07	1.55%	8.25	8.21	8.42	8.21
7	600819	耀皮玻璃	2.09%	3.64	3.60%	13.85	13.85	14.20	13.80
8	600842	ST中 西	-3.99%	3.41	1.66%	7.76	7.60	7.70	7.43
9	600787	中储股份	1.84%	3.34	0.52%	8.68	8.78	8.87	8.68
10	600057	ST厦 新	5.03%	3.19	5.77%	15.10	15.30	15.86	15.09
11	600763	ST中 燕	4.95%	3.07	6.38%	10.50	10.35	11.03	10.21
12	600202	哈空调	1.92%	2.84	1.28%	7.83	7.83	8.04	7.82
13	600380	太太药业	1.19%	2.78	0.87%	17.58	16.79	17.95	16.79
14	600256	广汇股份	-1.38%	2.78	0.17%	16.63	16.66	16.71	16.26
15	600209	罗顿发展	-2.80%	2.77	1.12%	10.70	10.72	10.77	10.38
16	600088	中视传媒	-1.67%	2.69	0.69%	13.74	13.75	13.75	13.49
17	600159	宁城老窖	1.09%	2.65	2.01%	9.15	9.14	9.32	9.14
18	600651	飞乐音响	-3.92%	2.65	0.46%	10.20	10.20	10.28	9.78
19	600382	广东明珠	2.41%	2.61	0.63%	10.80	10.90	11.07	10.81
20	600176	中国化建	1.55%	2.55	1.39%	9.06	9.06	9.36	9.06
21	600620	天宸股份	0.35%	2.47	0.67%	14.43	14.40	14.48	14.37

图2-44　沪市量比排名图示

	代码	名称	涨幅	量比↑	换手率	前收	今开	最高	最低
1	000567	ST琼海德	3.47%	11.83	6.39%	7.49	7.50	7.86	7.47
2	000056	深国商	2.41%	8.15	4.73%	11.63	11.67	12.25	11.67
3	000656	ST东源	-1.83%	4.83	9.65%	7.10	6.76	7.00	6.75
4	000429	粤高速A	2.02%	4.82	1.32%	5.95	5.98	6.08	5.96
5	000037	深南电A	3.24%	4.79	4.25%	12.98	13.13	13.48	12.98
6	000545	恒和制药	1.42%	4.08	1.54%	9.14	9.16	9.28	9.09
7	000537	南开戈德	0.88%	3.66	0.81%	15.84	15.84	15.99	15.84
8	000539	粤电力A	1.56%	3.64	0.71%	10.90	10.87	11.20	10.87
9	000540	世纪中天	0.00%	3.61	1.16%	22.57	22.57	22.58	22.47
10	000670	天发股份	-1.60%	3.47	3.12%	7.51	7.33	7.52	7.20
11	000663	永安林业	-0.41%	3.32	1.20%	9.67	9.72	9.88	9.60
12	000688	朝华科技	1.49%	2.74	2.35%	8.70	8.69	8.88	8.63
13	000890	法尔胜	-2.20%	2.47	1.01%	9.08	9.10	9.12	8.80
14	000901	航天科技	1.31%	2.39	0.86%	28.33	28.12	28.75	28.11
15	000620	ST圣方科	1.82%	2.27	1.33%	7.16	7.19	7.32	7.18
16	000030	ST盛润A	-0.21%	2.14	2.50%	9.72	9.72	9.88	9.66
17	000583	托普软件	4.68%	2.05	9.77%	11.10	11.16	11.80	11.15
18	000949	新乡化纤	2.08%	2.01	0.68%	6.26	6.25	6.41	6.23
19	000902	中国服装	-2.20%	2.01	0.73%	11.36	11.27	11.30	11.09
20	000026	飞亚达A	3.35%	1.99	0.80%	15.83	15.80	16.37	15.75

图 2-45 深市量比排名图示

这种方法就是专业选手秘不示人的通过涨幅、量比等盘面线索，以图表最后确定目标股票是否是黑马的快速交叉选股法。当然还有比这更快、更好、更科学的选股方法，那就是作者研究的《战无不胜》交易软件之系列选股系统。

选择黑马目标股票的第二种方法就是捕捉盘中量价大幅度异常波动的股票。看盘、看盘，看什么？看的就是量价异动而绝对不是空洞地乱看，也绝对不是看其他莫名其妙的东西。

在盘面中最常见的异动除了《新短线英雄》上详细介绍的红包(转仓、降温、暗号)，低开、巨量、长阳外，还有我们用专业化的交易软件设计的异动雷达可以在盘中及时捕捉任何异动，效率极高。

盘口异常：异动雷达引起警觉、放量攻击引起注意、满足条件实战出击。

使用《战无不胜》软件自带的异动雷达(92 功能键)，可以把盘中所有的异动情况进行即时的自动捕捉。根据最近的实际情况看，每天盘中交易 4

个小时，而股票的异动平均有近 3 万次，虽然大盘疲弱，但庄家活动同样非常频繁。在临盘实战中，要对有价值的异动进行捕捉靠人工是非常艰难的，我们必须借助电脑的客观、高效。

盘面异动有数十种表现形式：有大买单、有大卖单、大笔成交、高台跳水、火箭发射、涨停打开、跌停打开、大幅放量、大笔主买和大笔主卖。①有大买单表示在买一、买二、买三位置有大买单；②有大卖单表示在卖一、卖二、卖三位置有大卖单；③大笔成交表示金额非常大的一笔成交；④高台跳水表示最新一笔成交价比上一笔成交价大幅跌落；⑤火箭发射表示股价瞬间冲高；⑥涨停打开表示股价封了涨停板一段时间，又被打开；⑦跌停打开表示股价已在跌停板停留一段时间，又被打开；⑧大幅放量表示到当前时刻为止，成交量是前五日成交量的 5 倍以上；⑨巨额成交表示最新一笔成交金额超过 300 万；⑩大笔主买、大笔主卖表示最新一笔成交 500 手、1000 手。

图 2-46 是根据异动雷达，盘中第一时间捕捉长江通信的例子。在分析研判其动态盘中实时走势的时候，我们首先必须把实时图对应在寻宝图相关的位置上，这是我们进行分析研判的总前提和安全保障。也就是先看目标股票的大周期、大方向。在目标股票的大周期、大方向安全无忧的前提下，我们科学地应用合理(补仓、观望、止损)的保护措施就形成了所谓的实战操作安全气囊，也就是投资者为自己的实战操作购买了保险(图 2-46)。

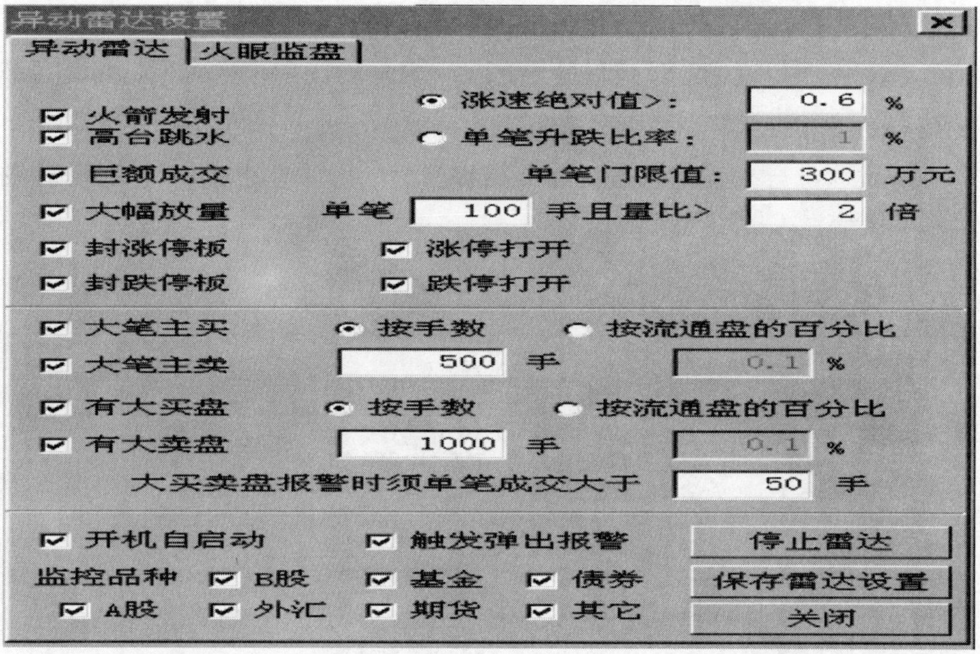

图 2-46 异动雷达

7.快速发现黑马的线索与要领

快速发现异动黑马目标(图 2-47，2-48)(快速发现异动黑马目标方法：盘口语言、盘中量价不规则异动：红包、巨量)请参看《短线英雄》一书相关内容。每天动态盘中交易的时间有限，个股最佳的获利机会稍纵即逝。如何使用一整套高效率的方法来快速、正确地对获利机会进行成功的捕捉就成为攸关实战操作成败和操作质量好坏的关键。

在下面的内容中，作者将介绍专业选手使用的标准化、程序化、科学化的正确看盘、操盘的方法。

经典快速看盘程序。

各种分析软件都有一个共同的功能：技术指标综合排序。该功能充分快捷地反应了市场中各大要素最强和最弱的目标股票的情况，是市场中各种力量最典型的汇聚之地。对综合指标排名榜的很好研究利用能够提供捕捉获利机会的捷径，有利于快速出击爆发性黑马，因此也叫黑马窗口。我们要着重强调，这个窗口仅仅是快速发现黑马的线索，绝对不是判断黑马的依据。通过这个窗口也会看到很多的黑熊。这是投资者要特别注意的。

通过该综合排行榜以最快速度捕捉黑马的方法在上篇有详细阐述(图2-47～2-50)。

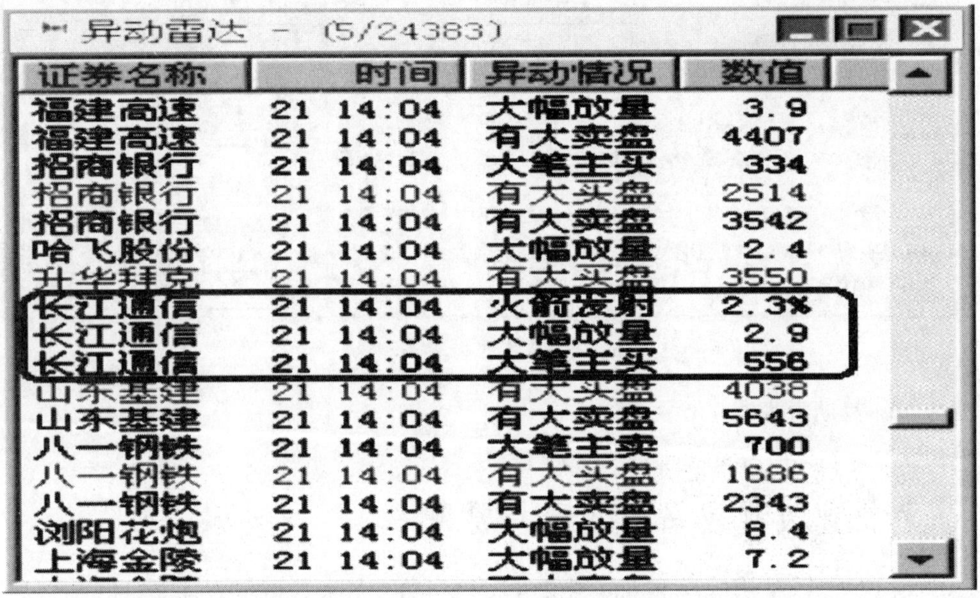

异动雷达 - (5/24383)

证券名称	时间	异动情况	数值
福建高速	21 14:04	大幅放量	3.9
福建高速	21 14:04	有大卖盘	4407
招商银行	21 14:04	大笔主买	334
招商银行	21 14:04	有大买盘	2514
招商银行	21 14:04	有大卖盘	3542
哈飞股份	21 14:04	大幅放量	2.4
升华拜克	21 14:04	有大买盘	3550
长江通信	21 14:04	火箭发射	2.3%
长江通信	21 14:04	大幅放量	2.9
长江通信	21 14:04	大笔主买	556
山东基建	21 14:04	有大买盘	4038
山东基建	21 14:04	有大卖盘	5643
八一钢铁	21 14:04	大笔主卖	700
八一钢铁	21 14:04	有大买盘	1686
八一钢铁	21 14:04	有大卖盘	2343
浏阳花炮	21 14:04	大幅放量	8.4
上海金陵	21 14:04	大幅放量	7.2

图2-47 2002年8月21日盘中异动近3万次，庄家活动频繁

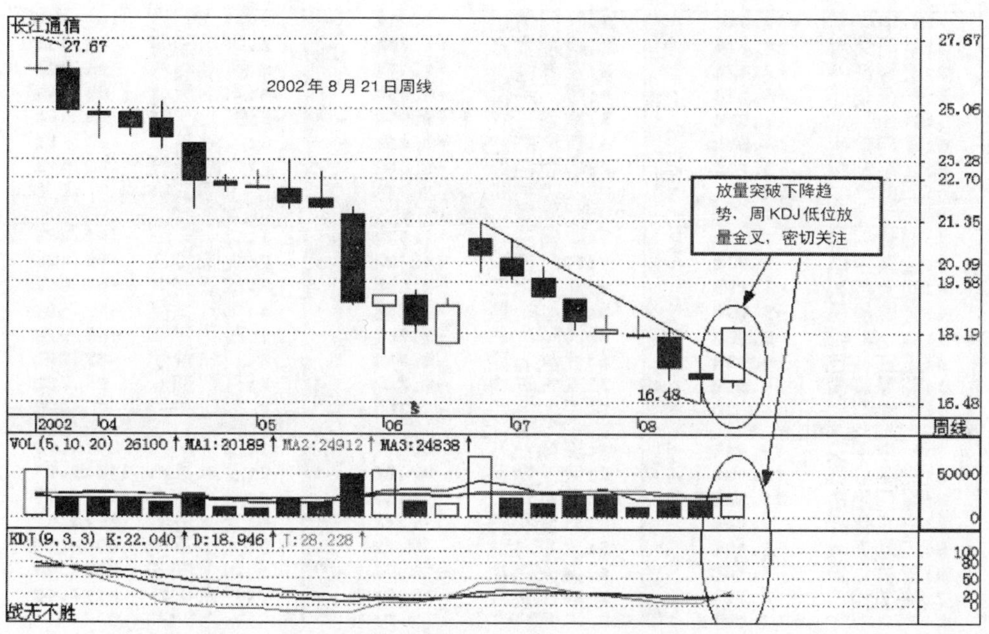

图2-48　用异动雷达第一时间捕捉

今日涨幅排名		5分钟涨幅排名		委比正序排名	
1:N 中孚实	+79.64%	1:厦门信达	+1.81%	1:ST 凯 地	100.00%
2:厦门路桥	+8.27%	2:闽福发A	+1.73%	2:中信国安	98.16%
3:宏源证券	+7.47%	3:宏源证券	+1.13%	3:深发展A	96.93%
4:丹东化纤	+6.41%	4:厦门路桥	+0.95%	4:本钢板材	85.14%
5:ST 凯 地	+5.02%	5:福建三农	+0.95%	5:新 大 陆	84.19%
6:厦门信达	+4.64%	6:百科药业	+0.86%	6:深鸿基A	83.54%
7:武汉塑料	+3.71%	7:华立控股	+0.84%	7:广西斯壮	82.32%

今日跌幅排名		5分钟跌幅排名		委比逆序排名	
1:南玻科控	-8.59%	1:中科三环	-1.32%	1:ST 春 都	-100.00%
2:云南白药	-5.97%	2:TCL 通讯	-1.12%	2:陕国投A	-93.12%
3:北大高科	-5.79%	3:北京化二	-0.84%	3:草原兴发	-90.66%
4:大厦股份	-5.45%	4:深 华 新	-0.80%	4:南开戈德	-89.50%
5:ST 春 都	-5.03%	5:沙隆达A	-0.75%	5:茂化实华	-88.97%
6:正虹科技	-4.93%	6:武汉石油	-0.74%	6:科苑集团	-87.30%
7:美亚股份	-4.61%	7:东方宾馆	-0.70%	7:百科药业	-85.73%

今日振幅排名		今日量比排名		总金额排名	
1:N 中孚实	13.01%	1:深振业A	56.17	1:深发展A	52075.99
2:宏源证券	12.10%	2:武汉塑料	47.20	2:深鸿基A	11005.91
3:厦门路桥	11.03%	3:北京化二	10.62	3:深振业A	10821.55
4:丹东化纤	9.04%	4:ST黄科特	9.72	4:宏源证券	9526.11
5:广西斯壮	8.64%	5:永安林业	9.72	5:太钢不锈	4804.80
6:吉林化纤	7.70%	6:惠天热电	8.96	6:中信国安	4639.10
7:陕国投A	7.70%	7:ST川长江	7.97	7:丹东化纤	4199.53

图2-49　6月26日81沪市综合指标排序图示

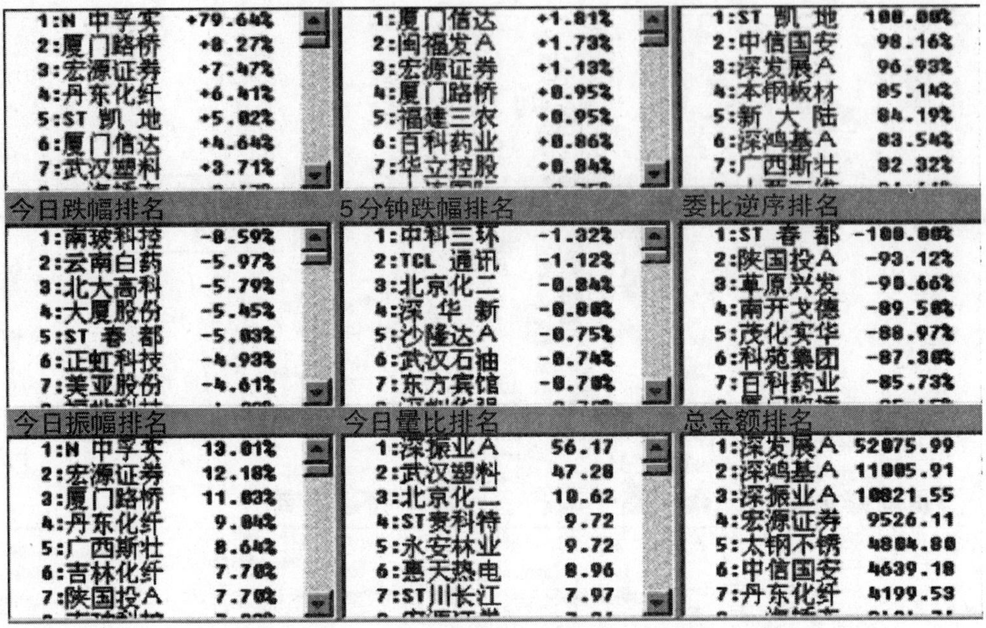

1:N 中孚实	+79.64%	1:厦门信达	+1.81%	1:ST 凯 地	100.00%
2:厦门路桥	+8.27%	2:闽福发A	+1.73%	2:中信国安	98.16%
3:宏源证券	+7.47%	3:宏源证券	+1.13%	3:深发展A	96.93%
4:丹东化纤	+6.41%	4:厦门路桥	+0.95%	4:本钢板材	85.14%
5:ST 凯 地	+5.02%	5:福建三农	+0.95%	5:新 大 陆	84.19%
6:厦门信达	+4.64%	6:百科药业	+0.86%	6:深鸿基A	83.54%
7:武汉塑料	+3.71%	7:华立控股	+0.84%	7:广西斯壮	82.32%

今日跌幅排名		5分钟跌幅排名		委比逆序排名	
1:南玻科控	-8.59%	1:中科三环	-1.32%	1:ST 春 都	-100.00%
2:云南白药	-5.97%	2:TCL 通讯	-1.12%	2:陕国投A	-93.12%
3:北大高科	-5.79%	3:北京化二	-0.84%	3:草原兴发	-90.66%
4:大厦股份	-5.45%	4:深 华 新	-0.80%	4:南开戈德	-89.50%
5:ST 春 都	-5.03%	5:沙隆达A	-0.75%	5:茂化实华	-88.97%
6:正虹科技	-4.93%	6:武汉石油	-0.74%	6:科苑集团	-87.30%
7:美亚股份	-4.61%	7:东方宾馆	-0.70%	7:百科药业	-85.73%

今日振幅排名		今日量比排名		总金额排名	
1:N 中孚实	13.01%	1:深振业A	56.17	1:深发展A	52075.99
2:宏源证券	12.10%	2:武汉塑料	47.20	2:深鸿基A	11005.91
3:厦门路桥	11.03%	3:北京化二	10.62	3:深振业A	10021.55
4:丹东化纤	9.04%	4:ST 赛科特	9.72	4:宏源证券	9526.11
5:广西斯壮	8.64%	5:永安林业	9.72	5:太钢不锈	4804.80
6:吉林化纤	7.70%	6:惠天热电	8.96	6:中信国安	4639.10
7:陕国投A	7.70%	7:ST 川长江	7.97	7:丹东化纤	4199.53

图 2-50 6 月 26 日 83 深市综合指标排序图示

8.战术错位化解：分析研判与临盘操作；个股走势与大盘背景

错位既是很好的机会又是巨大的陷阱，其间的玄机如何把握牵涉到操盘者技术水平和专业功底的高低。实践中，知行合一是一切人生领域的最高境界，学会不等于学好，知道不等于做到。

1)分析研判与临盘操作的错位

我们是人不是神。不分情况地追求完美是一种沉重的痛苦，是一种高级弱智。我们绝对不可能将所有的技术走势细节全部看准，但这并不能妨碍我们取得投资的根本性成功。因为我们看不对却可以做的对，关键是对错的标准我们自己如何界定而已。专业投资者不以赚赔作为衡量自己对错的标准而是以是否坚持自己稳定的分析研判和操作系统的法则为判定自己对错的标准。投资者不坚持操盘原则赚到的钱是一种偶然，是一种错误的投资行为和投资习惯；相反坚持自己的系统法则亏损了也是对的。它能确保你在风险莫测的市场中长久生存、总体获利。

如果临盘实战中出现我们的分析研判结论与市场的实际走势相反这样的技术错位，那么我们的处理原则永远是按照技术系统提供的法则进行实战操作而绝对不是凭感觉去盲目预期和随意操作。如果系统法则提示进场，我们就毫不犹豫坚决进场；系统法则提示出局，我们就毫不留恋坚决出局。这样你就能在临盘实战操作中像机器人一样没有丝毫感情完全按照技术系统提示的进出法则，而不是按照盘中即时股价波动的涨涨跌跌去展开临盘投资实战操作动作。如此，则取得巨大的投资成功的时间就离你不远了。

2)个股走势与大盘背景的错位

大盘是 1000 多只股票总体走势的统计反映。它代表了市场运行的总体方向，因而有“个股不敌大势的说法”。同时，大盘又是个股股价运动展开的外在环境。它的波动情况对每个股票的具体运动态势都会产生不同程度的相关影响。如果大盘涨、个股也涨，大盘跌、个股也跌，这种同步行为是市场的正常情况。

而如下两种特殊情况务必要引起我们的高度注意：①大盘涨个股跌；②大盘跌个股涨。这两种特殊情况就叫技术走势错位。大盘涨个股长线下跌这样的股票我们不要去碰它。大盘跌、个股涨的情况在实战中要区别对待：一种是逆势妖庄，专门与大盘反做表现欲特强，企图引起市场的全面关注给它提供机会；另一种是所有技术图表完美漂亮，庄家做盘决心坚决，控盘技巧高超。这种股票是熊市中赚钱的工具，我们一定要好好对待。

3)大盘背景与操作方式关系强调

熊市(30 周均线方向朝下)和宽幅震荡及横向调整时必须采用短线或超级短线操作方式，绝对不允许展开中线或波段操作方式。实战操作时持有仓位应轻。是谓熊市无波段。

牛市(30 周均线方向朝上)最好采用中线或波段操作方式。非经严格训练的专业投资者不适合短线操作方式。操作仓位应重。实战中要敢于把握巨大机会重拳出击参与决战!

(三)动态买卖之精确操作

短周期技术要件：30、60 分钟技术系统。通过动、静态技术图表选定了目标股票以后，其具体的买卖点位必须在动态即时和分时走势中得以实现，而且，我们力求实现最好的临盘实战操作技术性出击。

1.临盘实战操作最佳买点

在大盘良好，至少平静的市场背景下，经历长期横向准备后的某日，目标股票发动向上攻击运动，其动态最佳技术买点为该股的 30 分钟 K 线图表均线系统的 3 线上穿 10 线形成放量向上攻击性金叉，同时其 30 分钟指标系统的 KDJ 指标也已经形成了有效金叉(图 2-51，2-52)。

在大盘背景向好时，我们可以放宽到以 15 分钟或 5 分钟技术图表系统作为分析研判和临盘操作的标准(图 2-53)。

相反，在大盘背景不好时，我们应该严格控制到以 60 分钟或日线技术图表系统为临盘实战操作的进出标准(图 2-54)。

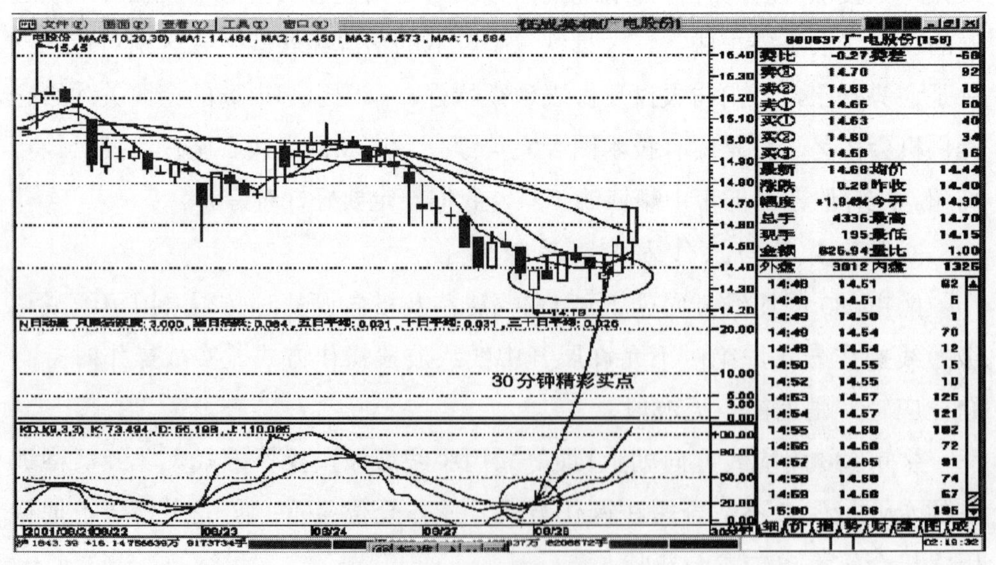

图 2-51 30 分钟买点 -1

图 2-52 30 分钟买点 -2

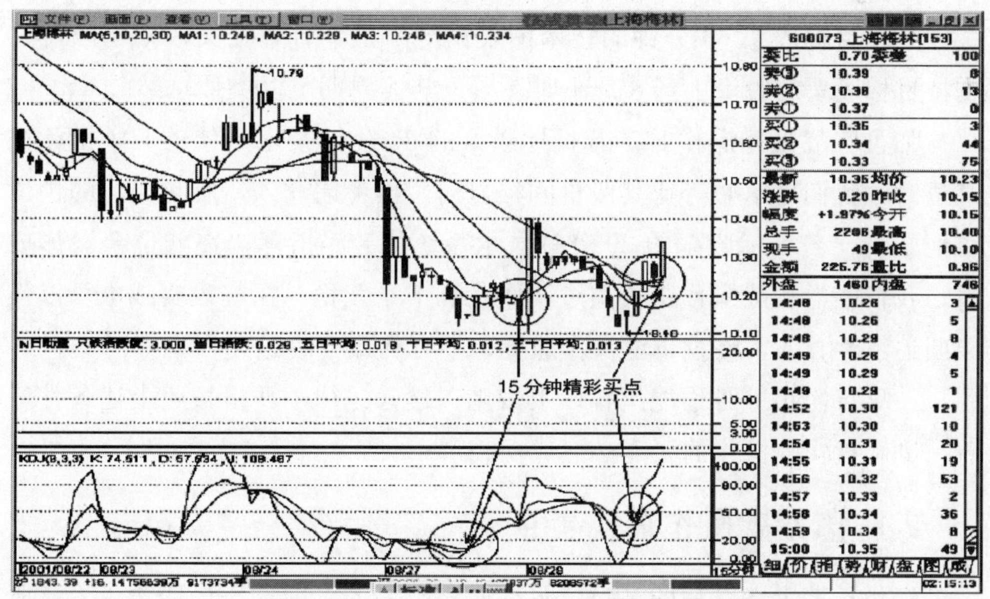

图 2-53 15 分钟买点

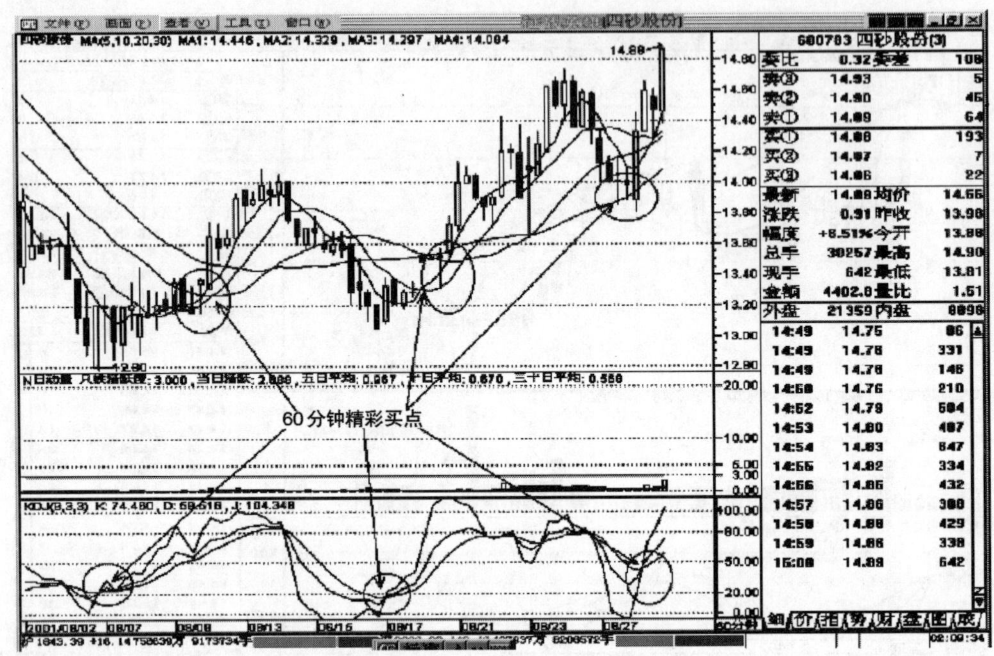

图 2-54 60 分钟买点

如果目标股票 60 分钟的技术图表系统产生了有效金叉，则一般可以支持目标股票的股价上扬 8 个小时左右。其他周期可以类似总结。

临盘实战具体操作时，若目标股票的 30 分钟技术系统的 KDJ 指标在高位时，我们可耐心等待其股价回档以后，再考虑介入，临盘买进的价位可能较低；若目标股票的 30 分钟技术系统的 KDJ 指标，在低位金叉形成时，我们临盘实战操作坚决买进，则获利十拿九稳。在临盘实战中可以作果断追涨性介入，临盘讲究操作速度，不可犹豫不决。

如果每次买进时均能执行以上规则、遵守纪律，严格按照上述条件进行，则临盘实战操作的买点必然成功。

2. 临盘实战操作最佳卖点

经历长期上涨以后的某日，目标股票出局的盘中动态最佳卖点为该股的 30 分钟 K 线图表均线系统的 3 线下穿 10 线并向下形成攻击性死叉。同时其 30 分钟的技术系统的 KDJ 指标在高位也已经形成有效死叉。必杀技术系统是专业铁律不允许违背，否则绝对难以确保成功(图 2-55)！

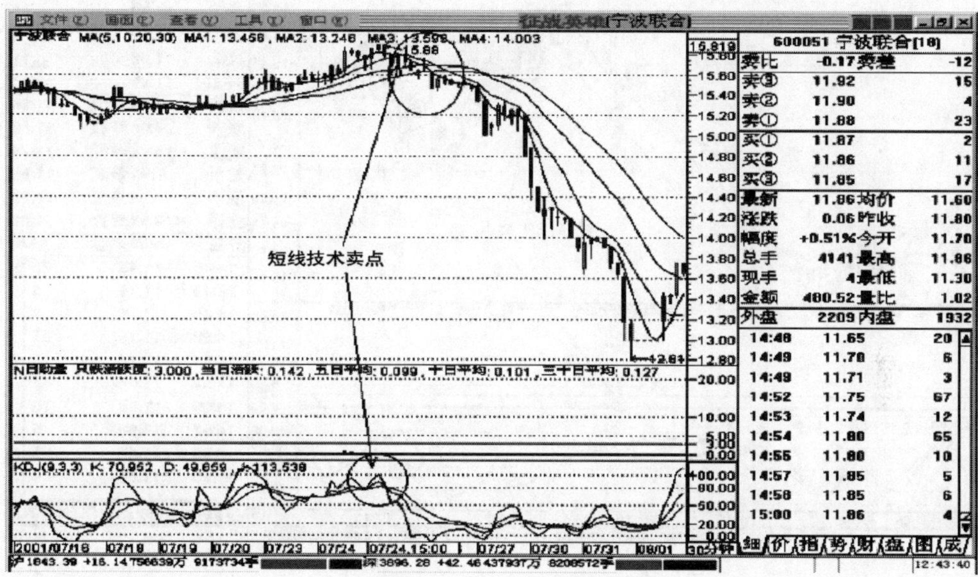

图 2-55　30 分钟卖点

图 2-56　60 分钟卖点

图 2-57 15 分钟卖点

在大盘背景向好或目标股票的走势特别强势的时候，我们可以考虑将临盘实战投资的操作标准放宽到以 60 分钟技术图表系统的信号为出局操作依据，顺势而为博取最大化利润(图 2-56)。

在大盘背景不好或目标股票的走势较弱时，我们则应该考虑严格控制到以 15 分钟技术图表的信号为临盘实战投资操作出局的标准(图 2-57)。

在临盘具体操作时，若 30 分钟技术系统的 KDJ 指标在高位时，我们应果断地杀出不能犹豫幻想。若 30 分钟技术系统的 KDJ 指标处在低位时，我们可以考虑逢高卖出。目标股票的图表系统死叉形成时，临盘实战操作我们必须坚决、果断卖出，绝对不允许我们在盘中犹豫不决或盲目地幻想。相反，如果我们临盘实战操作时想要买进，则其股价在后市自有低点可寻，而不是在此时考虑过分追高(图 2-58，2-59)。

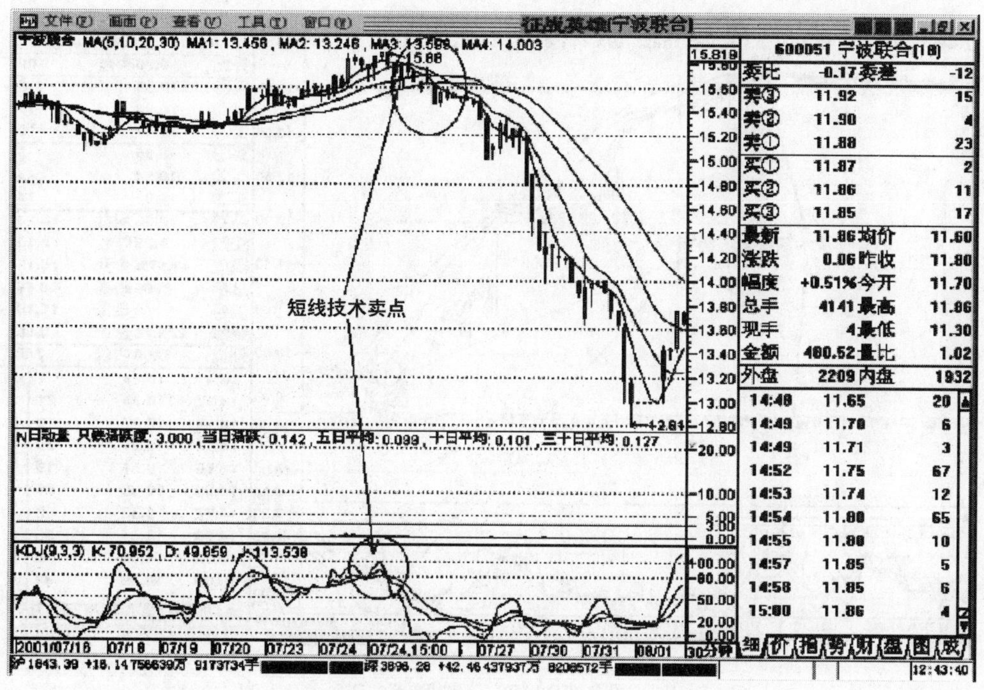

图 2-58　30 分钟卖点 -1

如果每次临盘实战操作卖出时，均能严格遵守铁血操作纪律，严格按照上述条件操作，则临盘实战操作的卖点必然凸现出技术上的精彩和完美。

每次临盘实战操作时，如果你都能够铁血无情、严格按照以上条件限定，像无情绪的机器人一样执行，那么，战无不胜的巨大投资成功将永久地陪伴着你。从此，股票市场就是你的聚宝盆，巨大的财富将取之不尽、用之不竭。你成为成功的专业投资者就只是时间的问题，而不再存在技术和心理意志上的困难。恭喜你了，朋友！

图 2-59　30 分钟卖点 -2

3.百步穿杨之精确操作：盘中波动之最佳买卖点

盘中波动瞬息万变，从超级短线、盘中 T+0、期货市场当日冲消等精细实战操作的需要出发，如何在动态盘中实现尽可能买在每次波动的低点而卖在每次波动的高点就具有巨大的实战意义。精确买卖、精细操作实战体系能够很好的解决这个问题。

现有的实时图(即时图)(图 2-60，2-62，2-64，2-66)由即时波动曲线、成交均价线、成交量柱、量比曲线以及盘口信息等简单要素组成，可提供的分析研判的手段太少，也不直观。不确定性大，对于实战进出操作指导意义不充分。

把实战的目光聚焦 1 分钟图表系统上。我们发现 1 分钟图表系统含盖了技术分析的一切手段：形态分析、指标分析、量能分析、浪型分析等大周期技术图表所能凭借的一切手段，同时对价格的反应又能同实时图一样是即时的。这些有利的特征，对捕捉千载难逢的战机具有很强的可操作意义(图 2-61，2-63，2-65，2-67)。

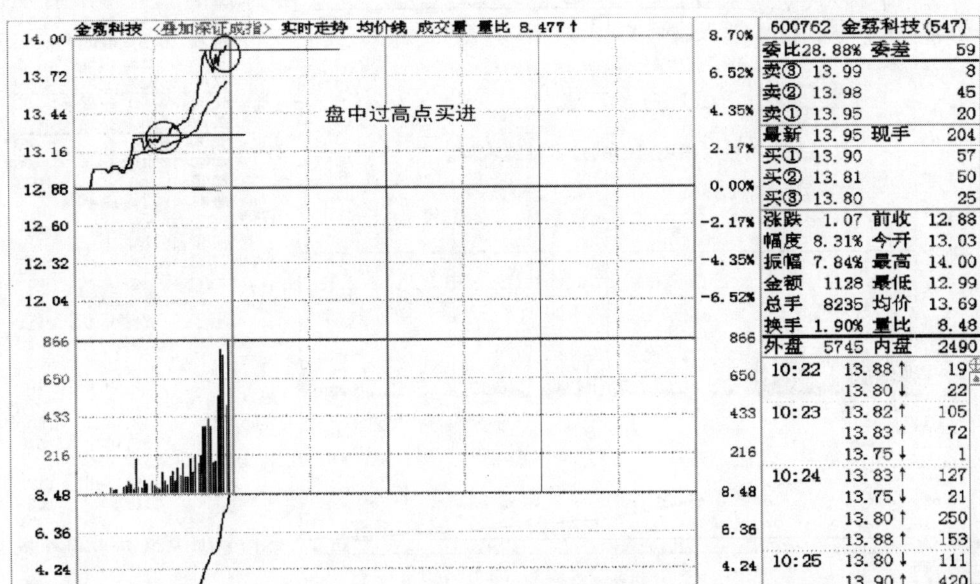

图 2-60 盘中实时图买进

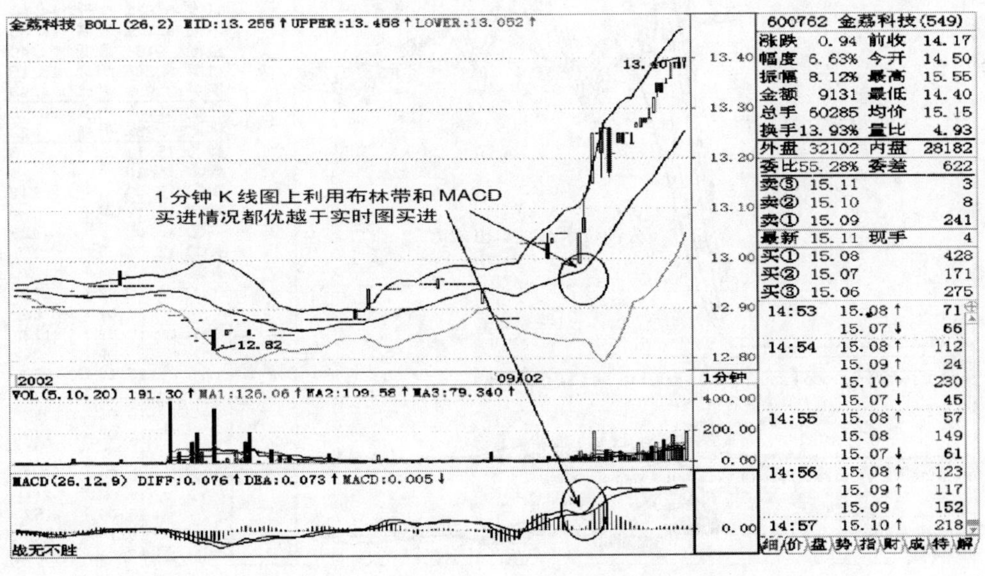

图 2-61 动态 1 分钟 K 线系统买进

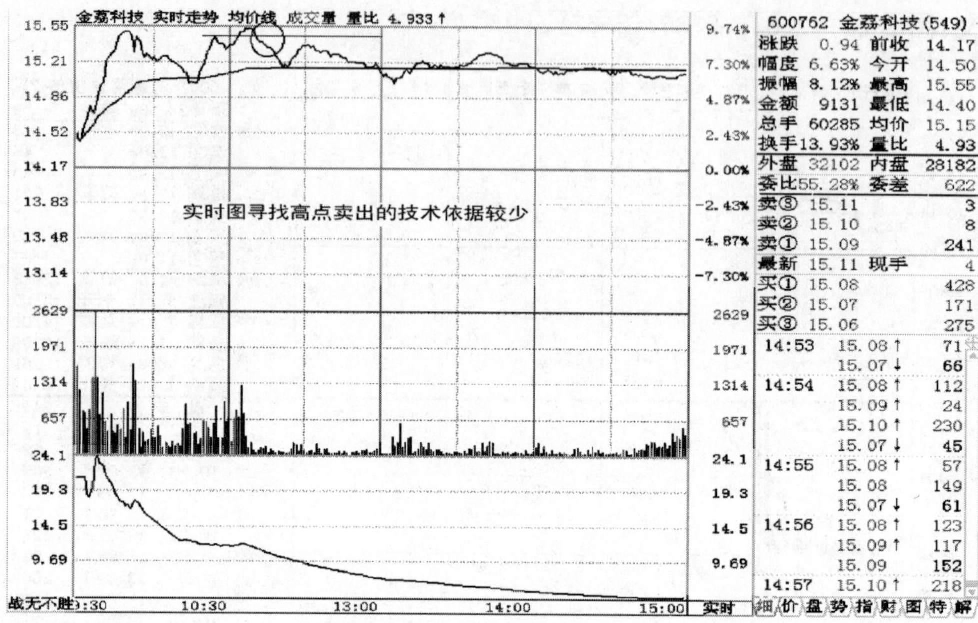

图 2-62 实时图卖出

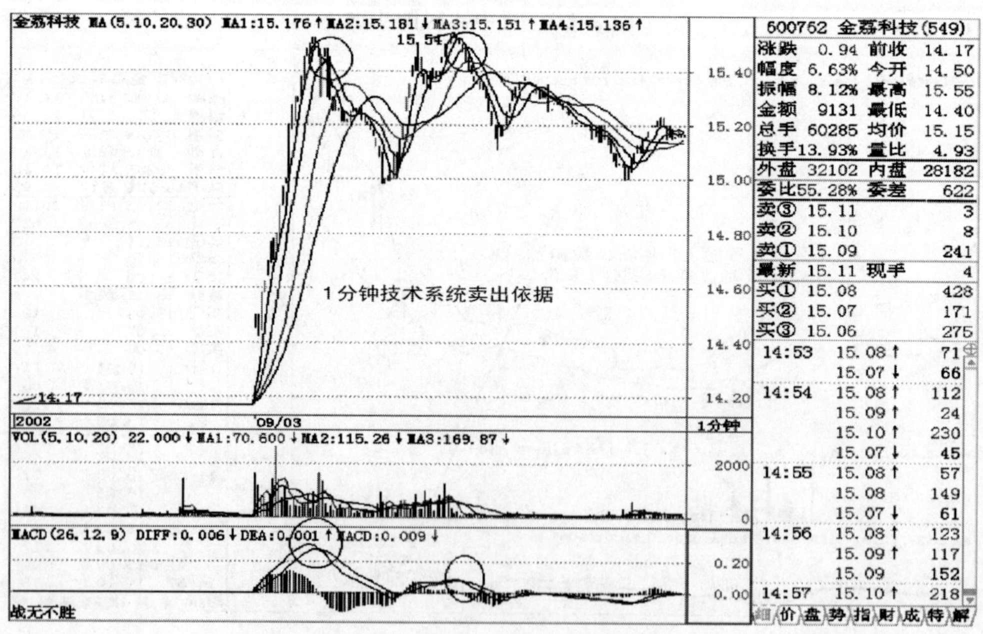

图 2-63 1分钟技术系统卖出依据

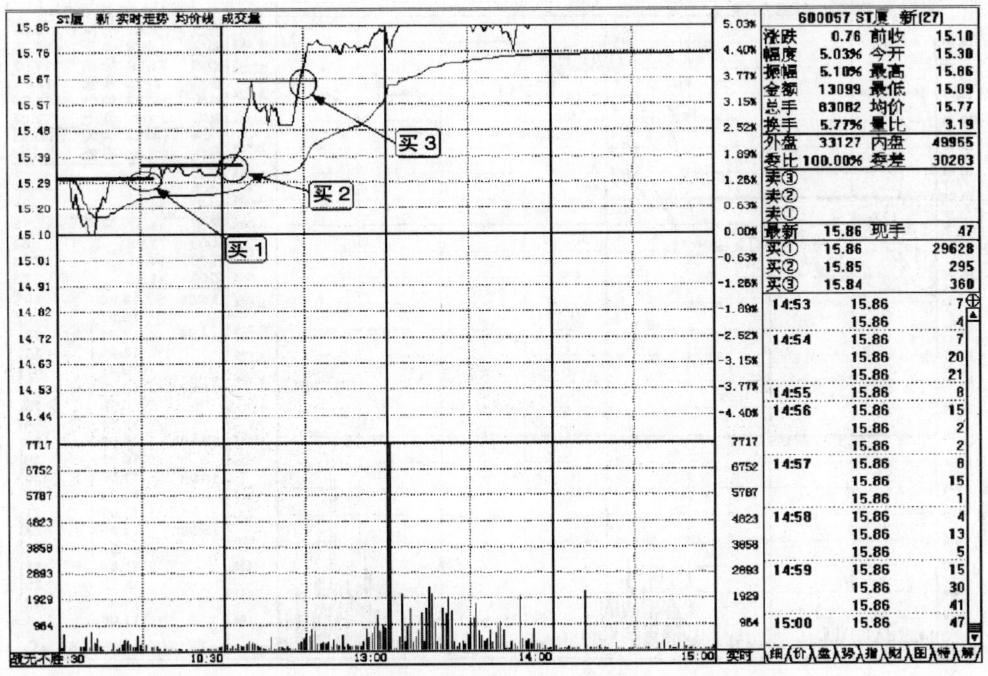

图 2-64　实时图买进

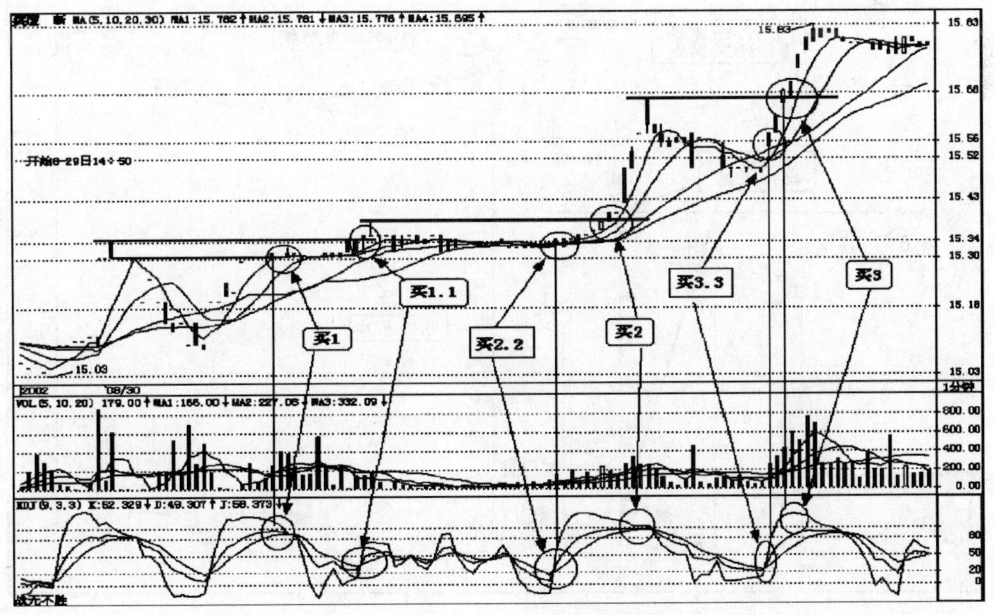

图 2-65　1 分钟技术系统买进

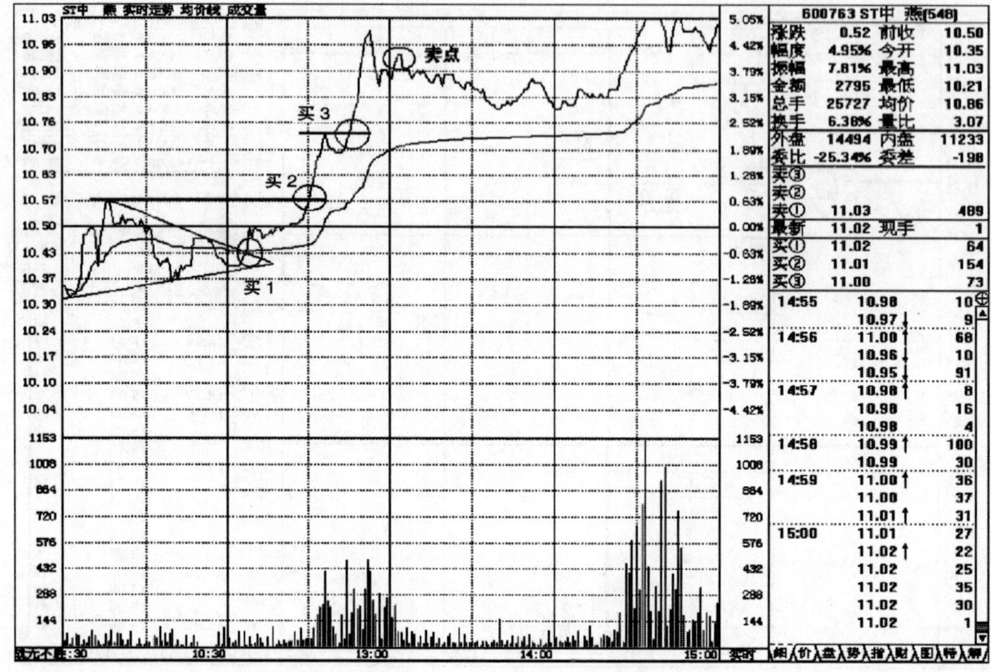

图 2–66 实时图买卖点

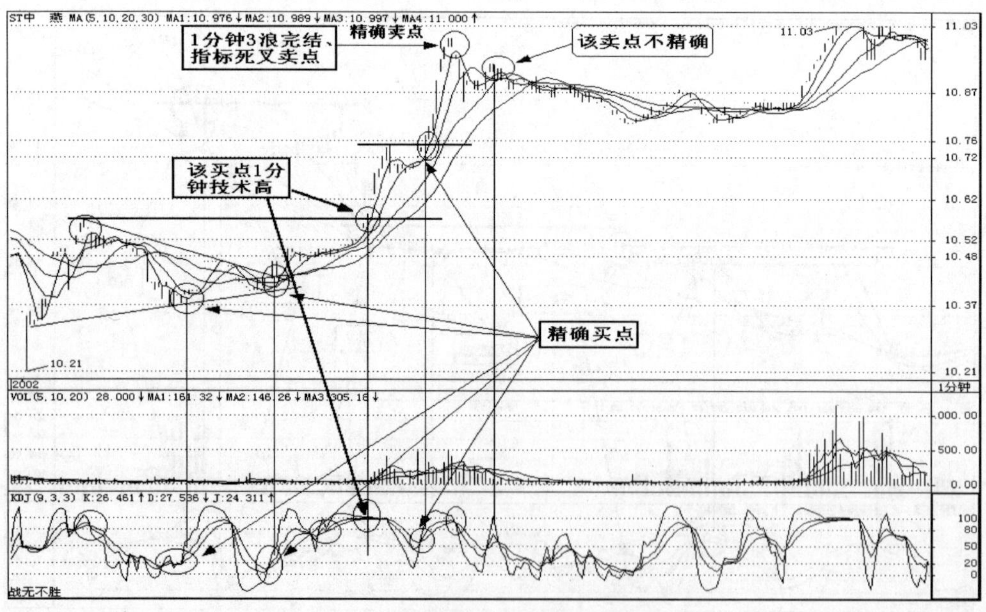

图 2–67 1 分钟技术系统与上图对比解说

动态盘中的超级买卖，专业选手都借助 1 分钟图表系统展开，这在 SP500 等外盘市场尤为重要。我们把这种盘中操作方法命名为：百步穿杨精确出击。

(四)专业化实战操作的正确原则与标准次序

长年累月、日常化了的临盘实战投资活动，必须要用非常严格的措施和操作原则进行规范过后，才能够很好地克服在临盘实战投资中由于人性弱点带来的实战操作失误和实战操作走样、变形这些缺陷。这是多少代伟大的实战投资家经历了无数残酷血战的总结。其对于临盘实战操作长久、稳定、持续的成功有着根本性的决定作用。

我们敢说，任何一次实战投资操作的失败，都一定是而且肯定是违背了实战投资活动的原则而产生的，不会是因为其他别的任何原因。也就是说，任何实战投资操作失败一定是因为投资者自己，而不会是因为市场或是其他的原因，这一结论对任何人来说都绝对没有例外。

下面，我们给出具体的原则和已经标准化了的操作规范以及实战投资操作次序。只要你严格遵守，那么你投资成功就是肯定的，而绝对不会出现失败这种例外。

1.临盘实战操作展开的条件是否具备

大盘背景提供的条件：投资者一定要牢记，大盘是最大的机会！大盘向好实战操作的成功率自动上升到 60%以上。

大盘目前所处的具体位置、安全度、市场信心、参与意愿等要素的综合衡量是判定目前大盘是否适合展开临盘实战投资操作的要件。

大盘目前的位置和安全度直接制约着临盘实战操作是否可以展开，以及在多大规模和级别上进行展开的投资决定是否产生(图 2-68，2-69)。

投资者的市场参与信心即大盘成交量多寡，又最直接地体现出投资者的参与意愿是否强烈。

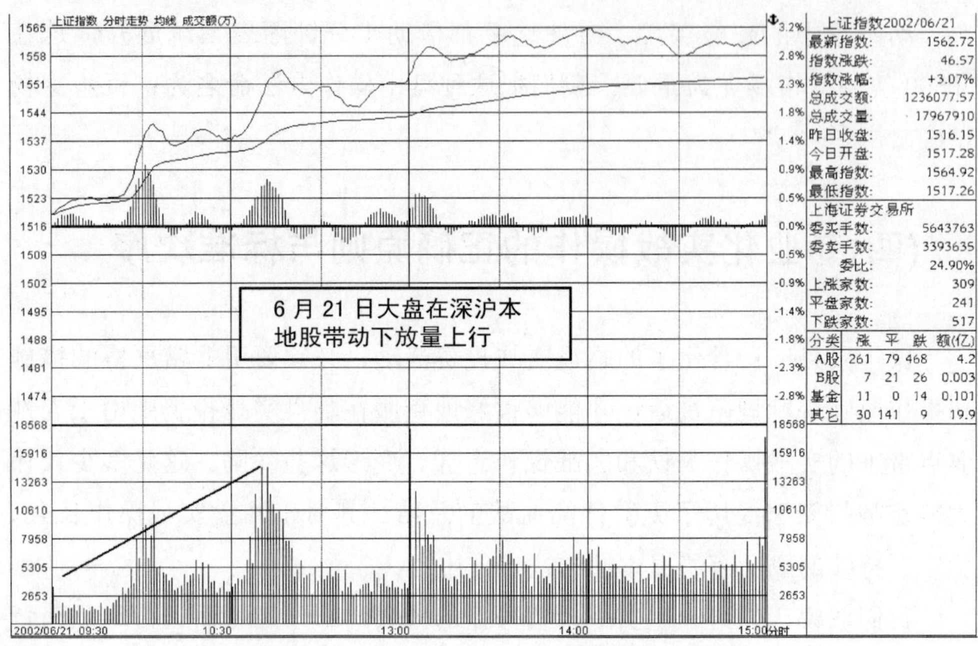

图 2–68　2002 年 6 月 21 日大盘即时波动图

图 2–69　2002 年 6 月 21 日 K 线图

而这些操作技术要件必须尽可能地转化成可以定量判定的客观标准或明显的技术特征才好在实战中正确使用。这些内容我们在《铁血短线》VCD光盘中有规范化讲解。

下面我们用《战无不胜》交易软件对目前大盘的实战操作要件所给出的技术态势进行图示判定，以帮助读者能够形象地理解我们对目标对象运动状况进行技术描述方法、分析研判方法以及由此而做出的临盘实战操作决定的因由，帮助投资者尽快地朝更高的专业水准晋级。

2.板块个股获利机会：热点—热点聚焦

临盘短线实战操作要买进的目标股票最好是热点。热点标志着集团大资金目前正在进行运作。而有了这一点就能够确保我们买进的目标股票至少能够持续走强几天的技术可能产生，以便保证我们短线进出的获利空间能够足够和投入资金进出的充分安全(图 2-70)。

热点聚焦

证券名称	最新价	涨幅	量比	成交额	换手率
成都华联	10.49	9.96%	6.29	2507	4.06%
兰州铝业	9.43	6.31%	16.64	3398	3.28%
宝光股份	12.41	5.44%	7.52	3952	6.48%
ST厦 新	14.48	5.00%	4.19	9471	4.59%
丰乐种业	9.17	4.20%	3.15	3394	3.59%
ST吉 发	7.00	4.01%	1.97	1789	2.25%
湖北车桥	11.13	3.73%	3.07	2983	5.20%
长城电工	8.74	3.68%	5.66	3386	3.56%
数码测绘	8.52	3.27%	3.80	3436	2.63%
浙江东方	16.35	3.15%	1.99	4909	3.25%
昌九生化	19.46	3.13%	1.97	2423	1.32%
西昌电力	14.21	2.82%	1.71	1850	2.39%
复星实业	12.39	2.57%	4.35	2735	1.51%

参数1: 48 参数3: 99 上海A股;深圳A股; 改变范围

参数2: 100 参数4: 100 刷新

图 2-70 战无不胜软件热点聚焦功能——盘中捕捉

如果当日盘中涨幅榜第一板的股票品种混乱，不能形成横向或纵向关联，也就是说热点散乱(图 2-71，2-72)，则当日基本不具备短线操作机会。这种状况的出现暗示的是盘面中基本都是游击散庄在活动、在主宰大盘局面，而集团大资金则处于局外观望没有大规模进场参战。

	代码	名称	涨幅↑	量比	换手率	前收	今开	最高	最低	最新	总手
1	600516	N海 龙	92.24%			6.06	12.12	12.40	11.61	11.65	361115
2	600057	ST厦 新	5.03%	3.19	5.77%	15.10	15.30	15.86	15.09	15.86	83082
3	600763	ST中 燕	4.95%	3.07	6.38%	10.50	10.35	11.03	10.21	11.02	25727
4	600597	光明乳业	4.44%	0.58		12.60	12.58	13.17	12.52	13.16	327202
5	600784	鲁银投资	2.50%	1.93	0.82%	8.81	9.00	9.30	8.92	9.03	15425
6	600172	黄河旋风	2.48%	4.76	0.53%	10.10	10.10	10.35	10.01	10.35	5484
7	600333	长春燃气	2.47%	2.16	0.91%	10.91	10.85	11.19	10.83	11.18	9304
8	600382	广东明珠	2.41%	2.61	0.63%	10.80	10.90	11.07	10.81	11.06	3763
9	600338	珠峰摩托	2.39%	0.96	5.91%	13.39	13.39	13.95	13.39	13.71	29556
10	600870	ST厦 华	2.20%	1.63	1.29%	8.20	8.21	8.47	8.20	8.38	19554
11	600302	标准股份	2.09%	4.39	3.25%	10.51	10.50	10.78	10.48	10.73	29236
12	600819	耀皮玻璃	2.09%	3.64	3.60%	13.85	13.85	14.20	13.80	14.14	11256
13	600202	哈 空 调	1.92%	2.84	1.28%	7.83	7.83	8.04	7.82	7.98	12857
14	600836	界龙实业	1.85%	1.47	1.67%	14.57	14.60	14.85	14.46	14.84	6896
15	600787	中储股份	1.84%	3.34	0.52%	8.68	8.78	8.87	8.68	8.84	6561
16	600829	天鹅股份	1.81%	0.28	0.52%	16.00	16.00	16.38	15.92	16.29	2270
17	600889	南京化纤	1.75%	5.31	2.89%	10.28	10.25	10.50	10.15	10.46	19336
18	600530	交大昂立	1.73%	1.36	0.72%	17.35	17.40	17.78	17.37	17.65	3616
19	600279	重庆港九	1.68%	2.45	0.32%	11.92	11.91	12.13	11.91	12.12	2758
20	600799	ST龙 科	1.66%	0.85	0.42%	7.21	7.21	7.38	7.21	7.33	7506
21	600176	中国化建	1.55%	2.55	1.39%	9.06	9.06	9.36	9.06	9.20	10295

图 2-71 上海市场 61 排序图示——热点散乱

	代码	名称	涨幅↑	量比	换手率	前收	今开	最高	最低	最新	总手
1	003516	N海 龙	92.24%			6.06	12.12	12.40	11.61	11.65	
2	000583	托普软件	4.68%	2.05	9.77%	11.10	11.16	11.80	11.15	11.62	127736
3	003597	光明乳业	4.44%			12.60	12.58	13.17	12.52	13.16	
4	000567	ST琼海德	3.47%	11.83	6.39%	7.49	7.50	7.86	7.47	7.75	38636
5	000026	飞亚达A	3.35%	1.99	0.80%	15.83	15.80	16.37	15.75	16.36	4843
6	000037	深南电A	3.24%	4.79	4.25%	12.98	13.13	13.48	12.98	13.40	27532
7	000151	中成股份	3.24%	0.43	0.80%	12.33	12.33	12.75	12.26	12.73	8368
8	000514	ST渝开发	3.18%	1.35	2.62%	11.33	11.30	11.80	11.36	11.69	11331
9	000963	华东医药	2.87%	1.27	2.26%	12.87	12.90	13.35	12.81	13.24	22559
10	000953	河池化工	2.46%	1.57	2.47%	10.99	11.00	11.33	10.88	11.26	16319
11	000056	深国商	2.41%	8.15	4.73%	11.63	11.67	12.25	11.67	11.91	26113
12	000555	太光电信	2.27%	1.36	1.21%	25.99	26.00	26.80	25.89	26.58	2658
13	000949	新乡化纤	2.08%	2.01	0.68%	6.26	6.25	6.41	6.23	6.39	12634
14	000429	粤高速A	2.02%	4.82	1.32%	5.95	5.98	6.08	5.96	6.07	36246
15	000620	ST圣方科	1.82%	2.27	1.33%	7.16	7.19	7.32	7.18	7.29	19981
16	000009	深宝安A	1.77%	1.38	0.89%	6.77	6.81	6.97	6.80	6.89	51487
17	000525	红太阳	1.60%	0.50	0.47%	8.76	8.78	8.93	8.78	8.90	6069
18	000539	粤电力A	1.56%	3.64	0.71%	10.90	10.87	11.20	10.87	11.07	27696
19	000688	朝华科技	1.49%	2.74	2.35%	8.70	8.69	8.88	8.63	8.83	46807
20	000720	鲁能泰山	1.48%	1.38	1.98%	23.00	22.97	23.43	22.91	23.34	36592

图 2-72 深圳市场 63 排序——热点散乱

临盘实战投资中对于游击散庄股票要买进时，参考的条件一定要更加严格，只有这样才能确保我们的临盘实战投资操作做到万无一失。真正达到不出手则罢，一出手就赢这样的大赢家境界。

下面我们对什么是热点进行具体的描述。

热点：同一板块盘中涨幅和相对强度均排在第一板，量比也同时有效放大，则该板块就是目前盘中的热点。

只有大规模集团热钱资金进行彻底运作才可能形成热点板块股群持续上攻的行情特征。获利机会的持续性才能得到有效的保证。而大规模集团资金的进出运作行为绝对不会是简单和粗糙的，而是有着严密的计划和周详的安排。这就为我们的进出投资，安全获利提供了最大的技术保障。

目标股必须是主流热点板块是我们实战选股的最最重要条件。而且我们只操作热点中的焦点。某学生就凭着这一招，三年时间，资金从 3 万元变为近 80 万。这是专业短线实战投资操作成功关键之关键！切记，切记并坚决执行！

关于热点的总结

概念：热点是股市中一种非常重要的现象，应该从四个方面即股市 4 要素来描述：①价格：上涨的幅度大；②时间：上涨持续了一段时间或者在一定时间内上涨了较大的幅度；③量：成交量要有足够的配合以确认其真实性和持续性；④参与者：有计划的集团大资金运作。

鉴别：能否成为持续有效热点，关系到我们是否介入及介入程度如何，必须进行认真的鉴别。

(1)大盘背景：大盘必须是经过了充分的调整之后。因为持续的热点必将引领大盘上攻，而无论是大盘还是个股都不可能只涨不跌。

(2)充分准备：个股必须是经过了充分调整之后，又形成短、中、长期图表的进攻态势并且处于上涨阶段的初中期。

(3)技术位置：寻宝图第二阶段初中期，技术位的中低位。

(4)量能确认：纵向：比调整期间的成交量大幅放大，横向：同板块内个股成交量的联动放大，以确认市场主导力量投入的资金规模。

(5)诱因题材：可想象空间的大小，比如网络股行情——新经济，简直世界就是我们的；房地产政策的优惠——能优惠多少呢。

(6)要有明确的领头羊：显示其组织性计划性。

(7)发动时的角度和力度：显示其决心大小。

级别：

(1)主流热点：引领大盘从低迷走向辉煌，如网络股行情。

(2)板块热点：该板块走势不与大盘同步，如0029领导的房地产股行情。

(3)跟风热点：一支个股的独立行情引起板块内其他个股的跟风上涨。如2001年的电力股。

(4)板块内轮动：没有明确的领头羊，如2002年的科技股。

对应操作：

(1)主流热点：如果没有抓住领头羊，则选择板块内其他个股，看领头羊脸色行事。随便买1只也能赚1点钱。

(2)板块热点：必须选择相同板块个股。

(3)跟风热点：如果没有抓住领头羊，板块内其他个股必须是超级短线。

(4)板块内轮动：聊胜于无，少动为妙，即时图表为进出依据。

总结：

短线主要的操作方式是追涨，追涨追的是确定无疑的涨势，要确定涨势一看角度二看量，角度容易看，量则需区分攻击性放量和补仓性放量，而“攻击性放量就是热点的放量”（只铁老师语），这就是我们军校一再强调热点、焦点的原因所在。

演绎：

(1)所谓强势，就是一种强大的资金流的惯性，影响惯性的两个主要因素是：

速度：图表中的角度、幅度。

质量：投入的资金量的大小。

(2)看大盘的强弱只需看有没有热点，看热点的强弱只需看领头羊的表现。

(3)领头羊的流通市值不宜过小。

——引自“只铁股票实战初级军校”李鼎隆同学的文章

我对热点的理解

热点的概念：

“同一板块盘中涨幅……”、“集团热钱资金进行运作……”、“……选股的最最重要条件”——《战无不胜》语

捕捉热点的重要性：

无论是叶军……还是王元昊等，之所以取得如此成绩，皆因把握住了热点。所以：

(1)操作热点是我们散户赚钱的唯一选择。

(2)看对热点是我们散户训练的重要方面。

热点的分类：

1.按内容分

(1)热点思想——主力机构的制胜法宝

(2)热点技术——中小散户的取胜之道

(3)热点股票——投机之客的天堂地狱

2.按层次分

(1)A股热点——股市、期市、债市、邮市……

(2)板块热点——股市中的“人气”

(3)个股热点——害别人的狐狸精

3.按周期分

(1)长期热点——在实现终极理想之前，地球是要转下去的

(2)中期热点——上班一族必须把握的挣钱途径

(3)短期热点——职业股民的冲浪乐园

4.按阶段分

(1)隐蔽期——如十月怀胎

(2)成长期——如嗷嗷待哺

(3)成熟期——如……

5.按题材分

(1)重组热点——股市里的“爱情”、永恒的话题

(2)产业热点——实实在在过日子，要努力挖掘、发现已经存在的“美”

(3)政策热点——如同把握自己的挣钱机会一般，中国股市必然是要建设“有中国特色的……”

6.按动能分

(1)持续热点——你好、我好、大家好

(2)间断热点——只要合上节拍，舞姿差点无所谓

(3)瞬间热点——最易使人头晕目眩、站立不稳

7.按价值分

(1)主流热点——我们做过几次?

(2)跟风热点——“我就是西施”!

(3)虚假热点——也是搔首弄姿、谁没上过当?

捕捉热点的方法:

(1)实时盯盘——先生的黑马窗口就是“发(81、83)、喽(61、63)”

(2)公式预警——不是偷懒、多多交流

(3)盘后研究——享受股市、享受人生

“捕捉热点”是先生的核心技术之一，也是最易掌握并迅速见效的、收益多多的散户技术。让我们共同深入理解、深入探讨，“拉起网来”共同捕捉“奇迹”……

——引自“只铁股票实战初级军校”周余良同学的文章

3.实战投资参战资金是否充分

市场的大好机会一年就一两次，在每次重大投资机会降临的时候，投资者是否准备好了一定的实战投资资金就显得尤为关键。

许多投资者经常是任何时候都处于满仓的不利技术状态之中。无论是牛市、熊市还是平衡市，天天、年年都是处于全线满仓之中。

在真正有重大投资获利的市场机会出现的时候，自己反而是在盼着能够解套，等到刚要解套的时候行情已尽，获利机会已经溜走，非常的痛苦。

他们根本没有办法去捕捉市场中能够真正产生巨大获利空间的目标股票，即对超级大黑马进行成功的操作，而白白丧失掉大好的获利机会，使自己的投资资金永远处于长不大，始终原地踏步的尴尬境地。

耐心等待获取利润的重大市场机会出现，在重大市场获利机会产生的时候，投资者必须有成套的充分资金即时进行参与，也是专业化投资成功的重要关键。这同时也是专业化投资资金管理的重要内容之一。

4.实战研判和操作的专业次序

预选—异动—图表(大周期—小周期—1 分钟 K 线图)—热点—进场—监视—应变—出局—观望—再进场……

发现机会：要点——大盘、板块、热点(焦点)、目标。从盘面中快速发现获利机会是专业投资的最重要基本功。其要点我们在《新短线英雄》一书和《铁血短线》VCD 之中已经有了较为详尽的讲解，这里就不做展开了。

下定决心：成功概率、获利 / 风险率、操作规模。投资者在正确地发现了市场机会、捕捉到了具体的操作目标以后，下面要做的专业工作就是必须正确地衡量：如果自己要展开临盘实战投资操作，那么它的成功率大小，以及可能产生的获利 / 风险程度。最终形成临盘参与实战的正确技术决心，以确定自己的实战操作具体投入的资金规模和后续采用的保护手段。

展开行动：严格按照专业次序展开实战操作，绝对不允许随意省略或改变已经确定好的专业次序，从而使自己的操作习惯定型，这将在瞬息万变的市场中显现出巨大的业余选手永远都难以想象的好处。

多周期共振、多要素共振：技术要件——日、周、月技术系统运动结构、时间周期、要素和谐。

长周期技术系统要件：季、年线大级别技术系统。实战操作的初级选股秩序。年、季、月、周、日、分时、精细。

大盘或目标股票的季线、年线图形属于分析研判、实战操作所用到的长周期技术要件。对长周期技术要件的分析有助于我们从宏观大局上，高屋建瓴地把握大的投资方向，从而使我们能够在大的战略级别的高度，更好地规划我们自己的投资管理活动。

当中国股票市场的历史变得较长以后，这种从季线、年线级别上对行情发展的研判将更加凸现其重要性。

作者在参与外盘的投资实战中所进行的研判就经常利用到季线、年线等大级别的技术要件，其实战效果非凡，对于美国市场道琼斯指数、SP500、NASDAQ、恒生指数等的技术走势判定就异常准确。

下面列举几幅外盘技术图形供投资者参考，以利投资者对外国资本市场有一个初步的了解(图 2-74～2-78)，引自 Bigcharts.com。

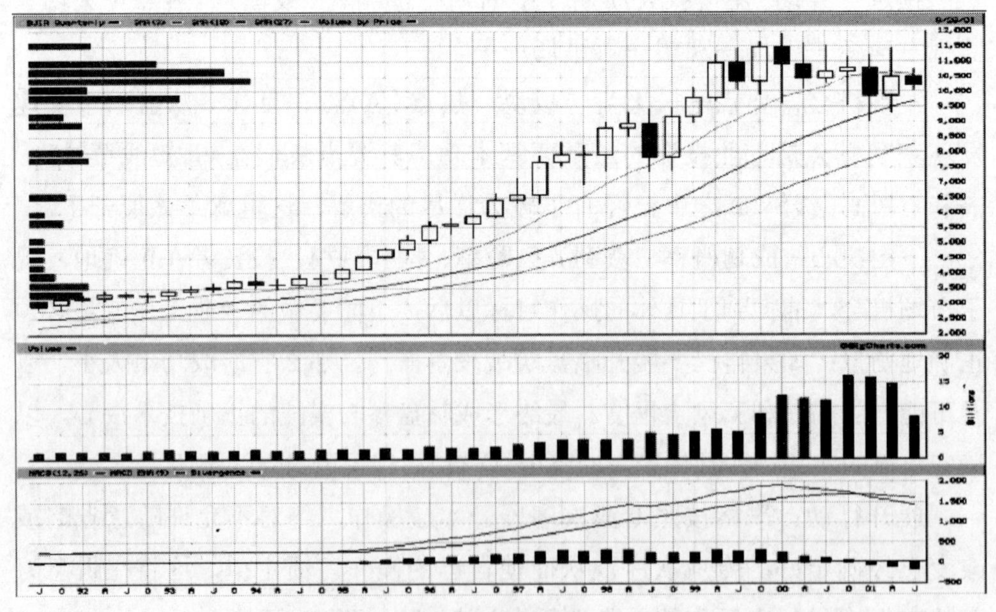

图 2–73　道琼斯指数季线技术系统图表

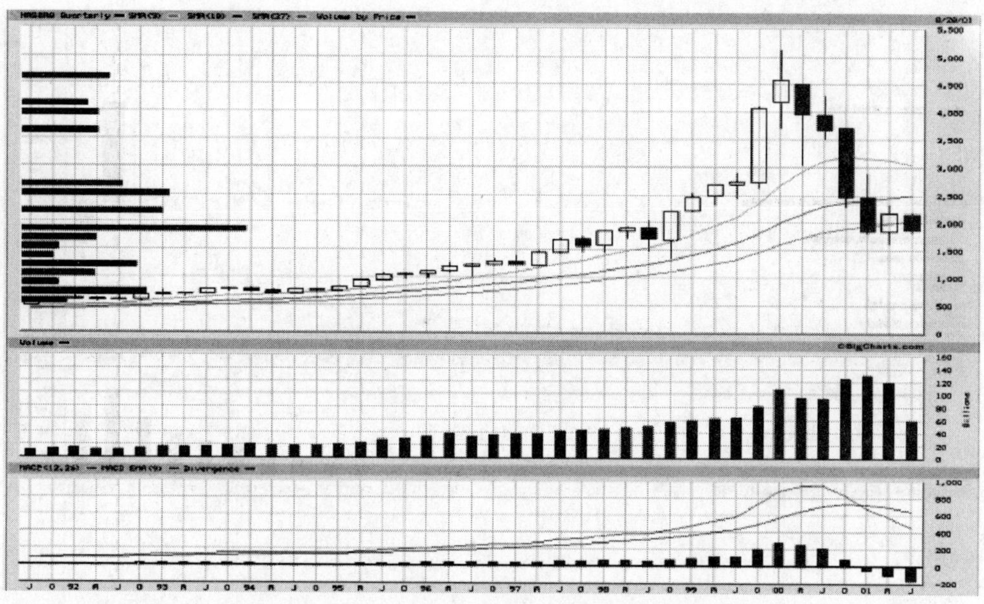

图 2-74 NASDAQ 指数季线技术系统图表

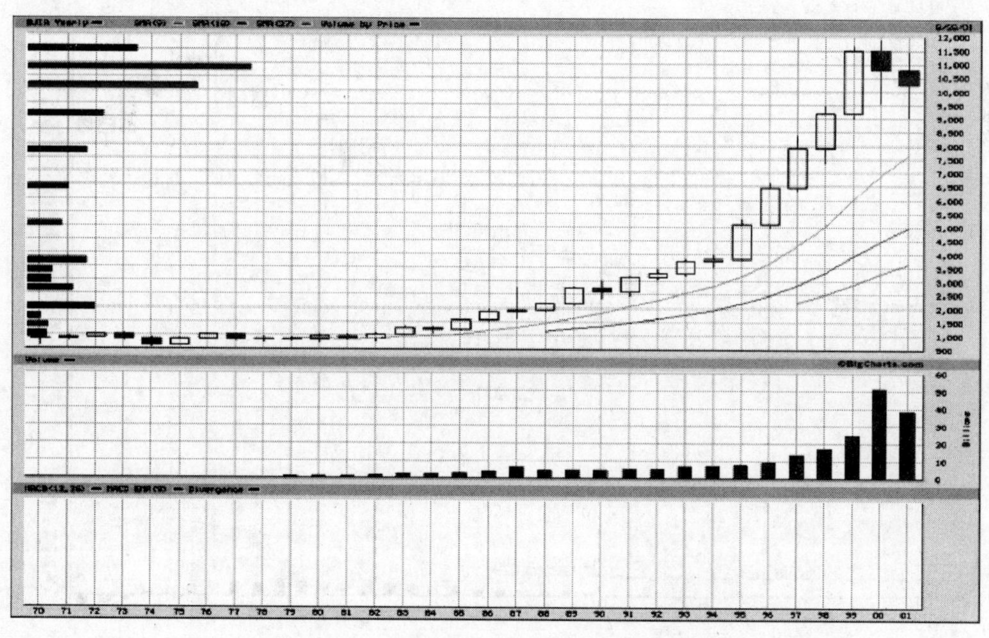

图 2-75 道琼斯指数年线技术系统图表

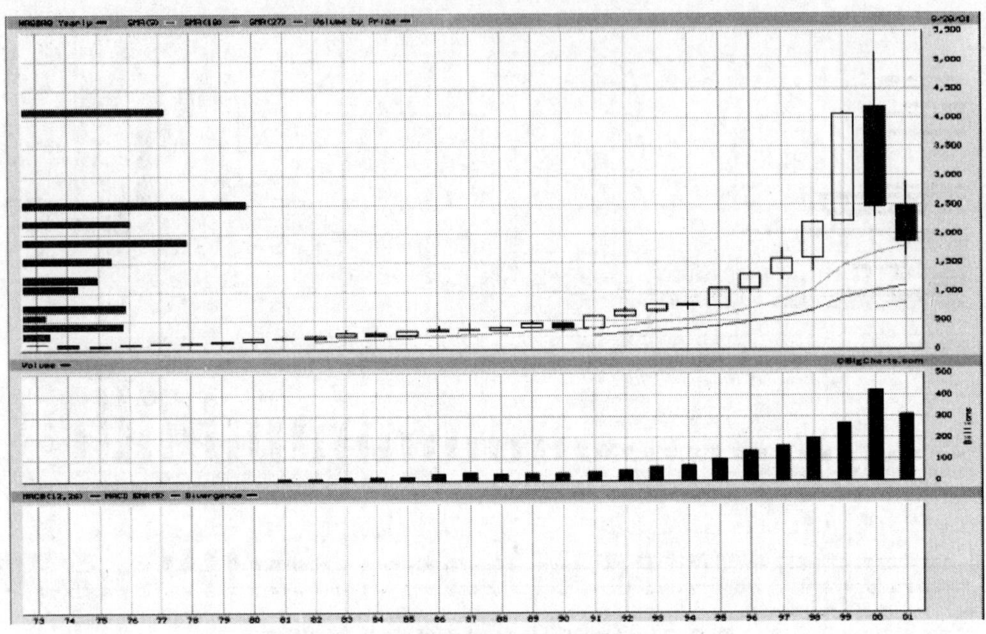

图 2–76 NASDAQ 指数年线技术系统图表

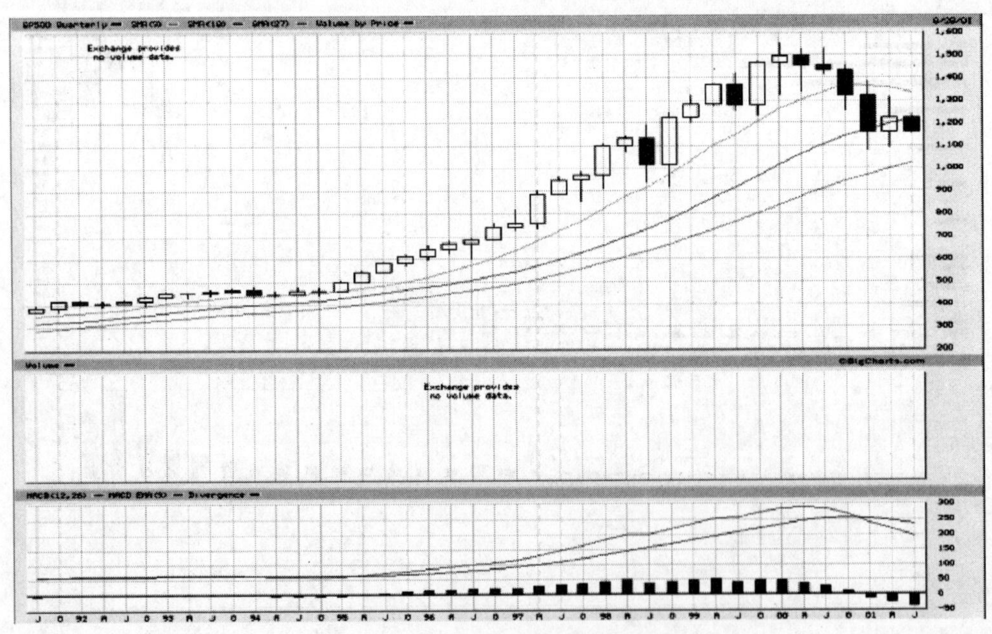

图 2–77 SP500 季线技术系统图表

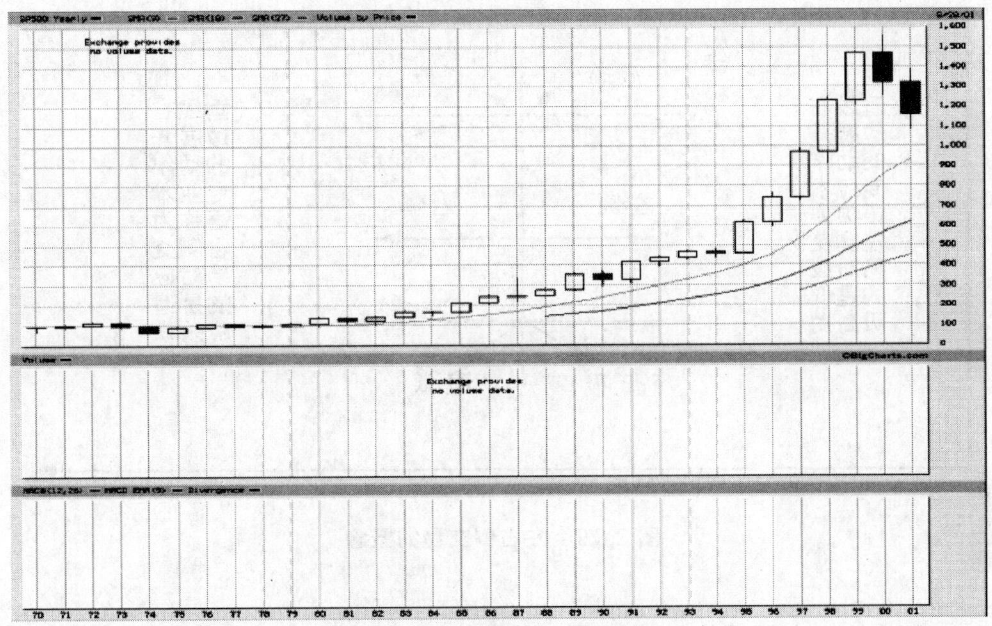

图 2-78 SP500 年线技术系统图表

(五)经典战法之实战运用

有许多经典的短线战术必须得到投资者彻底的掌握后，实战中才能更好地熟练使用。下面我们介绍常见的经典战术。

左侧交易与右侧交易如图 2-79 所示。

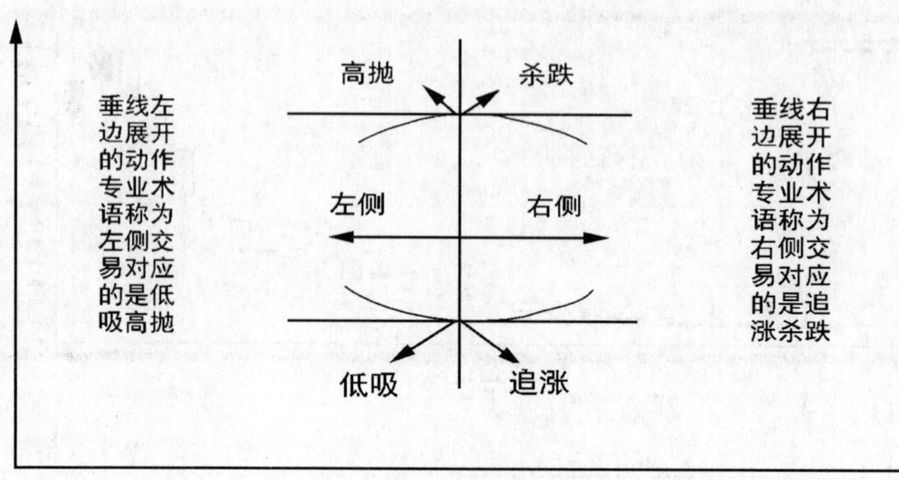

图 2-79 左右侧交易的概念

股价处于上图垂线左边时展开的操作行为，无论是低吸还是高抛我们通称为左侧交易。左侧交易逆势而为带有极大的主观预测成分。一般情况下属于业余水平的交易。

股价处于上图垂线右边时展开的操作行为，无论是追涨还是杀跌我们通称为右侧交易。右侧交易顺势而为带着极大的客观追踪成分。一般情况下属于专业水平的交易。

当然对于大资金的操作，因其建仓动作展开时需要其他更加精深的方法来判定股价的底部进场区域和高位出局区域，因此，其对于左右侧交易的方法将会混合使用(图 2-79)。

1.低吸战法之操作要领

低吸战术的展开条件：股价攻击行进中调整结束或即将结束。

目标股票在上涨阶段回调到关键的技术位置、止跌缩量、并且已经企稳时可以展开低吸战术。

在目标股票的 30 日、30 周均线朝上的技术前提条件之下，如果盘中股价回调到这些技术位置时，临盘实战可以坚决低吸。而且这通常是大手笔补仓战术展开的大好良机(图 2-80)。

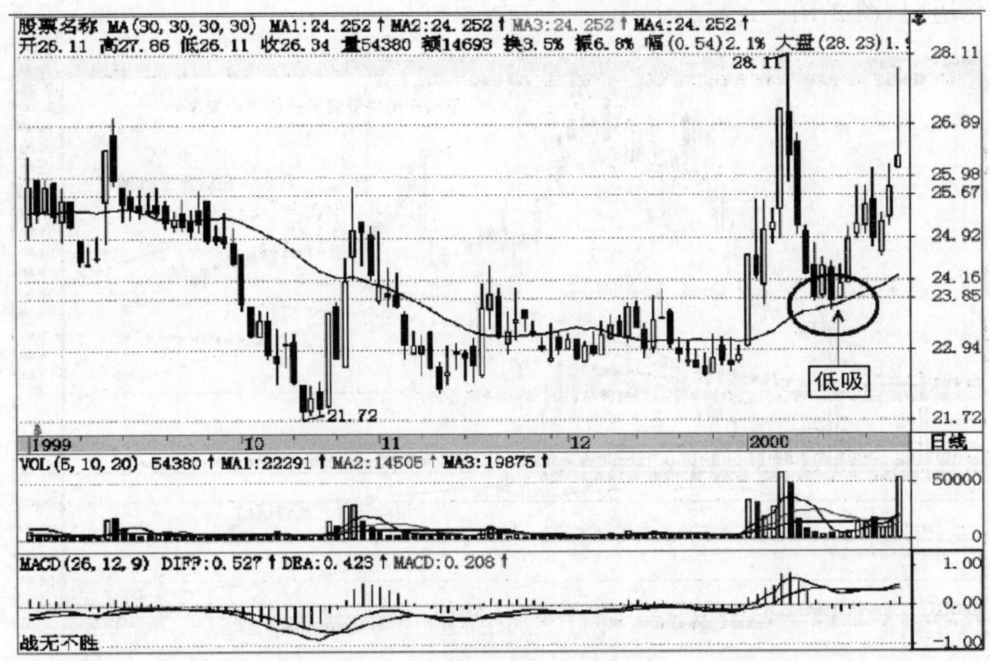

图 2-80　低吸战术的具体运用

追涨的目标股票，因大盘原因突然暴跌后缩量时，可以展开低吸。其临盘实战操作的技术前提是目标股票的技术状态必须满足短线操作所规范的技术条件。

经历长期下跌后目标股票的股价远离技术图表的均线系统，技术指标的周线 KDJ 指标也处于低位，日线技术系统的 KDJ 指标两次金叉出现时，可以结合乖离率用短线抢反弹的眼光展开低吸实战。但是，抢反弹临盘实战操作的仓位应轻。60 分钟技术系统发出卖出信号时，无论盈亏我们都必须坚决出局，而不能在临盘实战操作中观望和犹豫。

特别提示：在下降通道中，低吸战术的展开一定要小心、小心又小心。

从技术面上看，目标股票从分、时到周、月所有的指标均处于低位金叉将成时可以展开低吸。

下面我们将用具体的技术图形来说明低吸战术在临盘实战操作中的具

体运用(图 2-81～2-87)。

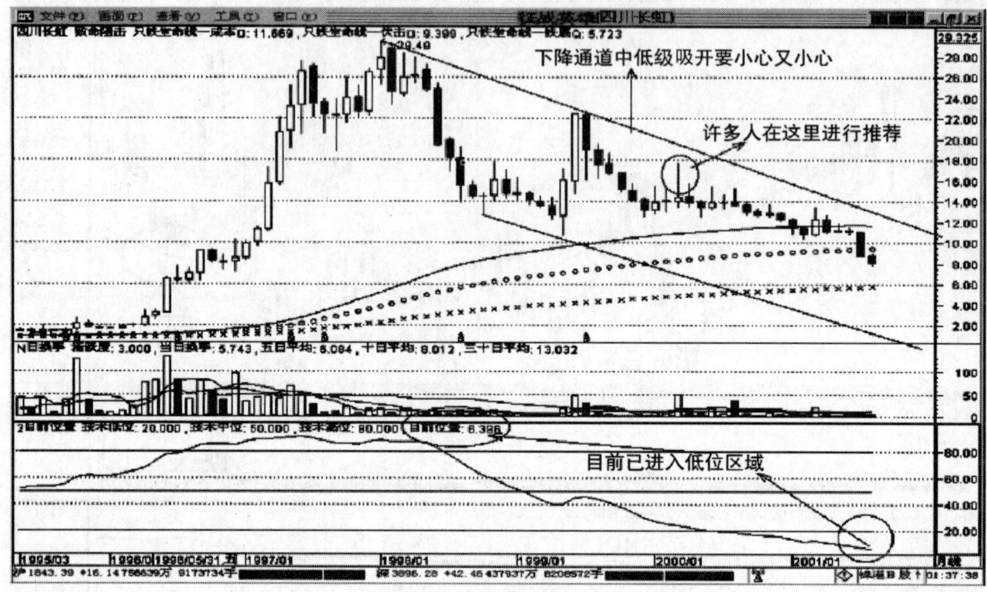

图 2-81 下降通道低吸小心

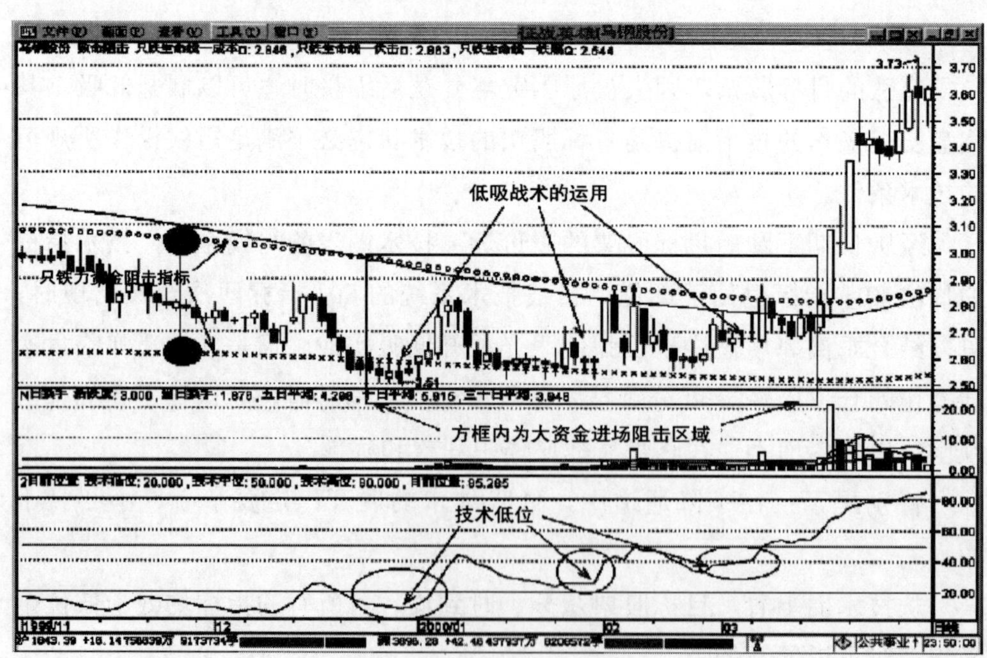

图 2-82 低吸战术的运用 -1

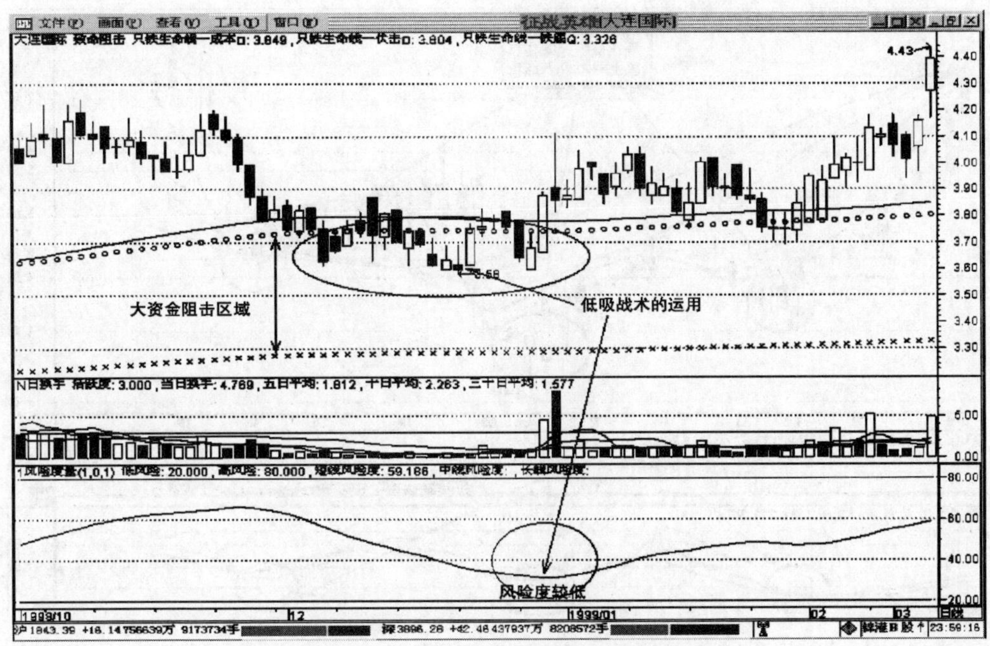

图 2-83　低吸战术的运用 -2

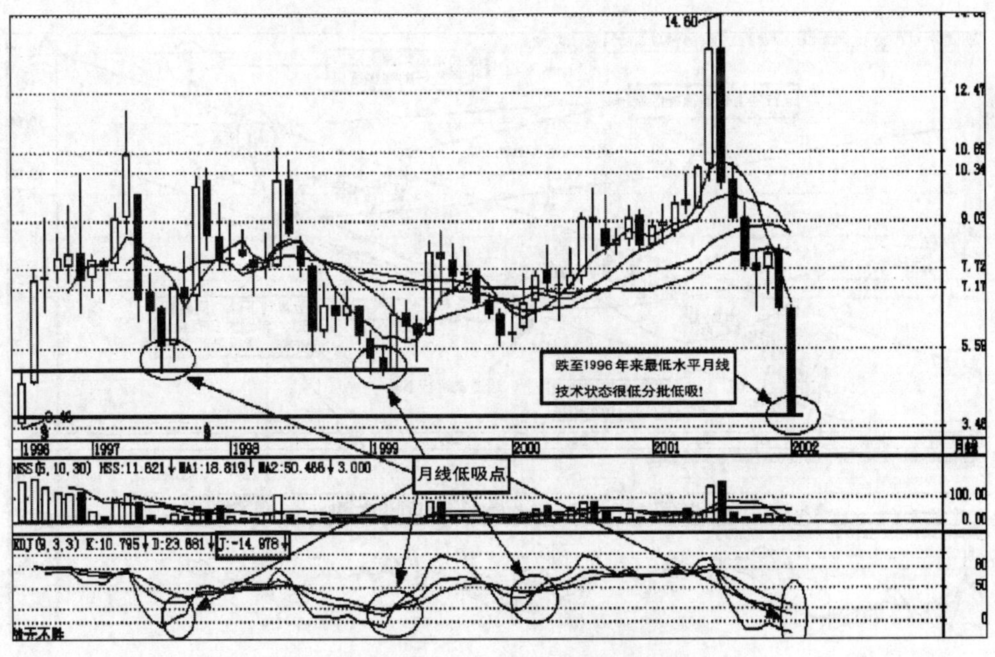

图 2-84　运用常规技术展开低吸

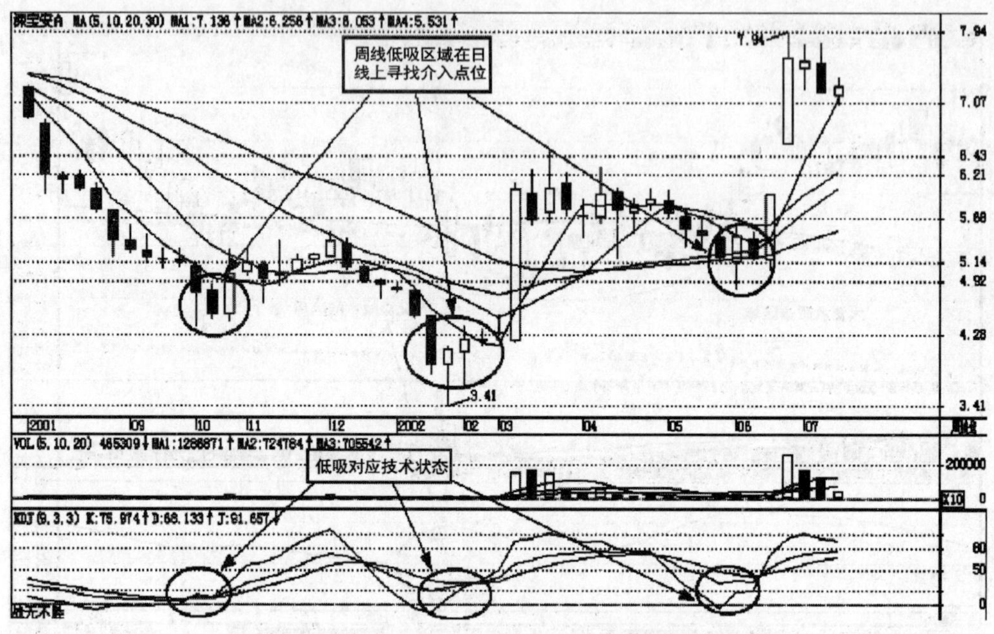

图 2-85 借助常规技术展开低吸战术的实战运用

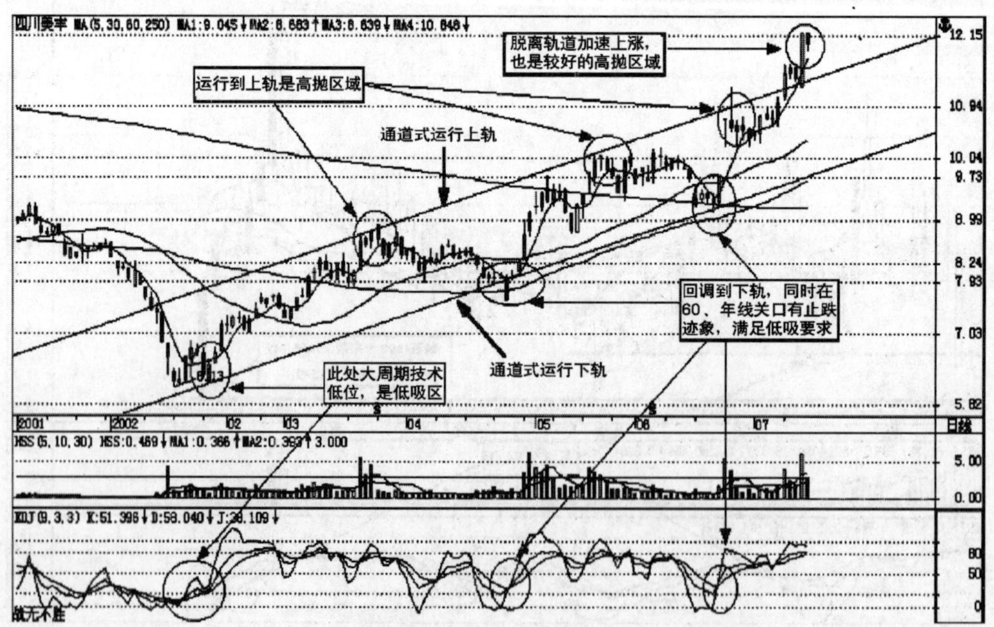

图 2-86 借助常规技术展开低吸战术的实战运用

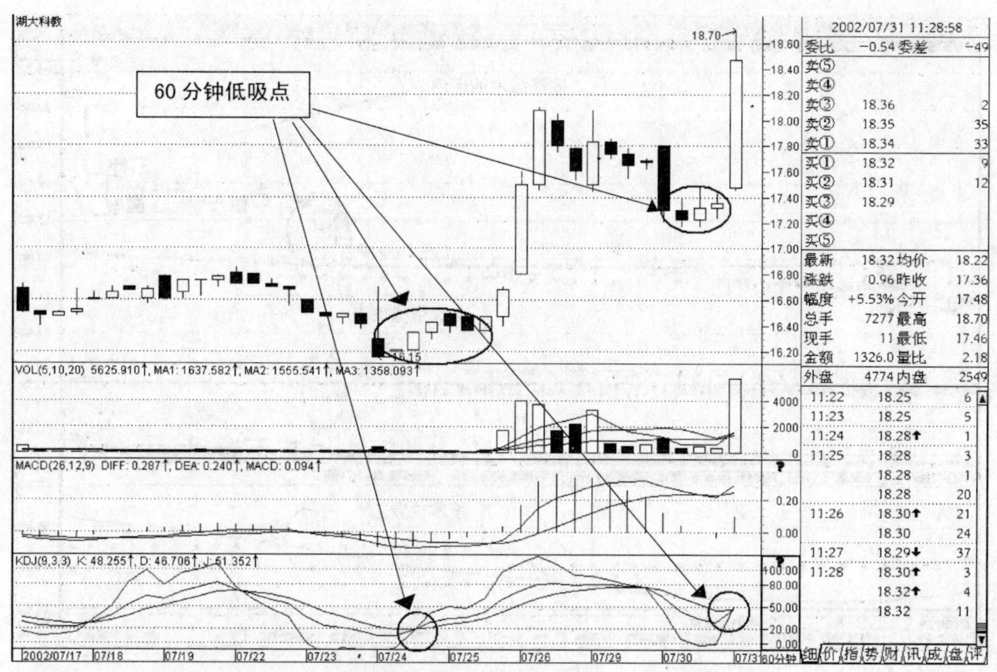

图 2-87　借助常规技术展开低吸战术的实战运用

2.追涨战法之注意事项

追涨不是追高：属于右侧交易一般用于短线。

股谚云：“不明朗市不入”，“君子不立危墙之下”。而追涨、恰好追的就是确定无疑的涨势。非常符合顺势而为的经典投资方法，是专业高手实战操作获利的重要投资方法和临盘实战操作手段。要求每一个专业投资者彻底掌握。

下面我们用几幅技术图形来说明实战操作中的追涨战术是如何具体地进行运用的(图 2-88～2-97)。

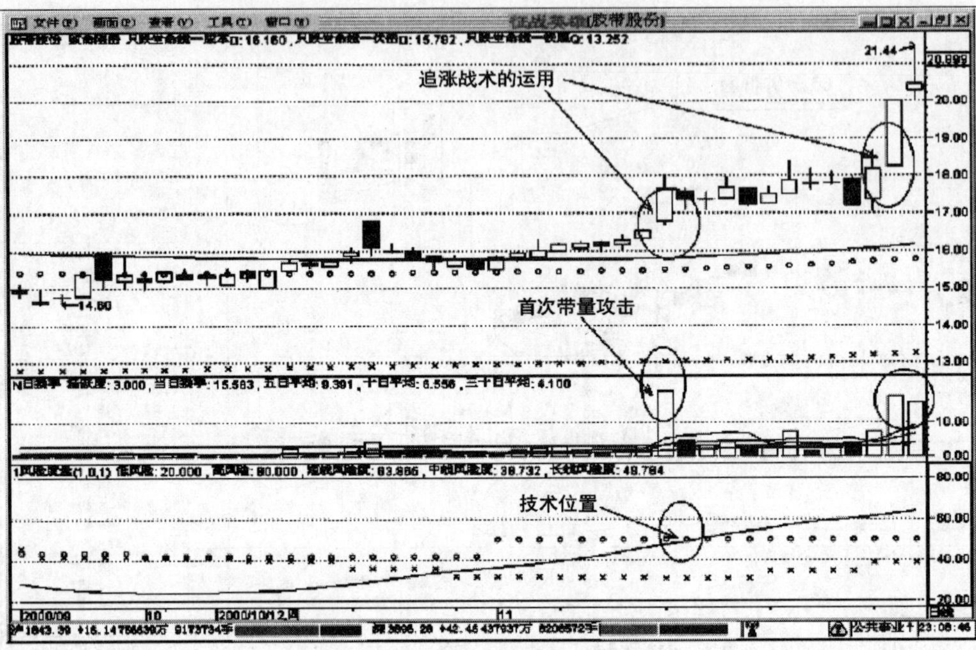

图 2-88 追涨战术的实战运用 -1

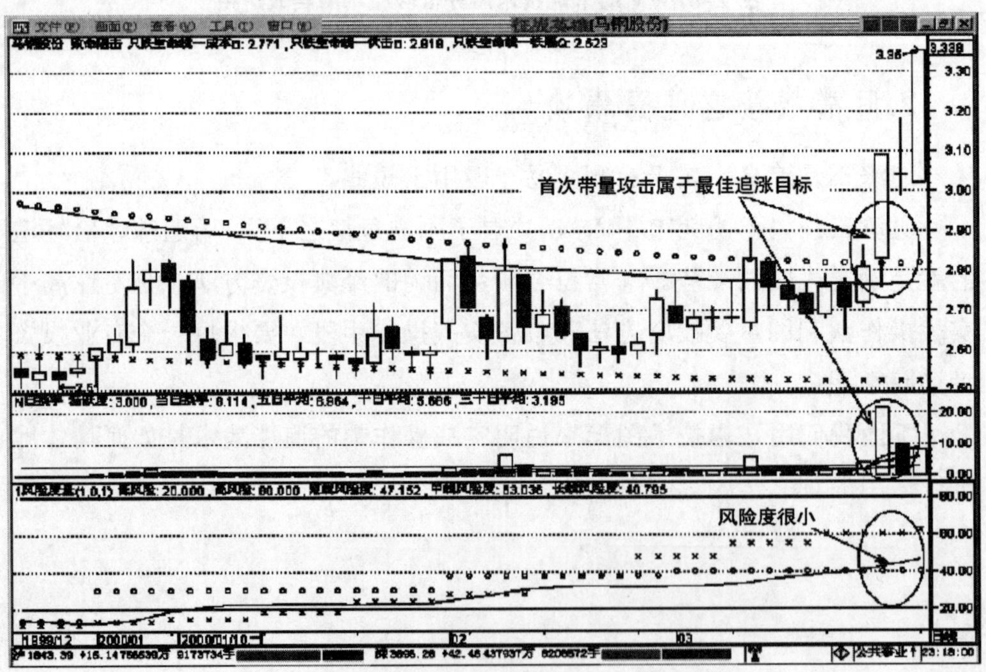

图 2-89 追涨战术的实战运用 -2

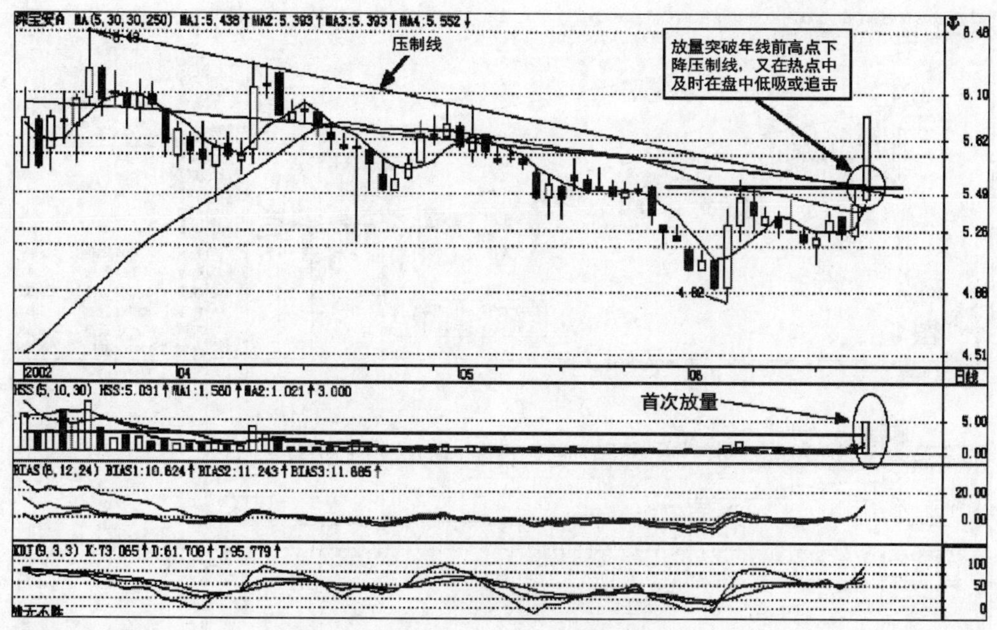

图 2-90　追涨战术的实战运用 -3

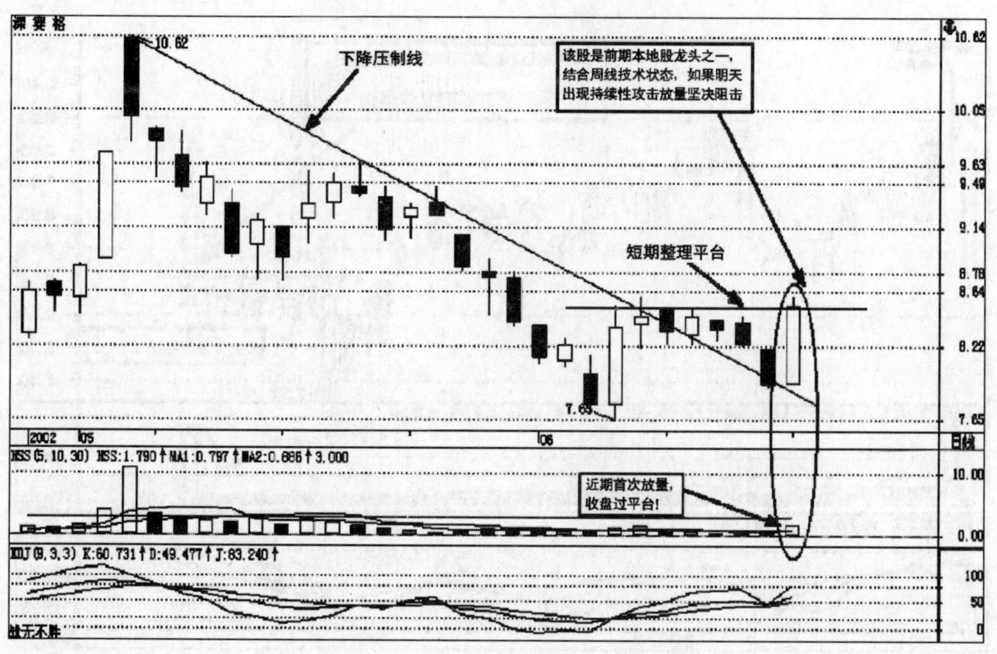

图 2-91　追涨战术的实战运用 -4

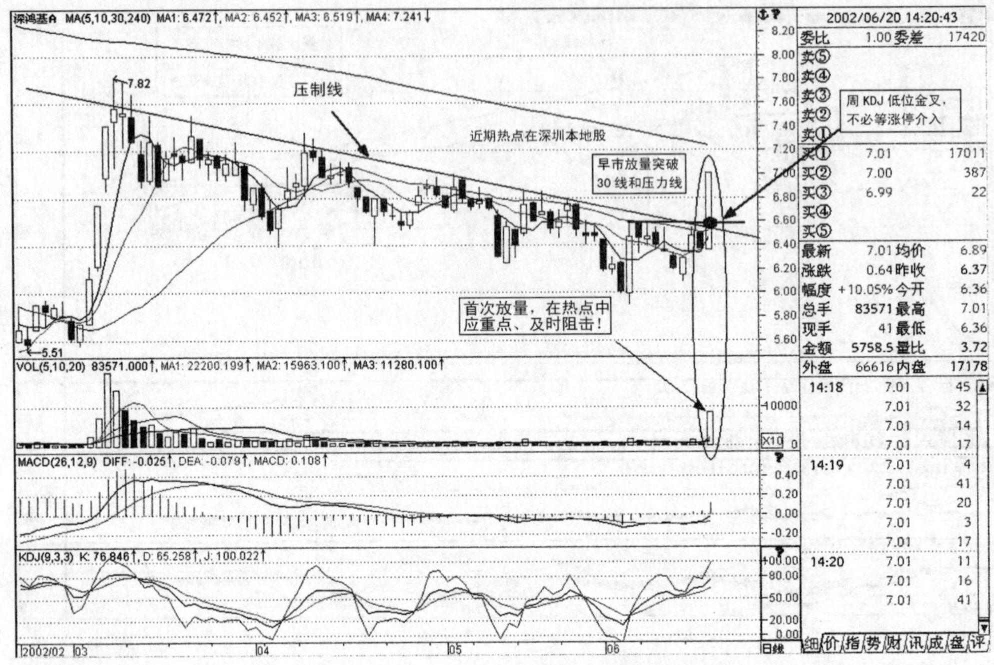

图 2-92 追涨战术的实战运用 -5

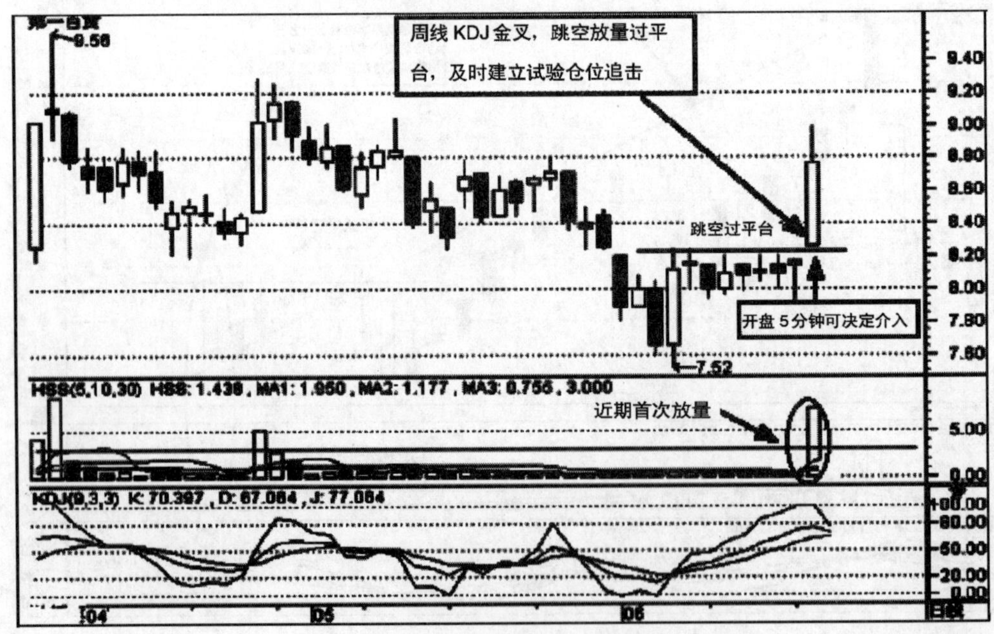

图 2-93 追涨战术的实战运用 -6

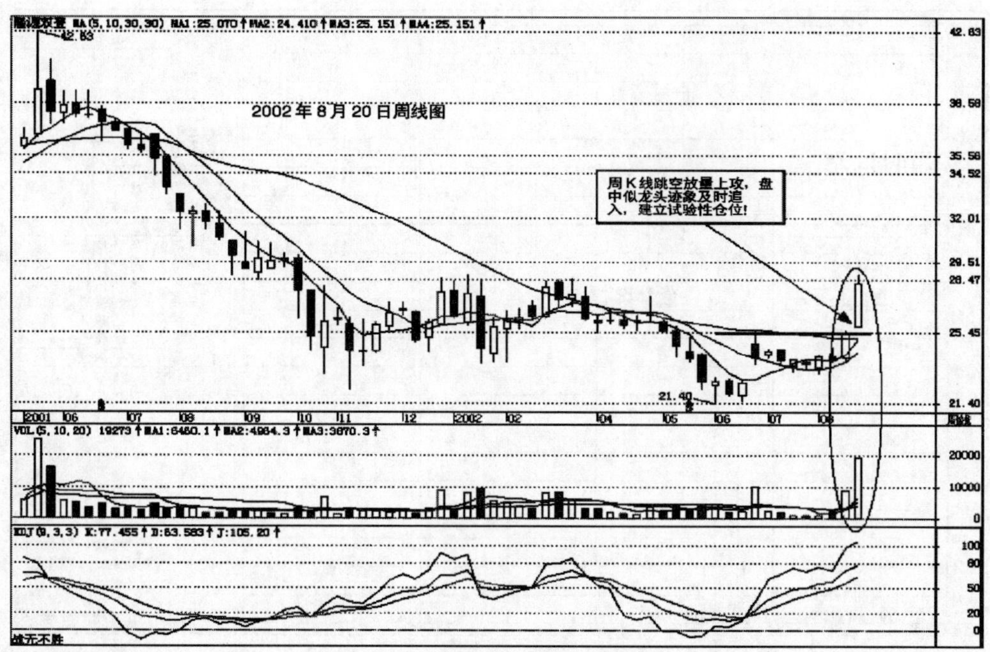

图 2–94 追涨战术的实战运用 –7

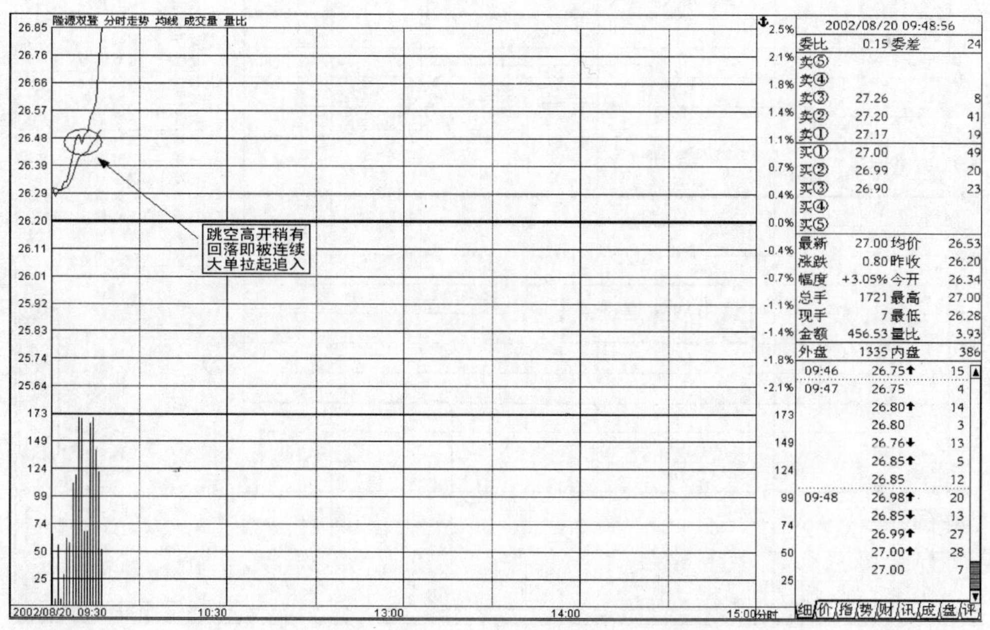

图 2–95 2002 年 8 月 20 日即时图追涨

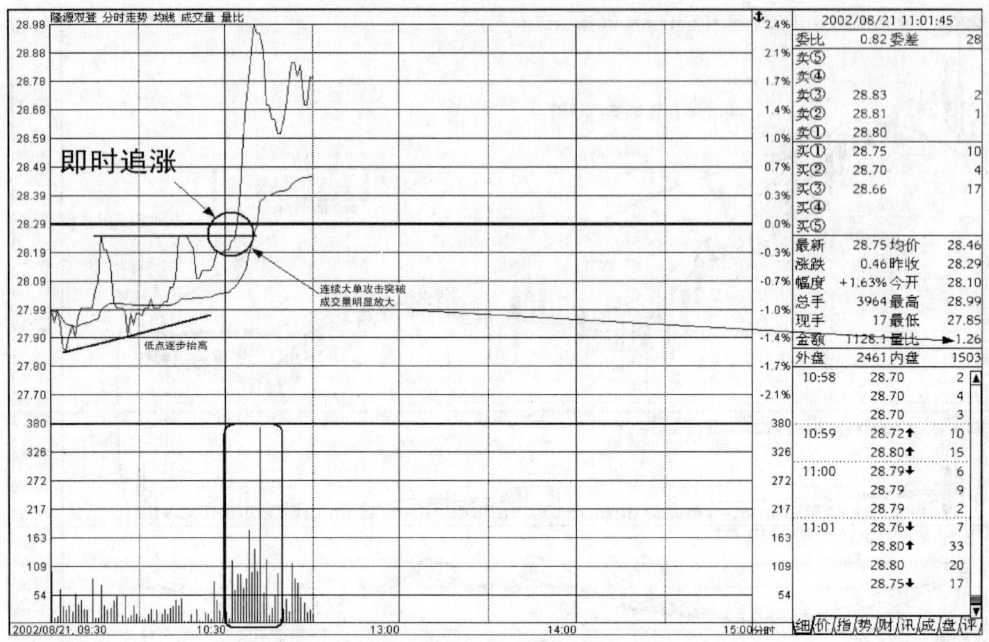

图 2-96 2002 年 8 月 21 日即时图追涨 -1

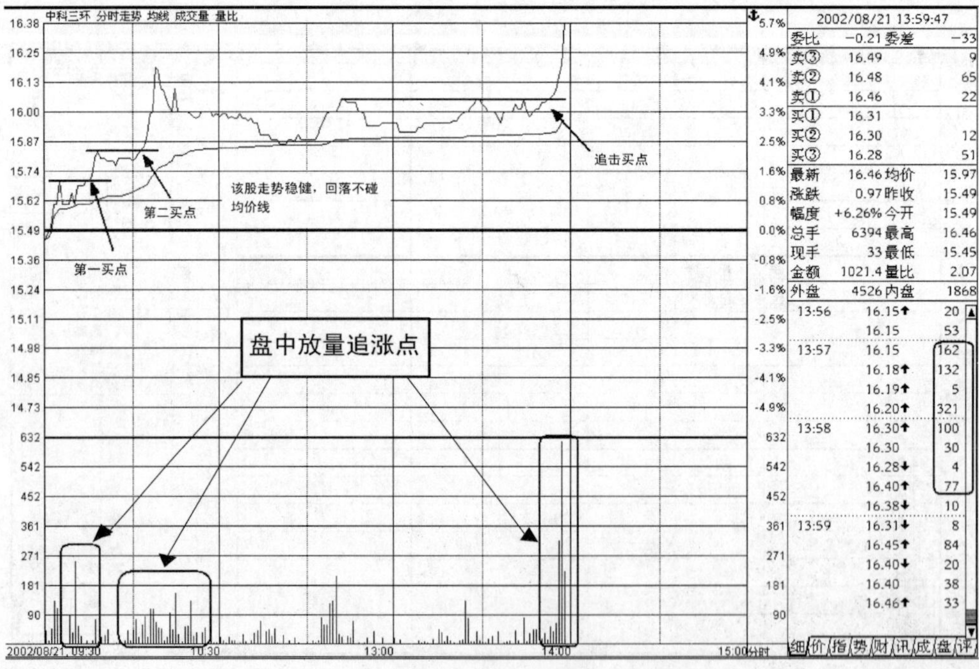

图 2-97 2002 年 8 月 21 日即时图追涨 -2

(5分钟、15分钟、30分钟、60分钟的追涨技巧，请读者自己领会。)

在理论上，我们必须明确地区分追涨，绝对不是去追高。这里所指的高，也绝对不是指目标股票价格的高，而是指目标股票技术状态的高(低的概念也是同理)。

比如，一只60元的股票，其月KDJ指标处于20以下的低位刚刚金叉向上，而同时有另外一只6元的股票其月KDJ指标在80以上且刚刚死叉朝下。那么在实战中，我们应该考虑的是买进60元的股票，而绝对不是股价更低的6元的股票。因为60元的股票在技术上处于低位，安全。相反，6元的股票在技术上却处于高位，操作非常危险。

追涨，同时也可以回避目标股票涨势不确定时的下跌或横向盘整这两种情况。只要目标股票已经明确无误地涨起来了，就说明有市场力量在大力做多买进，此时我们应该跟随着参与，而不是去自作聪明、逆势而为。

在理论上，我们还必须明确地认识到，一只股票不跌并不简单等于要涨，因为该股还可能长期横盘。由此增长了投资者参与的时间和加大了机会成本，及同时可能出现的变盘风险。这种情形出现对专业高手来说是极为不利的。

3.高抛战法之心领神会

高抛战术的展开条件：左侧交易用于波段或中线。

上涨中的目标股票应该让其彻底表现。只有等待其向上的攻击能力消失后才可以判定是否出局。

在目标股票没有产生技术上的卖出理由之前，我们绝对不能只凭感觉，因恐惧、担心其可能的下跌就随便将该股卖出。这是非专业投资者的通病。

我们必须强调，投资分析界推崇的所谓低吸高抛的高抛不具备专业操作价值，只能作为临盘实战操作的补充。因为其高抛的高，在实战中无法确定出客观、定量的可操作性标准。该方法纯粹是业余水平的思维方式和操作方法，在专业短线实战中不宜在专业选手中提倡。

在目标股票没有发出技术上的卖出信号之前，我们绝对不能只凭感觉，因恐惧、担心其可能的下跌就随便将该股卖出。这是企图比市场聪明的投资者的致命通病。其隐含着极大的投资哲学思想上的认识性错误(图 2-98~2-103)。

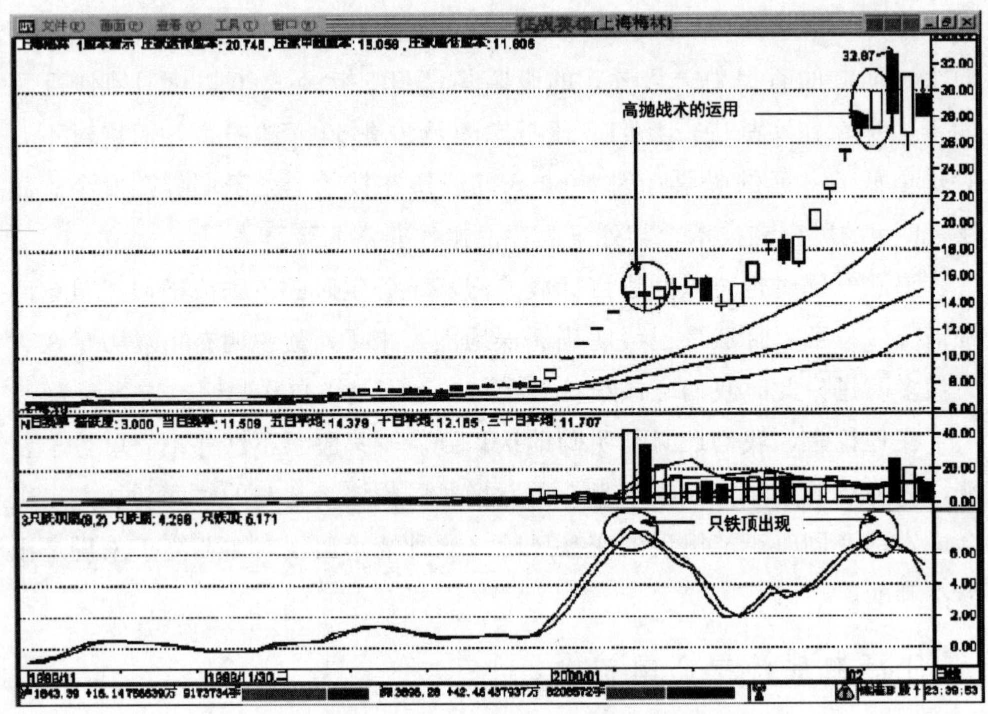

图 2-98 高抛战术的具体运用 -1

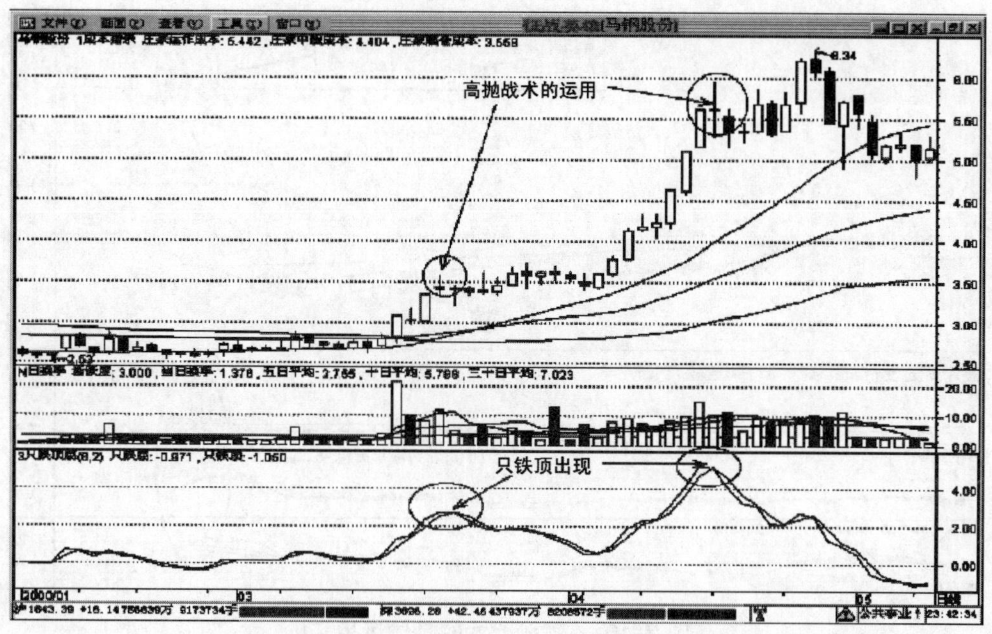

图 2-99　高抛战术的具体运用 -2

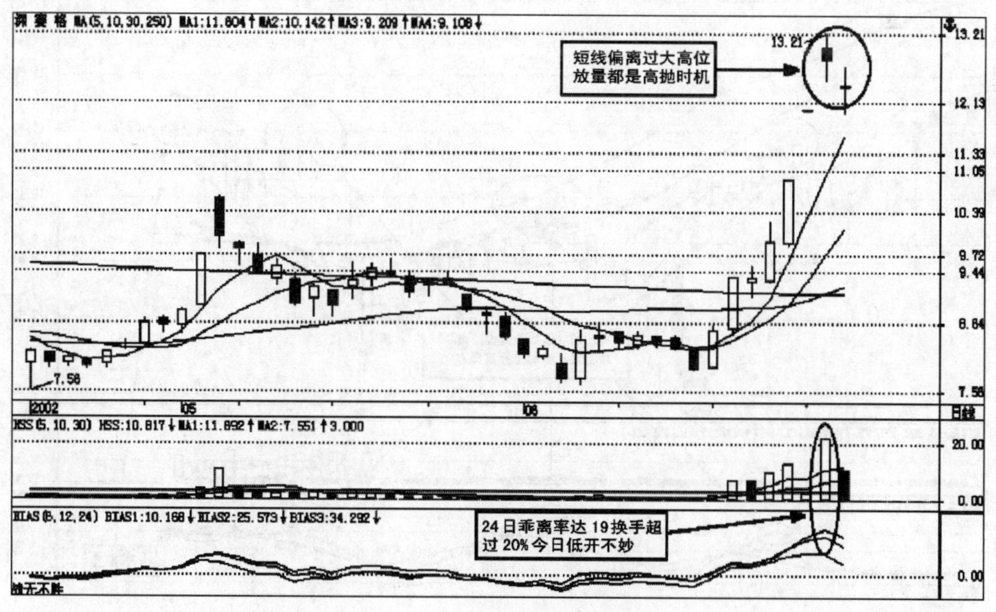

图 2-100　高抛战术的具体运用 -3

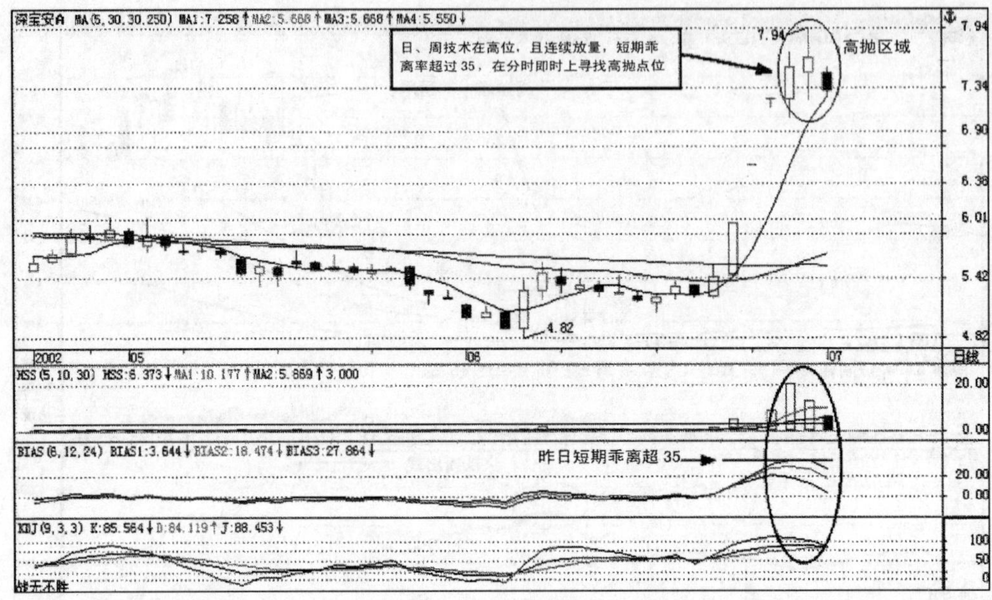

图 2-101　高抛战术的具体运用 -4

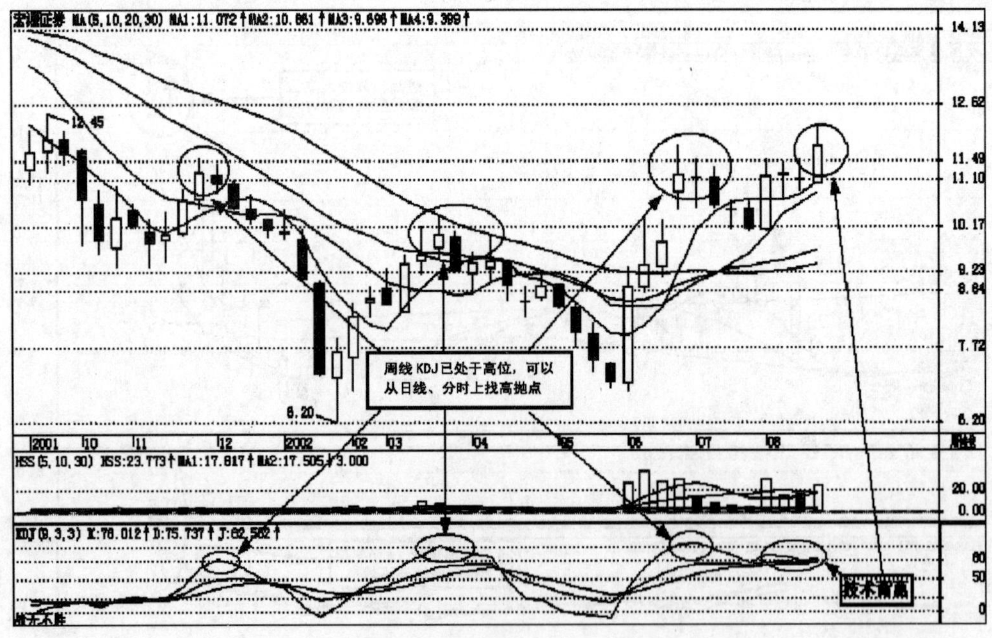

图 2-102　高抛战术的具体运用 -5

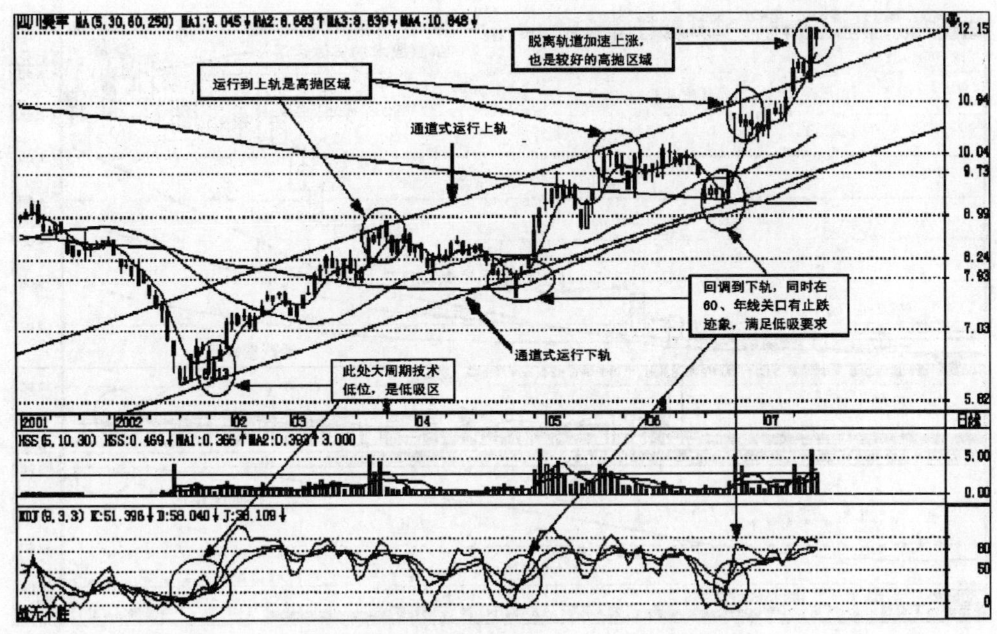

图 2-103　高抛战术的具体运用 -6

4.杀跌战法之冷酷无情

杀跌战术的展开条件：属于右侧交易，一般用于短线。

杀跌、杀跌不是杀低。杀的是确定无疑的跌势。也非常符合顺势而为的经典投资方法。杀跌，同样也是专业高手实战操作的重要投资技术和临盘实战操作手段。

下面我们将用几幅技术图形来说明杀跌战术在临盘实战操作中的具体运用(图 2-104～2-111)。

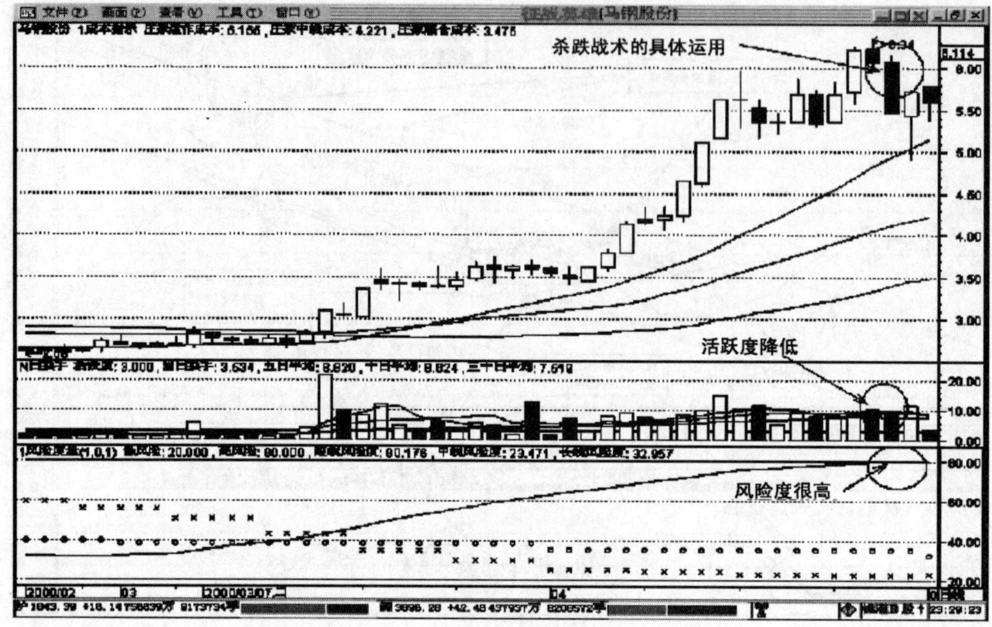

图 2–104 杀跌战术的具体运用 –1

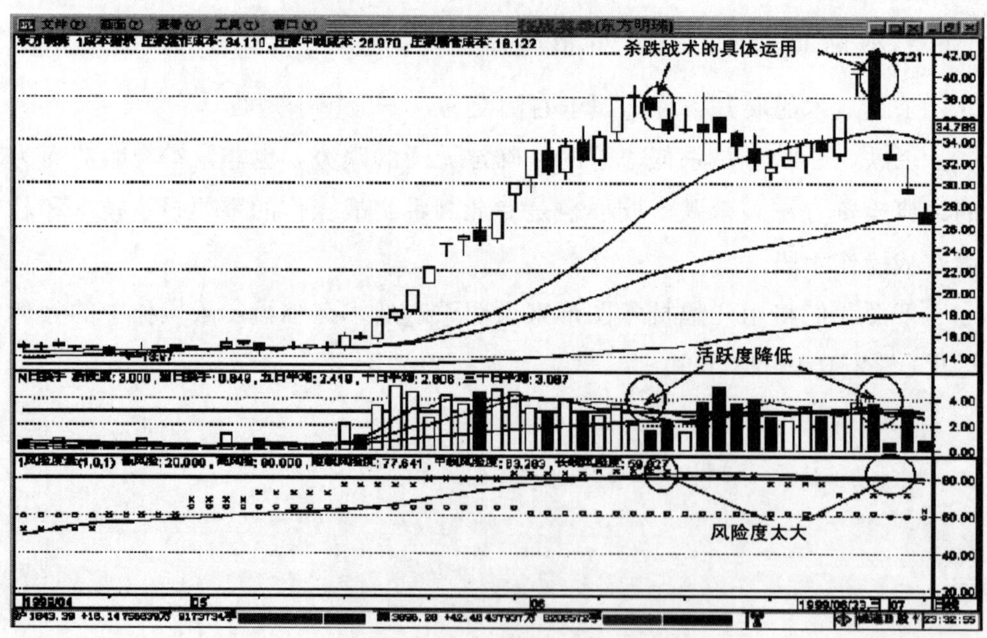

图 2–105 杀跌战术的具体运用 –2

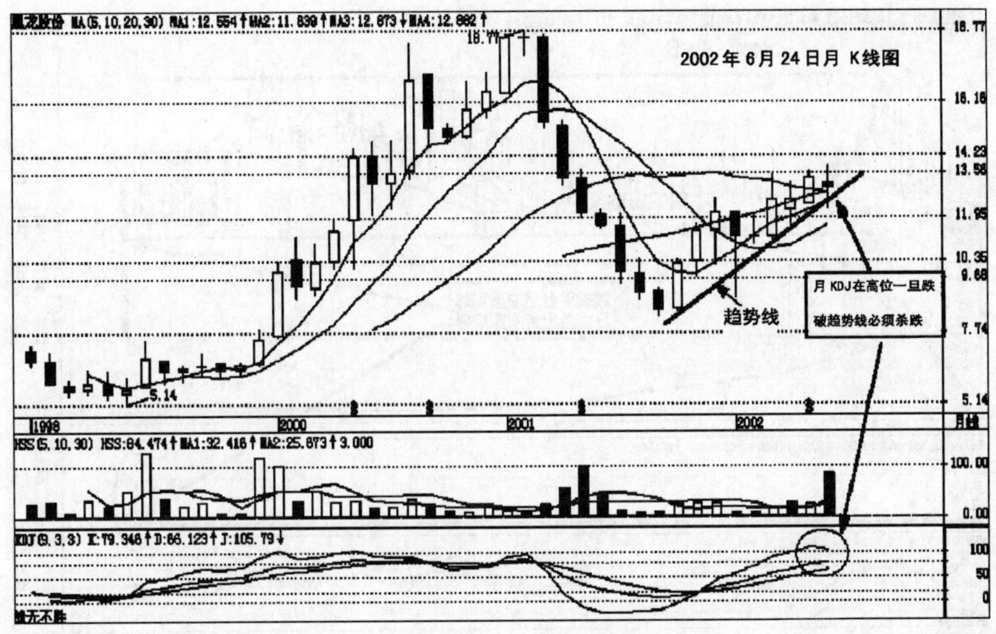

图 2-106 2002 年 6 月 24 日月线图

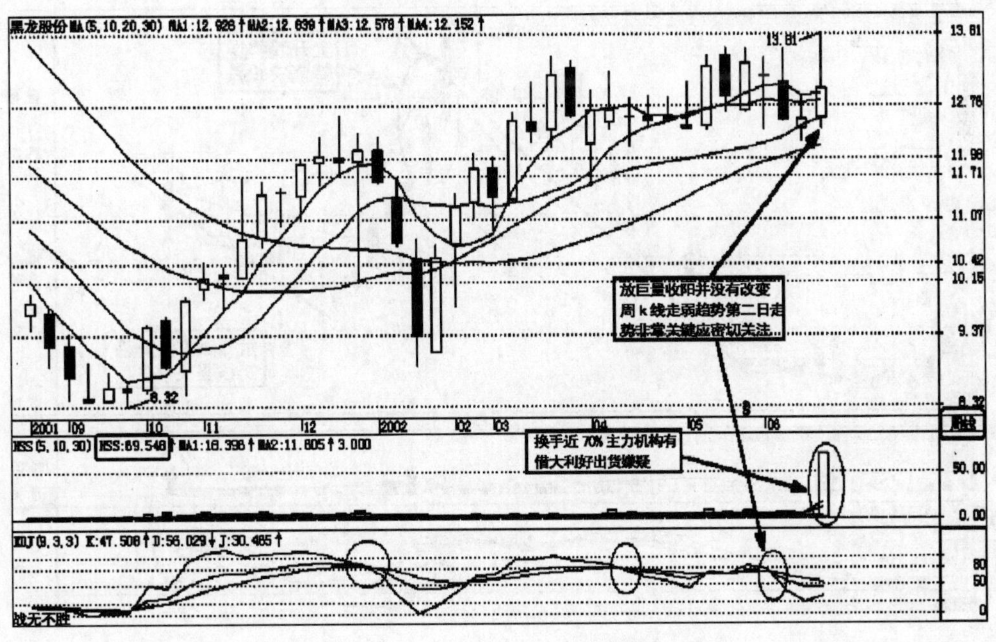

图 2-107 2002 年 6 月 24 日周线图

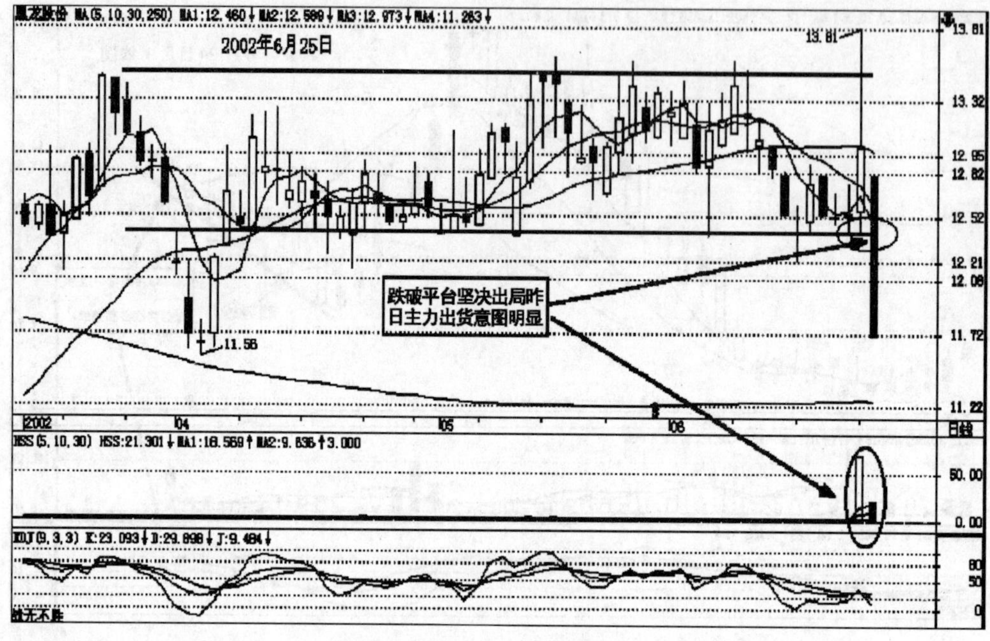

图 2-108 2002 年 6 月 25 日日线图

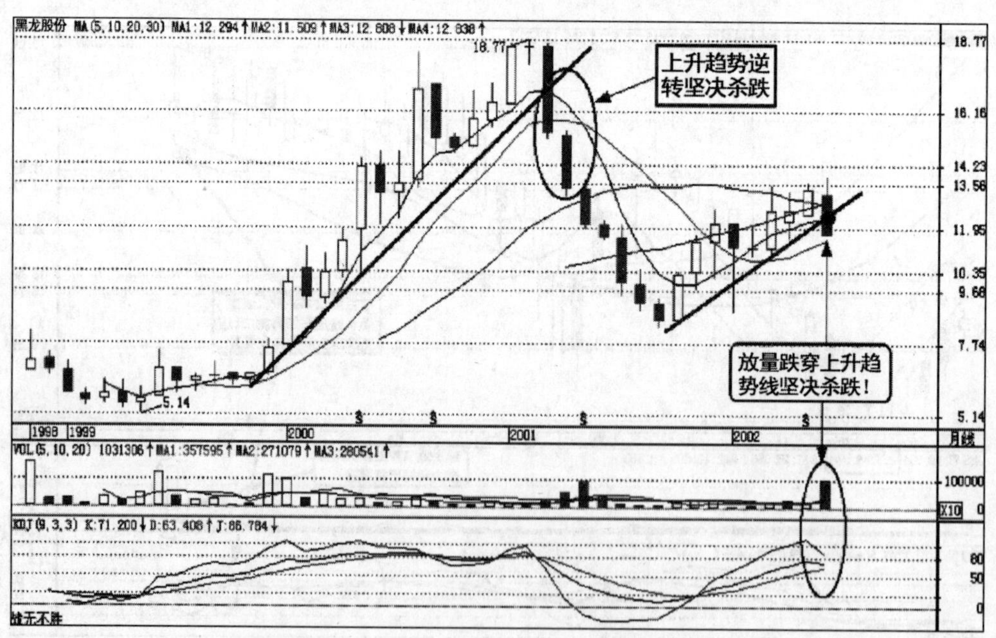

图 2-109 2002 年 6 月 25 日月线图

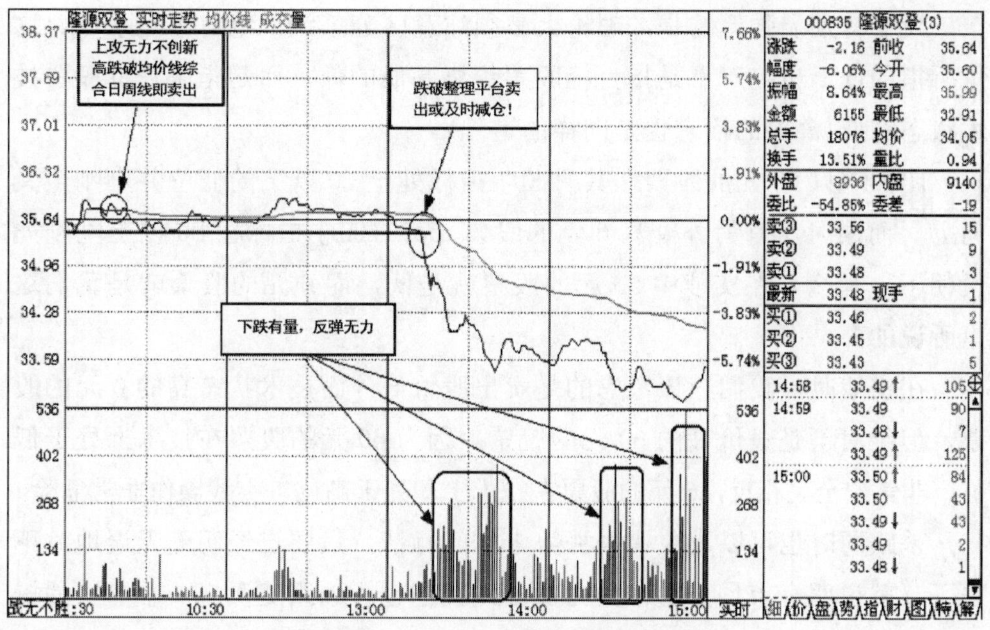

图 2-110　即时图杀跌战术的运用 -1

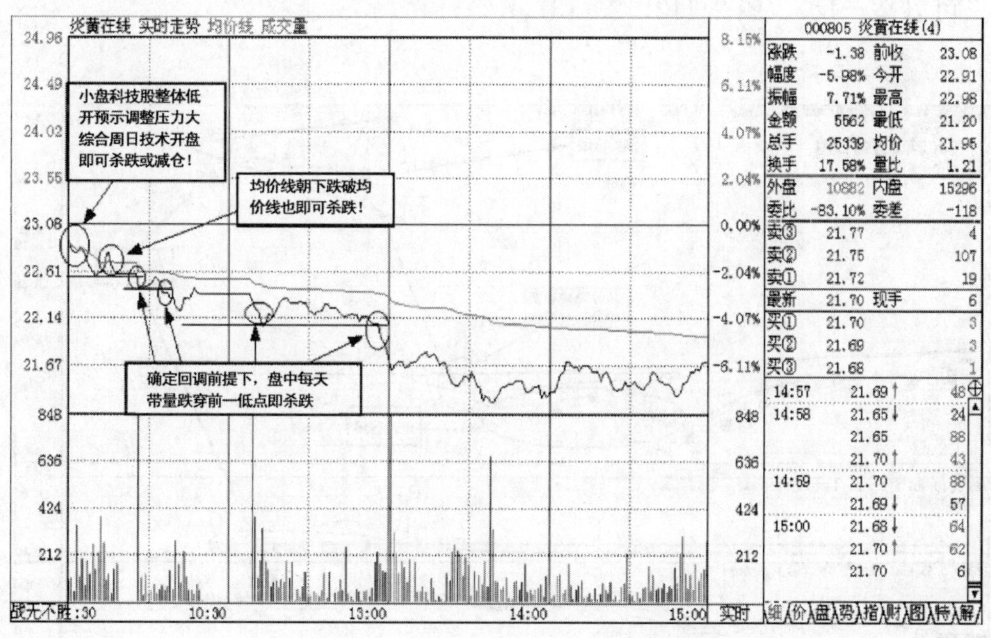

图 2-111　即时图杀跌战术的运用 -2

我们特别要强调的是，理论上必须注意区分杀跌，绝对不是杀低。这里所指的低，也绝对不是指目标股票价格高低的低，而是指杀目标股票技术状态的低(高抛的概念也是同样的道理)。

比如一只60元的股票，其月KDJ指标处于20以下的低位并刚刚金叉向上，而同时又有另外一只6元的股票，其月KDJ指标在80以上刚刚死叉朝下。那么，在实战中60元的股票就是低，而6元的股票就是我们这里所说的高。

在实战时，我们应该考虑的是卖出股价低，而技术状态高的6元的股票，但绝对不是股价高的60元的股票。因为60元的股票在技术上处于低位，非常安全。相反，6元的股票在技术上却处于高位，实战操作非常危险。

杀跌同时也可以避免错失涨势未尽的行情。只要已经明确无误地跌下去了，就说明有市场力量在大力卖出，我们也应该跟随卖出。临盘实战操作中30分钟或60分钟技术系统的死叉是临盘杀跌出局的实用法则。

以上几大经典战法在各个周期上均可按照相同的原理展开。投资者自己可以举一反三(图2-112，2-113)。

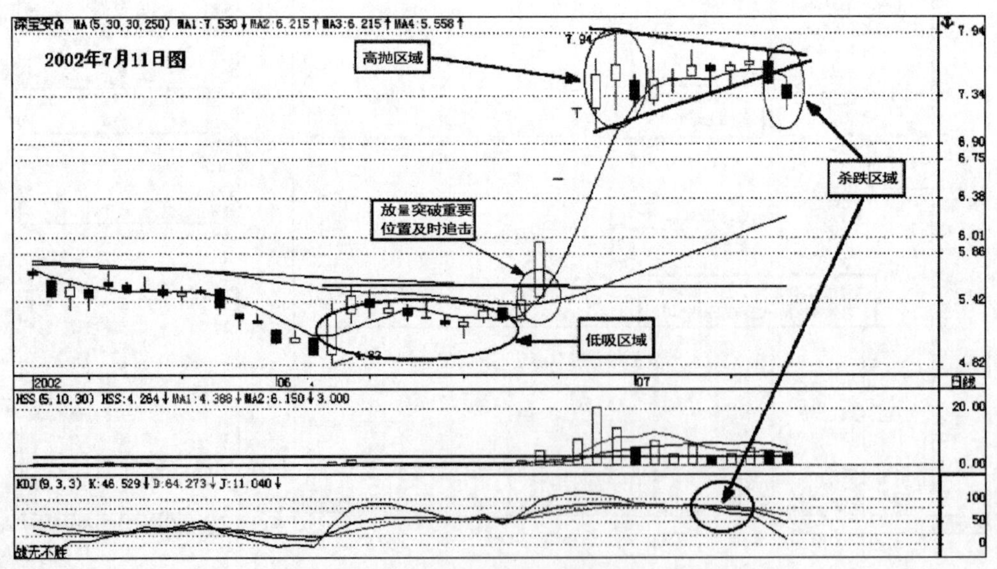

图2-112　各种经典战术的综合运用-1

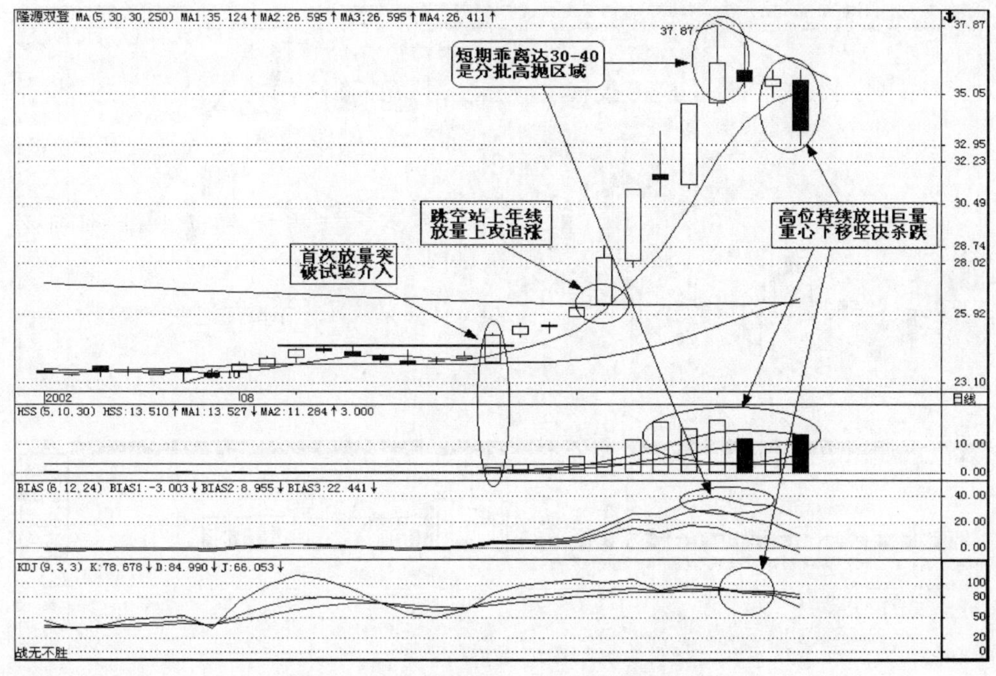

图 2-113　各种经典战术的综合运用 -2

5.不同技术状态的保护措施：补仓、观望、止损

1)空仓、观望战术：操作成立的前提条件

可以肯定地说，不会空仓就绝对不是优秀的专业投资选手。那种无论市场条件好坏，无论个股技术状态高低、无论目标股票技术安全度究竟如何，不管是牛市、熊市一年四季都满仓操作是散户和业余投资机构的低水平行为。

我们在这里要反复地强调，空仓也是一种专业投资的必备战术，是一种非常高级的专业战术。彻底掌握这一战术需要坚强的心灵力量来抗拒频繁波动市场的利润诱惑(图 2-114)。

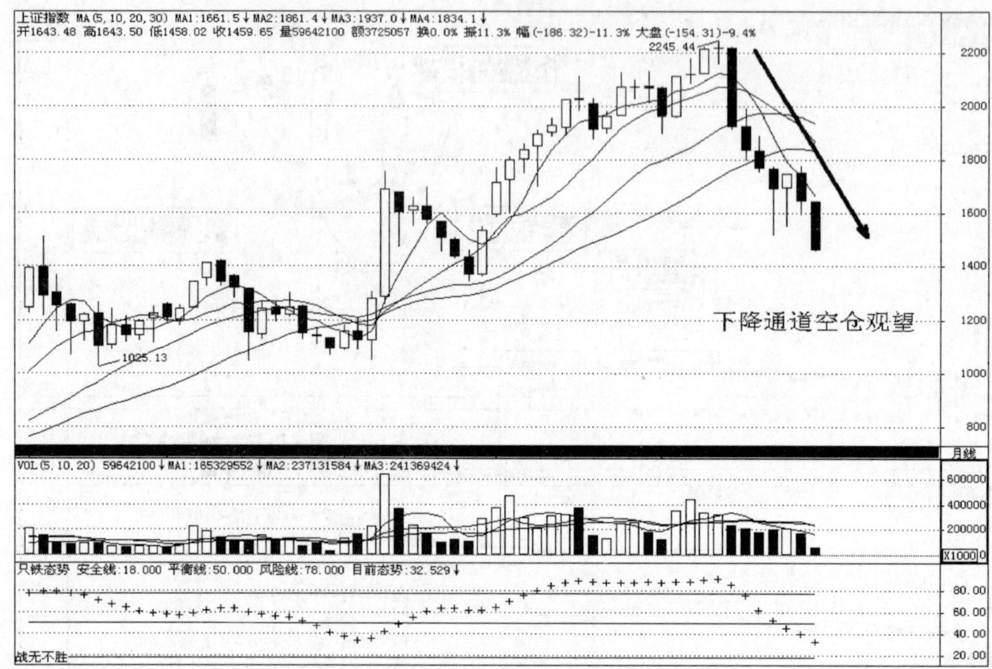

图 2–114 下降通道的观望

其实，市场中获利的机会或者说提供给我们进行实战操作的时机是不多的。大部分时间我们都必须使自己处于绝对的空仓状态以便在获利条件具备、市场机会出现时自己能够更好的捕捉到获利良机。

在市场不提供给我们投资获利的必要操作条件时，空仓是绝对的选择。在空仓的时候我们有充裕的时间观察市场，锻炼、提高自己的专业本领，静静地等待大好战机的悄然出现。

此时，我们的心境无比的轻松，生活是如此的美好，真正做到了轻轻松松赚钱、高高兴兴获利的人生境界。

2)短线操作临盘失误的技术处置

我们是人不是神。我们既不能保证每次都看对，也不能保证一次都不做错。对于专业投资选手来说，如果是偶然看错了，可以原谅，但做错了就很难给予原谅。因为，做对的操作标准和操作规则已经非常明确。

不能像捍卫自己生命一样严格遵守操作纪律和操作规则是专业境界不

高的具体表现。

在技术状态的高位看错，必须严格止损。低位看错，可以采取补仓。中位看错，可以观望。如果是操作错了，则必须回头认真检查操作规范和心态意志(图 2-115～2-117)。

仓位调整：果断换股或进行目标持股的 T+0 滚动操作。

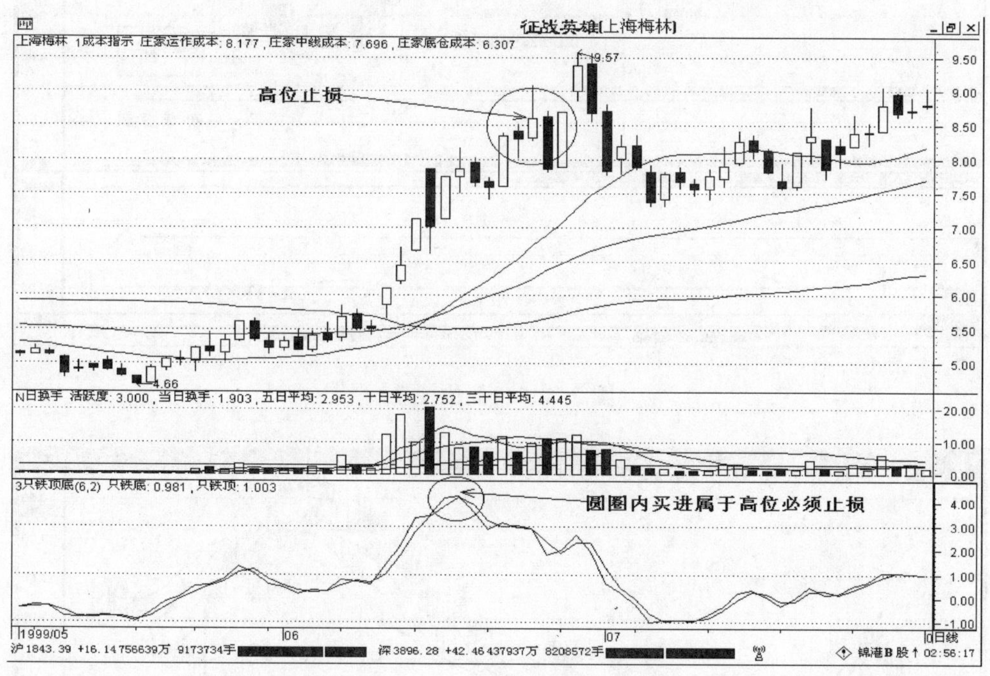

图 2-115　高位止损

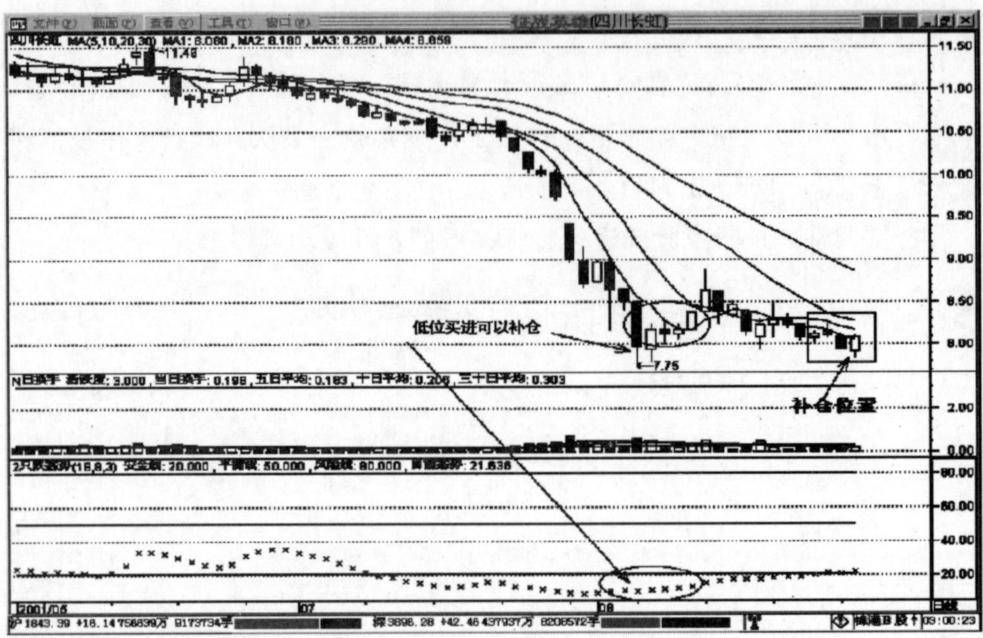

图 2-116 低位补仓

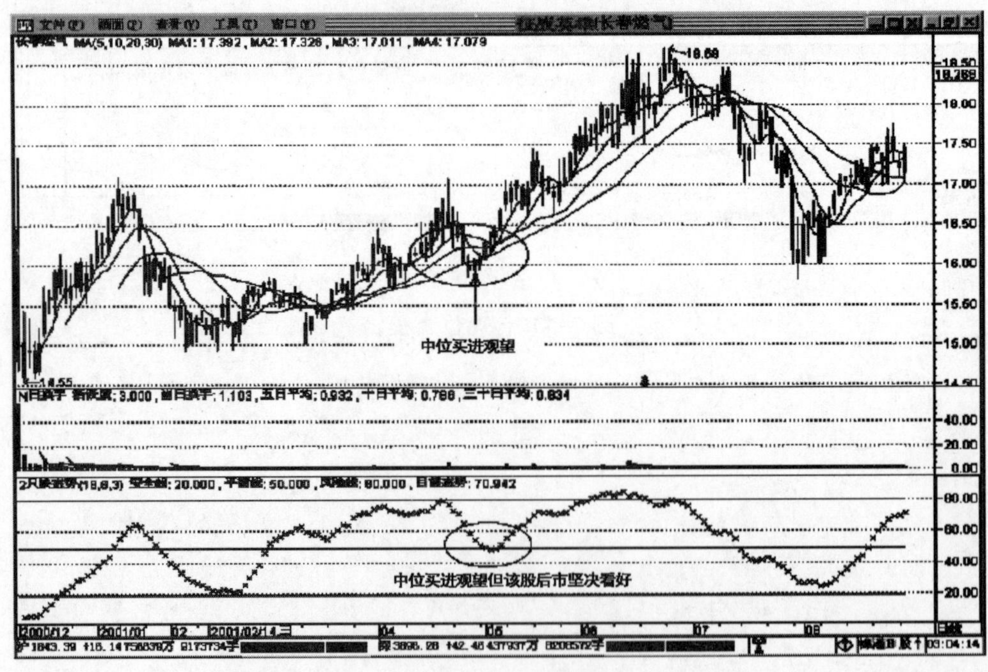

图 2-117 中位观望

6.常规战法之详细解剖

在大盘背景健康的前提下，目标股票3日均线带量上扬就初步具备了常规的短线参与价值。具体限定条件如下：

(1)3日均线朝上；

(2)股价涨幅大于3%；

(3)盘中量比放大到1倍以上；

(4)股价运行在日线、周线循环低位；

(5)成交量大于5日均量1.5倍以上；

(6)实战可于放量当日买进1/3仓位；

(7)若股价冲高回落既可获利出局也可在回落2天后补仓；

(8)该方法为常规捕捉黑马方法，其实战成功率为78%；

(9)若将目标股票的涨幅要求提高到8%以上，则其成功率马上可以提高到82%。

3日均线带量上扬是任何黑马展开攻击的特有技术特征，是庄家展开攻击行动无法掩饰的咽喉。但是，并非所有3日均线带量上扬的股票都是黑马，其中3日均线带量上扬的股票中有不少是黑熊。如果投资者仅仅只凭3日均线带量上扬就认定是黑马进行实战操作，是没有看懂常规战法所规范限定的条件，是一知半解的糟糕行为也是必须要注意纠正的使用误区。常规战法规范了九大实战操作条件，是一种非常严密的实战操作方法。我们可以肯定说，凡是逮到黑熊股票，一定是没有完全满足这九大限定条件。

下面用图例简要说明(图2-118～2-122)。

(1)深鸿基2002年6月20日盘口显示首次放量，且3日均线带量上扬；

(2)当日放量涨停扭转了下降趋势；

(3)当时深圳本地股正是热点；

(4)日线技术指标KDJ中位朝上；

(5)周KDJ低位金叉朝上，且同样是首次周放量；

(6)周 K 线已为中阳，5 周均线开始勾头朝上。

周线技术状态处于中低位，确保日线的 3 日均线带量上扬的安全性，且该股正处在热点板块之中，具有龙头迹象，其成功率将大大提高。

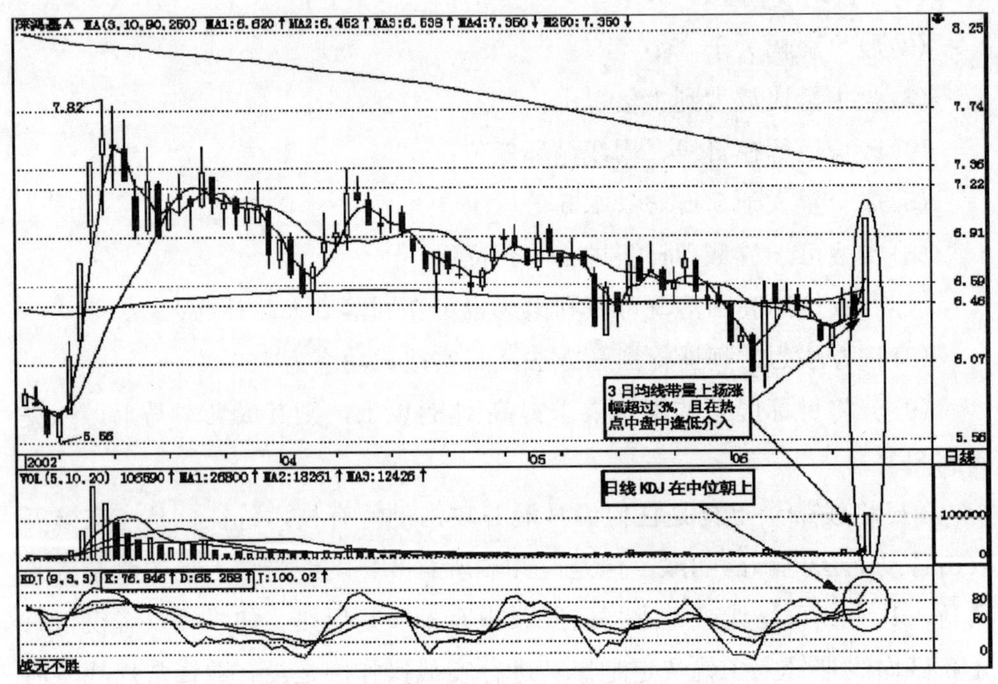

图 2-118 深鸿基 2002 年 6 月 20 日日线

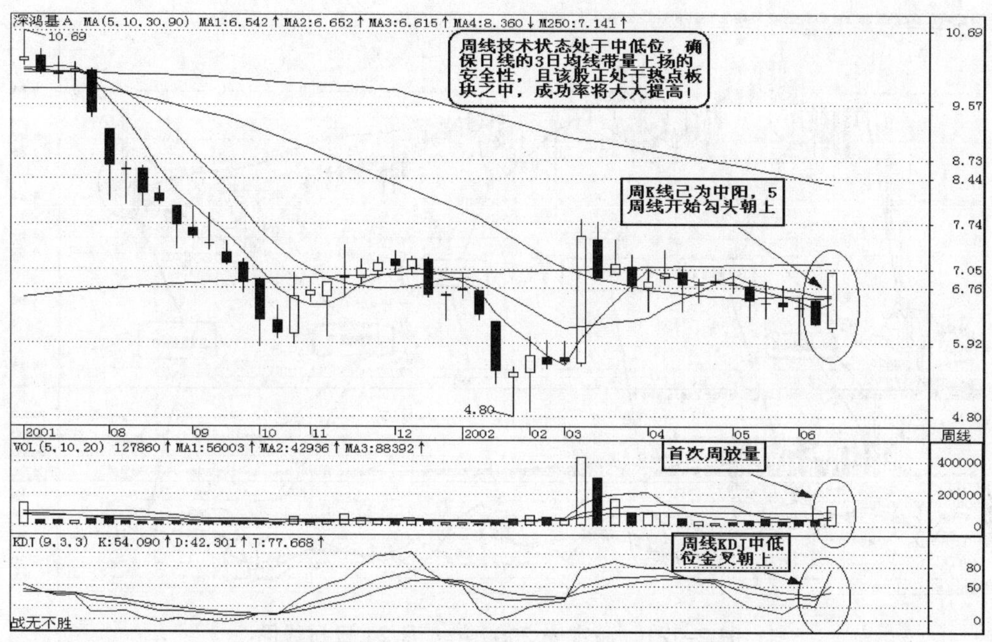

图 2-119　深鸿基 2002 年 6 月 20 日周线

图 2-120　深鸿基 2002 年 6 月 21 日日线图

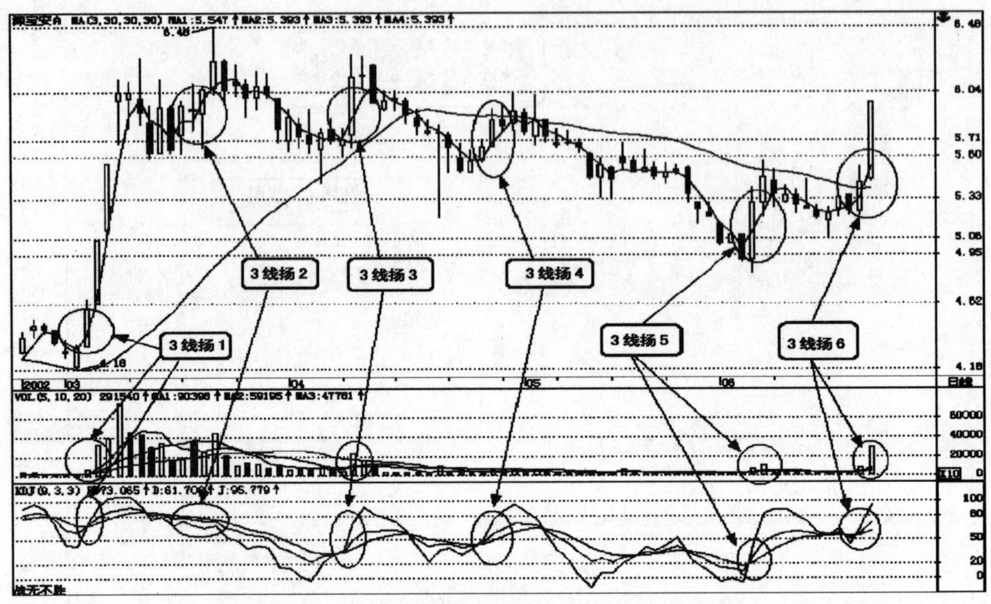

图 2-121　深宝安 2002 年 6 月 21 日日线图

图中“3 线扬”就是单纯的 3 日均线带量上扬的简单含义。

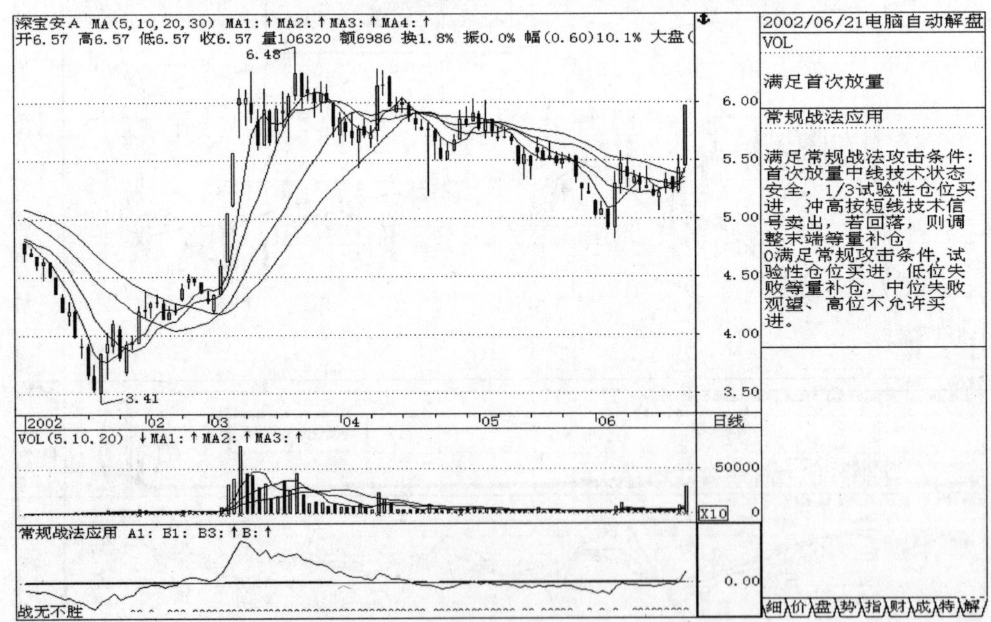

图 2-122　深宝安 2002 年 6 月 21 日周线图

按照常规战法的规范条件实战操作，3 线扬 1、3 线扬 5、3 线扬 6 是成功的介入点。而 3 线扬 2、3 线扬 3、3 线扬 4 却是容易导致亏损套牢的失败介入点。

成功与失败的根本区别，结合其周 K 线图的技术状态就容易找到其原因。

区域 1 的周线 KDJ 从低位金叉放量朝上，所以风险较小，区域 2 的周线 KDJ 已在高位，且周 KDJ 的 J 值从高位勾头朝下，所以风险较大，区域 3 的周线 KDJ 在低位，且从低位勾头朝上，所以风险也较小，区域 4 的周线 KDJ 从低位金叉放量朝上，且是热点中股票，风险同样也较小。

根据常规战法限定的实战技术要件，我们用《战无不胜》软件可以做到用电脑自动对大盘和个股进行自动解盘(图 2-123～2-126)。

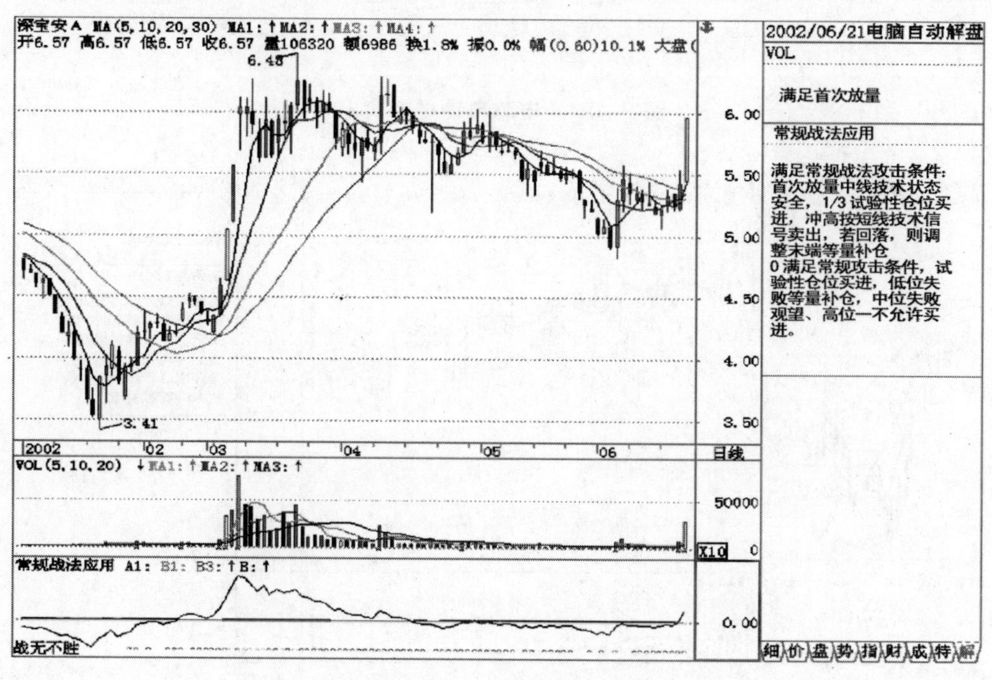

图 2-123 电脑自动提示买进

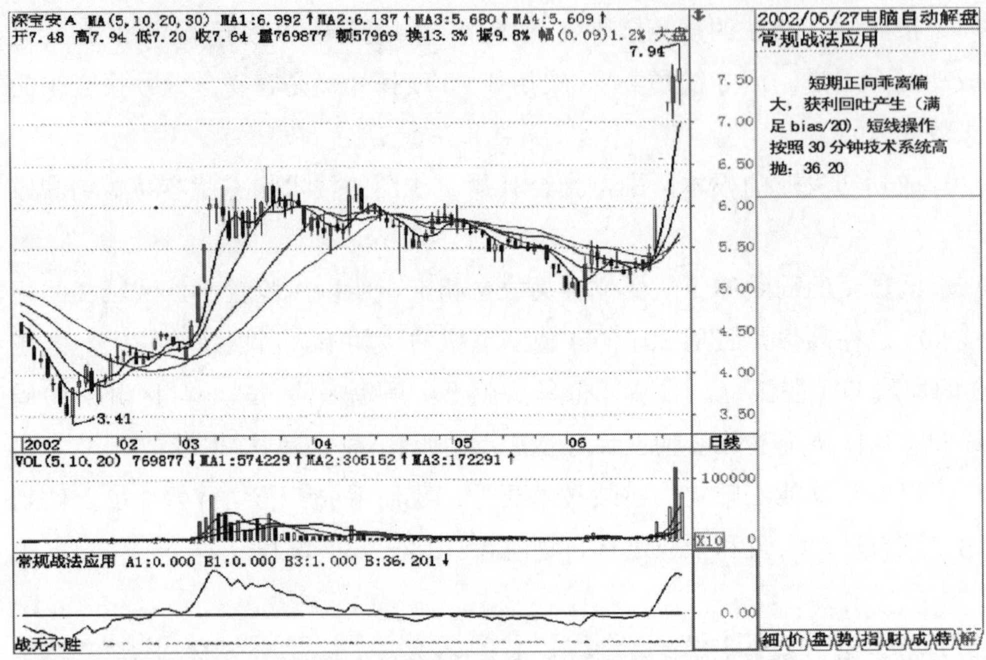

图 2-124　电脑自动提示卖出

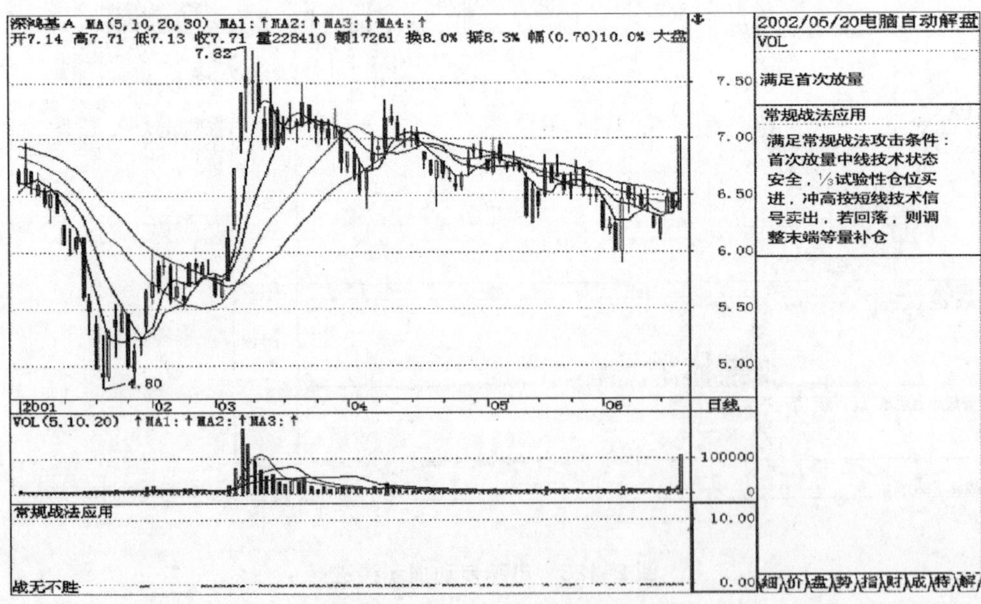

图 2-125　电脑自动提示买进

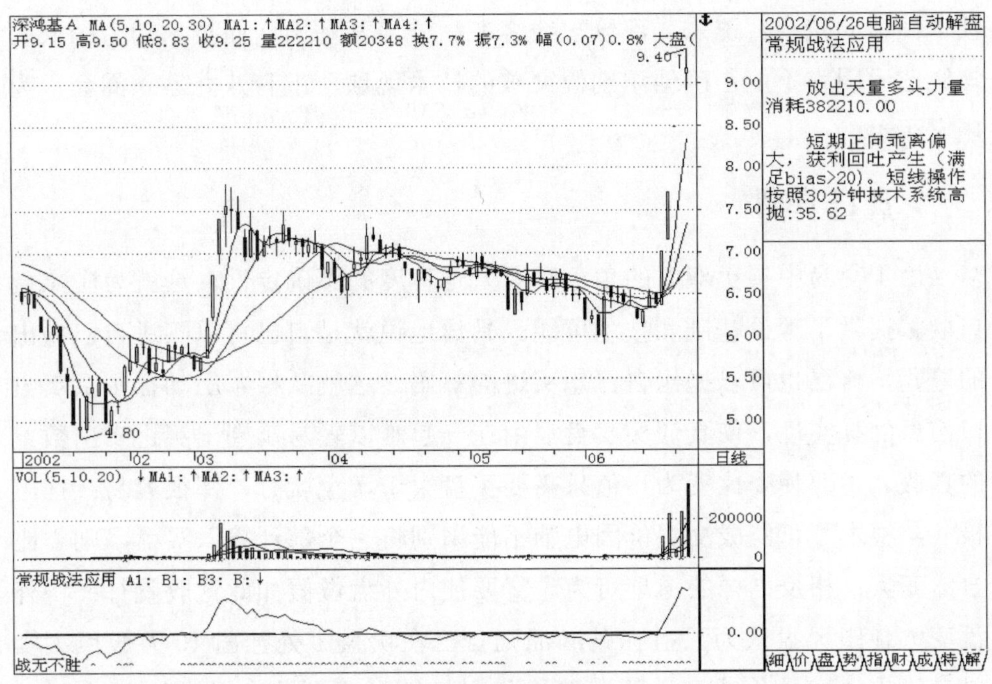

图 2-126　电脑自动提示卖出

(六)技术陷阱识别

精彩骗局解析：A、盘口真假，B、即时波动骗线，C、指标骗线，D、形态陷阱。

短线陷阱的有效识别直接攸关超级短线操作的成败，许多业余级别或职业而非专业的短线选手都在短线陷阱的面前马失前蹄，损失惨重！识别短线陷阱的技术功力直接决定着短线选手的专业境界。

短线陷阱的种类较多，这里我们着重讲解假突破陷阱并且规范到短线操作周期。现象：实时图上攻势凌厉，庄家大有不拉涨停不罢休的意味。专业素质较低的选手往往不能正确识别，其攻击行为的真假，而迫不及待地追涨进场，结果是当日就被套在山顶，掉入假突破的陷阱，痛苦不堪。原因：这样的股票往往运行在日线、分时或者实时图表系统的5浪或3浪尾段，庄家迫不及待拉高制造假突破陷阱的原因一般是为了出货或者进行技术性滚动减仓，诱杀一部分短线客在高位为其站岗。而技术功力稍低的短线选手因为不能正确地识别假突破的技术现象，十有八九落入圈套，为庄家买单。

1.盘口真假

由于交易中买卖双方的角色具有一定程度的不确定性，这就为庄家盘口欺骗提供了理论基础和技术可能。具体地说就是自己可以买进自己抛出的筹码，自己也可以抛出自己想买进的筹码。这就从根本上动摇了买卖盘口信息的真实性，使真假买卖盘混淆在一起难以轻易辨别出买进卖出数量的真假。①要使委比变为+值只需要买盘大于卖盘就行，那很容易：挂出极低，根本不可能成交买价因电脑不能识别将它全部计算入买盘，则委比自然变大；相反同样的道理可为。②要使内外盘做假如此这般就行：将外盘变大使跟风盘认为买盘强劲汹涌则自己在卖盘1处挂出10万股巨大卖单自己用该卖单价或高于该卖单价将它打掉则下面马上显示外盘成交10万股成交标记。这能很好的掩护庄家出货。这就是外盘大于内盘而股价却在下跌的真相。而散户及部分中小机构却始终也搞不明白为什么买盘大股价反而下跌；将内盘变大使跟风盘认为抛盘强劲凶猛则自己在买盘处分批埋下隐蔽性买单，具体数量庄家自己知道。庄家伺机在上档别人挂出的买盘十分稀少时全力用市价委托抛出巨大卖单10万股，该笔抛单全部被庄家自己埋下的隐蔽性买盘接走，而同时在下面盘口立即显示内盘成交10万股。这种手法能够很好地掩护庄家打压股价偷偷建仓。这就是内盘大于外盘股价却反而在上涨的真相。同样，这也是跟风盘始终也搞不明白的事情。总之除量比和均价线外，庄家对所有的盘口数据均能做假，这务必要引起我们的高度重视并学会设身处地的站在庄家的立场和角度进行细致的辨别。

2.正确辨别即时波动骗线

(1)理论突破：由于人类灵魂深处存在对不确定性问题的根本恐惧，因而庄家能够利用即时波动走势复杂多变的不确定性来迷惑投资者。但是只要我们对寻宝图所描述的股价运动循环阶段的位置有彻底而深刻的理解就能够识破所有的骗局，不为盘中股价即时波动的涨跌不定所迷惑而动摇自己的操作立场。

(2)只要股价处于第一阶段盘底的末期或第二阶段上涨的初中期则所有的即时盘中震荡最终都将演化为向上攻击，那么一时的震荡又算的了什么呢？只要股价处于第三阶段盘头阶段或第四阶段下跌阶段则所有的即时盘中震荡最终都将演化为向下攻击，那么即时的盘中高低震荡又怎能迷惑的了你呢？

(3)K线组合震荡骗线的识别：连续的即时震荡骗线将演化为K线组合的震荡骗线。庄家往往在即时盘中震荡达不到目的，完成不了洗盘震仓任务时使用。其识别方法同上，其股价震荡行为没有任何可怕和神秘可言。散户总是自己吓唬自己。如此揭露底牌，庄家会被气得吐血！

3.图表形态陷阱

繁复多变的市场中，高明的庄家已不满足于用指标骗线这种低级的技术技巧来达到自己操纵股价获利的目的了。它们往往在较为高级的图表形态上做文章，通过精心制造虚实图表形态骗局来蒙蔽、诱骗投资者。由于庄家进庄股票的目的是为了获利，因而它的市场行为必须考虑操作成本的大小。这就决定了庄家只能在操作成本较低的分时或日线形态上做文章、搞骗线。庄家不可能在成本巨大，耗时漫长的周线图表上做文章搞骗线。这是我们识别形态骗线的关键。所有日线图表形态的骗线均可以在周线图表中找到识别它破绽的答案。

1)日线图表形态中的假上升攻击形态骗线

某股票日线图表中所有的中短期均线系统均呈现漂亮的多头攻击性排列，而它的股价却在某日突然破位跳水，让普通投资者甚至部分股评家都看不懂。如1999年4月1日北京城乡600861当时大盘疲弱处于下降通道中运行，而该股却能顽强保持着多头排列进行向上攻击，其股价走势引起市场极大的关注。突然该股于4月1日大盘并无异常涨跌的情况下独自大幅跳水至跌停。当时所有的市场人士均大惑不解，都认为是庄家换庄。其实，事情非常简单，当时该股的30周均线正运行于股价循环运动第四阶段的下跌中，日线形态的上攻仅仅是反弹行情而已，并非该股已经独立走出牛市行情。4月1日它的股价突然大幅跳水仅仅是因为它的股价刚好遇到向下压制的30周均线，其下跌行为没有任何值得奇怪的地方。

2)日线图表形态中的向上假突破形态骗线

一只股票在大幅上升后经过一段时间的盘整，突然冲破前期高点在股价涨幅上好像已经形成了向上攻击的有效突破，新的升浪就要展开的气势，市场对它一片看好，许多中小机构也纷纷英勇跟进，而此时该股却辜负一切人的美好期望，义无返顾地向下跳水，走向寻找底部的不归之路，诱杀了所有愚蠢的跟风盘。如1999年6月30日东方明珠600832向上假突破，构筑多头陷阱演绎出迄今为止沪深两市最为精妙的不规则双头图表形态骗线。至此该股庄家在操盘最困难的进庄、出局环节上画上了完美的句号，其实战坐庄行为取得了空前成功。像该庄家这样的操盘水平在中国股市中没有几个机构能够做到。识别它的关键在“洞烛玄机”，关于庄家出货中有彻底的论述。该股假突破前的成交量组合表现极不规则也不见大幅萎缩，这表明了当时已有筹码大量溃退出逃。庄家利用当时市场对网络股的空前热情和媒体不负责任的瞎吹在正式出局前在600637广电股份上预演了假突破图表形态骗线并取得了预料中的成功。如此大规模板块股群的图表形态骗线只有顶尖水平的庄家才能运作完成。这样的股票坐庄是艺术，买进是享受，获利是自然，被套是活该(图2-127～2-130)。

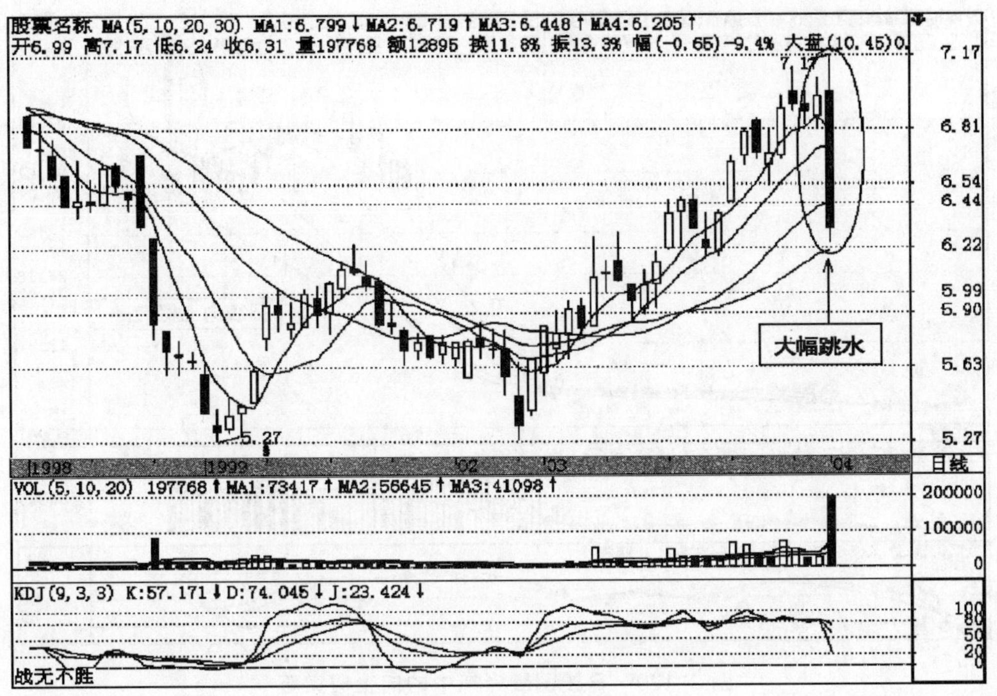

图 2-127　日线大幅跳水

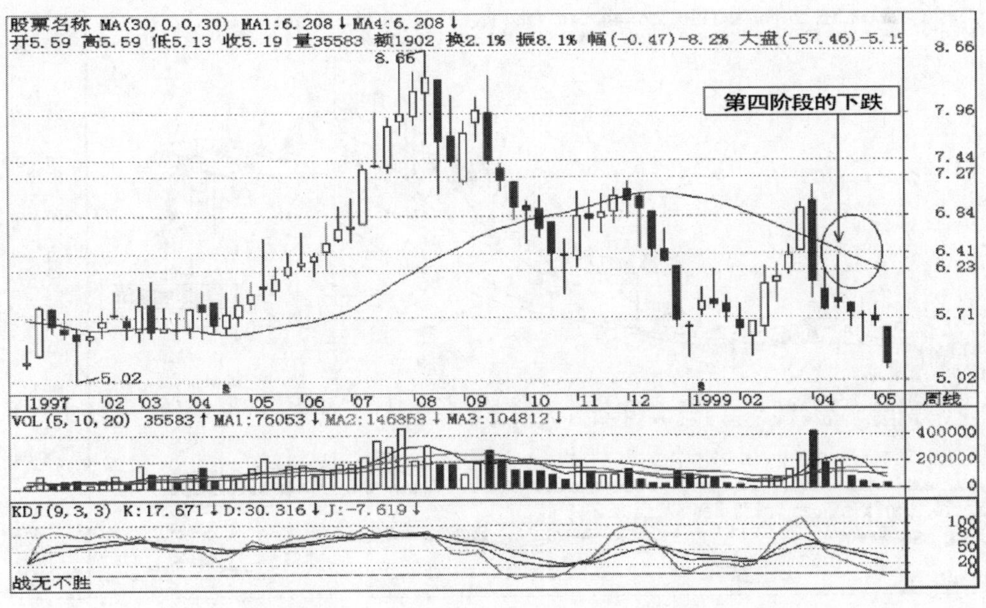

图 2-128　第四阶段下跌周线压制

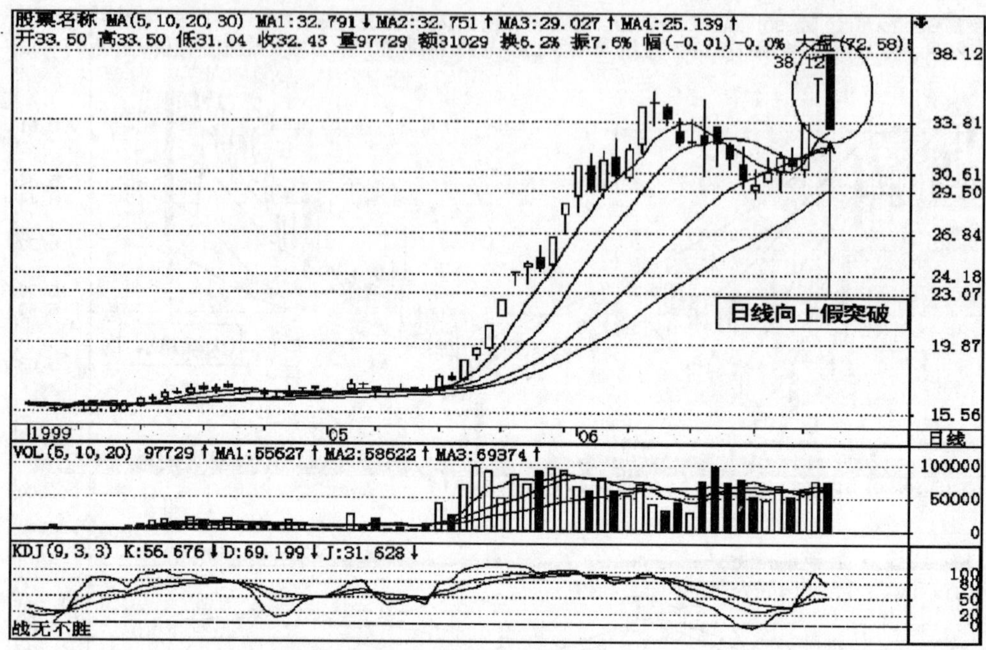

图 2-129 日线图表形态中的向上假突破

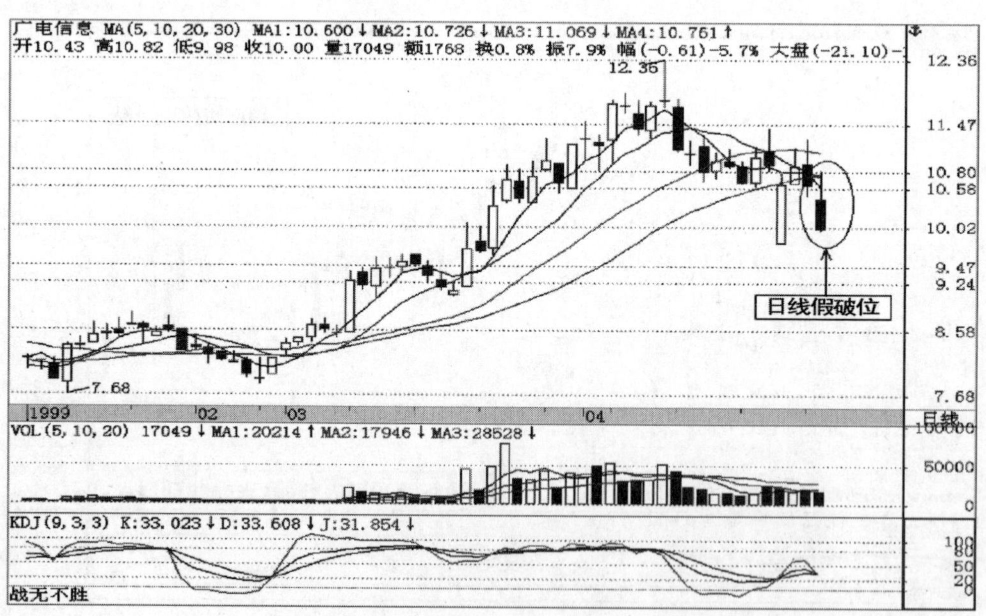

图 2-130 日线图表形态中的假破位向下

3)日线图表形态中的假破位向下突破形态骗线

一只上涨的股票在经历了一段时间的缩量盘整后突然无量下跌打破所有的重要日线技术关口形成非常难看的日线图表形态。如 600637 广电股份在 1999 年 5 月 18 日以前日线图表处于非常难看的状态，30 日均线——股价生命线被跌破好像变成为向上攻击的巨大上档压力线。此刻辨明该图表形态的真伪就关系巨大。以下两方面的内容将帮助我们解决这一问题，①该股的周线图表的 30 周均线的健康状况和技术指标的高低位置；②破位时和破位后成交量是否放大。30 周均线方向朝上、技术指标处于低位、成交量并没有放大表明了庄家并未出局，目前的破位是日线图表形态骗线是为新进庄家进场助庄作掩护。600637 广电股份就是这种情况。庄家后续再次向上攻击就只是时间和机会的问题了，一切不用怀疑和担心(图 2-131)。

其他周期的陷阱识别也非常简单，大家可以自己多体会。读者也可参看《铁血短线》一书有关技术骗线章节。

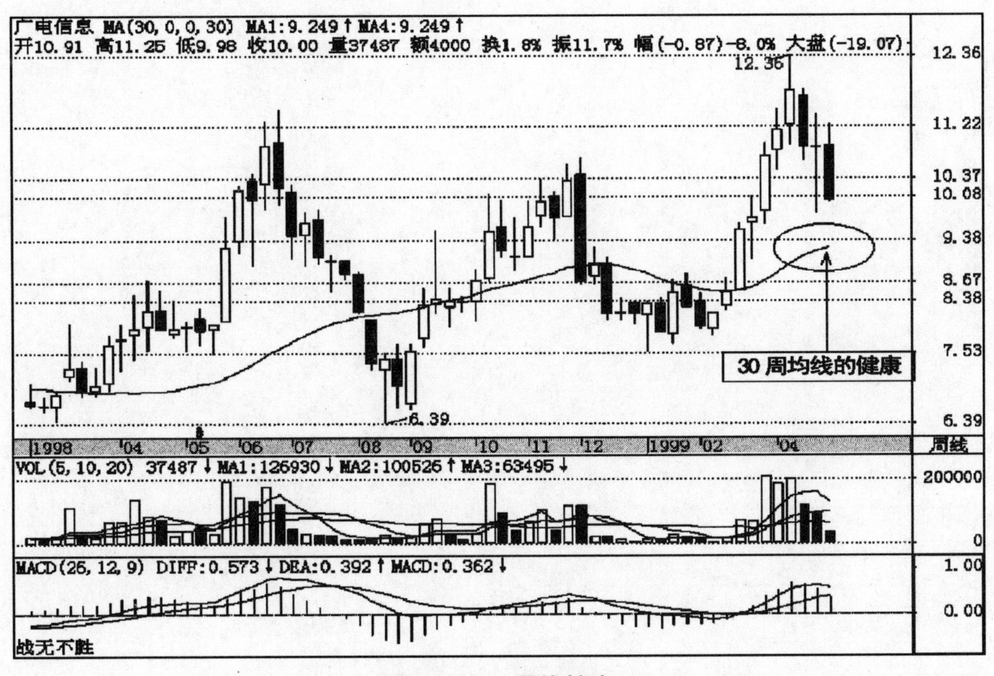

图 2-131　周线健康

—— 下篇 ——

天人合一

引 子

从图 3-1，我们可以清楚地看到，通向投资成功的正确道路只有一条，相反通向投资失败的道路却有许多条。

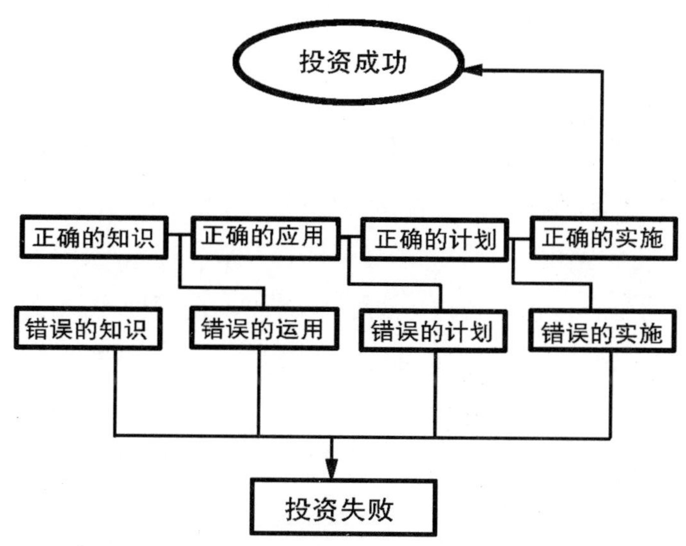

那么多个环节只有唯一一条道路通到投资成功，其他道路毫无例外地导致投资失败

图 3-1　投资成功线路图

投资成功：投资成功指的是投资者长久、稳定、持续地在市场中获利。投资成功，着重指的是累计操作的高质量、高胜率，而不单局限在每次操作盈亏这个现实的概念层面。偶然的凭运气获利，不在我们界定的投资成功的范围之内。

投资失败：除了包含通常的亏损概念之外，投资失败还包含着被市场彻底淘汰出局，永远失去再进场搏杀的机会，以及不按照既定的技术体系执行操作计划获利或失败这些情况。

从以上逻辑关系可以看出，要取得投资的成功，首先要求投资者必须掌握相关的正确的投资知识。从目前的情况看，许多投资者第一个环节就没有真正过关，他们不是一知半解地学了点知识，就是所学的知识本来就是错误的。如此，投资失败自然成为必然的结果。因此，我们说股市最大的陷阱是自己的无知！要投资先求知！

其次，在掌握了正确知识的前提下，投资者还要能够正确地运用相关知识对市场的各种情况进行正确的分析、研判。实际的情况是，不少人虽然掌握了正确的投资知识，却未必能够正确地运用来对市场进行正确的分析研判。得出正确的分析研判结果使我们朝投资成功又迈进了一步，而错误的结果将直接导致投资失败。

再次，是根据正确的分析、研判结果制订详尽、正确而科学的操作计划。操作计划制定的错误，将直接导致投资失败。

最后，正确地实施已经制订好了的操作计划。错误地实施操作计划，同样将导致功亏一篑、投资失败的悲哀局面。正确地实施操作计划将导致投资成功的完满结果。当然专业投资者对自己每一次的投资行为，无论是失败的教训，还是成功的经验都将进行认真、细致的总结，不断提高自己投资的实战功力，真正达到高超的专业投资境界(图 3-1)。

一、投资成功的实战要件

专业交易实战控制如图 3-2 所示。

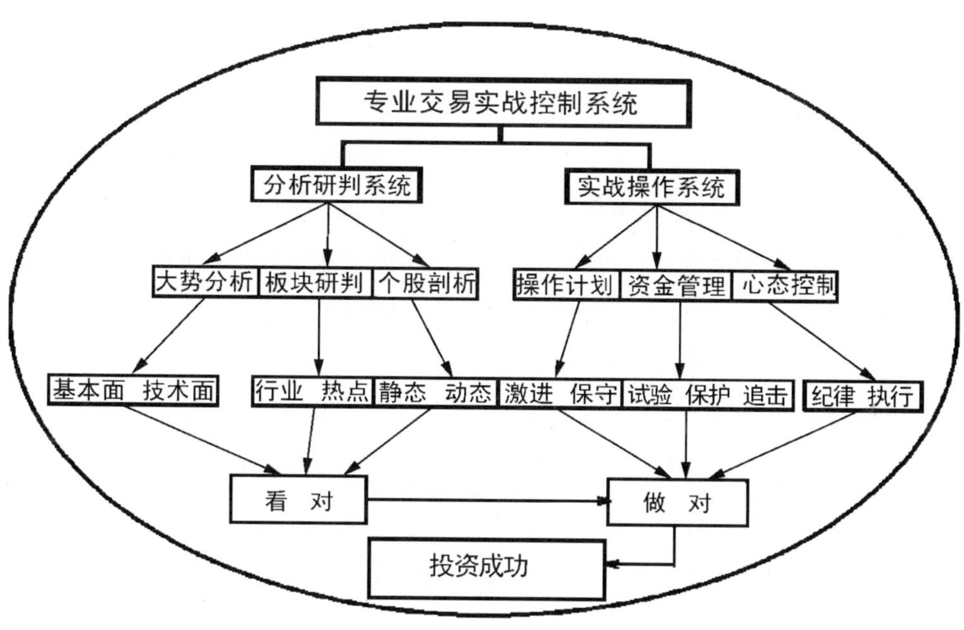

图 3-2 专业交易实战控制总图

（一）看对

看对的概念：看对属于分析研判认知体系，指的是对于市场运动的各种情况及其变化能够得出正确的分析研判结论。看对是做对的基础，投资者只有在总体概率能够看对的前提下，才有可能长久、稳定、持续地在实战操作中去做对。

看对的概念不仅是指结果的正确。它还包含和要求着完整的分析研判环节和过程的正确。也就是，首先要掌握正确的知识，其次是要运用正确的知识进行正确的分析研判（分析研判的内容包含大盘背景机会、板块热点机会、目标个股机会）等环节。其中如果有任何一个环节出现错误，都会给全局的看对带来失败的影响。只有完整的全环节、全过程意义上的看对才能使投资者达到真正稳定长久，不是凭运气偶尔的蒙对。

（二）做对

做对的概念：做对属于实战操作行为体系，指的是正确地执行根据分析研判系统制定出的投资计划，科学地进行资金管理和严格地进行心态控制！对这三个方面的要求可以简单地归结为：做对要求的是专业投资者以最果断的决心、最快的反应速度，毫无条件地执行自己技术系统发出的各种操作信号！投资者只有在总体概率能够做对的前提下，才有可能长久、稳定、持续地在实战操作中取得投资的成功。

做对的概念也不仅仅是指结果的正确。它同样也包含和要求着完整的实战操作环节和过程的正确。也就是，首先需要正确的看对，其次是制定正确的操作计划、进行科学的资金管理、严格的心态控制，最后是严格执行已经制定的操作计划等环节。只有完整的全环节、全过程意义上的做对才能使投资者达到真正稳定长久的做对，而不是凭运气好偶尔的蒙对(图3-3)。

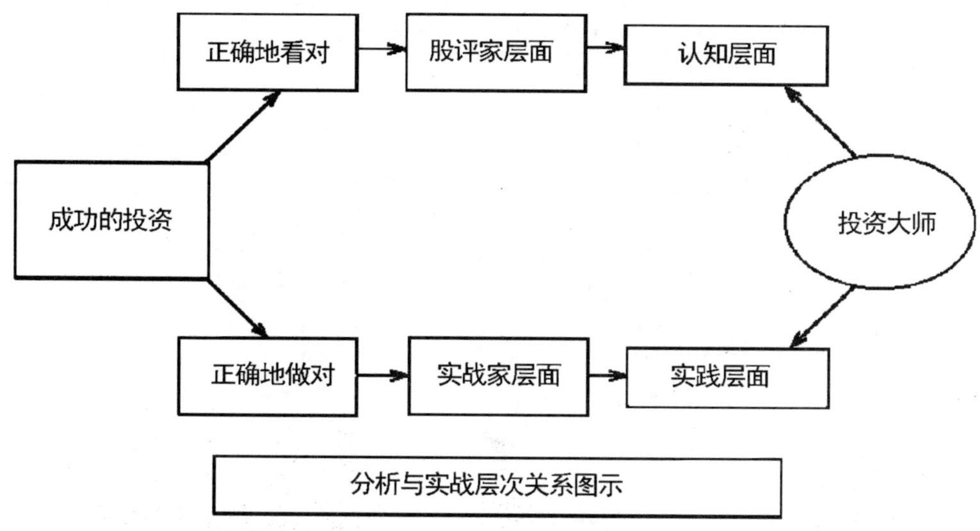

图 3-3 分析和实战的区别

（三）看对与做对

如图 3-4 逻辑关系图示清楚揭示，看对仅仅属于分析研判范畴，距离真正的投资成功还有着做对这个巨大的鸿沟！股评家、分析家、理论家们仅仅在分析研判的认知领域里活动，而专业实战家必须在分析研判和实战操作认知和实践两个世界同时搏杀。由此，股评家、分析家、理论家与专业实战家素质、能力要求之高下立即得以区别。

显然专业实战投资家肩负着比股评价、分析家、理论家更加艰巨而繁重的任务。股评价、分析家、理论家们满足于能够在分析研判认知领域的看对就算大功告成，沾沾自喜。殊不知、看对和实战投资成功之间还有着漫长的鸿沟需要艰难的跨越。某些津津乐道甚至仅仅满足于看对的人可能正是无法跨越这个鸿沟、距离投资成功最遥远的人。津津乐道于自己的看对也许正是对他们投资失败最好的掩饰。

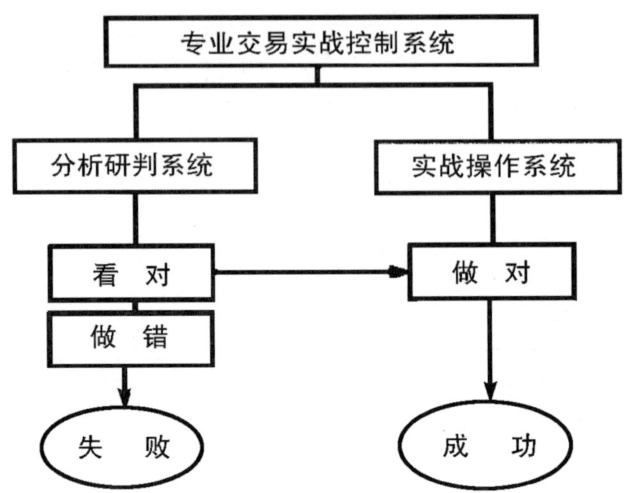

图 3-4 看对与做对

从某种意义上说，对于专业投资家而言，做对是比看对更加重要的环节。看对不等于做对！看对了也未必能够做对！而做对，则是投资成功要求的充分必要条件！既能看对又能做对，真正做到与市场主导力量和谐共振是专业投资实战高手追求的大境界。

专业投资价值观：衡量专业投资选手对错的标准并不以获利为唯一判据。其是否坚持按照正确的市场规律进退，坚定不移地执行自己制定的操作计划、严格按照技术系统提示的信号进行实战买卖操作、并誓死捍卫自己的操作纪律，是比获利更加重要的标准。在临盘实战中，既不允许专业投资者出现技术信号后犹豫、观望，更不允许在没有技术信号出现时自作主张、轻举妄动随意展开临盘操作。可以绝对肯定地说，投资者所有的失败都是因为没有严格按照技术系统提示的信号进行买卖操作的结果。灵机一动、盲目、随意、技术依据不充分的买卖操作是投资失败的根本原因（图 3-4）！

二、专业境界的具备过程

任何一件事情的成功程序都是：①学好：完整、系统、深刻地掌握正确的必备知识体系；②练好：彻底地把这些知识转化为自己的实战能力，这需要残酷的科学训练；③做好：用铁血的纪律控制人性的弱点，把实战操作计划完整地贯彻下去，使成功成为必然。在下文部分我们将详细剖析学、练、做的具体层次(图 3-5)。

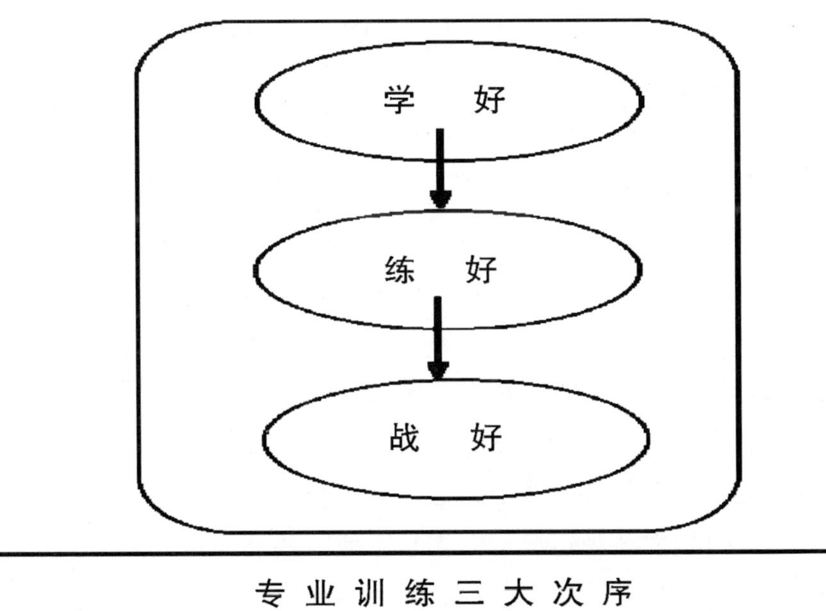

专 业 训 练 三 大 次 序

图 3-5 专业训练三次序

（一）学：学过、学会、学好、学精

对已有经典知识的学习，是展开一切其他工作的第一基础。而整个学习过程是一个有境界有层次的问题。学习的层次具体分为：

学过：跑马观花、浮光掠影、一知半解、断章取义、自以为是、拿着鸡毛当令箭等体现出自作聪明的浮躁，一般人大多都局限在这个层次。结果是半懂不懂，在实战中付出惨痛代价，恶果甚于一点都不懂。这是一种最可怕的状况。胡乱的学习不如不学习！愚蠢的思考不如不思考！危害自己，糟蹋圣贤。

学会：老老实实把相关知识要点都进行了系统的学习、研究，花功夫记住了需要记住的知识要点，并基本做到完整、正确。但是，没有对相关知识要点的各种变化进行认真、仔细的推演，只满足于知道要点，并能简单使用要点的程度，对经典思想的消化不彻底，并且没有和自己原有的相关知识形成整体，甚至产生一定的冲突或矛盾，知识结构的整合没有达到和谐的境界，实战应用产生这样那样的问题。

学好：首先要求的是完整、正确、深刻地掌握关于市场的相关知识。开始学习的时候切记心态必须归零，道一相生。对自己负责，踏实、勤奋、认真，真正弄懂、弄透，对于基本概念更是要反复落实、掌握。在已经掌握全部知识要点的情况下，对重要的关键点的各种变化应用还进行了详尽、认真的研究。在实战中，能够很好地把相关的知识进行成功使用。

学精：心态归零，在已经学好的前提下，苦心孤诣、精心研究，并对相关的思想内涵、知识体系都非常精通，并且有自己独特的深入体会。在实战中，对千变万化的各种情况了如指掌、使用效果出神入化，实战境界炉火纯青，几近得道！

（二）练：练过、练会、练好、练精

科学而严格的训练是熟练掌握相关知识要点、提高专业实战技术功力的唯一办法。具体可以分为模拟训练和实战训练。其层次同样按照：练过、练会、练好、练精划分，其意义与学过、学会、学好、学精相似。

虽然模拟高手绝对不等于实战高手，但是，我们可以绝对肯定地说不是一个模拟高手的人绝对不会是实战高手。轻视专业化模拟训练的人在股票市场很多，甚至有的书上还信誓旦旦地否定专业化模拟训练的巨大作用。其实，这是一个很简单的问题。学校读书，如果一个老师只教你教材不让你做习题就让你去参加升学考试，这个老师一定有病；如果一个拳击教练不让拳击运动员进行平时训练，直接就让他去参加世界拳王争霸赛，那么，这个运动员不被对手揍死是因为老天的保佑。结果运动员没被对手揍死，教练员恐怕也会被运动员揍死！

模拟训练除了成功投资的心理训练这一环之外，在资金管理能力、积累分析功力以及自己交易系统的完善上都有着巨大作用。模拟训练是提高技术能力、熟练掌握相关知识点的最有效办法。同时，还能够在投资者不具备起码的专业水平的时候，最大限度地减小无谓的伤亡！沙盘模拟反复演练在有利、平和、不利、恶劣等不同条件下的各种战术方法应用。只有在模拟训练的成功率达到80%以上后，才可以同时以最小单位的实盘资金配合进行模拟、实战双向训练。直到彻底掌握8大经典战术方法。在整个训练过程中，通过对成功经验与失败教训反复不断地总结形成并彻底完善自己的实战交易系统。

记住，不是模拟高手、就绝对不能成为实战高手！那些轻视模拟训练，盲目否定模拟训练在专业选手成长道路上巨大作用的人，究其原因，不是从未肩负过大资金的安全使命，就是故意在谋财害命，或者说他自己本来就是傻瓜！试想，如果军队的首长平时不让部队的官兵刻苦训练杀敌本领，就让士兵真刀真枪的上战场和敌人生死相搏，那不是去白白送命，甚至危及国家的安危、民族的存亡吗?!

股市是战场、资金就是士兵。平时多流汗(训练)、战时少流血(割肉)。真正的专业战士爱兵如子、爱资金如子！

具体的专业化训练方法可以采用适应性训练、常规性训练、密集性训练和残酷的超越极限特种训练以及冥想训练。

（三）做：做过、做会、做好、做精

只有在彻底学好、学精、充分练好、练精并由此形成了个性化实战交易系统的投资者，才能真正在腥风血雨、残酷无情的股票市场做好、做精！股市是战场，只有也唯有平时多流汗训练、战时才能少流血、少割肉！只有经过残酷的训练，才能彻底把各种实战操作能力转化为自己的专业本能！

学好、练好、战好是专业成长道路的唯一捷径，也是残酷血战教训中换来的宝贵经验，百倍的珍惜吧。任何想要成为真正专业高手的人都绝对无法逾越这个成长的次序，一切不劳而获的幻想都是徒劳！只有真正掌握专业本领才能在残酷的实战具备必胜的信心。珍惜自己的资金、珍惜自己的信心就如同珍惜自己的生命！不要愚蠢地在市场上被教训得灰头土脸、信心全无如丧家之犬的时候，才恍然大悟！

宝剑锋从磨砺出，梅花香自苦寒来。千古传诵，卖油翁熟能生巧是人人都耳熟能详的故事。只要你愿意花费常人不愿意花费的功夫，吃人家不能吃的苦头，日积月累地来对股价运行的各种经典波动模式反复揣摩，日思夜想那么你进行投资活动的成就肯定就能够远远超越于常人(图 3-6)！

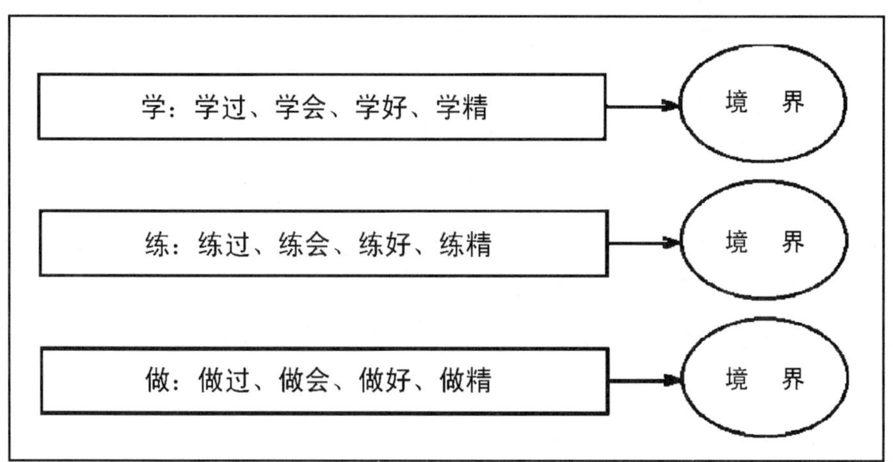

图 3-6　学、练、做及境界

（四）专业投资艺术——境界

专业化的实战交易系统是投资操作管理体系的核心内容。投资者对于知识的学习、能力的训练，其最终目的都是为改进、完善、建立属于自己的有个人风格的专业化实战交易系统，彻底把知识、能力、定型的本能转化为有效的战斗力。这个范畴属于是投资管理体系的硬件也是投资成功的外家功夫，而专业的心理控制、专业的资金管理艺术则属于投资管理的软件也是投资成功的内家功夫范畴。这些内外功夫的有效整合最终就成为一种由专业素质构成的专业实战境界。而专业投资艺术的高超境界的真正达成需要投资者从自己人生、哲学、科学、品位、修养等这些最根本的环节全方位锤炼和提高……

（五）如何在学习过程中少走弯路

一件事情成功的程序是：

(1)学好，完整、全面、系统、深刻地掌握正确的必备知识体系。

(2)练好，彻底地把这些知识转化为自己的能力，这需要残酷的科学训练。

(3)做好，用铁血的纪律，把实战操作计划完整地贯彻下去，成功成为必然。

第一、第二两个环节是阻碍许多人成功的原因，也是导致失败的根本。仔细体会这段话，你就知道自己应该怎么去走自己成功之路了！每个企望成就的人，生命中都必然经历自己的长征！任何灰心丧气都将使你告别辉煌，生命的路途上没有谁能阻挡你成功！

以上这段话是只铁老师的原文，列在文章的开头是因为如果你真正理解了只铁老师这段话，并认真地去做，就一定能够成功。

写这篇文章是因为在军校学习有一个半月之多，收获真的自我感觉是很大，在这里想把自己所学所想说一说，另外，在军校里也看到很多战友在实战中出现亏损，心里也不是滋味，自己以前走了很多的弯路，虽然目前可能也还在走，但一些经验或教训或方法还是应该跟战友们一起分享交流。这样，也许能够让战友们在实战中少一些无谓的损失吧。当然，声明一点：我个人水平有限，仅供参考。

首先谈谈学好的问题吧。其实大多数战友的亏损是与经验不足有关，比如追涨停，什么样的涨停可以追，什么样的涨停不可以追，不知道。但很多战友就是去追，不涨停不买。而最终的结果往往是止损出局。陈江挺的《炒股的智慧》一书中说要做到一个成功的投资者要花六年的时间，当然，实际上如果真的用功用心去研究股票，也许两年就可以成功。而我们很多战友在股市里的时间太短，大风大浪见识的少，有时候在高手眼里很简单的问题在我们眼里就是不明白。就拿我自己来说，虽说炒了六年股，但真正用心学我现在只敢说是进只铁军校后的这一个半月是真正做到了用心学，很是后悔以前耽误了太多太多的时间。所以我也非常羡慕那些年轻的战友，你们真是幸运，能够这么早就得到只铁老师的指点。只铁老师的《新短线英雄》一书也说了这不是一本技术分析的入门的书，所以在全面学习只铁老师的理论之前，认真研读一本专业的技术分析书，也是一件非常必要的事情。只铁老师推荐的《股票操作学》应是一本很好的书，另外，我觉得《日本蜡烛图技术》也不错。不管怎么样，我们应该懂得基本的K线形态，趋势形态，阻力/支撑，周期等多方面的基础知识，因为，这是正确的必备知识体系，必须完整、全面、系统、深刻地掌握。

至于学习方法，我觉得现在科技发达了还真是好，以前的人都要在纸上画K线，用笔来算指标，现在随便一个什么行情交易系统都提供了完整的历史K线数据，指标更是自动实现，所以我们真的是很幸运，省了大量这样繁琐的事情了。有了这些好的东西，我觉得一个好的学习方法是：比如说你看中一只股票，认为它能涨，但实际上你并没有它真的一定能涨的十足的把握，这时候最好的办法就是把它的即时走势、K线、分时等图表等都用抓图软件保存下来(我使用的是HyperSnap，杨文涌战友教我的，真的非常感激他)，保存下来之后，经常回头来翻看(用ACDSEE软件可以方便的翻看)，想想自己当时是如何考虑的，该股票最后是不是同我的想法一样，为什么一样，为什么不一样，如果自己错了，错在哪里，等等。这样坚持做下来，会非常有收获，真的。不信你试一试。

再来谈练好。练好包括两个方面，一是模拟的练好，二是实战的练好。我以前不看重模拟，但现在改变观念了，一个好的实战高手一定是一个模拟高手，反过来，如果模拟都做不好，实战就更不用说了。把模拟当成实盘来做，认真地思考，认真的总结，更重要的是认真的计划，计划你的交易，然后交易你的计划——炒股就这么简单。对于一个在股市中没有太多经验的人来说，先做好模拟实在是太重要了，不然的话，一上来就实战，面对真正的亏损，心理不过关的投资者压力会非常大，从而影响自己的判断，不能形成正确的计划，一错再错，真的很可怕。模拟的规范不用我说了，沙盘模拟栏目里很清楚。而模拟实际上也是更进一步的学习过程。实战过程中应该从以自己最熟悉的、最有把握获利的交易系统来进行操作，如果没有一套交易系统，你应该回到第一步去学去练。先练一种稳定获利的能力，练好了，再拿到实战中来不断地验证，总结成为自己进一步稳定获利的交易系统。然后不停往复。

如果能够认真地、持之以恒地做好了学好和练好两个环节，第三个环节做好实际上变得就轻松多了，其实在学好、练好的过程之中，也同时在锻炼着做好的能力。炒股最终就是炒心，有良好的心态，严格的纪律，好的资金管理，成功是自然的事情。

以上根据自己想法写出来的东西，供大家参考。更重要的是，在成功路上，任何人都替代不了你自己。刻苦训练、深刻领悟、忍受常人不能忍受的痛苦是成为专业短线高手的唯一途径，绝对没有第二种方法。
只铁老师常说的就是：天助自助者，福追有心人！

让我们一起努力吧！

——选摘自“只铁股票实战初级军校”赵晓涛同学的文章

（六）个人成长的七个阶段

一般人学好、练好、战好的过程将经历七个阶段：

第一阶段：刚看书的时候很新鲜，囫囵吞枣的把知识装进脑子，根本提不出问题来。

第二阶段：大致看了一个月书之后很得意，觉得自己都懂了，没问题了。

第三阶段：一旦实盘操作尽出错，才知道远不是自己认为的那么回事，找原因再看书，方感觉书中精妙。

第四阶段：看书中的一句话可以产生出几个问题，而每一个问题还有各种答案，书中却没有现成的标准答案，思维又进入了混乱状态。

第五阶段：操作变得非常胆小、很教条，每一个操作行为都要从书中找依据。

第六阶段：带着问题操作，通过操作解决问题，所有的疑惑在实战中去一一解决，更深层次的领悟知识，终于建立、健全了自己的两大体系并开始浪迹股市。

第七阶段：融会贯通，大道若简，知识消化了、能力提高了、境界达成了，真正明白股市很简单，炒股原来很轻松，笑面人生、快乐股市。

前五个阶段是本人的亲身体验啊，而且我正处于4~5这个阶段，非常艰难痛苦的阶段，心中无限的感慨，有道是："路茫茫其修远兮，吾将上下而求索"！后两阶段是我的推测，可能有点想当然了。我相信我和将投资视为生命的投资者能用亲身的经历圆满股票投资的七阶段。"七"是代表功德圆满的数字，坚持到底就是胜利。

——选摘自"只铁股票实战初级军校"黄睿同学的文章

（七）读书心得和投资训练计划书

昨天带蹦蹦去弹钢琴，偶遇一个3岁的小女孩，看着她坐在琴凳上目不斜视、对外界的喧嚣的那副无动于衷、又极其认真的弹琴的样子，任你是谁也想不到只有3周岁的小孩子会那么的专心、专注、专情于她手中的琴键，技巧娴熟，曲调悠扬。

于是我们都很羡慕的询问孩子的母亲，何以将孩子训练的如此有素？要知道弹钢琴是一件很枯燥、需要很大耐力的工作。她母亲的回答让我们所有的人都很惊愕，她说：她对孩子就像军训一样残酷，训练孩子每天要在琴凳上坐满两个小时；弹琴期间，中途不许喝水、去卫生间、溜号、说话、打瞌睡；眼睛不可以离开书；手不可以离开琴键；孩子开始非常烦躁不安，哭、闹、撕、打等等，反正可以用的招数孩子都用了，但是却不能撼动母亲的半点意志。相反，和孩子对抗的过程中，妈妈将孩子的掐的满目苍夷，让人惨不忍睹。这样的训练大约不到两个月，小孩子就不再与妈妈对抗了，因为她弄明白了一个道理：那就是要想把事情做好，必须专心、专情、专注，那是她必须做好的事，没任何商量的余地。

其实作为一个母亲，她是挑战了一个小孩子所能承受的极限。两个小时一动不许动，对于一个宝宝来说，无论从心理、意志、情绪、还是身体的各个方面都是一个不小的挑战，如能坚持不懈地做下去，则必将对她的人生产生深远的影响，这样军事化般的管理，使孩子日后做事没有了痛苦的感觉，却也并非流于机械，娴熟的技巧带来了掌声和鼓励，结果，使得孩子的自信心和自豪感得到了极大的张扬，那却是不可多得的精神财富。而专心的结果就是专业，专注的过程中孩子的琴技也进步极其迅速，相反，做完事后的轻松也让她有了更多的时间去玩自己喜欢的游戏，心理却没了负担，她已经乐于接受了。

这件小事对我的触动很大，使我对先生的理论体系的领悟有了更加深入的理解，纵览全局要从大处着眼，小处着手，展开来会更加紧密，环环相扣，疏漏就会递减很多。没有规矩难成方圆，而只有专心，才能达到专业。想做到专业则必须经历严格刻苦的训练方能构架起自己的操作体系，这和先生所说的：欲成非常之功，必待非常之人，恰有异曲同工之妙。那么我就在想，我们学习和研究先生的书时，就不光要有一个科学严谨的学习态度，还要学会科学系统化的管理自己，做到用专业化的思想去指导规范自己的专业化的投资操作，只赚自己有把握的钱，看书要杜绝泛泛而读后的浮躁心态，这样也能避免流于眼高手低的肤浅。

下面是我抄《短线英雄》第一章后，给自己做的投资训练计划书，计划书中没有加入对热点板块和龙头板块的研判方法，是原由我自己对此还没有深刻领悟，留待日后的刻苦学习和逐步完善。因为毕竟只有一章的心得，疏漏和肤浅在所难免，还请先生和同学们给予指正和鼓励。

投资训练计划书

深刻领悟：对大盘走势分析研判的正确是能够展开正确操作的第一前提。

1.对大盘分析研判的步骤

1)趋势：看大盘所处的位置(攻击、横盘震荡、下跌)；

2)K 线状态：大盘的各个不同周期的 K 线状态(方向、时间、角度，要理解大周期制约小周期，明白位置是临盘操作的关键)；

①月线研判

②周线研判

③日线研判

④分时研判(开盘价、最高价、最低价，收盘价，和昨天的收盘价、最高价、最低价进行横向的比对，尤其注意盘中高低点对股价后续走势的影响，仔细琢磨，认真体会，这样只有多看多背，才能形成条件反射，目前是我最薄弱的环节，须努力加强)

3)技术指标的位置的研判：大盘的 KDJ、RSI

①月线研判：KDJ，和 RSI 的位置

②周线研判：KDJ，和 RSI 的位置

③日线研判：KDJ，和 RSI 的位置

④分时研判(目前是我最薄弱的环节)

4)看量能变化对大盘未来走势的推进和制约作用

我们可以把大盘看成是一只股票，仔细演习大盘在穿越不同的利益集团——也就是不同的均价线时是如何利用 K 线的状态和量能来完成攻击和撤退的

2.对个股分析研判的步骤

1)趋势：看个股所处的位置(攻击、横盘振荡、下跌)

2)K 线状态：个股的各个不同周期的 K 线状态(方向、时间、角度)，要理解大周期制约小周期，明白位置是临盘操作的关键

①月线研判

②周线研判

③日线研判

④分时研判(开盘价、最高价、最低价、收盘价)；和昨天的收盘价、最高价、最低价进行横向的比对，尤其注意盘中高低点对股价后续走势的影响，仔细演习，认真体会，这样只有多看多背，才能形成条件反射，目前是我最薄弱的环节，努力加强。

3)技术指标的位置的研判：个股的 KDJ、RSI

①月线研判：KDJ，和 RSI 的位置

②周线研判：KDJ，和 RSI 的位置

③日线研判：KDJ，和 RSI 的位置

④分时研判(目前是我最薄弱的环节)

4)看个股的量能变化对股价未来走势的推进和制约作用

①仔细演习个股在穿越不同的利益集团——也就是不同的均价线时是如何利用 K 线的状态和量能来完成攻击和撤退的，从而来客观的定性股价重心处筹码的属性。

②弄明白均线系统是什么样的状态时，才是被资金流有序控制的结果，仔细体会庄家控制资金的有序流动时对成交量和均线系统的掌控模式，潜心去体会庄家的作盘细节，从而可以达到和庄家的和谐共振。

3.对资金的保护

资金的保护措施的建立是炒股能否成功的核心问题之一，明白学会止盈、止损是参与实战操作的第一步。

①仓位的建立：大盘攻击途中，仓位多少合适，大盘盘整震荡时，多少仓位合适，大盘下跌途中抢反弹，多少仓位合适。

②明白：高位止损，中位观望，低位补仓的道理，做到活学活用。

4.对铁血纪律的捍卫

必须制定严格规范的操作纪律：并且坚决执行，像捍卫生命一样。牢记各个不同周期共振对股价走势的影响。

①亏损＜3%。

②小周期看：3 日均线走平，出局观望。

③中周期看：周 KDJ80 以上小心，J 值上 100 钝化坚决出局。

④长周期看：股价在某个级别周期的高位 30 日均线一旦走平向下，坚决出局。

5.投资回报：预计上涨 20%

①投资资金：M 元

②获利：M 元×20%＝N 元

③最大亏损：M 元×3%＝G 元

④投入资金盈利率 20%

⑤投入资金风险率 3%

⑥盈亏比率 7：1

6.对每一笔操作要做到认真的总结

①进仓点位：最佳、次佳、理想、及格

②持仓头寸：持仓获利、持仓平盘、持仓浅套、持仓深套

③实战操作收益：看对作对 80%、60%、40%、20%

④技术功力：顶级、优秀、好、及格、差(客观的评价可以让自己知道哪里薄弱，有待加强，哪里可以深入继续，慢慢晋级，不要妄自菲薄，适时给自己信心和鼓励)。

还是那句老话，技术过硬，才能心态过关。股市是一个零和竞技场，只有投入，没有产出，是一个利益再分配的过程，况且还要上缴国家的税收和券商的交易佣金，所以注定是小部分人获利，多数人亏损，真理和财富永远只掌握在少数人的手里，所以风险的控制就变得极端重要。明白了这一点，你就知道先生说的第二条：刻苦训练、深刻领悟、忍受常人不能忍受的痛苦是成为专业短线高手的唯一途径，除此之外绝对没有第二种方法。你如想比别人有更多的收获，首先你就要吃别人不能吃的苦，付出比别人多上百倍的艰辛，做到平时多流汗，作战时就可以少割肉。我们不能控制市场和他人，我们唯一能控制的是自己！相信你自己是最好的，你就一定能够做到最好！

——选摘自“只铁股票实战初级军校”梁艳芬同学的文章

三、成功投资的三大法宝

成功的投资 =①严格的心态控制 +②正确的资金管理 +③过硬的技术功力。

专业投资行为管理也就是投资操作心理管理、投资资金管理、专业操作战术动作管理。这三个环节构成了一个完整、稳固的金三角，任何一个环节的疏忽都将导致投资的失败(图 3-7)。我们首先讲投资操作心理管理的内容。

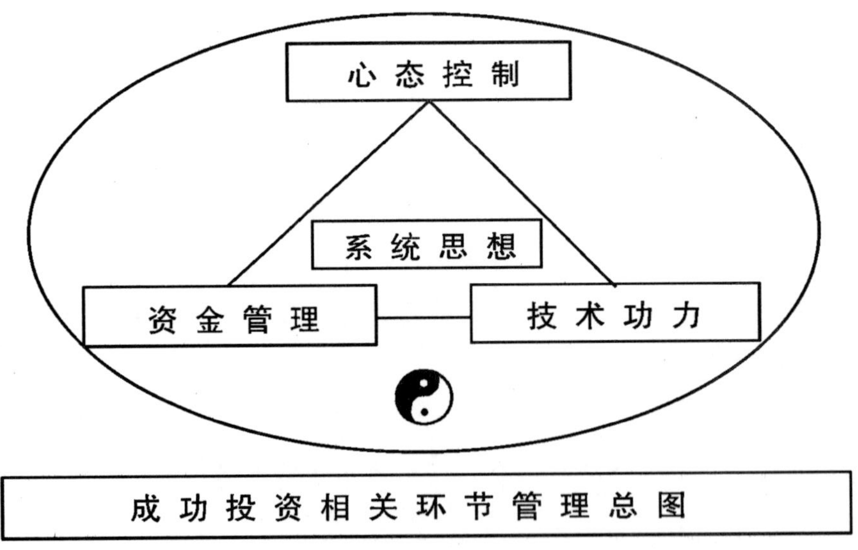

图 3-7　成功投资三大法宝

（一）专业交易心理学

股票市场的运动，由代表上市公司的筹码(股票)、资金、时间和参与者心理意志等因素共同影响。对于资金、筹码、时间要素的研究由来已久，对于参与者心理意志运动规律的研究不多，唯有索罗斯先生以其反射理论而独具创见(实战中必须高度注意：真正有效的反馈，只能出现在寻宝图各循环阶段量变、质变临界的标志性拐点处。和相反理论一样，反馈理论并非随时、随处可用，实战使用的限定条件非常严格(图 3-8))。

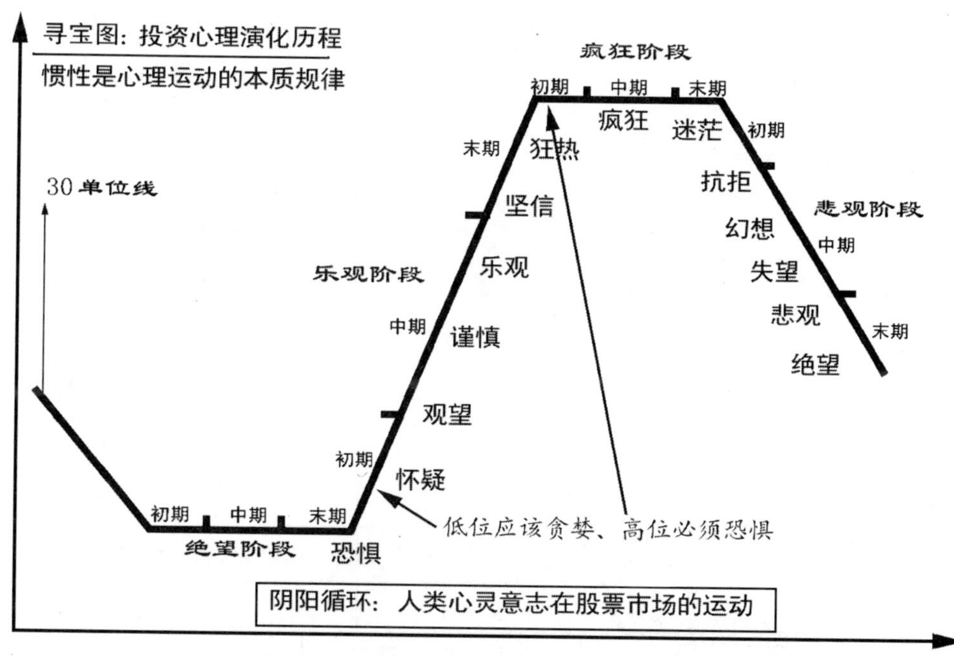

图 3-8 寻宝图各循环阶段与交易心理

1.辩证地看待贪婪和恐惧

交易心理是市场中存在的客观现象。曾经有观点认为市场不可预测，是因为人心不可测。其实，股票市场中人类的心灵意志运动放在寻宝图上一对照，规律是非常清楚的。人类心灵意志在股票市场的运动主要由恐惧、贪婪习惯性力量的推动而体现。恐惧、贪婪一直被公认为人性的根本弱点，一概给予批判和排斥。但是，既然是人的本性，仅仅是排斥、批判恐怕是无济于事吧。其实，本性的东西是没有好坏、善恶之分的。

我们认为，辩证地看待贪婪和恐惧的关系对于取得投资的成功，有着较为积极的实战意义。在市场处于寻宝图股价循环运动的低位，安全度高、风险度小的前提下，人心应该贪婪，无论当时市场气氛如何悲观、如何绝望。我们不应该仅仅满足于大家恐惧的时候去贪婪这种浅显而主观的说法。安全度高、风险度小是贪婪成立的充分必要条件。相反，在市场处于寻宝图股价循环运动的高位、安全度低、风险度大的前提下，人心必须恐惧，无论此时市场气氛如何乐观、如何疯狂(图 3-9)。

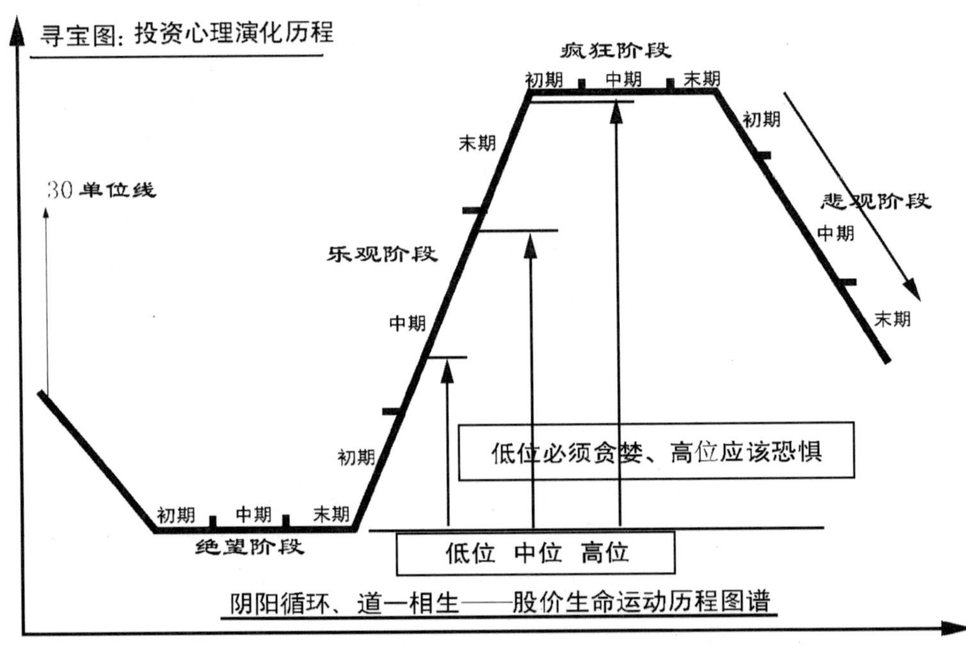

图 3-9 心灵意志——贪婪和恐惧的关系

2.良好的专业交易心理特征

专业交易心理的分析、利用、训练和控制是专业投资家实战成功的有利武器之一。业余投资者和专业投资者的根本区别之一，就是业余投资心理和专业投资心理是否训练有素的区别。严酷的实战反复证明，投资心理的管理在投资成功的相关环节中占据着并不比技术分析能力更轻的分量。投资者务必要引起高度的重视。彻底理解交易心理在寻宝图中的演化规律，对于投资者在标志性拐点区域成功脱离群体(羊群)心理和利用群体(羊群)心理打下扎实基础！

交易心理简单的划分成群体心理和个体心理。由于群体心理的研究已经是较为成熟的理论，因此，在这里我们主要讲解一下个体心理中最健康、良好的专业交易投资心理的特征以及训练方法。

良好的专业交易心理特征：客观、冷静、沉着果断、胆大心细、顽强、纪律性、平常心等。这些良好的专业心理素质，使专业投资者在高度紧张、凶险、发生突变的意外情况下，能够保持稳定的意志，自然体现出不惊慌、不急躁、不轻率从事等优良品格。这些优良的专业交易心理素质不是从天而降，是可以通过寻宝图对恐惧、贪婪进行科学的管理和严格的训练而养成。这些优良品格，最终都体现在投资者对投资生涯宗教般的专注境界之上。我们强调由专心达专业、由专业成专家！

在股市实战中，投资的“四心”是其最生动的表现。投资者在任何一次成功的投资活动中，都无条件地要求投资者严格做到：等待机会出现前有无比的耐心、机会出现时有超人的细心来辨别机会的真假和机会的大小；同时，在正确确认机会降临后，临盘实战操作必须拿出常人没有的决心和出现错误时敢于改正自己错误、处罚自己缺点的狠心。投资者只要“耐心、细心、决心、狠心”四心具备。实战操作中就能做到攻无不克、战无不胜！炒股最终就是炒心！

专业投资者通过科学的训练，彻底地将自己的心理状态融合于客观的市场波动之中，涨也是美、跌也是美、买进是美、观望是美、卖出是美、空仓是美。良好的竞技状态已经融合为良好的生活状态，生活就是投资、投资就是生活！

错误的投资交易心理主要表现为：主观、急躁、懊悔、盲从、惊慌失措、感情冲动、软弱、情绪不稳定等。这些错误的交易心理从根本上体现出情绪驾驭理智的不正常状态，仔细分析后知道它们往往是导致投资者投资失败的最根本原因。而且，这些错误的心理还将蔓延到投资者的生活之中，失败如影随形，生活痛苦万分。

（二）实战操作前的心理训练方法——模拟训练法

专业化交易系统买卖标准的严格执行和实战操作铁血纪律的誓死捍卫是专业交易心理训练、专业交易心理控制的总根本。而专业投资本能（非感觉）的彻底形成是投资者达到一个专业大境界的明显标志。

从零开始，人类一个良好的行为习惯形成至少需要不间断地坚持33天以上才能得到定型，而一个标准的专业操作战术动作（比如行进中的低吸）至少要严格、规范地重复训练500次才能形成初步的专业战斗力。枯燥、刻板、重复、大量、规范是专业训练的明显特征。我们强调持之以恒、滴水穿石是专业训练的总原则！吃的苦中苦方为人上人！

在准备实战操作前，投资者应用一些心理训练方法进行训练，其主要目的是为了使投资者明确实战操作动机，建立实战取胜的信心，保持实战良好的心理状态，消除实战心理障碍。

1.模拟训练法

模拟训练法包括适应性、常规性、密集性、超越极限性的训练。

模拟训练是针对实战操作中可能出现的各种情况或问题进行模拟实战的反复练习，目的是为投资者参加实战操作做好专业能力上的准备。

模拟训练的主要作用在于提高投资者临场的适应性，在大脑中建立起合理的动力定型，使技术功力在千变万化的情况下能够得到正常发挥。如果不进行模拟训练，投资者对于意外的情况没有做好相应的应变准备，实战操作中就可能出现操作技术变形，致使自己的技术功力得不到充分的发挥，甚至造成实战操作发挥失常。

模拟的内容包括大盘背景、目标个股、操作战术、操作条件、资金布局等。通过反复不断的模拟训练可减少投资者实战前的心理紧张，提高适应性，使专业投资技能得到逐渐形成和正常发挥。

2.不同大盘背景条件下的模拟

投资者可以模拟在跌势、涨势或平衡市的条件下，早盘、中盘、尾盘、甚至在自己竞技状态不佳，疲劳时、兴奋时等种种情况下，按照专业的标准格式和标准程序进行适应性、常规性、密集性、超越极限性模拟操作训练。

3.抗拒操作环境干扰的模拟

不同的操作环境中，喧嚷、叫喊等各种干扰均能给投资者带来不良的心理影响。因此，在训练中有意识地给自己制造一些困难，有助于形成抗拒各种不利因素的干扰的优良定力，减少投资者实战时的应激反应。这种常规性模拟训练可以帮助投资者把注意力集中在可以控制的因素，以及下一步的技术、战术细节上，自然而然地忽略自己难以控制的因素即环境条件。

4.反败为胜、扭亏为盈的模拟

在模拟练习中可以在安排最恶劣的操作条件下，如采取拯救亏损账户进行高难度训练。扭亏训练可以大幅提高投资者反败为胜的能力。通过恶劣条件下的反复训练，使投资者达到在最恶劣情况下也不会惊慌失措，在关键时刻能够沉着冷静，果断操作的专业品质。

5.复杂专业投资技能训练导致的“高原现象”

“高原现象”可能在复杂专业投资技能训练中出现，而不容易在简单技能训练中发生。在复杂专业投资技能的训练过程中，练习者可能一时只集中注意于某一部分的动作，虽然这一部分的动作有了进步，但是属于这一整体专业投资技能动作中的其他部分却停滞不前。这是投资者开始专业化训练初期的正常现象，用顽强的毅力坚持不懈地继续下去，最终就能达到常人难以取得的成功！

（三）专业交易心理训练方法

1.应对实战投资操作失败的心理训练

在临盘实战投资操作前，投资者心理工作准备的不充分，是实战操作失利的一个重要因素。投资者参加实战操作都希望自己能取得优异的成绩，但是因为每个投资者对实战操作的认知、态度以及专业能力等情况的不同，往往会在实战操作前出现各种各样的情绪状态，主要有以下三种。

1)实战前过分激动状态

原因：在临近实战前时，投资者的技术功力和身体状态已不会再有太大的变化，但由于投资者过度的兴奋，情绪的细微变化，引起大脑对神经系统和中枢调节活动的减弱，往往导致实战竞技状态的大起大落，从而直接影响到实战操作的结果。产生实战前过分激动状态的原因也与投资者训练水平、实战操作经验不足，自我控制能力差，意志薄弱，实战操作动机过于强烈等有关。

表现：处于这种状态的投资者表现为情绪过早的过度兴奋、焦虑、惊慌，甚至害怕、注意力不集中、记忆力减退、心率过速、呼吸变化、手脚发抖、脸色苍白，有时出现口渴现象、实战操作极其容易失常。

克服方法：提高投资者的训练强度、丰富实战操作经验、调整实战操作动机以及作好实战操作前的心理准备等。

投资者的训练水平的高低是一名投资者具备良好的心理素质的前提条件。如果一名投资者没有过硬的技术功力作为保证，是完全没有可能提高他的专业心理素质的。如一名专业买进技术不好的投资者，实战前的准备工作做的再完善，他也不可能在实战操作中有信心去做好买进动作的。过硬的专业操作本领、丰富的实战操作经验是良好心理素质在实战操作中充分发挥作用的重要保证。因为，当一名投资者具备了过硬的专业操作本领、丰富的实战操作经验以后，他会在实战操作中利用本领和经验对市场上的各种情况做出正确的判断，为自己树立信心。

2)实战前心理淡薄状态

原因：这种心理现象的产生主要是由投资者个人因素造成的。如投资者因为过度紧张而造成抑郁；投资者过度疲劳、伤病长期不愈或者思想上对实战操作不利的条件想得过多，又缺乏解决办法、意志品质薄弱的投资者容易出现这种状态。

表现：这种状态的投资者表现为情绪低落、四肢无力、迟钝、临盘操作动作缓慢、意志消沉、缺乏信心、内心矛盾以致不想投入实战操作。

克服方法：激发投资者的实战操作动机、端正实战操作的专业态度、提高自己的竞争意识、增强信心、鼓舞斗志，以及防止在实战操作前过度疲劳。

3)实战前盲目自信状态

原因：这种状态一般容易在一些思想境界较差、实战操作前心理准备不足、并缺乏自我评价的投资者身上产生。投资者对即将来临的实战操作的困难和复杂性估计不足，盲目自大、过高地估计自己的力量。

表现：有这种状态的投资者看起来很兴奋，有时也很沉着，其实内心无底比较空虚。其表现为浮躁，不愿冷静的思考，总相信自己能轻易取胜，盲目乐观，对面临的困难抱消极态度，不去力争动员自己全部力量去克服困难。这样的投资者在实战操作中一旦遇到失败或挫折，情绪就会一落千丈，束手无策，因此往往造成实战操作连锁失败。

克服方法：深入的了解投资者产生这种状态的原因，使投资者充分认识到实战操作中存在的困难，认识盲目自信的危害，客观评价实战操作各种艰难的情况，投入一切力量做好准备，既要克服盲目乐观情绪，又要敢于取得胜利。

2.实战操作过程中的不良心理状态

投资者在实战操作中需要适度的紧张，但是不需要过度紧张。而应激现象就是指投资者由于过度紧张的延续，使机体出现生理上和心理上各种异常反应，身心不能自制，竞技状态极差。

产生原因：投资者对实战操作要求过高，自信心过强，过于考虑实战操作的成绩，过于关注实战操作成绩带来的后果；外界压力过大，实战操作时又受到大家的密切注视；大盘背景恶劣，实战操作中遇到困难过多，对自己的技术和体力又感不足，但又特别怕输；对实战操作的环境和条件不适应，造成心理紧张；训练不足或训练过度，睡眠不足或营养供应不足，引起身体上的疲劳，带来心理上的紧张；由于过去失败的体验而产生预期不安。

表现：心跳过速、肌肉发抖、面红耳赤或脸色发白、血压上升、头晕脑胀、尿频甚至呕吐等。

克服方法：呼吸调整。投资者在实战操作时产生过度紧张时，往往感到胸闷气短，呼吸急促。此时可采用吸气时肌肉紧张和呼气时肌肉放松相结合的呼吸和肌肉的收缩与放松交替进行的呼吸调整法，以消除紧张、激动的心理状态。

自我暗示：投资者在实战操作时出现情绪不稳定时，可采用具有针对性的言语，如“我必须沉着、镇静”，“我感觉很好”等，以冥想或默念的方式来暗示自己，稳定情绪，驱散周围环境对自己心理上的不良刺激。

注意力集中：当投资者在实战操作时遇到诸如环境等不良干扰时，运用深呼吸和使肌肉紧张起来的方法，把注意力完全集中于将要完成的实战操作战术动作上去。

思维阻断：当投资者的情绪紧张是由于消极思维引起并被自己觉察时，就可采取积极思维来阻断消极意识。例如，投资者由于实战后的一次买进失误而不断的出现“糟糕，今天我的买点是好不了了”的消极思维时，投资者又自我觉察出来，此时就应在内心呐喊一声“不”，并用“我将以最佳的方式处理好每笔操作”这种积极思想来替代消极的思维活动。

转移注意：当市场、对手的恶性刺激引发自己产生激动和焦虑的不良心理状态时，应立即使自己的意识脱离这些恶性刺激物，迅速把注意力主动转移到自己新一轮的攻防专业技术投资动作上去。

自我宣泄： 当情绪过度紧张时，可通过擦脸、握拳、跺脚等身体动作及喊叫、高呼等，并伴之以一定的自我暗示，将紧张情绪宣泄出来，达到情绪稳定的目的。

3.在实战操作结束后的不良心理状态

原因： 实战操作结果和原定目标差异很大，非常好或非常差；或是成绩的取得很容易；或是本应很轻松的实战操作，反而做的很艰难。

表现： 成功，投资者表现出骄傲自满，对自己估计过高，看不到缺点或不足，对今后的训练和实战操作不愿付出更大的努力，盲目自信；失败，投资者表现失望，伤心，甚至不想再进行股票投资。

克服方法： 典型事例分析训练：通过临场实战技术成败统计分析，让过高估计自己实力的投资者在成功中看到自己的不足，使其从沾沾自喜中清醒过来；让过低估计自己实力的投资者在不利中看到光明的一面，从消极中看到积极的因素，使其振作精神。

4.投资者最佳竞赛心理状态——积极战斗准备状态

原因： 积极战斗准备状态是长期刻苦训练的结果，是以坚强意志，充足信心，对完成实战操作任务有高度责任感为基础的。从高级神经活动特点来看，战斗准备状态是由于大脑皮层具有与任务相应的神经兴奋过程。这种神经过程又有最适宜的灵活性，并以相应抑制过程加以平衡，从而使投资者表现出精力充沛等良好心理状态。

表现： 具有这种状态的投资者表现出正确的实战操作动机和良好的实战操作态度，对自己实战操作的目的有清楚的理解，充满信心，精神专注在未来的实战操作动作上，情绪饱满而稳定，精力充沛，头脑清醒，专业投资动作规范、直接而有秩序。这是一种非常良好的稳定的专业情绪。

5.实战操作过程中的最佳心理状态——适度的紧张、自我感觉良好

投资者的最佳赛中心理状态可归纳为：自我感觉良好，无焦虑情绪，充满信心，头脑清醒，注意力高度集中，身体灵活有力，专业投资动作正确自如，有较好的自控能力。国外心理学家曾先后对投资者获得优秀成绩时的最佳心理状态作过许多有价值的研究。马斯洛认为投资者最佳心理状态表现为：精神与身体非常协调，思想高度集中无抑制感，自然，无焦虑感，不费力，有创造感和表现感，并具有竞技状态达到高峰的感觉。拉威查认为投资者最佳心理状态表现为：无畏惧，不费力，完全能控制自己，能够自己完成专业投资动作，全神贯注地沉浸在实战操作中，充满自控的自如感觉。齐卡钦特米哈娃认为投资者最佳心理状态表现为：完成专业投资动作感到轻松，对实战操作充满兴致和兴趣，专业投资动作与意识统一，思想高度集中，专业投资动作运用自如，操作本能自发产生。

6.实战后的最佳心理状态

表现：实战操作成功后，投资者满意自己所获得的成绩，表现为精神振奋，情绪愉快，对自己充满信心，愿意更多地进行训练和实战操作，不断取得更好的成绩；而面对实战操作的失败，有些优秀投资者则表现出一种在苦恼的同时会产生想纠正错误，为争取下次实战操作胜利而积极投入训练的情绪，有时失败是因为市场背景过于恶劣，而自己发挥了技术水平，这时投资者就可能产生一种积极的满意情绪。

（四）专业投资行为管理学——投资资金管理

专业投资行为管理包含着这样三个方面：投资资金管理、操作心理管理、操作战术动作管理。这三个方面的任何一个环节疏忽都将导致投资失败。我们首先已经讲过了心理管理，这里我们接着讲资金管理的内容。

投资资金管理的首要原则是安全第一、获得第二。股市是战场，资金就是士兵。我们必须要爱兵如子!在这个总的原则指导下，根据不同的资金规模和市场状况进行不同的管理。

1.对实战投资参与资金规模的制约

由于投入资金的时间成本、盘口庄家允许的跟风量、市场本身的交投吞吐和专业短线高手难寻等因素的限制，大额的投资资金是不适合进行小级别全线操作的。

2.大资金的区域概念

由于进出吞吐量的限制，在市场中大资金是绝对无法在具体而确定的点位上进场和出局的。他们讲究的是区域性概念，即关心的是实战进场的安全区域和出局的风险区域。在实战中，大资金只能考虑进场于技术低位安全区域，出局于技术高位风险区域。绝对不可能在市场或股价的具体低点和高点。在具体实战中，我们可以通过明确的技术手段：股价运行的空间结构和时间周期等来正确地确定大资金进场或出局的股价的技术高、低位区域。

3.仓位的集中和分散

投资资金使用总的原则是大钱分散，小钱集中，便于管理。只有大资金才有资格谈的上品种和市场的投资组合，对中小资金而言只能考虑集中持仓。

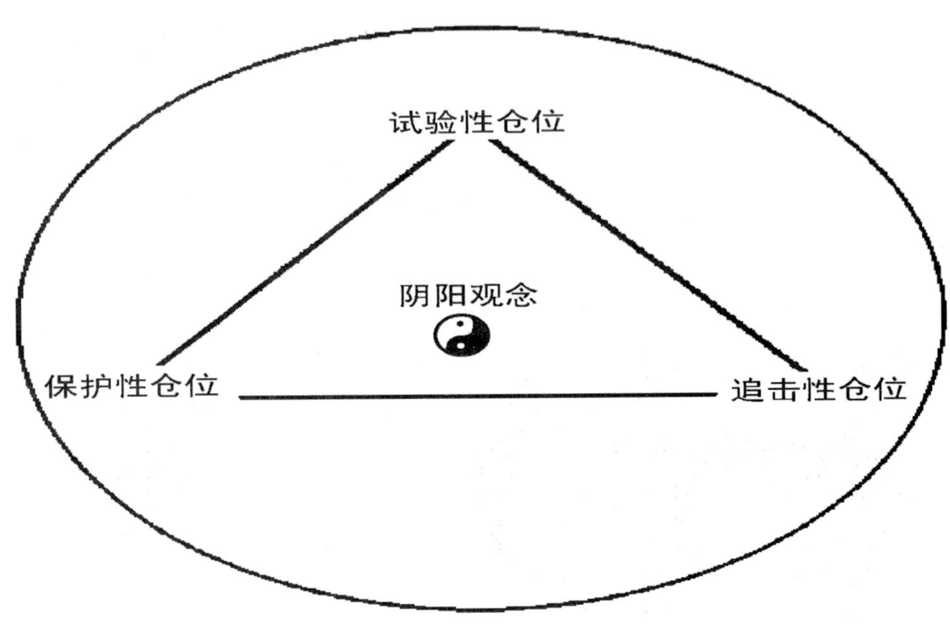

图 3-10 投资资金实战配置图

4.资金配置管理：试验性仓位、保护性仓位、追击性仓位

在明确地判别了大盘背景的安全度，正确地确立了具体操作目标以后，专业选手能够迅速地根据目标股票的获利风险比率、实战操作成功胜率大小，正确地将自己的参战资金进行科学的合理配置。其具体包含着：试验性仓位的确立；保护性仓位的跟随；追击性仓位的部署。在锁定风险的情况下，实战中专业选手要敢于做试验，敢于捕捉机会，满足实战操作条件，毫不犹豫建立试验性仓位并跟随保护性或追击性仓位。不要怕失败，所谓试验就是允许犯错误的。在专业交易心理素质上要能平静地把试验失败产生亏损当成交易活动的正常组成部分，无须耿耿于怀（图 3-10，3-11）。

对于大资金布局一般采用专业的复合式或简单等分制。对于小资金的短线突击可以采用如下原则：试验性仓位 / 总资金额%= 胜率×79%- （(1-胜率) / 风险收益率）。

在前面的文字中，我们首先已经讲过了心理管理，资金管理的内容。接下来我们讲过硬的技术功力的内容。

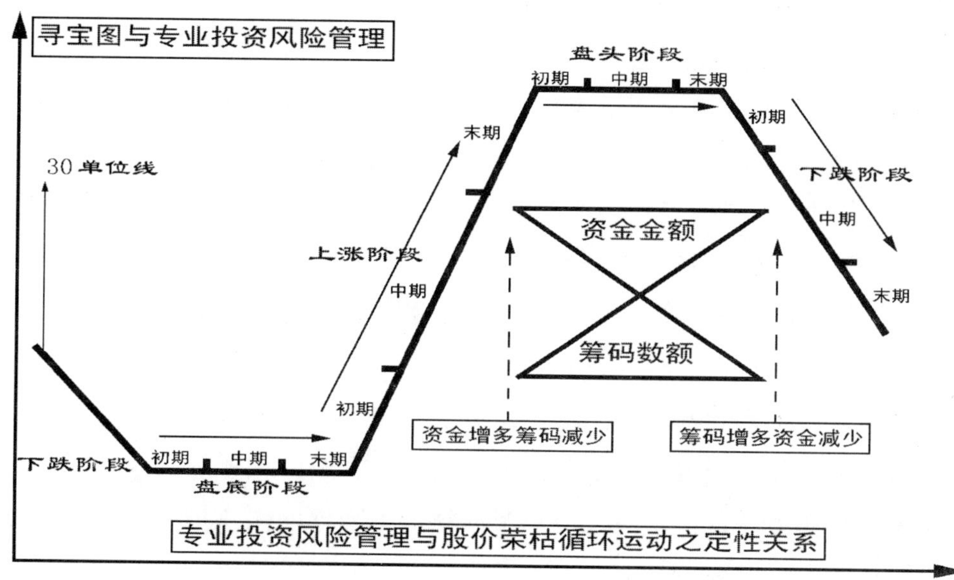

图 3-11 资金管理与寻宝图关系总图：风险锁定

（五）专业交易能力训练

1.训练有素、成功率与效率

在投资思想、实战动作、行为习惯上专业投资者与业余投资者有明显的本质区别。所谓专业，首先指的是专业思想、专业心理、专业动作、专业习惯、专业境界等。专业是一种按照科学的规律，经过严格训练而达到的规范动作，专业的心理意志等专业素质和专业境界，属于一种定型的无意识本能的和谐状态。而业余，首先是思想业余、心理业余、意志业余、习惯业余。总之，在实战中需要的关键素质都没有经过严格、科学、系统的训练，属于一种自然的无序状态。

市场从来都不缺少机会，缺少的是赚钱的专业本领。专业本领指的是运用专业知识，解决实战问题的能力。其具体由一系列专业动作构成。对专业动作的要求首先是要规范。其次是要有质量(准确性、成功率、速度)、最后是专业动作的操作效率。投资者必须铭记，任何专业投资能力的具备，都必须要经过刻苦、严格的系统化训练才能真正具备。要想成功，永恒的真理就是：不吃苦中苦，难成人上人！

专业能力可以通过采用适应性——常规性——密集性以及超极限反复训练来很好的具备。在专业训练中，每一项训练计划都要精心规划，不允许有一丝一毫的随意！训练任务必须在规定时间内保证质量的完成。投资者在刚开始进行专业训练的时候是根本没有一点喘息的机会的，非常残酷。

专业选手必须清醒地认识到每一个战术动作细节背后的伟大力量！最伟大的计划，在执行的时候也必须从细节开始。比如练习冲拳，就一定要深入地一再演练正确的冲拳动作，把出拳动作的各项要领通过千百次的训练变成如同呼吸一样自然和谐。只有通过反复不断的枯燥训练，才能彻底把技术动作在潜意识中定型，最终形成像眨眼一样的无意识本能！这就是我们所说的训练有素。

实战投资的时候，在操作成功率与操作效率之间，专业投资者首先考虑的是操作的成功率，用高成功率的操作来确保投资的安全性。只有在已经充分具备高成功率的基础之后，才去考虑追求实战操作的高效率。通过这样的严格规范，可以避免落入一般人眼高手低的虚无境界！盲目地追求操作效率其实已经矮化和曲解了专业投资能力的本来含义。

2.专业能力训练流程标准化

规范化训练是以科学化投资、专业化管理思想为根本指导，以系统化、整体操作全程为核心，以提高投资者实战能力为目标，将实战能力训练的每个环节都标准化了的训练模式。其中一个最重要的内容就是训练方法的程序化。我们依据规范化训练原则，分别将空仓战术、追涨战术、低吸战术、高抛战术、杀跌战术、观望战术、补救战术等技能训练项目进行划分，设计出详尽而完美的训练程序流程图来规范操作动作，进行统一训练。

专业投资技能训练的最终目的是使投资者彻底掌握标准的专业操作技术，从而保证临盘实战操作的质量。在进行程序化训练的过程中，我们必须以规范化标准为准绳。这个标准不仅规范了程序本身，更是衡量程序效果，检验专业技能训练质量的尺度。

通过专业化投资技能训练全过程的科学管理，经过规范化、科学化高密度的残酷训练，一般的投资者都能把专业投资技术动作规范定型，并真正融化于自己潜意识本能当中，成为一流的专业投资高手。

3.专业化能力日常训练科目

超极限、高密度专业化训练有魔鬼训练之称，且内容非常严密、细致、庞大、繁杂，目前仅供内部训练使用，这里就不再展开了。平常的适应性初级训练内容如下，读者可以参考。

(1)多看多记：投资者在专业训练的初期，无论自己多累都必须做到每天将沪深两市所有股票翻看一遍。特殊情况下，至少要做到对涨跌幅前20位的股票看一遍。对于自己自选股每日必须精心研判，绝对不允许马虎。看的重点：股价即时波动走势图、各级别K线图，仔细、反复揣摩其市场和技术含义。

(2)熟悉各周期图表、指标形态等技术状态。如果时间充足，应该将沪深两市所有的股票的周线或月线全部翻阅一遍。默记其日线与周、月线图的对应关系。

(3)对股价(大盘)运动规律和各种经典股价波动现象要背诵的滚瓜烂熟。投资者背诵各种股价的攻击态势和股价短期的K线组合攻击态势常见模式，是实战分析研判和临盘操作水准提高的关键。

(4)特例背诵：对于各种表现异常股票的图表，必须进行彻底的背诵，以便随时进行回忆并进行仔细的体会，彻底明了其走势的各种市场含义。这些工作都是对经典技术现象的反复背诵、理解、消化、升华。

(5)严格地将自己对目前大盘、热点、市场技术特征的分析、研判写成每日看盘日记，并制作成表格，存档保留并不时对照研究。

(6)投资者的每一次实战操作都必须有规范的投资计划书，形成自己规范化的专业投资交易日记。以此来记录自己投资生涯成长、变化的历史。

(7)投资者必须坚持不断地进行沙盘模拟演练，在胜率达到80%以上时，可以同时用小单展开实盘操作的同步训练，通过这些训练，使自己逐步建立，并完善自己个性化的实战操作交易系统。

四、实战境界的成功达成

学习众多的知识，掌握了不少能力，投资者最终是要到市场去搏杀的。下面我们将从几个方面介绍专业实战的关键要领，不求面面俱到的理论完备，着重追求实战成功的效果。

（一）慎重初战，首战必胜

从投资交易心理、投资实战效率、个人投资成长历程的角度上，我们格外地强调慎重初战、初战必胜的重要性。军队几乎是人类所有群体中纪律最严明、训练最严格、战斗力最强大的群体。但是，“养兵千日，用兵一时”却是军队最重要的用兵原则。由此可见，军队对出击有利的必胜战机的把握是多么讲究。古往今来，许多伟大的军事家都坚持着慎重初战、首战必胜的原则，可见其无与伦比的重要性。

同样的道理，在股票投资实战中，初战的失败将从投资交易心理上极大地打击投资者的实战信心，不利用于良好实战交易心理的维护和成长。投资者往后的投资历程，往往也被笼罩在初战失败的阴影中，造成投资操作的恶性循环效应。有的人甚至因此而黯然退出市场，永远失去以后重整旗鼓的大好机会。当然，我们进行如此高度的强调，并不表示我们怀疑和排斥“失败是成功之母”的说法，但是初战能够尽量不失败或者少失败，绝对不是愚蠢的想法或蠢笨的要求。

集中全部的精力、务求慎重初战、首战必胜，对于投资者的专业投资生涯将是一个非常良好的重要开端，这点必要引起高度重视。轻启战端、草率盲动给投资者专业投资生涯带来的恶果是难以估量。

（二）牛刀杀鸡，一招致敌

股票市场波涛凶险、盈亏转换残酷无情。专业投资者首先要生存然后才能谈论发展。保存自己，活下来不被彻底淘汰出局是投资者投资生涯中第一位的。市场永恒地波动着，机会万千，但是投资者首先要活着，机会才有可能被把握。因此，生存第一、获利第二是专业投资的根本原则。避险获利，避险在前、获利其后。几百年来的实践证明，市场从来不缺少获利的机会，缺少的是获利的专业本领。

我们反复强调专业投资者一定要通过自己认真、具体、刻苦、细致的努力，来做到全面掌握与股市有关的一切专业能力的具体细节。静下心来真正苦心孤诣地先彻底精通一招，以此形成投资者的核心实战操作能力！这种专业而非业余操作能力的具备，直接攸关着投资者临盘实战操作的成败和生死。

在具体的实战操作中，投资者严禁多路出击、精力分散。在每一次实战的时候，投资者必须集中全力，牛刀杀鸡，确保一招致敌，争取每战必胜。

在单一投入的资金不会影响到主流做盘力量改变意图的情况下，在动态交易盘中，我们可以利用最精细的图表系统使自己做到精确买卖，准确操作。这种精确操作的能力可以使自己力争买在当日动态波动走势低点、卖在动态波动走势高点，每次操作都能达到精确出击、百步穿杨的非凡效果。

（三）无招有招，不变万变

实战最高的境界是“无招胜有招，不变应万变”。但是，那些没有经历过残酷的专业训练、已经彻底具备专业战法基本功力、动辄就高谈所谓的“无招胜有招”，只不过是某些眼高手低、连最基本战法都没能彻底掌握、自欺欺人的投资者刚愎自大、逃避艰苦训练、眼高手低的借口，也是他们承受投资失败打击安慰自己的精神鸦片和蛊惑人心故作神秘的可笑伎俩。

万丈高楼平地起，一分耕耘、一分收获。投资者切忌在技术不过硬，管理不到位的时候就去瞎谈“无招胜有招”的境界。脚踏实地、勤奋苦练才能使投资者真正走向成功！投机取巧，逃避训练，只能饱尝投资失败的苦果！

市场波动千变万化、红波绿浪风云诡谲。价格在变，热点在变，主力在变，业绩在变，题材在变，上市公司老总在变，一切都在变。在股票市场中，唯一不变的就是变化。投资者在实战操作中，对付这万千的变化，只能以不变应万变。任你风云变换，我自岿然不动。所谓不变指的是，专业投资者的交易系统的原则不变、铁血操作纪律不变、专业能力锤炼的要求不变。实战操作中，只有满足我们实战交易技术系统条件的机会我们才捕捉。我们只做自己有把握的事情！我们只赚属于自己交易系统的钱。坚持自己的原则，成功属于你，什么时候放弃自己的原则，成功也就离你而去。

（四）操作风格，天人合一

在彻底掌握专业化、规范化专业投资能力的前提下，投资者可以根据自己的个性特征，形成最适合自己个人风格的实战交易系统，从而使专业投资的科学性和个人操作风格的艺术性得到完美的统一。投资风格一般可以简单地分为激进型和保守型两种。投资者可以根据个人性格进行选取和定型。但是，我们要着重强调，投资者在没有形成规范化、专业化实战技术功力的根基之前，个人风格不重要，也无从谈起，更没有境界！许多人企图以形成所谓自己个性化操作风格为理由来逃避对专业基本知识、专业基本能力规范化的全面学习、深入掌握和严格训练。这是普通投资者好高骛远、眼高手低、难成大器、投资总是失败的关键原因！生活中，连路都没有学会走，就想去飞，并妄图飞出风格的行为，是一个低智商的笑话。但是，这样低智商的笑话在股市中却非常之多。心态不能归零、烦躁、浅薄、自以为是的人真的是随处可见。这也是任何领域卓越的人总是少数的根本原因。

那些顶级水平的专业高手无时无刻不在强化、提高自己的专业意识、专业能力等内在素质。他们从实际生活中扎扎实实地做起，把专业思想、专业训练融合进自己的生命。在风云诡谲的实战中，因为多年的勤奋锤炼，他们甚至能够做到与大盘的主导控盘力量，以及目标个股的主控庄家同呼吸、共命运、和谐共振的地步。在临盘实战操作中卖出就跌、买进就涨，实战境界出神入化、炉火纯青。

无论任何时候，真正的专业选手只要一坐在行情传送的电脑前，心中的一切喜怒哀乐全部抛到九霄云外，身心立即进入物我两忘、淡定从容的专业竞技状态。投资者与自己的实战交易系统的形成完整的一体，自然而然枪就是手，手就是枪，指向那里就打到那里，想打那里就打那里，其一举一动、举手投足皆合于道的至高无上的神圣境界。真正彻底地达成了操作节奏与市场运动，天人合一的极至境界。这是专业投资乃至人生知行合一的大境界！

当然，要达到这种神圣的临盘实战操作境界，完美地做到知行合一，非经千锤百炼无法具备！同时，这也绝对需要投资者付出常人无法想象的艰辛努力和本身具备天才般的操作悟性才行的。投资者必须牢牢记住：采用适应性、常规性训练可以形成专业能力。只有采用高密度、超极限训练才能真正形成永不磨灭的无意识专业本能！欲成非常之功必待非常之人！

（五）触目惊心的调查

下文选摘自“只铁股票实战初级军校”张显同学的文章

触目惊心的调查

沉思了很久，几次欲停笔，但为了还有那么多没有很好掌握只铁战法的人，终于鼓起勇气，将这一文章完成。也许很多人会反感，也许很多人不屑一顾。但本文观点是我一步一步在血战中摸索出来的，虽然一些观点可能与老师的矛盾，甚至可能是错的，但我用它反而从亏损走向盈利，心态开始越来越好，我想把它写给那些还在用老师的战法而亏损的人，也许会有帮助吧。

一份调查：在本轮行情中，我调查了12个用老师战法的人，其中10人亏损，一人持平，一人微赢。这个比例令人难以想象。可这是事实。我们不能再这样下去。我们必须正视我们自己了。其实在很久以前，我在学习老师的理论的时候，也做过同样的调查，与现在差不多。老师的理论是精华中的精华，那是什么原因呢？有人会说，心态等等会找出很多原因来，但这不是我所关心的。因为你找到了这些原因，在实战中你一样亏损，你常常会犯同样的错误。你虽然找到了原因，也可能是十分正确的原因，但对你实战没有任何帮助。相信在军校中，本轮行情亏损的不在少数吧。我历来反对那些不负责任的想法，诸如心态之类，好的心态是建立在精确的技术分析及盈利基础上的，总是亏损的人怎么会有好的心态呢！看来原因并不在这儿。这个问题困扰了我很长时间，反复看老师的书，反复实战还是亏损。因而我们必须找到根本原因。我们必须以最小的损失掌握精华，而不是在伤痕累累中前进。

有一天我终于明白了。老师的理论是以一种专业的实战角度来写的，而我们呢，只是业余的没有任何基础的小散户。我们的投资思路和老师有天地的差别。当我们必须放弃我们固有的思维模式，而站在一个高起点的思维层面上来进行投资的时候，在我们的思维还没有转化为专业化的思维模式的时候，这段思维的断层期是最可怕的。这就是我们亏损的真正原因，而不是什么别的其他的原因。

因而我们再不能自欺欺人了，我们必须正视我们的无知。我们必须找到让我们盈利的方法，又能不断学习老师的精华，完成思维的进化。这就是最艰难的思维过渡期。这是我们由业余转向专业的初级阶段。于是思路豁然开朗，进一步思考得出如下启示：

(1)任何一种投资理论在没有转化为我们自己的东西时，用之实战必将付出血的代价！

(2)由业余到专业的阶段不需要大的盈利，只要安全。

(3)应该在确保盈利的基础上，获取最大利润。我们应以最小的代价，完成思维的进化。

(4)心态控制需要一个过程，在此阶段根本办不到，因而不能过分强调心态。在心态、资金管理，技术三者中，应以资金管理为第一。随着实战本领的不断提高，心态才能排在第一位。心态的稳定要用获利来磨练，不能盈利，就不会有好的心态，就决谈不上心态控制。

(5)适合自己的资金管理模式，将成为前进的保障。

(6)人性的弱点贪婪与恐惧在这个阶段表现最突出。必须找到解决的办法。但解决的途径绝不是从心态入手。因而小资金同样存在资金组合。来解决贪婪与恐惧。

(7)我们的恐惧来自我们对之陌生的事物，当我们面对熟悉的事物时，就不会恐惧，就有把握。因而我们只操作我们最熟悉的股票。这是我们实战提高的源动力。

(8)对成功及失败的操作，找到对应的大盘阶段，形成严格的资金管理模式，于是导出如下投资思路：

Ⅰ.资金管理，心态控制，技术分析。

Ⅱ.严格的资金管理模式，并坚决执行。

Ⅲ.投资组合：

①确保盈利的模式：只操作最熟悉的股票，并用大资金；②探索性操作模式：以小资金历练老师的各种战法，每次只操作一只股票。并减少次数。

Ⅳ.随着实战技能的不断提高，最终放弃①而用探索性模式，因那时探索性模式已成为我们的必盈模式了。同时我们也完成了思维的进化。沿这个思路操作，我发现竟取得了很好的收益。心态也得到了很好的控制。亏损在减少，盈利在加大。并且敢进敢出。

Ⅴ.切记你的所有投资思想和你的实战能否接轨是最重要的。……

只铁回复于 2002-04-16.17：00：22

心态归零、稳打稳扎、先精通一招！

张显同学的思考是对自己负责的态度。我经常说《孙子兵法》古往今来成千上万的人在学习、研究、运用，而最终靠《孙子兵法》而成为伟大军事家的人并不是很多。因此用正确的方法刻苦学习并彻底转化为适合自己的有特色的核心战斗力是成败的关键之关键。

黄逸生回复于 2002-04-16.18：26：40

为张同学的思考鼓掌，另外说说我的看法。

(1)我们现在使用的都是自己的战法，只不过是从表皮上模仿只铁战法，只铁战法彻底包含了哲学、分析研判、实战等各方面，是一套完整的体系。

(2)老师写在书上的都是知识范畴的东西。要转为自己的能力范畴，必须经过残酷的专业系统化训练才能够成功。妄想看一本书就可以独步股坛的想法是不切实际的。只铁老师为我们指明了方向，剩下的路就要靠自己了。

陈立回复于 2002-04-16.19：54：41

同感。通过补基础可解决部分问题；通过训练可解决部分问题；通过思考能加深对问题的认识。

邓良中回复于 2002-04-16.20：19：58

确实说得很好！我觉得这篇文章和老师书上的并不矛盾！老师在书中反复强调——知道到做到还有一个艰苦训练的过程！看过老师的书，只表示你知道了，但你是否通过残酷的训练把这“知道”转化为“做到”这一能力范畴呢？

柴虹回复于 2002-04-16.21：28：06

基本同意。还没学会走怎么可能学会跑？非栽跟头不可！失败绝非老师的战法，而是应用战法的人。这一点老师书中讲得很明白。我认为不断学习体会老师的思想精髓，逐渐领悟以后才可正确掌握应用。而且老师书中讲的问题涉及较广，虽重点突出但并没限定。要达到短线高手的水平对我来说还有“十万八千里”。感谢战友的分享！

王淮回复于 2002-04-16.22：21：52

抄《新短线英雄》一书期间，我一共进行了三次操作，分别买入的是浦东不锈、铁龙股份和湘计算机，采用的都是用黑马窗口进行寻找，由图表进行确认的方法，都获得了一定的成功，但总体感觉卖点仍不好掌握，只好先采取落袋为安的方法，即3日均线稍有回软，立即获利卖出，待学艺进步后，再进一步精确卖点。

韩振平回复于2002-04-16.22：39：29

说的太好了，我认为这要分两种情况来对待：第一种，你本来就有比较好的盈利模式，那么你首先用老师的战法改良使你的盈利更好，然后用小规模学其他方法逐渐形成一种最适合自己的方法；第二种，比如我本来就没有有把握的方法。只有从零开始，失败是难免的，跌倒了爬起来总结经验继续前进，坚持不懈总有看到光明的时候。并不遥远。

唐旭阳回复于2002-04-16.22：49：41

其实，我在2000年就试着用老师的黑马窗口选股票，成功率还是比较高的，只是后来没有严格按操作纪律办，老师在书中也明确了成功的概率，任何理论没有100%的成功。关于心态问题，我很同意张显同学的看法，我在亏损的恶性循环之中，实在难以平和，实在难以忘记心中的伤痛和灵魂中失败的阴影，也许我真太俗了。

不管过去几年（我从1993年11月入市，1997年做过期货）如何的失败，但我对股市的热情与希望没有消失，渴望改变自我，渴望进步的求知欲望从来就没有减退过。我真诚渴望通过五一期间严格的训练，能重新开始。我不奢望有很高的利润，只希望能输赢都明明白白，不要像现在，赚的不高兴，输的也莫名其妙。

冯展鸿回复于2002-04-16.23：02：51

大家学习应用时，要记住，战法中要完全符合条件才买入，一些细节是极为重要的，我现在成功率越来越高了，我以前是买一只输一只，现在好了很多了，做对的比做错的多了，其中主要就是细节也要符合才行！大家想想你们应用只铁战法时，是否只符合一两点就买入了？一定是这样!!! 这可是学习的绝招！现在公开给大家了。

韩松回复于2002-04-16.23：10：14

任何能力的形成都需要严格而艰苦的学习训练才行。不可能一开始就成功。这里面有很多原因。这正说明学习训练的还不够，还没有把老师教我们的精华化成自身的能力。道理人人都明白，但是有很多人并没有严格的去做。本轮行情里军校中是有人亏损，但是自我检查一下，亏损的原因到底是什么？我看大多还是自身的训练不够，或是心态的急于求成造成的。

版主山峰回复于 2002-04-16.23：29：49

写得很好，给大家提出了一个有意义的问题。要达到专业投资者所要具备的“知行合一”境界，没有残酷的训练是绝对不行的。在学习初期是会有这样、那样的问题，大家实战中为了避免无谓损失可先做模拟单。对熟悉的、有较大把握的机会再进行实盘操作，就是一年只做几次，其胜率也是相当的高。关键是要建立适合于自身特点的交易系统，而不能刚学就想样样精通，反而只学到表皮，没领会到战法之精髓！

我们只做能把握的市场机会，赢得属于自己的必然胜利！永久生存！

相永忠回复于 2002-04-16.23：47：01

我的几点看法：①我们需要通过学习彻底掌握老师的理论和战法，对此不能有丝毫的动摇。这是通向成功的光明正道；②彻底掌握老师的理论和战法需要一个过程；③在掌握任何一种战法以前用小单或模拟交易反复试验总结，直到熟练掌握。不要用全部资金去试验一种还没有掌握的战法；④把自己原来的固有的非专业的思维模式去除得越干净进步越快；⑤我还是认为投资中心态控制是第一位重要的。

黄宇红回复于 2002-04-17.00：38：25

还好，初学只铁老师的理论时，我只学到了一招——认错。在自己实战中犯错误时勇于认错(在小错时)。在不断的犯错中不断认知自己、认知股市。现在已发展到用已认知的部分(包括股市和自己)来控制自己的投资；认知越多，机会越多，心态越好，错误越少。

冯慧回复于 2002-04-17.12：45：31

张显同学的这篇文章使我感到前所未有的理性分析，对我们这些初学者来说，理解并运用“功夫在图形之外”这一个层面是向只铁战法靠近一步，当我们这些初学者在没有扎实的基础就去做一些高难度的动作时，注定失败，好像学习芭蕾舞一样，没有扎实的把杆等单调无味的练习（这些练习就是帮助你找到肌肉的感觉），就没有在舞台上的精彩演绎，我们的学习要从最平凡最简单开始。张显同学给了一个很有可行性的操作方法，在此对张显同学表示深深的谢意！

只铁回复于 2002-04-17.19：02：38

大家都把股市说得太复杂了。我一再说过，巴菲特先生连技术分析的门都不愿意入，结果照样大大赚钱。所以，问题不在你们纠缠的这些地方！股市其实很简单。轻轻松松赚钱、快快乐乐享受！

李宏达回复于 2002-04-17.22：41：36

学习只铁战法的三个境界：①似是而非，形是神不是，此阶段多亏损；②柳暗花明又一村，此种境界多为残酷训练后所有；③精益求精，此为高手境界。

赵晓涛回复于 2002-04-18.01：26：43

我来谈谈想法吧。首先什么是只铁战法？我现在没有明确的答案。但可以肯定的是，绝对不是所谓的“涨停战法”。只铁老师的《新短线英雄》中没有像很多其他的股票书中说什么获利定式，这样那样的获利方法。我看到更多的是坚守纪律，炒股就是炒心的字眼。只铁老师的书写的很严谨，字斟句酌，只是我们在读的时候经常会不认真，断章取义，最终造成失败是必然的事情。

我觉得对于一个初学者而言，在学习只铁老师的一些投资方法时出现亏损应该是正常的，原因就是经验不够。比如有同学操作一些出货的庄股，自以为技术指标在低位，符合老师的战法，岂不知自己仅仅是片面理解老师的一些语句而已。这其实也没有关系，因为最终事实会证明你是错的。但错一次应该总结一次，另外还应该随着自己水平的进步，经常重温这些错误，这样，就会越来越减少自己犯错的机会。赔钱是痛苦的，但如果赔了钱还学不到经验，岂不是更痛苦？

关于形成自己操作风格：实际上我刚进只铁军校就问只铁老师一个问题，是要让大家都变成只铁，还是每个人应该有自己的特色，只铁老师的明确回答说应该是要有自己的特色。最近我也在学习用只铁老师的理念和风格去进行一些操作，当然也是以亏损的居多，这不能说明只铁老师是错的，只能说明目前我还没有掌握最终稳定获利所必须的一些知识及经验。所以说在形成稳定获利能力之前，用模拟操作或者小单操作学习，应该是比较好的方法。实战中，先尽量按自己熟悉的稳定获利的方法去操作。

我自己的经验而言，我研究新股和超跌反弹的时间最长，从 2000 年 9 月买第一只新股 000159 国际实业开始，后来上市的所有新股，加起来有 100 多只，每只新股上市之前我基本都会研究它的招股说明书，上市公告书，以及市场对该只新股的定位，最终和它的开盘价、定位、走势相比较总结，一年半下来，应该说积累了相当多的经验。但即使这样，离百战百胜还是有一定的差距。而对于超跌反弹，是从 2001 年 9 月开始学习总结，应该说经验更少，不过同样是有很多的收获。所以在这里，我只想说，只要下功夫，任何投资方法最终都会获得成功。所要做的，就是坚持不懈的思考和总结。……

王广远回复于 2002-04-18.04：29：15

老师的著作有很多，要把老师诸多书中的精华加以衔接、融会贯通，才能更好的理解只铁战法。无论多好的方法，如果不经过自己的反复练习、实践、揣摩，那么理解很容易流于肤浅，比如黑马窗口，有的庄家跳出来表演确实是实力强大，为了上攻；有的跳出来表演，却为了诱多。老师说黑马窗口仅是个线索，我们应该结合个股循环位置来分析，才会选出真正的黑马。

现在有很多庄家是反只铁战法来做的，比如 600095 的跳空带量上扬，如果从启动时的表面看，符合老师的跳空上扬战法，但尾市庄家砸盘，当日介入者全面被套，是老师的战法有漏洞？不是！还是我们在使用此方法时，没有全面的考虑 600095 的循环位置。就像黄逸生战友说的，我们用的是真正的只铁战法吗？许多人包括我自己还没充分理解、领悟只铁战法，出现错误在所难免。又比如老师反复强调的个股操作前提——大盘背景，在这轮反弹中，前半段时间，相信所有的人均有赢利，但后期大盘不好的情况下，在操作的，很容易把前期的赢利还给市场还要到赔，老师的战法我们确实严格的运用了吗？

姚欣鹏回复于2002-04-18.07：21：19

老师的理论是一套完整的思想和方法体系，任何片面的断章取义的理解都不可避免的招致失败，而要真正彻底娴熟的掌握必须经历无数次的实践。而在未很好的掌握老师的体系之前的实践，必须是实验性的实践，这样的实验性实践的目的在于以最低成本、最低代价为前提去磨合自身与老师的思想方法体系，最终使自身与老师的体系彻底融合，达到“枪就是手、手就是枪”的境界。这是我在学习老师的理论和读了张同学的文章之后的一点肤浅的看法。

黄逸生回复于2002-04-22.19：57：08

成功的投资＝严格的心态控制＋正确的资金管理＋过硬的技术功力。巴菲特成功是靠无比的耐心和正确的资金管理和对基本分析的专长，所以他就算连技术分析的门都没入，照样赚钱。我们要赚钱首先要在心态管理上下苦功，并且把其他两方面都研究透了，就能够轻轻松松赚钱了。请问老师我的理解是否正确？

张洪周回复于2002-04-24.13：14：03

非常赞同张显同学的观点。在初级阶段资金管理第一位。这是我实战中的一点体会。被张显同学说出来了。资金管理的好，才能小亏大赢，心态才能控制好，试问一个总是亏损的人，他会有一个好的心态吗？原来的亏损阴影在困扰他，在底不敢进，股价微调一点吓得就出局，而涨上来了却敢追，一追就被套。高手较量的是心态，低手呢？我看只有从资金管理上入手，来锻炼心态。张显同学为我们初学者提供了一个非常正确的，而且是切实可行的方法。他看到了问题的本质。

钱晨回复于2002-04-25.17：09：47

《易经》上有“三易”。一是变易，说的是“变化是绝对”的观点；二是不易，指的是在变化中总存在着一定的可以把握的客观规律(索罗斯的反射理论也不能不分场合去理解，并试图运用，毕竟反射性的存在是有基础的)；三是简易，说的是在把握客观规律的前提下，用大道若简的手段去运用解决；所以纠缠在战术或技巧上是不能解决根本问题的！唯有在自己的哲学形成并成熟后，从而确立战略，然后建立战术(技巧)，所谓“化腐朽为神奇”，高手可以手中有剑，心中无剑，人剑合一，乃至忘我忘剑，如羚羊挂角，无迹可寻，试问自己，很可能是连剑都没有学会用，拿的是剑刃啊，焉能不割伤自己！

孙子兵法上说“知己知彼，百战不殆”，今古几人曾会?！更何况是“知天知地，胜乃可全”，更是高处不胜寒了！……

唐健彪回复于 2002-06-03.00：18：40

好文章！只铁战法的迷人之处是能快速把小资金做大，这一点在《新短线英雄》序言中的几个事例已作了介绍，还可从近日又表彰叶军司令的业绩中得到明确答案。介绍这些的目的是为了激扬每个学生的斗志。从这一系列介绍中更应看到其背后付出的艰辛。这也是老师的真正本意。成功的投资有三方面的严格要求，我从 2000 年底进入股市，也在这时精读了《新短线英雄》一书，并将战法用于操作，成功率极高，经历了去年的股指暴跌后，使用后总体成功率根本不如从前，分析其原因我认为有以下几点：①初入股时，什么都不怕，从心态上说根本谈不上也不知道下跌的恐惧和上涨的贪婪；②2000 年底和现在大盘所处在的位置是明显不同的；③随着只铁战法的知名度提高、在庄家做盘时已经针对性地改变了一些做盘方法。……

屈罡回复于 2002-07-12.13：52：19

张师兄的文章写的精彩！先生的战法是实用战法，但先生写出来并不是要我们不劳而获的照搬套用。经典并非是完全的普适。我们能否因地制宜将它吸收转化为我们自己的技法并且随机应变的应用于实战才是最重要的。其实先生的实战技法更深的透视出的是市场各大要素之间的变化关系及其相关的市场意义。这才是我们应深刻理解和领悟的。

纵观先于我们成功的师兄们可以了解他们绝不是照搬套用如同先生捉着他们的手来写字般成长的，他们更多的是承袭着先生的精神而靠自己的刻苦努力而达成的。这也正是先生著作的真正核心。

于猛回复于 2002-07-13.06：00：43

千万不要忘了只铁老师在《新短线英雄》最后列举的一些经典的书籍，我们应该深刻体会老师的良苦用心，如果把这些书都反复读透，弄懂，反过来再重新学习只铁系列战法，也许，有些问题会迎刃而解。

时永强回复于 2002-08-30.13：48：36

开始我是读书，读老师的《新短线英雄》，读了几遍，好像和自己的一些观点很契合，觉得很有收获，好像一下子掌握了股市的制胜法宝，跃跃欲试。冷静了一下，我还是控制住了自己，每天做日记和做模拟，像实战一样操作。经过本次小盘股的涨跌，才觉得自己根本没有掌握什么东西，鹦鹉学舌而已，更糟糕的是，学习反而增加了自己的盲目乐观。现在我抄完了一遍书，却发现自己更加的浅薄，原来以为自己心态比较好，实际上，没有过硬技术水平的支撑，心态是不可能好的。如果谁在技术没有把握的情况下居然说自己心态好，现在想想真是不负责任的。也就是说还不如心态不好的，因为你还没有投入，连心都没有静下来，或者说还是很淡漠。我不相信这样能做出什么事情来。军校的试题很好，原来我觉得题目很简单，一天就做完了，现在我想，一天做完是给老师看的，这些题，不知什么时候才能做完。要理解书中的内容，没有那么容易，要大量的看盘和实际一样的模拟操作，同时也要补充很多相关的知识。纸上得来终觉浅，绝知此事要躬行。好在我们有这样一个地方，大家要珍惜才行。

(六)学习体会

(下文选摘自“只铁股票实战初级军校”叶军整理的施凯同学的文章)

施凯的学习体会

施凯学友是我在成都参加只铁老师面授强化训练时认识的同学中最年

轻的一位。这几天听他说了一些学习的心得，极为推崇，他的悟性很高，学习很刻苦，值得我好好的学习。因为他要照顾住院的亲人，所以由我把他的学习心得摘录下来：

由于来成都参加只铁先生面授强化训练之前，从没接触过如此完整、系统、先进的投资体系，包括对道氏、江恩、艾略特等经典投资理论更是知之甚少，很是惭愧。只拜读过老师的《战无不胜》、《短线神枪手》、《短线英雄》、《铁血短线》，在没有很好理论功底，没有全局感的情况下，没有能好好的领悟老师的兵法和战法，凭着学到的但自己似懂非懂的技法，在没有有效的操作系统和资金管理的情况下操作，失败真的是必然的。胜兵先胜而后求战，败兵先战而后求胜。

最近在医院陪伴亲人其间，因为看不到盘，所以一得有空闲，粗略地阅读了《股市晴雨表》、《混沌操作法》、《艾略特波浪理论》、《孙子兵法》和成都学习笔记，因为没什么时间，基本上都是晚上在医院的走廊上看的，所以对成都的学习知识有了一点消化吸收和领悟认识。

我读《孙子兵法》，对其运用到股市中，对成都的学习和对寻宝图的一点领悟。

1.心态控制

我认为心态控制应理解为同一个人不同角色之间的转换。“耐心、细心、决心、狠心”，四心就是四个不同的角色。

(1)耐心：在研判分析个股和大盘时，其心态应为指挥作战的最高长官的角色，对大盘和个股不同位置之间的矛盾的对比，风险和收益的对比，用战略和战术的眼光研判能不能参战，有没有获利机会，在大级别上对空间和时间进行分析，进而分析获利机会的大小决定资金投入的规模及作战规模，这对应为耐心，耐心等待有利的战机，发现异常情况个股，耐心等待其图形定型，等待好的图形出现。分析庄家的做盘思路，分析个股的技术意义和市场意义，做到与庄家同步，不与庄家蛮干，他要向上拉，我们跟着参与，他要调整，我们顺从他，空仓或持仓观望。还要能抗拒日间杂波的干扰和诱惑，做自己能把握的事。

(2)细心：在制定操作系统的时候，其心态应为参谋长的角色，快速反应制定极其详细的作战方案，对作战规模(即资金管理)的大小进行客观的定性定量，以及具体的作战时间及持股时间的定性定量，制定出应对方案和措施，对进场点位，出场点位在技术上做到客观化、定量化、精细化和可操作化，考虑的越细致在临盘时反应就越好。

(3)决心：在执行操作系统的时候，其心态应为士兵的角色。不犹豫，不幻想，不恐惧，只是根据操作系统执行任务，没有感情因素的干扰，速度要快，干净利落，像机器人一样。

(4)狠心：在执行操作系统完成后，其心态应为客观的看自己，从研判分析到制定操作系统再到执行情况。如成功，应检查分析原因，看看是否还有更应完善和改进的地方(也就是完善技术分析和完善交易系统)；如失败，更应检查分析原因，看问题出在什么地方，是研判的问题，是操作系统的问题，还是执行的问题?哪里出的问题就追究责任，做到丝丝入扣。如果是心态出了问题，就要下狠心处罚自己。现在我才有点理解老师“不但要看对更要做对”这句话了。

2.资金管理

我理解为就像作战时排兵布阵一样，中大资金一定不能一次性满仓，一定要有保护资金，资金管理就像战斗机基本队型中的三角形阵型一样，一架机在前迎战，旁边有两架僚机进行保护和协同，“试验性仓位，保护性仓位，追击性仓位”就是一个非常好的三角形阵型。此外，良好的心态控制、严格的资金管理和过硬的技术功力也是一个完美的三角形。

一次成功的投资操作就是一次战役，在寻宝图中的B阶段(上升阶段)，对应其上升阶段中的1浪、3浪和5浪，小资金大胆投入进行中线操作，在2浪、4浪回避调整，在A阶段筑度阶段和C阶段盘头阶段小资金进行短线操作，在D阶段下跌阶段，小资金展开超级短线操作。

3.技术功力

技术功力的高低只能靠苦练勤悟。通过小单(可以是一手)大量的进行实战操作，杀跌买卖操作，优化操作系统，形成条件反射，就能较好地抗拒干扰和诱惑(实盘训练是老师等顶尖高手的训练秘诀)。像《短线英雄》书中所说那样，大量的看图背图悟图：月线、周线、日线、盘面等等，并对比大盘、同板块其他股只等等。

我阅读《股市晴雨表》、《艾略特波浪理论》、《混沌操作法》、《战无不胜》后，我认为股市中其实只有两只股票，一只是大盘，另外1000多只股票其实对应寻宝图就是一只股票，只不过这1000多只股票在寻宝图中位置不同罢了，有的在筑底，有的在上升，有的在做头，有的在下跌出货，所以大盘所处的位置很重要，大盘上升个股上升，小资金重仓参与；大盘上升阶段中的调整状态，个股上升，短线谨慎参与；大盘在盘头和下跌中，不能重仓长时间参与。就像开车一样，什么路段什么时速就换什么档，路段速度不快就不能用5档。

我现在还没有大量看盘和背图，所以我现在的操作系统只能有两个，追涨和杀跌。整个操作思想就像游击战一样，只要大盘不在下跌趋势中，个股主升段中2浪4浪调整结束就参与，谁先调整先结束就参与谁，谁是龙头就参与谁，要严格按照抢反弹来做，持股时间不超过3天。当然这其中需要刻苦的训练和领悟了。

我对时间和角度的理解还很少，但我认为这三者的关系在特定的时空背景下应该能定性和定量，比如江恩认为股价以45度的运行方向是正常的，大于或小于45度就说明受到拉力和重力的作用(大于45度多常见于热点板块中的龙头股，这是超常态，显示庄家无比的决心以及市场的热烈响映，参与它获利空间相对就大；小于45度角说明这只股票运行速度较慢，短线参与获利空间相对就小)，在这方面我认识还很少，又怕入了误区，因此还要多下苦夫！

上次在只铁股票实战军校的帖子中钟海涛同学指出我应多考虑股市本质的问题，本质问题搞清楚了，现象也就看得懂了，他说的很有道理，他的理论功底比我强。通过这段时间的学习，我对市场上一些人所说的“庄家的想法就是股市本质”的说法不是很认同，我认为股市运动的本质引导庄家的思路和制约着庄家的行为，庄家如果违背股市运动的本质规律，就会在诸如出货环节上遭到极大的失败。

(七)只铁论魔鬼式残酷训练

只铁发于 2002-09-03.17：34：46

世界上有三种人，从成材的角度看：

1.天才。他们的成功有着特殊的规律，这是上苍对人类的恩赐。

2.傻瓜。没有任何办法训练他们成功！至少我没有。换句话说，他们不需要训练。

3.普通人。严酷的军事化训练方法。残酷训练、铸就成功！

我自己是普通人，因此我选择了残酷训练战胜自己的方法，我的有自知之明的学生也选择严酷的军事化训练方法。综观历史，从人类有战争以来，军队就进行着最为严酷的训练，因为他们要在残酷的战争中生存下去，而不是像普通老百姓一样安享太平。股市是战场、资金是士兵！爱兵如子，残酷训练。

是傻瓜、是天才、是普通人请同学们好好对照。现实生活中，思想的巨人很多，行动的矮子也不少。胜人者力、胜己者强。老老实实、踏踏实实是军校提倡的学风。

季晨回复于 2002-09-03.18：00：48

高手之所以少的原因在于，知识转化为能力的过程极为复杂(甚至是磨难)，而太多的人不愿经历它，或是在这一过程中无法坚持到底被淘汰。而这一过程又是前进途中必须经历的，没有人能替你完成。这就是老师强调的“训练”。

冒纪清回复于 2002-09-03.19：26：44

有谁在生活中见过不借助外力或物而能漫游天空的人？但有一种状况可以，那是在梦里！脚踏实地是我们通向成功之颠的必由之路。抄书就是我们踏实作风的开始。

王雷回复于 2002-09-03.19：53：52

用叶军的一句话：试问你自己比谁聪明？值得反思啊！思想是前进的灯塔！

张拥军回复于 2002-09-04.07：13：31

股市光说不练永远不能成功，只能成为股评家。两万五千里长征不是光有决心就能走完的，他需要一步一步无言地走下去。

黄睿回复于 2002-09-04.13：02：56

人与人之间、弱者与强者之间、大人物与小人物之间最大的差异就在于意志力量，即所向无敌的决心。一个目标一旦确定，不在奋斗中死亡，就在奋斗中成功。具备这种品质，你就能做成世界上任何事情，否则，不管你具有怎样的才华，不管你身处怎样的环境，不管你拥有怎样的机遇，你都不能使一个两脚动物成为一个真正的大写的人。——摘录(英)福韦尔·柏克斯顿与军校同学共勉。

梁曦月回复于 2002-09-05.01：49：49

曾经以为自己是天才，当了 10 多年的傻瓜后才踏踏实实地做起了普通人，今天为止用了 5 天的时间写完了作业，感觉做普通人才真正开心，真正成功的路是由普通人不普通的努力铺设的。

(八)吃苦

(下文选摘自“只铁股票实战初级军校”曾亮同学的文章)

吃　苦

曾亮发于 2002-05-27.16：15：36

老师经常用一句话与我们共勉，不吃苦中苦难成人上人。是啊，我曾经也当过兵，当兵的人都以苦为乐，其实我是一个文艺兵，在很多当兵的眼里，都十分羡慕我们，认为我们一天到晚除了吹号，就是吃饭睡觉，但在我的脑海里回忆起这段往事，真是五味俱全。都说新兵连苦，其实我到了军乐队才知道苦。记得我刚拿上号的时候我才知道其他的战友都是特招兵只有我不会(主要由于在新兵过元旦、春节时，我的歌很让官兵喜欢再加上优异的表现，政委才让我破格留下)，没想到吹号是一件难事，教导员后来专门给我请来一位老师，让我学习，这样我的魔鬼式训练开始了。每天早上 5 点起床，晚上 1 点睡觉，每天下午坚持跑 5 公里。好不容易能从 1—7(当时兰州正下大雪)，我的老师找到我，让我从 1—7 吹一遍，哪知我紧张的一吹第一个音就走了样，老师用手狠狠拍到号上，由于当时号还在我的嘴上，这一打，我已深深的感到嘴里在流血，但老师不让我停下，让我继续吹，谁知第 2 个，第 3 个，第 4 个……后来老师见我的嘴的确肿的不行了才让我停下，他并没有安慰我，只让我回去好好反省反省，他下个月再来找我。他走后，我含着泪看着他远去的背影……后来我每天 4 点起床，1 点睡觉每天下午跑 2 个 5 公里，就这样一个月过去了，老师再来找到我，看着我的下嘴唇，对我说是吹破的吧!我点了点头，他笑眯眯的对我说，你已经成功了，等你吹破的地方好了以后，你就成了“铁嘴”了，今后怎么吹都不会破了。老师对我很严格，是要我知道吃苦是成功的关键，后来在老师的指导下，很快掌握了技巧，指法十分流畅，音色十分美(就像以前的东方明珠。现在的深深房从建仓、震仓、拉高、出货 4 个环节像小河流水细腻流畅)，这时我才真正感觉到耕耘后的大丰收，回到家以后，看了只铁老师的书，我发现我又找到了一个好老师。刚开始我遵照老师在书上讲的对经典股谱的背诵，写交易日记等等的要求，并且我每天看书，理解 1～2 遍，几乎每天工作到深夜。后来进了初级军校又看见老师让我们抄书，于是在做完上面的一切之后，就开始抄书，每当我想放弃时，都会想起当兵的这段往事和在我临走时教导员对我说的一句话“当兵的人不怕苦不怕累，只怕对自己没个交代。”于是我又认认真真的学习起来……现成效十分明显，在此我十分希望大家以吃苦为乐，以吃大苦为荣，不辜负老师的一片苦心，让我们向我们共同的目标前进，前进，再前进。

只铁回复于 2002-05-30.02：15：29

人家不能吃的苦你吃了，就该你成功！

五、炉火纯青，出神入化

(一)惊心动魄世纪之战——香港恒生指数保卫战

2001年8月，一位身份特殊的人士拜访了我的助手，言谈中述说了他在1998年8月震惊世界的香港恒指保卫战中跟随索罗斯香港办事处放空恒指期货(其交易指令直接来自于索罗斯办公室)，亏损3亿港币的事情，也勾起了作者对那场惨烈战役的回忆。当时香港政府英勇应战，以无比的智慧，成功地捍卫了自己的尊严。时过境迁，恒指保卫战已成为辉煌的历史，但在亲身参与者的记忆中，仍然惊心动魄、历历在目……

在这场旷世罕见的世纪金融大战之中，全世界的投资者都真切地感受到了金融市场不是战场，却胜似战场的残酷与惊险。多空双方参战兵力银海金山令人咋舌，价格争夺空前惨烈。多角度、多层次、全方位的攻防变换，使这场世纪金融决战凸现了崭新的立体战争样式。

在这场错综复杂的世纪金融立体大战之中，股票指数期货作为多空双方厮杀的最重要武器，在它诞生仅仅才16年的短短历史中，却镌刻下了惊天动地的一笔。

在中国已经正式加入WTO和统一指数期货即将推出的今天，回顾这段惊心动魄的历史，意味极为深远……

1.悲壮回顾——一招的恶果

香港回归之后仅仅才18天，1997年7月18日，国际投机商利用菲律宾比索贬值的机会，开始试探性攻击港币，当日港府应战，在货币市场中买进10亿港币。7月21日港府再次买进大量短期票据。这个回合港府仅用上调银行利率的方法就简单地击退了国际投机商对港币的进攻(图3-12)。

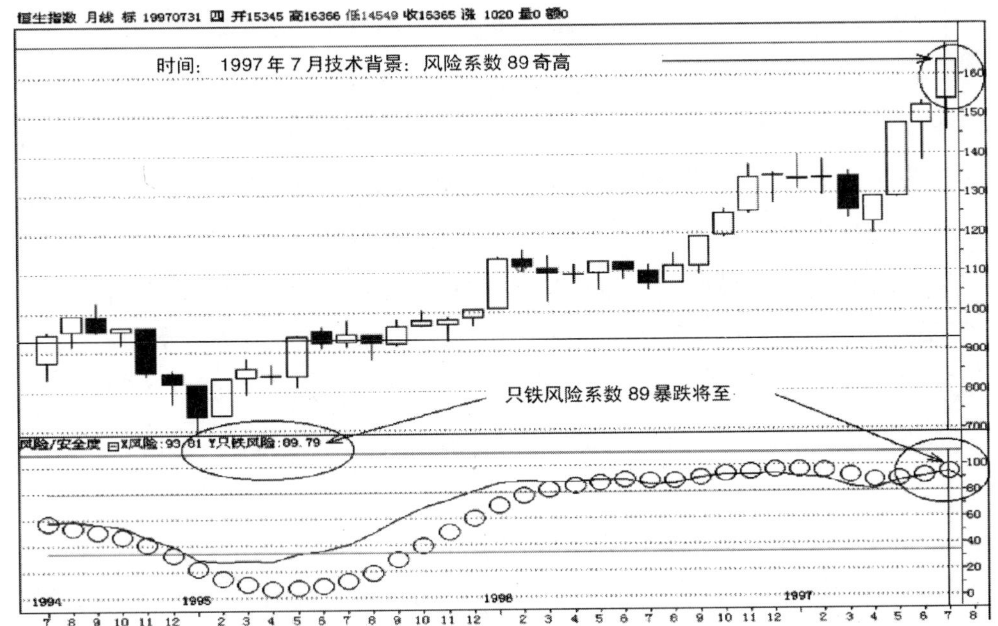

图 3-12 1997 年金融风暴的技术背景

1997 年 8 月 14、15 日两天，港府在不同市场上均发现一些对冲基金在大手卖空港币，港元对美元汇率不同寻常地快速下跌，同时，港元远期汇率也跟随下跌。国际投机商利用印尼盾宣布自由浮动的消息，又一次对港币展开了攻击。而且国际投机商进攻的范围也从汇市扩大到股市、期市、汇市等多个战场。在金融工具的运用方面，包括了外汇现货和远期外汇合约等多个金融品种。

面对国际投机商抛售 40 亿港元的狙击行动，香港金融管理局迅速进行了反击——提高银行的短期贷款利息，促使银行交回多余的头寸，让国际投机商只能高息求借或直接以美元兑换港币。从而逼迫国际投机商在货币市场上以极高的贷款成本进行平仓。

但是，恒指却从 1997 年 8 月 14 日的 16497 点跌至 1997 年 9 月 1 日的 13425 点，下跌 3000 多点，跌幅近 20%。最为严重的是，市场信心和社会舆论出现了不利于香港政府的倾向。

1997 年 10 月 17～22 日，国际投机商利用新台币主动贬值 3.3%创 10 年新低的契机，开始总攻港币。19 日，港股暴跌 630 点，击穿 13000 点。21～22 日，国际投机商全力抛空 1000 亿港元，对港币进行凶狠打击。

为了重挫国际炒汇投机商，香港金融管理局抽紧银根，23 日隔夜拆借利率一度曾飚升至 300％（按年率折算）。高息尽管增加了国际投机商的炒汇成本，但也再次重创了股市，市场上抛盘如潮，23 日当天大跌 1211 点，跌幅达 10.4%，成为历史上第八大跌幅，港股盘中曾经一度跌破万点大关。短短的 7 个交易日恒指共跌去 4542 点，跌幅竟然高达 33.4%，场面真是惨不忍睹。10 月 28 日恒指更是暴跌 1438 点，再次创下日跌幅深达 13.7%的历史纪录。

10 月中旬，恒指期货未平仓合约达 6 万张，这意味着短短 7 个交易日内，国际投机商在股票指数期货交易中的浮利已超过了 136 亿(4542×50×6 万)港元，获利巨大！

此后，在 1998 年 1 月 12～16 日，1998 年 6 月 12～17 日，国际投机商又曾两次攻击港币，规模分别为 230～310 亿港元和 78 亿港元。

在 1997 年东南亚金融风暴中，国际投机商对港币联系汇率的冲击虽然未获成功，但却找到了一条绝好的生财途径。那就是佯攻汇市，实攻期市，通过利率上升引发股市下跌，使其股票指数期货的空头仓位获得暴利。

而在“积极不干预”自由经济的政策下，港府所能采取的操作手段，只能是以利率调节为中心，以捍卫港币汇率稳定为目标的简单操作模式。而单纯以提高利率挟息的方式来捍卫联系汇率制度的代价是异常惨痛的——股市、期市、楼市暴跌……金融运行体系摇摇欲坠、危如累卵。

相反，国际投机商却采用在汇市放空即期港币、远期港币，股市抛空股票现货，期市打压恒指期货等立体组合式手段，利用按金杠杆比率的放大效应，将在汇市上亏空的资金从股市和期市中，用以小博大的方式加倍的轻松赚回。

香港因此也被戏称为国际投机商的“提款机”，而金融管理局局长任志刚则被讥嘲为“任一招”，即只有加息这一招办法的意思(图 3-13)。

图 3-13　1997 年金融风暴香港成为提款机

2.四面楚歌——最后的孤岛

1998 年的香港恒指保卫战，并不是一个凭空产生的孤立事件。它是 1997 年发生并持续了一年之久的世界重大经济事件——东南亚金融风暴的一个重要部分，也是这场惊心动魄的金融风暴的最高潮。

从泰国开始的多米诺骨牌效应，导致了整整半个世界的金融泡沫破灭。而泰国和东南亚诸国如菲律宾、马来西亚、印度尼西亚以及新加坡等国家的经济结构相同或者相似。泰国既然已经倒下，其他国家和地区又岂能幸免于难？

随着发端于泰国的金融风暴的蔓延，东亚的韩国与日本也在劫难逃，最终俄罗斯经济全面恶化，半个世界都在无情的风暴中呻吟，受害国家的经济至少倒退 10 年，其损失之巨大远远超过一场局部战争。

全球最大的华资投资银行、辉煌一时的红筹股之父梁伯韬领导的香港百富勤也因专业化投资管理方面的不足在这场灾难中轰然倒闭，成为牺牲品，令人扼腕慨叹。

在东南亚的这场灾难中，唯独香港，没有倒下。香港经济赖以生存的基础——联系汇率制度，仍然发挥着它经济之锚的应有作用，但香港政府为此付出的代价也是极为惨重的——股市暴跌50%。因此，香港成为国际投机商眼中最后、也是最美的一块肥肉。

3.力量对比——立体化组合

1)国际投机商的战略布局

佯攻汇市，主攻股市和期市。即先以较低的成本收集港币，买入远期美元，同时在恒生指数期货上部署大量的空头仓位。一旦时机成熟，国际投机商就买空囤积的港币现货来对港币汇率展开攻击，希望香港金融监管当局为稳定港币汇率而采用挟息的手段，提高利率继而引发股市和股票指数期货价格的大幅下挫，使其早已部署的股票现货和股票指数期货的空头仓位获取暴利。而股票现货和期货市场价格的持续、大幅下跌，也将引发投资者对香港整体经济的信心危机，进一步引来针对港币的抛售狂潮，最终香港的联系汇率制度将被一举击溃。真是布局巧妙，算盘精到！

国际投机商在香港市场上采用的标准操作次序是：卖空样本股票→卖空利率期货、港币期货→卖空恒指期货、期权→同时大量卖空港股。这套立体组合战术的目的，就是在汇市、股市和期市这三个主要的关联市场中，全方位地对特区经济进行毁灭性的打击，以达成其获取暴利的目的。

2)国际投机商的战斗准备

在外汇市场上利用1998年上半年，某些国际金融机构在特区发行港币债券300亿港元的机会，以对冲基金为首的国际投机商成功地以13%的年利率，低息借到了大量的港币现货筹码。在持有大量港币现货筹码的同时，又买入大量的远期美元以对冲风险。据报道仅索罗斯的量子基金就持有30亿美元左右的1999年2月期美元远期多头合约。国际投机商对港币现货和美元远期合约双管齐下，一旦攻击港币得手，他们在港币现货空头与远期美元多头都将获得利润。

在股票指数期货市场上，国际投机商充分利用按金交易杠杆放大效应在盈利中的显著作用，将股票指数期货设计为立体式投资方案中的核心手段。

早在 1998 年 7 月，国际投机商即开始悄悄地在恒生指数期货上搜集空头筹码。7 月底 8 月初的恒指未平仓合约增加约 1 万张，且还有继续增加的趋势。此时，股票指数期货市场成为国际投机商排兵布阵、重兵云集之地。

从 1998 年 7 月底开始，已经准备停当按捺不住寂寞的国际投机商开始对与港币相关的各个市场不断地进行小规模试探性攻击。

首先他们在全球各个主要汇市对港币发动攻击，同时也持续在香港市场上进行直接打压：

其中 1998 年 8 月 5～6 日，分别抛售港币 200 多亿港元，直接造成港币利率的上升和香港股市的下跌，银行短期同业拆借利率一度高达年息 13%，恒指大跌 917 点。1998 年 8 月 10～13 日已获利丰厚的国际投机商变本加厉，仍然不肯罢手，沽空打压行动更加凶猛，恒生指数的 6500 点大关(图 3-14)已经岌岌可危、命在旦夕……

图 3–14　1998 年 8 月 13 日恒指 6500 点大关危在旦夕

3)特区政府的思想准备

联系汇率制度事关香港经济的生死，是稳定香港经济的基石。作为一个秉承多年自由经济理念的政府，此时入市干预，展开反击，无疑要承受巨大的内外压力。但香港政府面对国际投机商的猖狂进攻，只能也必须背水一战，正所谓“两害相权取其轻”，生存重于自由！

与1997年东南亚金融风暴中，国际投机商狙击港币的行为有所不同，香港政府有充足的证据证明1998年8月的港币狙击活动是国际投机商蓄谋已久的行为。

如果香港政府仍然采用挟息一招，来应对国际投机商就等于纵容其更加肆无忌惮地攻击香港特区的金融市场。最终，香港特区的联系汇率制度仍然难逃灭亡的厄运。很显然，因措施不变，只有死路一条。

对于特区政府而言主动放弃联系汇率制度，也是一条不归路。香港特区外向型的经济模式，要求汇率必须稳定，联系汇率制正是最佳选择。失守联系汇率，香港特区经济的小舟就只能在汹涌的大海上颠簸流浪了。

香港虽然面临经济衰退，但仍有能力进行平稳的主动调整。如果自动放弃联系汇率制度，听任国际投机商肆意劫掠，特区经济有可能陷入万劫不复的灭顶之灾中。

外部环境虽然险恶，也决非毫无支援。特区政府与亚洲多个国家的中央银行签订的双边回购协议，保证了特区政府的流动资金供应。中国内地在1998年成功地稳定了人民币的汇率，是对特区经济最大的支持。

另外，中国政府高官在不同场合针对国际投机商散布人民币贬值、特区联系汇率制度即将崩溃的谣言进行了坚决反驳，发表支持港币的言论。

有中国政府这座强大的靠山，再加上当时大陆和香港两地——大陆1400亿美元和香港918亿美元的外汇储备作为坚实后盾，特区政府完全可战。

要放弃坚守多年的信仰，用全新的理念行动，决心委实难下。这需要的不仅仅是勇气，还需要对形势准确的判断和充满洞察力的智慧。特区政府在大战之初，就准确地抓住了这是一场投资信心争夺战的本质。只有在国际投机商出没的所有市场上，都给以迎头痛击，彻底摧毁国际投机商获利的信心，斩断国际投机商伸向香港的魔爪，才能挽狂澜于既倒，真正地挽救香港经济。

1998 年 8 月 13 日，香港特区政府首长董建华及财政司司长曾荫权、金融管理局局长任志刚和财经事务局局长许仕仁等彻夜开会，认定国际投机商的目的必是彻底摧毁特区经济而后快，香港金融市场已处在国际投机商黑手的操纵之中，特区政府的入市对抗已成当务之急，没有选择余地。

4)特区政府的战斗准备

投入资金：开始估计仅需 200 亿元港币左右的资金，但最后实际动用了 1000 亿元港币资金。同时，也向有港币的机构劝告，切断国际投机商的弹药补给来源。

迎战策略：公开应战，以堂堂正义之师迎战国际投机商。这样虽然使特区政府压力倍增，可能成为孤军，但却符合“三公”的自由市场经济原则，以期能够尽量减少对于特区自由经济环境的负面影响。

战略战术：在国际投机商出没的所有市场全线应战，作战重点在其妄图获取暴利的期指市场。

5)作战武器、立体组合

1998 年 8 月的香港金融保卫战，是多种金融工具综合运用的立体战。在这次战役中，不仅交易规模达到了前所未有的程度，而且其涉及的基础性金融工具和衍生性金融工具也基本囊括了目前资本市场中全部成熟品种。在此次大战中，多空双方运用多种金融工具，针锋相对精彩较量，是全球金融实战中极为难得的经典之作。

即期外汇：国际投机商共抛售了 400～500 亿港元的现汇，用以直接攻击港币汇率。其港币来源为借入国际金融机构发债所得、套现股票所得和向银行告贷。他们利用全球外汇市场，对港币进行 24 小时轮番攻击。

特区政府针对国际投机商运用即期外汇工具攻击香港联系汇率的作法，针锋相对、双管齐下，先是直接运用即期外汇工具，通过外汇基金购入港币化解抛压；同时抬高港币利率，增加国际投机商的融资成本。

在实战中，金融管理局还以银行同业流动资金结算预测的方法提高透明度，以减少市场的心理恐慌。这些稳定利率措施的采用结果使国际投机商从股市和期市中空头获利的企图遭到彻底失败。但我们必须看到的是，由于该工具未启动杠杆，汇率波动也有限，因此并不能成为判定多空双方生死的工具。

远期外汇：国际投机商共买入约 150 亿美元的远期美元，其战术为借远压近，同样给港币造成贬值的压力。

特区政府同样以两手应对。直接运用远期外汇工具，买入远期港币并提高港币拆借利率，迫使远期港币汇率一度升至 1∶7.742 的新高。但远期外汇在 1998 年 8 月的金融大战中交易规模不大，也仅为辅助性的战场。

股票现货：国际投机商采用的战术是借股砸盘，打低指数，企图一方面在低位补仓获利，另一方面则使部署好的股指期货空头头寸获得暴利。

特区政府则动用外汇基金，有针对性地狂扫占恒指期货权数较重的蓝筹股样本股，抬高指数。同时以道义劝告的方式，对现货长线多头发出停止融券的请求，以切断国际投机商砸盘弹药的来源。与此同时，特区政府还注意控制了调控利率对股票现货市场的利空打击，使利率上升有限，因此对股市造成的影响不大。

股票现货这一金融工具，也只是辅助性的战场，多空双方的战斗是以争夺恒指期货合约的结算价格为目的的。

恒指期货：这是此次香港金融保卫战中，国际投机商费尽心机设计的要害。由于恒指期货的杠杆特性，在国际投机商狙击方案的设计中，它成为首选的获利工具。国际投机商的战术就是抛空 8 月恒指，主观上希望特区政府为捍卫联系汇率制度而加息的技术动作会导致股市大跌，结果并未如愿。他们在港府奋起反击，眼见阴谋难以得逞之际，又企图持久作战(犯兵家大忌)，贼心不死地转仓 9 月合约。

而特区政府则一方面坚决地买入 8 月份的恒指期货合约，另一方面极有策略地适时放空 9 月恒指合约，刻意使现货与期货合约的基差拉大为 -651 点。如此一来，国际投机商的转仓成本大增，遭致沉重的打击，元气大伤。

4.眼花缭乱——生死大决战

1)暗中较量——7月底的暗中试盘较量——8月13日，港府不利

前文讲述了从1998年7月开始，国际投机商便不断在恒生指数期货上排兵布阵搜集空头筹码(图3-15)，使股指期货成为了国际投机商重兵云集攻击香港的主战场。

1998年8月5日三月期港元利率期货成交量大幅飙升，创出8305张合约的历史记录，较1997年10月17日金融风暴期间创下的6673张合约记录多出1632张，未平仓合约数在1998年8月13日已累积至34809张。在8月6～7日，对国际投机商卖空港元期货高达200亿港元。

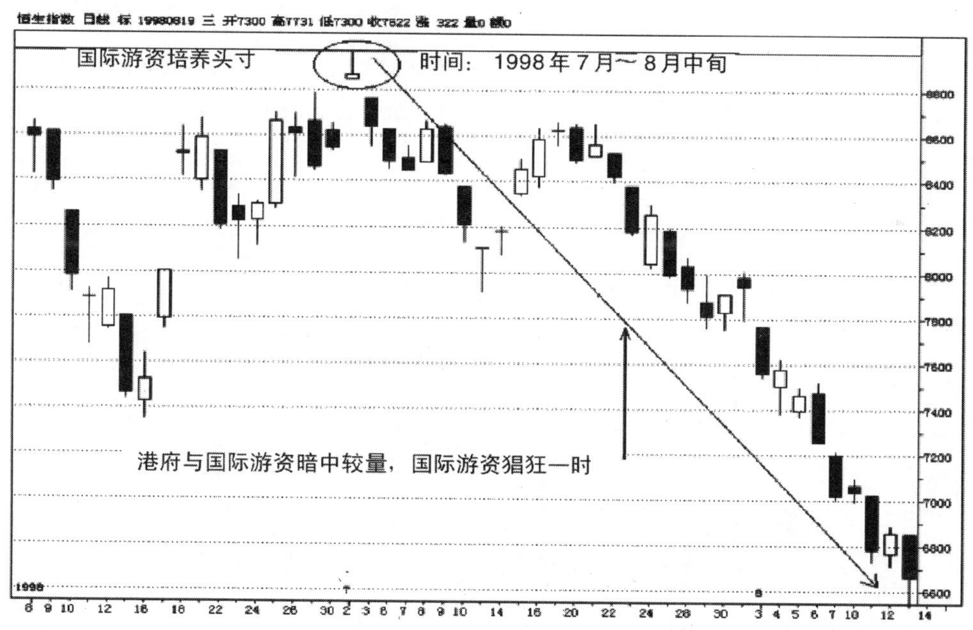

图3-15 国际投机商大规模收集子弹

1998年8月5日道琼斯指数下跌近300点，美国股市大幅下挫。国际货币炒家趁机对港币进行攻击，半天时间在香港货币市场上就沽出290亿港元，特区金融管理局利用外汇储备接走了其中近240亿港元抛盘。

然而，此时日元也疲软到了极点(图 3-16)，对美元的汇价大幅下跌到 1：147 这样的历史低点。这更加坚定了国际投机商看空港币压大赌注的信心。

在 1998 年 8 月 6～7 日，国际投机商再次沽出近 200 亿港元巨大抛盘对港币进行凶猛攻击，至 8 月 13 日，恒生指数收报 6660 点，创下五年来新低，市场异常悲观，5000 点将破的看法几乎成为主调，形势已经万分的险恶了(3-17)。

2)公开宣战——港府堂堂之师全面反攻，一举扭转不利战局

世界金融的历史终于定格在 1998 年 8 月 14 日这个历史性时刻，香港金融多空大决战的帷幕慢慢地拉开了……

香港恒指保卫战分为试探、攻防、决战三个战役阶段(图 3-18)：

1998 年 8 月 14～17 日多空双方互摸虚实——试探阶段；

1998 年 8 月 18～23 日多空双方相持，你来我往各出奇招——攻防阶段；

1998 年 8 月 24～28 日多空双方生死相搏尸横遍野——决战阶段。因为 8 月 28 日是 8 月恒指结算日而成为多空双方的总决战日。

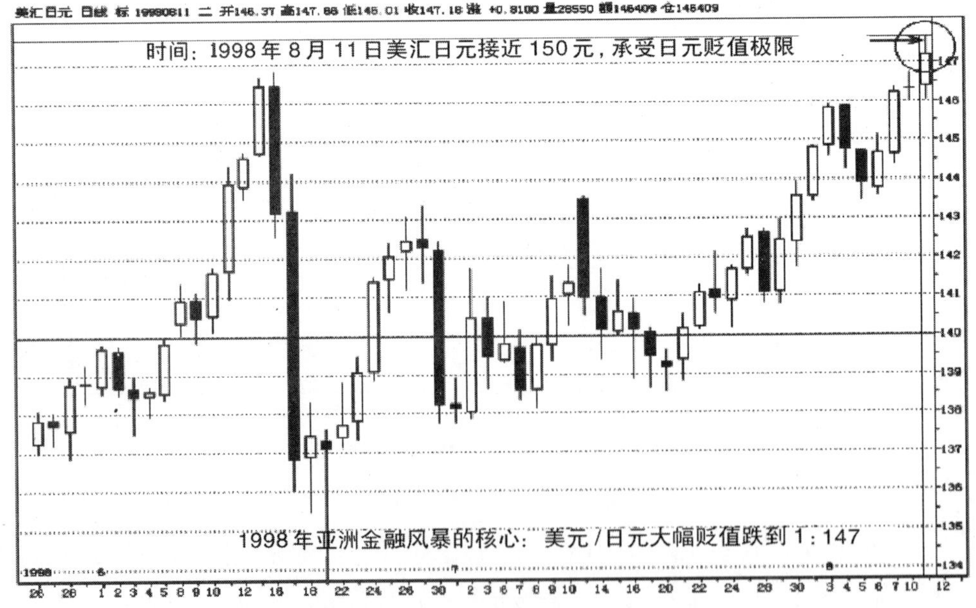

图 3-16 日元大幅贬值接近 1：150 极限

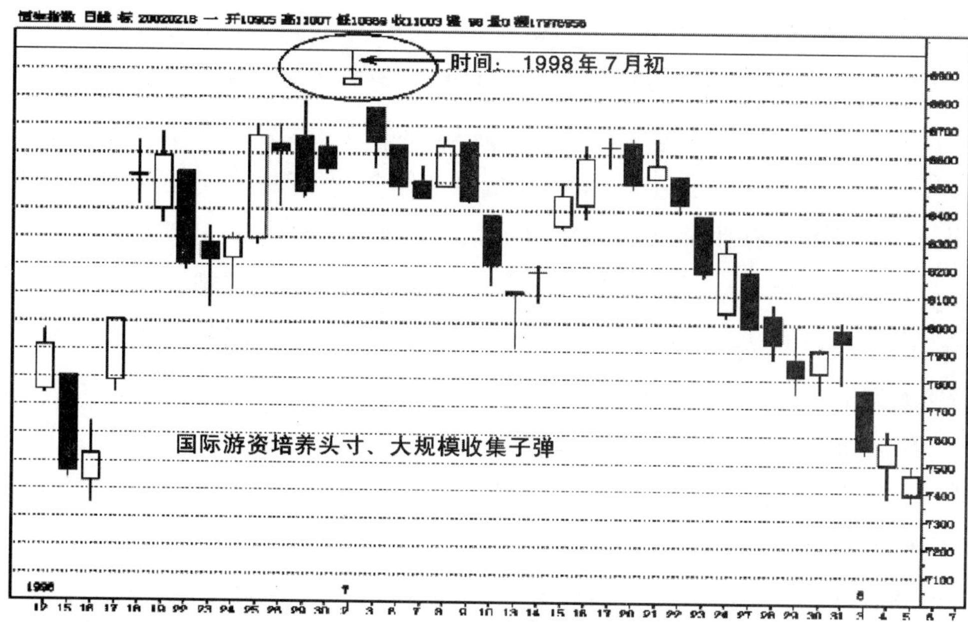

图 3-17　多空双方暗中较量恒指创下五年新低

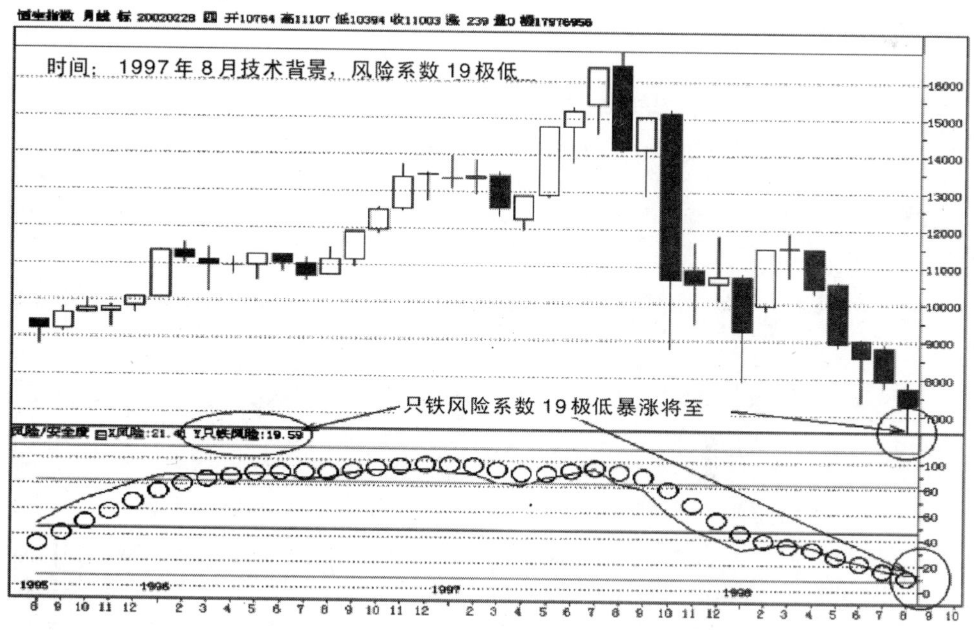

图 3-18　1998 年 8 月金融风暴的技术背景

•试探性阶段：1998 年 8 月 14 日

8 月 14 日星期五。港府变招，迎击国际投机商。上午 9：30 联交所开市前半小时，香港证监会主席梁定邦接到财政司司长曾荫权电话通知——政府将入市反操纵。早上一开市，奇怪的事情就发生了：恒指重磅样本股——汇丰银行有如神助，一路盘升，上午 11 时已收报 157 元，涨 6 元多。中午，市场已有“政府外汇基金将入市”的消息在传播。下午股市续升，没有任何回吐，汇丰银行股似有无穷无尽的买盘。当日汇丰银行股占总成交近 1/3，上升 4.6%，收报 158 元。

由金融管理局局长任志刚亲自督阵，香港外汇基金开始大举入市，通过和升证券、中银证券和汇丰证券三家经纪行，特区政府在股市、汇市和期市全面对国际投机商开战。

港府操盘手不问价格，在股票指数期货市场上针对恒指期货合约、在股票现货市场上针对蓝筹股大举扫货。在股票现货市场上，中银证券和汇丰证券攻击的目标是银行股，其中，又以汇丰银行为主攻方向。和升证券则主攻四大地产股，同时狂扫香港电讯。香港政府在货币市场上再度提高同业拆借利率对国际投机商展开夹攻(图 3-19)。

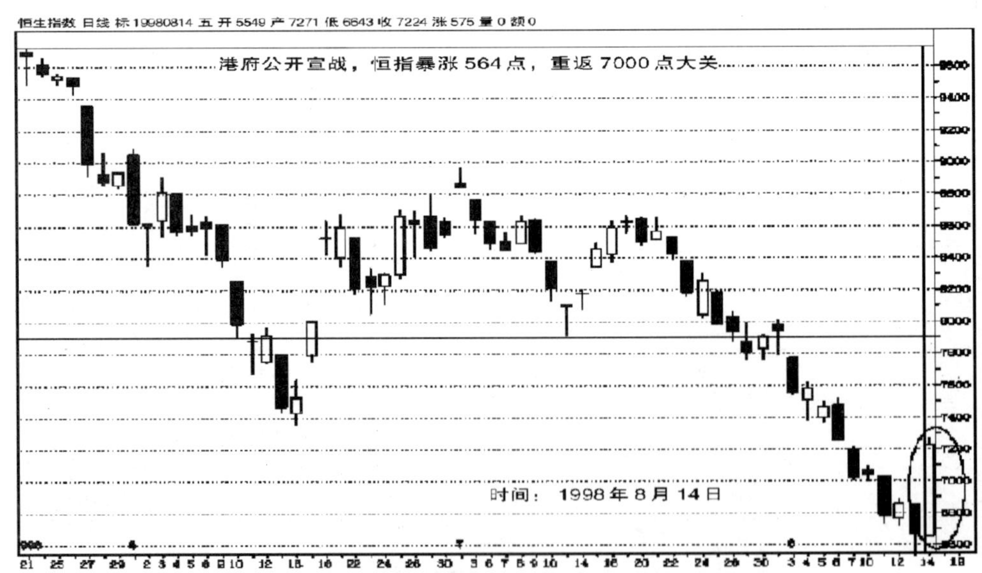

图 3-19　港府的三家御用经纪行一路狂扫恒指暴涨

香港政府在与国际投机商真金实银较量的同时，下午 15：00 财政司司长曾荫权、金融管理局局长任志刚及财经事务局局长许仕仁联合召开新闻发布会，代表特区政府向国际投机商正式宣战，开辟心理、舆论战的战场，以最坦荡的市场方式向世人表明特区政府对当前市场状况的看法。

特区政府天降奇兵，英勇出击，沉重地打击了国际投机商的嚣张气焰。当日恒指一路高歌大涨 564 点，重新收复 7000 点大关，终盘报 7224 点升幅达 8.47%，创下 6 年来单日升幅之最，也为恒生指数历史上第九大升幅，成交量高达 81 亿港元。国际投机商第一次遭受到了全方位的打击。

1998 年 8 月 15～17 日为香港公众假期，“西线无战事”。但社会各方对于特区政府的作法都纷纷发表评论，舆论日趋激烈。突遭重创的国际投机商也绝不会轻易承认失败。一时之间港岛上空密布阴云，更残酷的战斗一触即发。

•攻防阶段：1998 年 8 月 18～23 日

8 月 18 日星期二。特区政府采取重点攻击香港电讯的方法来维持股指，当日报收在 7210 点。同时继续增持恒指期货合约多仓。特区政府的反击也引发了众多中资机构纷纷入市，他们大多数都平掉 8 月 14 日前持有的期指空仓，转持多仓。而国际投机商也开始将 8 月期指合约数千张转仓到 9 月，摆出了企图长期作战的技术部署(图 3-20)。

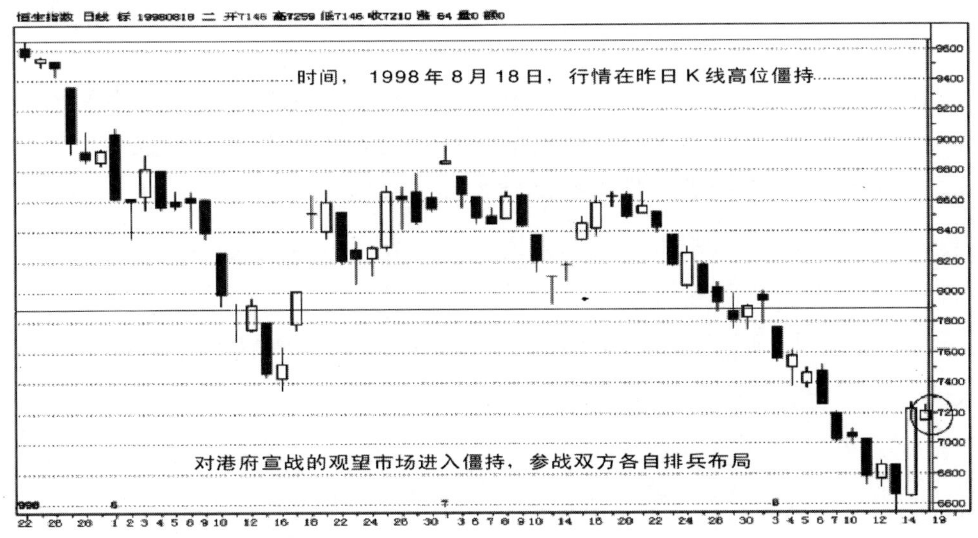

图 3-20 港府、国际投机商多空双方排兵布阵

8 月 19 日星期三。特区政府借世界主要股票市场指数回升，周边市场转暖，尤其是日元启稳的有利时机发起猛攻，一举将恒生指数推高了 412 点，报收于 7622 点(图 3-21)。

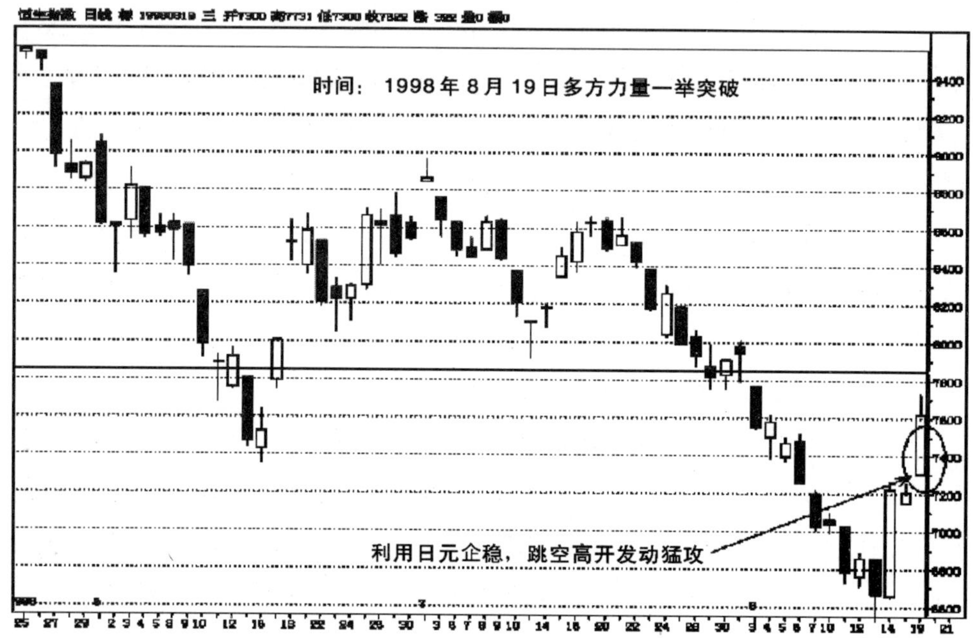

图 3-21 港府巧借东风大举进攻

同时，特区政府针对国际投机商在现货市场上进行砸盘的主要弹药库——托管银行进行道义劝告，希望其不要将客户长线投资的股票借给国际投机商，以断绝股票现货市场卖空筹码的来源。一方面有利于降低外汇基金在现货市场上的抛压，另一方面，也迫使借股卖空筹码的资金不得不回补卖空头寸，从而变相推高了股指。

这一天，国际投机商的策略仍是采用打持久战的转仓战术，有超过万张的 8 月恒指合约转仓到了 9 月。

8 月 20 日星期四。当日，港府在拉高大盘后，开始在相对高位进行滚打，高抛低吸迷惑国际投机商，最终恒生指数报收于 7742 点，小涨 120 点(图 3-22)。

而国际投机商也不肯善罢甘休，他们在恒指期货上继续增持空仓，以保持对股票市场的压力，同时增持远期美元电汇的多头合约，继续保持对港币汇率的压力。

图 3-22 港府高位滚打迷惑对手

当日董建华发表讲话，金融管理局局长任志刚也在《亚洲华尔街日报》上发表文章继续展开心理和舆论攻势。他们都着重强调了港府此次入市反击所针对的是国际投机商的操纵行为，而不是干扰自由经济正常运行。

8 月 21 日星期五。国际投机商借俄罗斯政治危机引发的全球股市下跌的背景，开始大举反扑，并联手在尾市发难，并且采用了国际交易史上绝无仅有的“暴力”方式——在收盘前几分钟，代表国际投机商的 8 名洋经纪人在交易场围成一圈不断压低价格疯狂反扑，并阻止港府的经纪人应价，终使恒生指数下跌 215 点报收在 7527 点(图 2-23)。

这也是国际投机商利用期货交易所采用公开喊价而非电子交易方式的漏洞进行的无赖交易行为，同时也说明国际投机商在港府的有力痛击中已经恼羞成怒。风云变换、乌云密布，生死大决战的关键时刻即将到来。

图 3-23 国际投机商凭借周边市场的恶雨腥风大举反扑

3)残酷对决——港府、国际投机商你攻我守，战况惨烈、血流成河

•决战阶段：1998 年 8 月 24～28 日

8 月 24 日星期一。在外围股市全线暴跌之下，恒指早市回落 89 点报 7438 点。午后，港府采取多管齐下的战术在股票现货市场上，港府经纪狂扫恒指七大重磅蓝筹样本股使汇丰控股上涨 +7.9%、和记黄埔上涨 +2.6%、长江实业上涨 +3.0%、香港电讯上涨 +9.0%(市场中一度曾有超过 33 个连续价位的挂盘全部为和升证券的买盘)、中国电信上涨 +2.9%、新鸿基地产上涨 +2.4%、恒生银行上涨 +8.2%，港股急升 318 点，恒生指数终报 7845 点(图 3-24)。

附恒生指数七大重磅蓝筹样本股权重：

汇丰控股 28.5%和记黄埔 9.2%长江实业 4.9%；

香港电讯 11.1%，中国电信 8.5%，恒生银行 5.1%；

新鸿基地产 3.8%。

在恒指期货市场上，针对国际投机商在股票指数期货合约中的转仓行为，采用在买进8月恒生指数期货合约的同时抛售9月恒指合约的战术，加大国际投机商的转仓成本。虽然如此仍有超过万张的8月合约转仓至9月。

8月25日星期二。在股票现货市场上，港府遭受到巨大的市场抛压，特别是作为恒生指数主要权重股的汇丰控股（权重占28.5%）被狂砸市场压力巨大，港府避重就轻采用力挽二线蓝筹股的方法，使股指收报7890点(图3-25)。

在期货市场上，特区政府继续买入8月期指合约、卖出9月期指合约，将9月期指压低在7700点一线，使国际投机商的转仓成本大增。同时，调高利率至15厘(月息1.5%)，迫使远期美元电汇汇率下跌。

图3-24　港府逆市而为用技巧坚决攻击

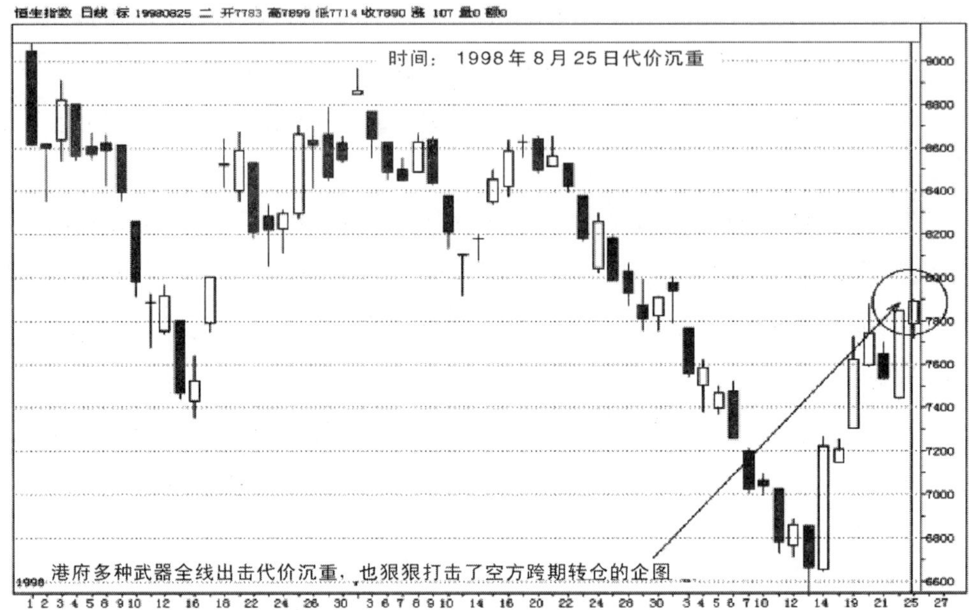

图 3-25 港府多种武器并用打击国际投机商转仓企图

8 月 26 日星期五。特区金融管理局在外汇市场上突然收紧港元供应挟高利息，对港币空头痛下杀手，同业拆借隔夜利率一度高达 20 厘(月息 2%)。使依靠短期融资卖空港股期指的炒家无法同特区政府打持久战。恒指收市小跌 55 点，报收 7834 点，成交 93.8 亿港元。

当日争夺的焦点为临近结算日的股指期货市场，多空双方激烈搏杀，9 月未平仓期指合约增至 7 万多张，未平仓合约总数高达 13 万多张，平时一般只有 4.5 万张左右。由此可见，这场金融大战的决胜之局，必将上演在恒生股票指数期货交易的对决之中(图 3-26)。

8 月 27 日星期四。在俄罗斯金融风暴冲击下，全球金融市场急挫。欧洲股市首当其冲英国、德国、法国、瑞士、意大利和西班牙跌幅在 3%～5%不等；拉丁美洲市场跌幅更大，巴西、阿根廷、墨西哥、智利和委内瑞拉均出现 5%以上跌幅；亚洲市场日本股市急跌 3%。

而明天恒指的收盘点位，就将是多空双方天堂与地狱的入口，对多空双方都至关重要。

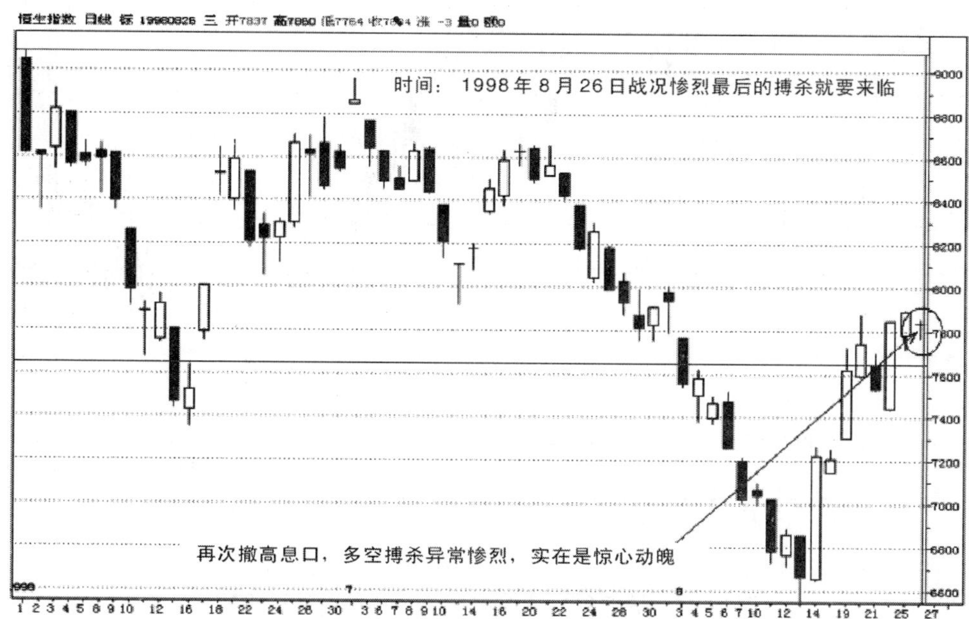

图 3-26 港府再次撤高息口多空搏杀胶着难分

国际投机商正好借助这股东风大肆抛空，在收市前 9 分钟，一家外资证券公司以 15 港币 / 每股的价格狂抛 1 亿股香港电讯，没有批量下单的情况下在电脑上连续输入抛盘指令就要耗时近 10 分钟，这种情形在国际市场也为仅见！

港府和国际投机商对恒生指数的争夺几乎达到彻底疯狂的地步，成交急剧增大到 230 亿港币，可谓尸横遍野。其中 33 支恒生指数成分股即占 94%为 215 亿港币，仅收市前短短 15 分钟就成交了 83 亿港币，但当日恒生指数升幅有限，仅仅小涨了 89 点，终报 7923 点。

此时，国际投机商的急先锋、量子基金经理人斯坦利•德鲁肯米勒，也按捺不住跳到了前台，在 CNBC 电视节目上亲自发动舆论攻势，唱空港币，更是公开宣称香港政府救市解决不了问题，叫嚣恒指的目标位看空到 5000 点。然而，一切就要在明天见分晓、决胜负(图 3-27)。

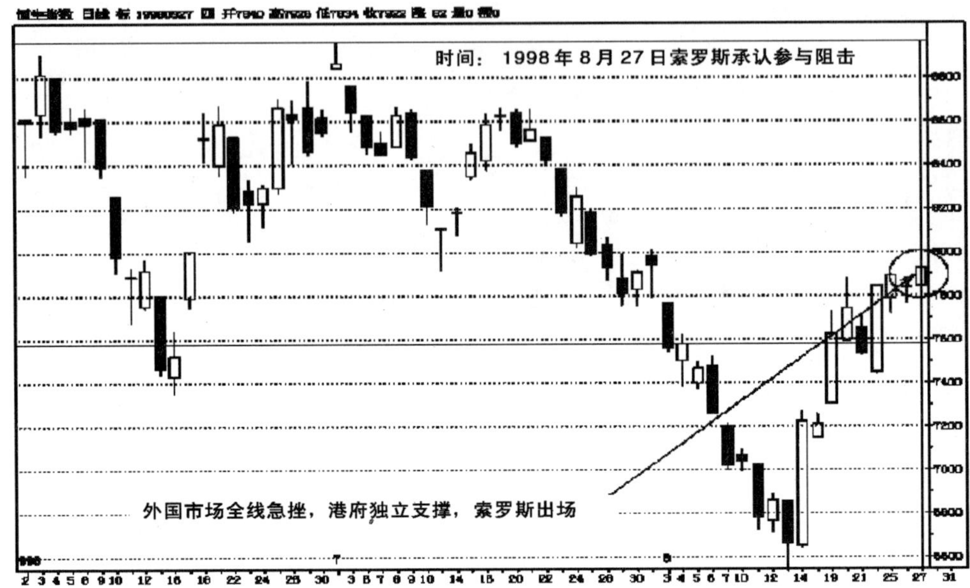

图 3-27 港府独立支撑索罗斯承认参与港币投机

8 月 28 日星期五。这是一个将被世界金融历史记住的日子。同时，这一天也将决定亿万财富的最终归属。

由于恒生股票指数期货合约的结算价，是按当日恒指每 5 分钟的平均值计算，因此，这一天的每一分钟都代表着巨额黄金。恒生指数每一点的升降对于每张合约来说，则意味着 50 港币的盈亏。

到 1998 年 8 月 27 日止，恒指期货未平仓合约共计 147366 张，其中 8 月的合约 55166 张，9 月的未平仓合约达 91267 张，对于未平仓的 8 月期指合约而言，如果不转入下月就必须在此日平仓(图 3-28)。

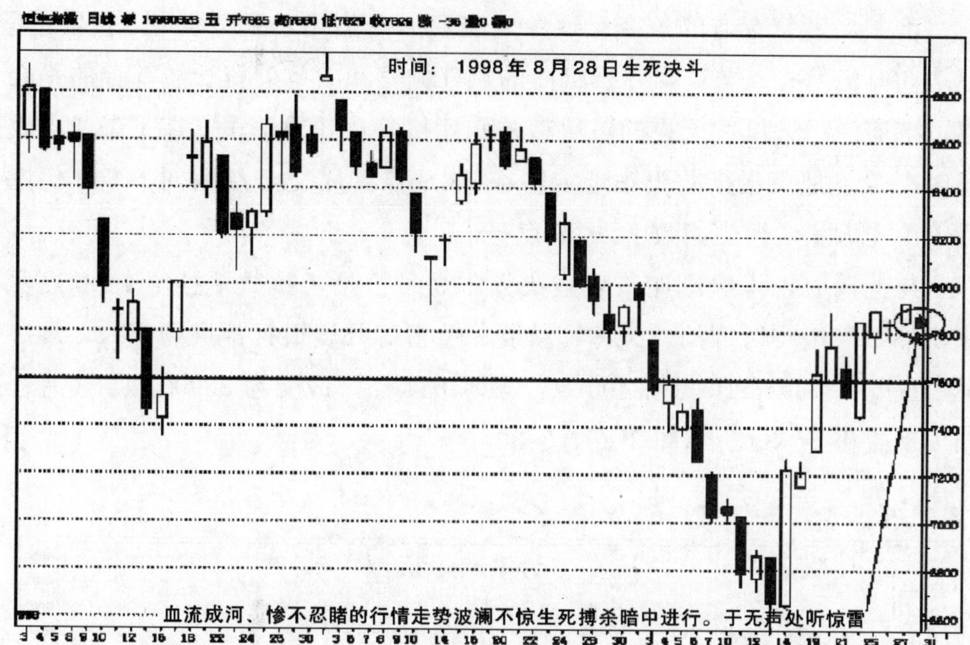

图 3-28 港府、国际投机商生死决斗

这一天的形势对特区政府极其不利。全球股市在俄罗斯经济危机的影响下悲声一片，美国道•琼斯指数重挫 358 点，跌幅达 4.2%为美国股市历史上第三大跌幅。香港市场除了国际投机商要寻求决战外，大量外资银行和国际机构所持有的仓位也都要平仓退场。

早市一开盘在短短 5 分钟内就成交了 30 多亿港币，成交量放大到惊人的程度。汇丰控股和香港电讯成为多空争夺的焦点两只股票均以最高限度——16 万股／笔被抛出，而港府外汇基金经纪人则不问价格，以每分钟 6 万股的速度全线吃进。恒生指数走势几无波动，成了类似于波澜不惊的水平线，而成交量却大幅狂升，波涛汹涌，令人目瞪口呆。开市 15 分钟成交就已经达到 66 亿港元，到 30 分钟时已经突破了 100 亿港元。

上午收市前，国际投机商又施“杀手锏”，集中狂抛大型蓝筹股，其中汇丰控股在半小时内即成交了 1000 万股，使上午收市的成交量达到 409 亿港元。

下午，多空双方的争夺呈现令人窒息的白热化，到2点45分成交量已达500亿港元。面对国际投机商的疯狂抛空和大量外资长线基金的平仓盘，港府经纪人以大无畏的英勇精神殊死抗争，几成孤军。在下午4点收盘时，最终把恒生指数艰难地定格在7829点，成交金额则创下790亿港币的历史天量，恒生指数下跌93点……

与此同时，港府则在午后坚决打压9月恒指，指数下挫至7100点水平，外资机构难以抵挡，美林、霸菱、怡富等外资银行都进场买入。最终9月恒指收市报7210点跌400点，贴水641点，成交为33900张。8月恒指成功收报于7851点(图3-29，3-30)。

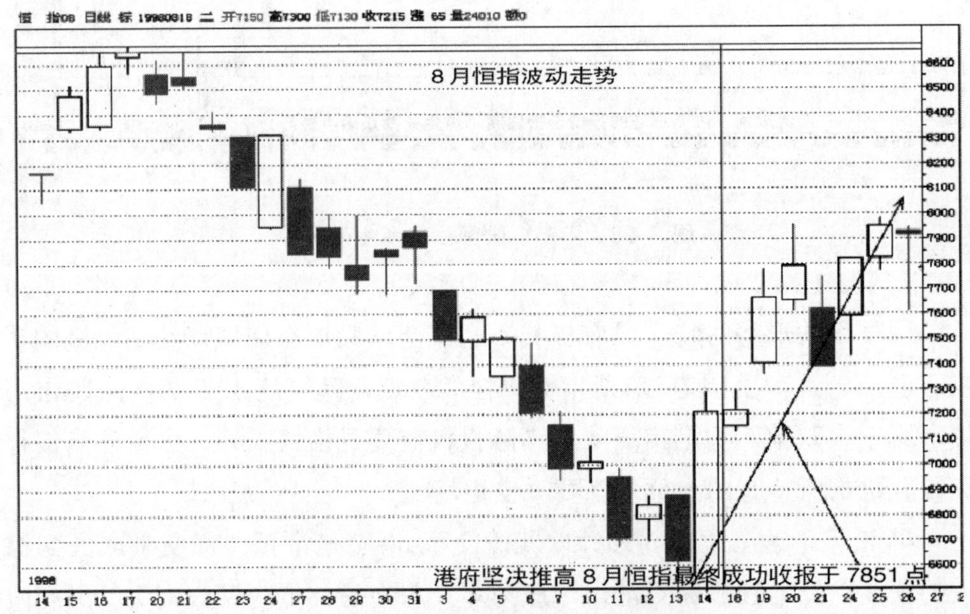

图3-29 港府坚决推高8月恒指

特区金管局主席曾荫权事后称，港府在与炒家的对决中“惨胜”。而量子基金的经理人德鲁肯米勒，在8月28日大战已告段落时所言：“我们投入的是自己的资金，我既不认为我们有能力扭转市场，我也不认为香港金融管理局有这样的能力”。面对最终的结果，这些话显得是多么的有气无力……

7829 点的收盘指数意味着，如果国际投机商在 8 月期指的空头仓位均价在 7100 点、持仓 50000 张的话，则他们不得不面对高达 (7829-7100)×50×50000=18.225 亿港币的巨额亏损。1998 年的香港金融保卫战，前后延续了一年多时间，可谓前无古人。彻底完成了香港历史上英资退位、美资过渡、中资进驻的转变，特区政府真正彻底地控制了特区的经济，是某种意义上的经济回归，其战略意义极为深远(图 3-31)。

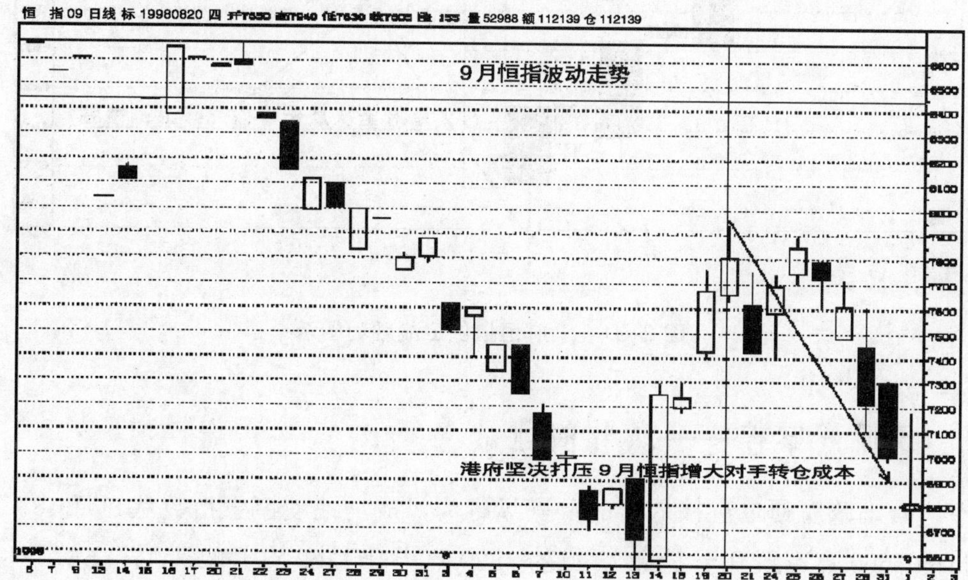

图 3-30 港府坚决打压 9 月恒指

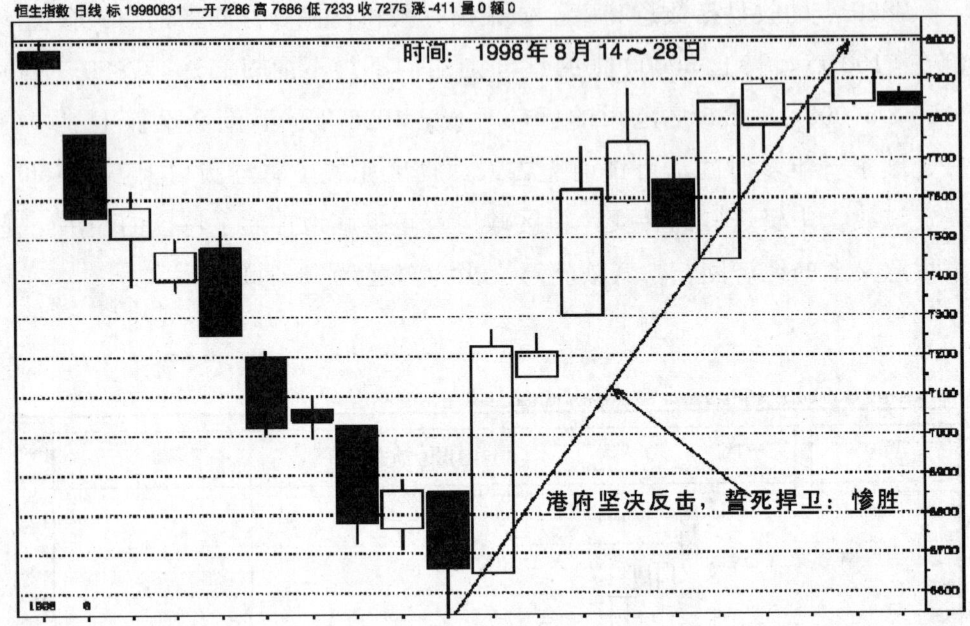

图 3-31 港府恒指保卫战胜利图示

5.彻底掌控——悲壮的凯歌

香港政府通过直接入市的反操纵行为，成功地使恒生指数从 8 月 13 日的 6660 点，跃升至 8 月 28 日的 7829 点上升 1169 点升幅达 17.55%，同时，使 8 月恒生指数股票期货的价格上升了 1241 点，彻底打破了国际投机商佯攻汇市，实攻股市、期市，以获得暴利的图谋，成功地捍卫了联系汇率制度，恢复了外界对特区政府及特区经济的信心，从而使特区政府有时间和机会在平稳的经济运行状态下主动地调节经济，大大减小了人为因素的干扰破坏。从这个意义上说，特区政府直接入市的反操纵行为“不是原来想的胜或打成平手，而是大获全胜”!

回顾这一段历史，其对于今天的意义是深远和重大的。除了我们上面所强调的金融立体战之外，从本质上看，香港恒指保卫战实际上代表了一个政府为了维护本地区的经济稳定和自由，第一次直接、全面地与横行霸道的国际投机商进行的坚决抗衡。这种行为体现出的不仅仅是一次多空双方运用多种金融工具的立体组合式较量，更加重要的是，这种直接的金融抗衡给当代经济思想带来了革命性的深远冲击(图 3-32)。

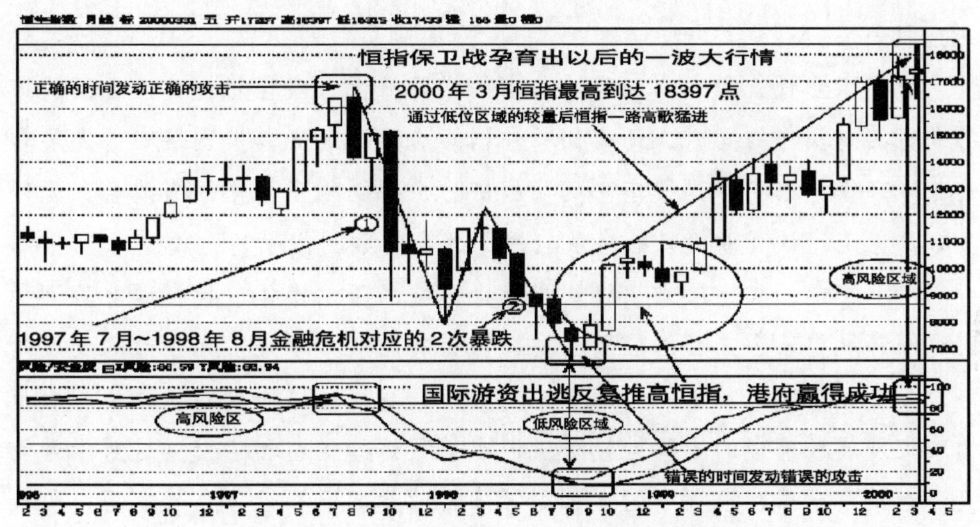

图 3-32　技术说明一切 3 波下跌 5 波上涨

1997 年 7 月恒指大幅上扬后所有技术状态都处于历史高位。只铁风险度揭示暴跌随时可能发生。此时，国际投机商在正确的时间发动了正确的攻击，大获成功！

1998 年 8 月恒指大幅下跌后所有技术状态都处于历史低位。只铁风险度揭示暴涨随时可能发生。国际投机商在错误的时间发动了错误的攻击，招致失败。而特区政府在正确的时机发动了正确的反击，大获成功！

(二)只铁战法的外盘研判

(下文摘自“只铁股票实战初级军校”王宁同学的文字)

谨将此文作为马年的新春贺礼送给只铁先生，并作为我学习只铁战法的阶段性成果汇报，我真的想不出还有什么比这更好的礼物啦。

借此机会还要深深感谢只铁先生、各位版主和同学们的无私和辛勤的劳动，尤其感谢你们这两个多月来在初级军校中对我的帮助和启迪，感谢只铁先生、各位版主和网站的工作人员无私地为我的思想提供了自由翱翔的空间……

由于职业背景和工作经验培养出的学习习惯，我在研究关注中国股市并进行实战操作的同时，还密切关注国际金融市场尤其美国股市的发展和走势。只铁战法在中国股市中的实战威力，想必很多同学深有体会，无须多言。但是，认真地将只铁战法应用于外盘的案例似乎还比较少。

在下文中，我将从只铁战法在外盘的技术研判操作、投资理念验证和宏观经济展望三个方面的应用出发，探讨美国股市和经济在今后的发展趋势，并在此基础上对比并回溯至中国股市，我想这些研判对认清中国股市的未来发展和蕴含的战略性投资机遇有着很好的借鉴和启发。这对于专业投资者放眼全球，把握中国在加入WTO的过渡期间和后WTO时期国内股市和经济发展的大趋势，从而在宏观研判和微观操作层面上把握难得的投资机遇，有着重要的指导意义。

1.技术研判操作

从只铁战法在外盘的技术研判应用方面，我以国内投资者有所了解的“美国版银广夏”——安然公司(Enron)和其后宣布破产的环球电讯(GlobalCrossing)两家公司的股票为例。安然公司和环球电讯(纽约证交所代码原来分别为：ENE和GX，破产公布后迅速转移至三板市场OTC，代码变更为ENRNQ和GBLXQ)。从2000年中期至2001年末，安然和环球电讯的股价从最高峰的90和60美元均跌至目前的1美元以下。以安然为例，如果运用只铁战法，那么安然的中线投资者和长线投资者可以30日和30周均线为依据在80美元和70美元左右安然出局！

从理论上看，像安然和环球电讯这些高峰期间价值上百亿、几百亿美元的大型公司市值大、流动性好，是大资金运作的理想对象。在美国法律许可的范围内(在美国尤其要注重遵守法律和法规，多少前车之鉴啊！)，大资金运作者可根据道琼斯工业指数(DJIA)30周线自1999年下半年走平做头、道氏理论中的标志性高位派发带(line)的背景下(图3–33)，可以在GX的30周线走平时，开始着手建立战略性空头仓位进行放空操作。每当股价下跌后反弹至下降的30周均线（ENE更弱，为10周线）附近时，均可以进行空头仓位的加仓操作。中小资金的专业投资者甚至可以在战略性放空的同时，在下跌的短期反弹底部进行轻仓的多头战术性操作，以进一步提高资金利用效率（图3–34)。安然股价自2000年9月以后的15个月内，从最高位的近90美元到巨幅放量的1美元，理论获利空间令人感到恐怖(图3–35)！当然实战操作还要具体情况具体分析，排兵布阵也要根据地形具体展开。

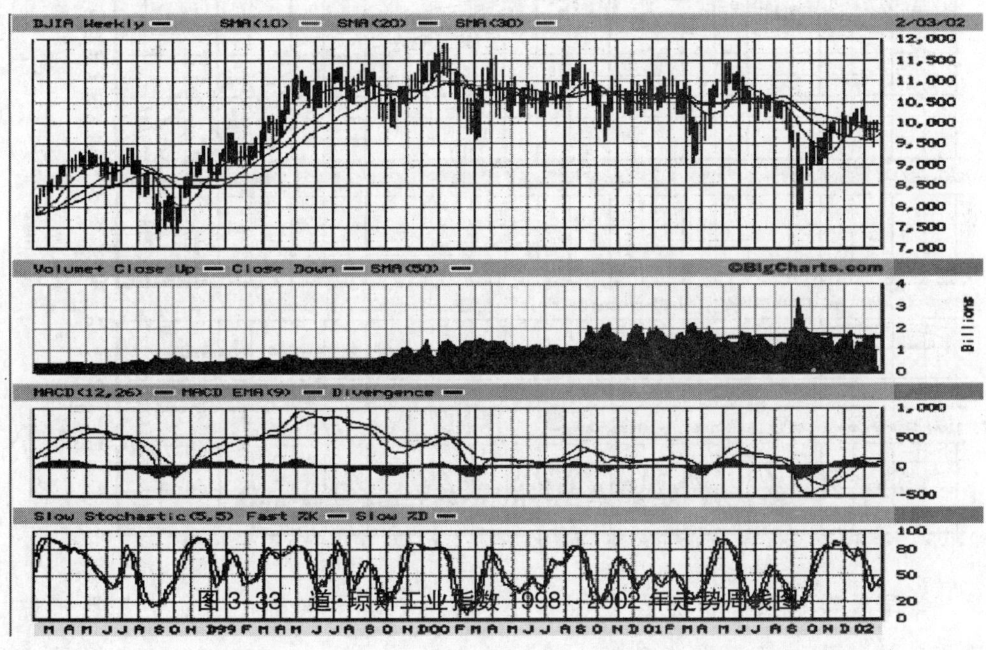

图3–33 道·琼斯工业指数1998～2002年走势周线图

对应着美国股市环球电讯30周线的走势，国内股市最好的例子是北京城乡(600861)1999年的日K线骗线一例。毋庸置疑，可以想象当初环球电讯反弹时中短期均线多头优美排列时美国某些分析师的鼎立推荐呢。近日，见诸国内报刊的外资基金在香港股市狙击中国的私营企业上市公司如“欧亚农业”（HK：932）等事件，也为我们提供了很好的实际案例研究。该股30日均线上行自2001年12初因香港股市随美国市场反弹见顶后，即开始走平。今年2月5日10%的暴跌，在技术上看非常合理，不但处于30日均线向下运行的阶段，而且正好遭遇下压10周线等重大技术阻力共振点。无论香港和国内报章如何究其原因，称欧亚农业有所谓黑幕，外资基金如何这般云云，而跟随趋势的专业投资者均会做出同样的操作，亦即市场运行规律使然（图3-33~3-35）。

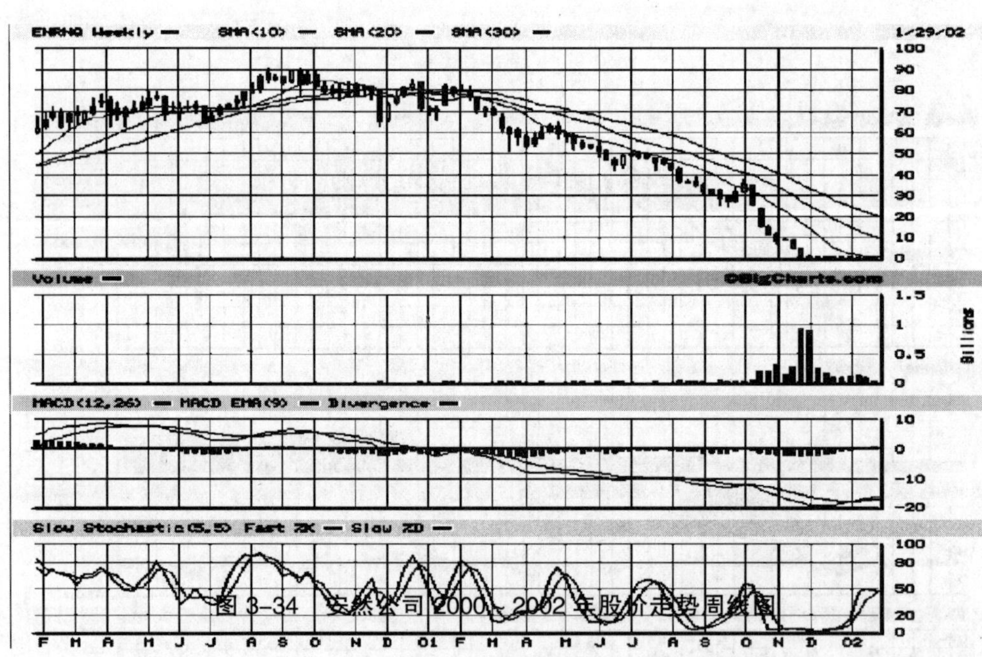

图3-34 安然公司2000~2002年股价走势周线图

美国股市等海外市场的多空双向交易机制让人想到：随着中国股市统一指数的推出，股指期货和做空机制将会陆续推出。中国的股市波动性不会变小，反而会变大，潜在风险和收益都会变大。今年1月下旬至今中国股市大盘盘中波动直上直下、大起大落的走势以及此前某些大盘股狂拉猛砸的走势显示，控盘大主力似有进行股指期货炒作小规模练兵的意图。届时专业化实战投资操作会有更多闪展腾挪的余地，潜在获利空间可能将会更大，当然潜在风险亦会加大。专业化投资者保持开放、灵活、冷静、平和、自信的头脑和心态，习惯于从多头和空头两方面并行思考，对于今后统一指数和股指期货推出后的在股市中的实战操作，也有着极大的现实重要性。

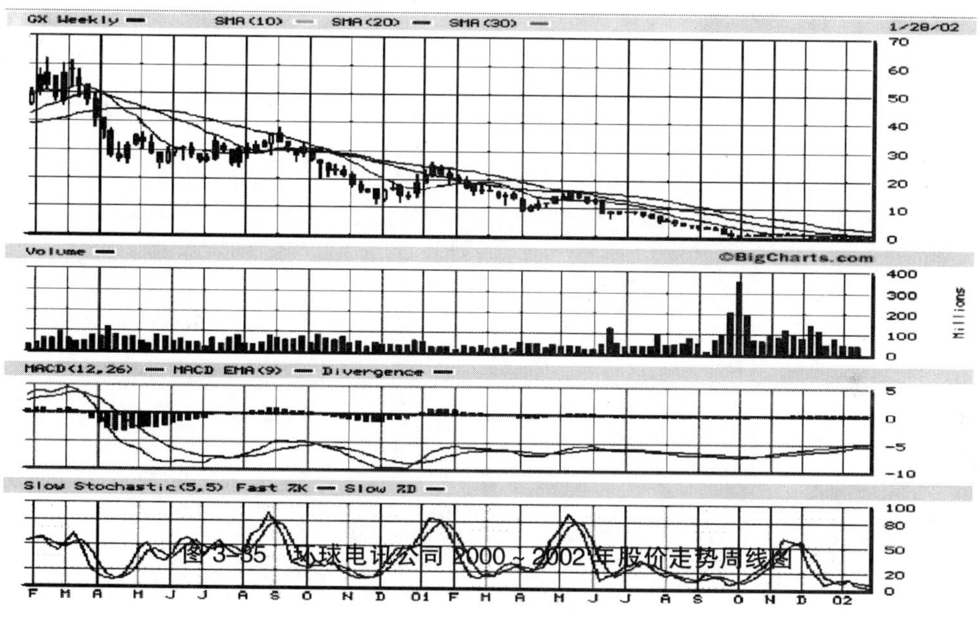

图3-35　环球电讯公司2000～2002年股价走势周线图

2.投资理念验证

在《铁血短线》的第一章中，只铁先生对投资进行了严格专业的定义。同时，还对国内很多股评家、理论专家和投资者迷信的“洋教条”的本质从投资理念上给予纠正和澄清。“海归”本身是件好事情，怕就怕没有学到精髓而拣些洋垃圾回来在不了解情况的人们面前卖弄。但另一方面，中国的很多投资者因历史原因而固有的“崇洋媚外”心态确实又创造了这些需求。正是周瑜打黄盖，一个愿打，一个愿挨！其实，中国股市发展的10年，正好与美国股市10年的大牛市同步，美国市场当时很多深层次的严重问题和矛盾在大牛市光环的掩盖下尚没有暴露出来呢。中国的投资理论家和经济学者照搬当时美国的很多理论和观点，又没有深入研究其内在的规律和本质以及当时的历史和经济背景，自然在应用于中国股市时频频出错。

实际上，具体到美国新经济泡沫破裂后的股市走势，安然公司和环球电信的“内幕人士”早在股价高位时就开始大肆卖出股票，股价走势图上可以清楚地辨认。很多美国的一般投资者相信“绩优高成长”的“价值投资”神话而死捂不放最后导致惨重损失(多像银广夏啊),国内《财经》杂志的详细报道称安然公司很多老员工由于将自己退休金投入安然公司股票，而导致终生大部分积蓄血本无归 (安然事件背后更多黑幕就更不用多说)。很多退休和养老基金和大型银行也因投资这些股票而遭遇很大亏损！至于很多美国一般水准的共同基金，索罗斯早就称之为“一窝蜂”了。这两家美国公司股价的运动，对只铁先生在书中的投资理念提供了最好的外盘 (美国市场)案例。

如果仅就股票市场一般性实战投资操作而言，中国股市的风险总体而言目前要小于美国股市。2000年中期至现在，安然和环球电讯公司从90美元的高位至几十美分的下跌，还有比比皆是的从最高价跌至1/50、1/100甚至几百分之一的高科技网络股等，对比中国股市的亿安科技和银广夏的跌幅，你会觉得在现在中国股市进行投资操作是一种幸福。这里做的仅是条件相同的比较。当然，美国股市没有涨跌幅限制，可以进行放空操作，且还有期权、股指期货等种类繁多的金融衍生工具，可供专业投资者根据自己的具体需要和风险承受度进行对冲避险或者杠杆交易。如果国内投资者不掌握专业化投资能力而面对如此琳琅满目的投资工具盲目上马，遇到大跌则就不会是套牢30%、50%那么简单的事情了，倾家荡产、欠一屁股债绝对不是危言耸听呢。

那么美国的股市分析家、股评家就比中国的股评家技高一筹吗？非也。

美国最负盛名的投资银行高盛公司 (GoldmanSachs&Co.) 的资深股市分析家、号称华尔街“多头女司令”的艾比·科恩 (AbbyJ.Cohen)，2001 年底至今年初声称美国股市仍将继续大反弹，而经济复苏已近在咫尺。这种预言已被近期美国股票市场的大跌走势无情地否决。从这一点来看，无论中国还是美国，大部分股评家作为吹鼓手的角色并没有本质的区别 (但我也因常看少数有真知灼见的投资分析人士的文章而受益匪浅)。

3.宏观经济分析

古人云：一叶知秋。如果说安然的破产对于一般投资者而言是偶然事件的话，那么从事高新科技的安然、环球电信和从事传统行业的大型连锁零售商 Kmart 这些大公司在最近的相继破产，则其背后有着必然性，是美国整体经济发展走向严重衰退的外在表现。就像美国“9·11”事件发生在 2001 年或许是偶然的，但这个事件的发生一定具有历史的必然性和标志性。可以预见的是，随着美国经济日益陷入衰退，将会有更多的“绩优类”公司破产倒闭。运用只铁战法和简单的 Fibonacci 百分比，我们可以大致判断，美国为期 10 年的大牛市，其趋势一旦逆转，反作用力也会是极为巨大的。假定美国经济仍保持长周期牛市的趋势，则此次调整至少三至四年的时间(从 DJIA 和 Nasdaq 季度 K 线 30 年走势判断，这一假设相当不乐观，“美国的世纪”真要缓缓地结束了？)(见图 3-36 及图 3-37)。全球总体规模有限的资源和资本配置会此消彼涨，很多撤出美国市场的国际资本，将有相当一部分通过各种渠道流入经济稳健发展的中国市场。这是由资本的逐利本质所决定的。当然，具体实践时我们仍需要以道琼斯工业指数(DJIA)、纳斯达克综合指数(NasdaqCompositeIndex) 和标准普尔 500 (S&P500)指数的运动为我们指引具体的方向。

美国(西方)股市是名副其实的国民经济的晴雨表。运用只铁战法对比 DJIA、NasdaqComposite 和 S&P500 等指数的走势，我们可以了解美国宏观经济中传统行业、新兴行业和绩优行业发展的进度差异和资本运动的流向。我们甚至还可以进一步判断这些由不同指数代表的宏观经济各个组成成分的发展速度和态势。运用只铁战法的中周期和长周期技术体系结合详细深入的基本面和宏观经济面研究，我们甚至可以研判某个具体产业的没落和兴起。这对于国际化的企业家从事战略性的金融、房地产和实业等投资活动，也可以提供洞察先机的优势。以我现在的理解，这或许就是所谓的宏观面交易（MacroTrading）吧。索罗斯和《专业投机原理》的作者维克多都曾在其著作中谈到这个方面，即运用对宏观经济大趋势的判断，把握难得的甚至是历史性的重大盈利机会。1997 年的香港恒指和 1998 年的香港联系汇率保卫战的宏观背景，也是国际投机资本尤其是国际对冲基金根据宏观交易战略，针对东南亚新兴工业化国家高涨的经济泡沫，制定周详细密的立体化狙击战略战术，抓住新兴工业化国家金融体系的薄弱环节予以重拳出击，引发多米诺股牌般的崩塌效应，从而获利巨丰。值得指出的是，虽然 1998 年香港成功捍卫了联系汇率制，但是这也是丢卒保帅的惨胜而已，香港也因此损失大量美元外汇储备。而以泰国为例，1997 年金融风暴时泰国中央银行未能成功保卫泰铢汇率，两个月内即耗尽 300 亿美元的全部外汇储备，因此在亚洲金融风暴期间，东南亚国家大部分外汇储备尽皆落入国际投机资本的腰包。这也是只铁先生在《铁血短线》第五章中谈到的实战投资时高科技横扫低技术的历史性典型案例。上述宏观面交易也即股谚所云：看大势者赚大钱(但为把知道转化为做到，还需要坚持不懈地进行只铁先生的专业化投资能力的训练，还要付出更多的时间、精力和努力)。从投资哲学上看，分析研判采取由宏观面自上而下的方法(Top-downApproach)，而在实战操作方法采取由微观面自下而上的方法(Bottom-upApproach)，这与只铁先生在著作中提到的短线操作真正的正确方法在理念和方法上是非常一致的(图 3-36，3-37)。

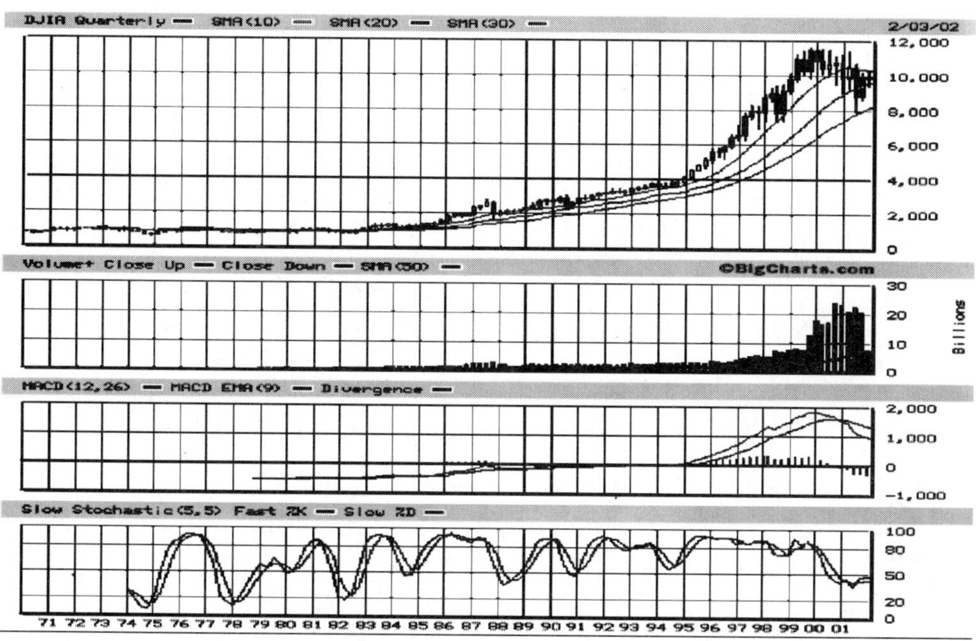

图 3–36 道·琼斯工业指数 1970～2002 年走势季线图

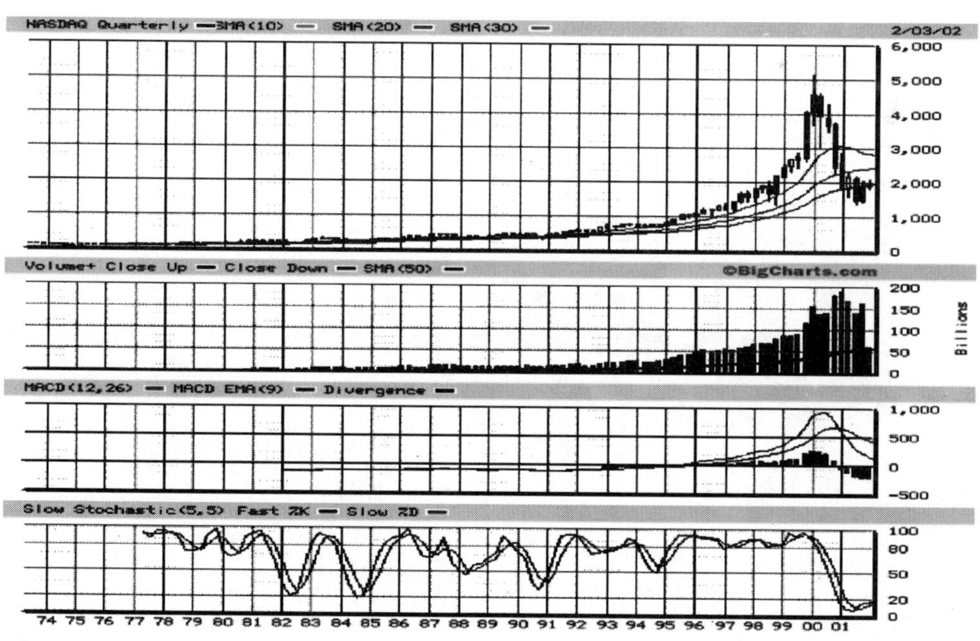

图 3–37 纳斯达克指数 1973～2002 年走势季线图

4.中国股市展望

在上述外盘分析得出的结论基础上，让我们再回到中国股市，展望一下中国资本市场目前和可预见的将来的演变趋势。这就不得不考虑到国有股减持的问题。国有股减持/流通本身将促成中国资本市场的真正市场化和健康快速发展，进而在中国经济市场化、全球化的进程中优化资本配置，具有深远而积极的历史意义。但其不适当的具体实施方法所造成的后果却可能与此南辕北辙，这有些类似于“生产力和生产关系之间的矛盾”。由于中国漫长的封建社会和相对而言极为短暂的市场化经济改革和发展历史，不但一般投资者可能有着“小农经济的思想意识”，宏观经济政策的制订者也会因种种条件的局限而难以出台适当的实施方案。结合以美国为首的世界经济陷入二战以来可能是最严重的经济衰退，以及中国加入世贸组织的历史性大好机遇和挑战这两大因素，只要国有股减持问题制定了公平合理的解决方案，在符合市场客观规律的前提下，在市场机制和法律、法规不断健全的情况下，国际资本会乐于进入中国资本市场进行投资，从而有助于中国股市以较为温和稳妥的方式彻底解决历史遗留问题。

只铁先生曾在谈及投资哲学时总结到：人类在什么级别上违背市场和自然的规律，就会在什么级别上受到市场和自然的惩罚。对应着道氏理论的三个级别的运动，违背市场规律的国有股减持具体方案在股票市场上遭遇的大级别惨败我们有目共睹。而国有股流通以真正市场化的方式完成的历史性趋势，将是任何个人或利益集团都无法阻挡的。潮流指处，所向披靡。任何与历史潮流逆势而为的举动终将破产，逆风飞扬终将折翼。作为投资者，我们需要认清、把握并顺应市场的趋势，才能够取得最大的投资利润；作为渺小的个人，我们需要认清并顺应历史潮流和时代趋势，才能够最大限度地发挥自身的人生和存在价值(包括但不限于物质财富)。

国内投资者在中国加入WTO后面临着巨大历史性投资机遇和挑战。我们目前最远只能看到今后三五年中国资本市场的发展趋势。结合上述中国和美国股市的分析研判，这种展望是有极大可能性且令人欢欣鼓舞的。我们需通过学习打下较为扎实的实战投资理论和实践基础，磨练实战投资能力，从而满怀信心并有充分能力迎接中国股市在不久的将来就会到来的下波牛市以及中国统一资本市场的对外开放（请注意，这并非仅仅是出于爱国热情的美好希望而已。更为重要的是，作为专业投资者，我们必须严格区分“美好愿望”和“客观研判”的差异)。

5.战法学习心得

过去一年中在只铁先生的著作和投资哲学的启发下，尤其过去两个多月中先生在军校的亲自指点下，经过自己的不断努力，我的很多点、线的投资和人生哲学思考体悟以及很多技术面、及多年积累的基本面和宏观面的知识和经验最近初步连接成面，初步立体化、系统化，初步形成自己结构完整、范围周全、层次清晰的国际化、多元化、专业化投资思维体系，而且某些时候甚至有豁然开朗的感觉(开悟)，实战看盘、操盘水平也提高很快，慢慢地开始觉得看股价走势图像是在看小人书，看盘和操盘开始逐渐有质变的感觉。悟道和静心三部曲的见、定、行，我总算是能够先见到一丝奥妙，市场在我眼中确实正在变得愈加简单，甚或有与庄家同呼吸，与市场共命运的体悟。

市场的波动就像大海的波涛一样有着自然、艺术的韵律和美感。那种身心合一与市场波动的和谐共振，把自己像冲浪者一样融入波浪之中，同时冲浪的既定安全规则又融入身心的感觉，真的是难以描述的孤独美感。欣赏是美，参与是美，市场内外都是美。进场是美，出局是美，场内局外都是美！只铁先生说得太好：智慧可以分享，但是自由和孤独只能自己享受。雨夜独行，寂寞如歌，汇入自然，融于天地。混沌是寂寞，盘古是寂寞，源于寂寞，终于寂寞。万法归宗，大道归一。

深夜、孤灯、飘乐、青烟、静思，我真正体会到单独的美好和快乐。在军校这两个多月，是我进步最快的时期。也许有人觉得我傻，把自己辛辛苦苦思考出来的东西公布出来。索罗斯说的好，要有做猪的勇气。殊不知付出的过程更是获得的过程，得失存乎一心而已，亦股道之所存焉。很多深刻领悟和融会贯通，正是在发贴讨论中，经由先生的点拨以及经由版主同学跟贴的启发而令我反复不断地思考来实现的。行文至此，思路异常清晰、条理分明、纵横倪阖。正如只铁先生说得那样：智慧的分享是倍增的过程。然！市场之道，大繁若简。然！

让我们珍惜与只铁先生的缘分吧！前面这句话由先生的很多学生和初中级军校的很多同学说了很多遍，可是我在这里还是想衷心地再说一遍这句肺腑之言。最后以《短线英雄》中的诗作为本文结语：

有志者事竟成，百二秦川终属楚；
苦心人天不负，三千越甲可吞吴！

——王宁写于 2002 年 2 月 8 日

(三)专业投资计划书范例——成都华联

投资管理包含的基本职能：计划、控制、实施、反馈等，以专业投资计划书的形式很好的体现。《战无不胜》软件自带规范化的专业投资计划书格式(图 3-38)。

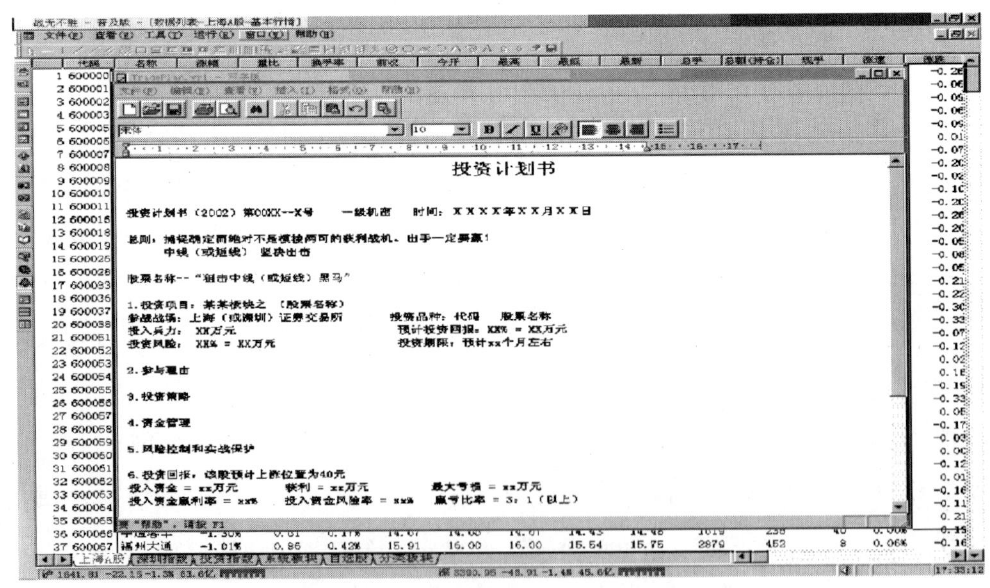

图 3-38　战无不胜软件自带的标准计划书

只铁计划(2002) 第 08—F 号　　　　时间：2002 年 7 月 29 日

FOR　编号：021　CDPJ

总则：捕捉确定而绝对不是模棱两可的获利战机。出手一定要赢！

成都华联——“狙击短线黑马”

1.投资项目：老庄股成都华联

参战战场：深圳证券交易所　　　　投资品种：000593 成都华联

投入兵力：XX 万元　　　　预计投资回报：25%=XX 万元

投资风险：8%=XX 万元　　　　投资期限：预计 1 个月左右

2.参与理由

·该股是老庄股，在经过 2001 年股市大跌，从复权 20 元高位跌至目前最低 9.30 元，跌幅超过 50%。

·该股从上市起至 2001 年一直走牛，主力长期驻扎其中运作，2001 年 5 月实施 10 送 10 分配方案，2002 年 6 月又实施 10 送 1 方案。

·经过 2001 年股市大跌 33%，该股一路下跌却呈现缩量，说明主力并未成功套现、出逃，仍重仓驻扎其中。

·随着 6 月 24 日国务院宣布国有股停止减持利好出台，困饶市场的重大利空因素得以解除，市场从此休生养息，逐步走好的可能性极大。老庄股往往会借助大盘的平稳、走好，而展开反弹行情。

·月、周、日技术状态较低，短期安全度较高。周 K 线图上目前明显处于 C 浪末端，今日是近期首次放量，日 KDJ 低位金叉向上，日 K 线组合呈现扭转短期下跌趋势，多头攻击态势明显。

·综上所述，该股短中期走势预计将选择反弹上行。在反弹的 1 浪及时狙击，预计会有较好的收益。

3.投资策略

单一品种持仓，复合建仓。耐心选择和等待短线安全区域进场，并从一进场就展开完备的资金保护措施。滚动操作，不断降低持仓成本以提高总体仓位的安全性。全过程中的操作手法要求尽可能做到细腻，符合短线技术要求。

4.资金管理

由于目前大盘不存在大的跌幅，首批建仓动用资金 40%，在波动底部位置分两次加仓，第一次 20%，第二次 20%，20%的资金用于滚动操作。

5.风险控制和实战保护

每次买入后的亏损不得超过 5%，连续 3 次失败无条件退出。总体亏损超过 8%亦出局。

6.投资回报

该股预计上涨位置为 13.00 元

投入资金=XX 万元　　获利=XX 万元　　最大亏损=X 万元

投入资金盈利率=25%　　投入资金风险率=8%盈亏比率=3:1

7.战况总结

每次交易后详细总结操作过程中的成功点和问题。

战术布局：采用波段布局方式，短线回避追涨杀跌(图 3-39~3-42)。

(1) 建仓区域：10.00~11.00 元之间。

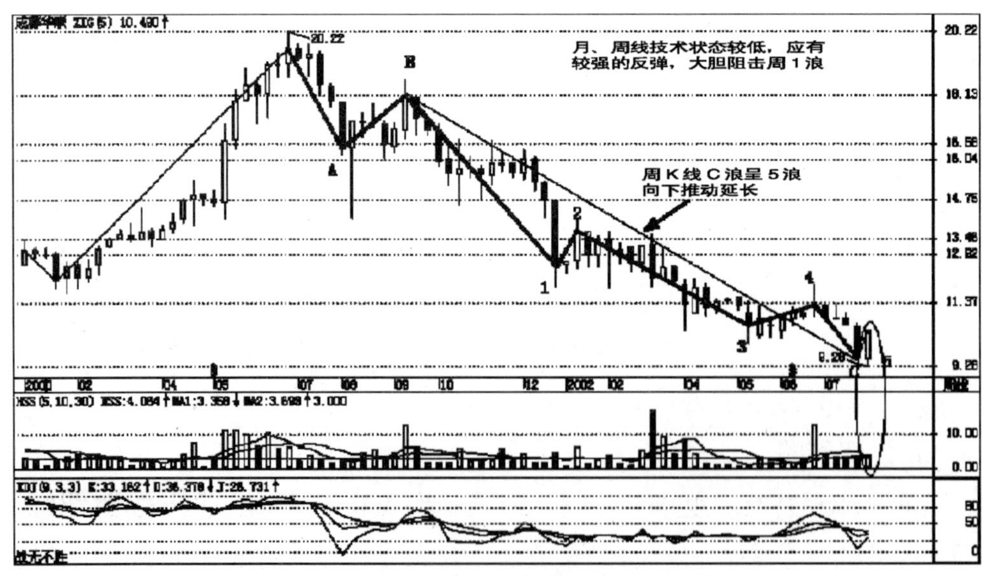

图 3-39　目标图谱

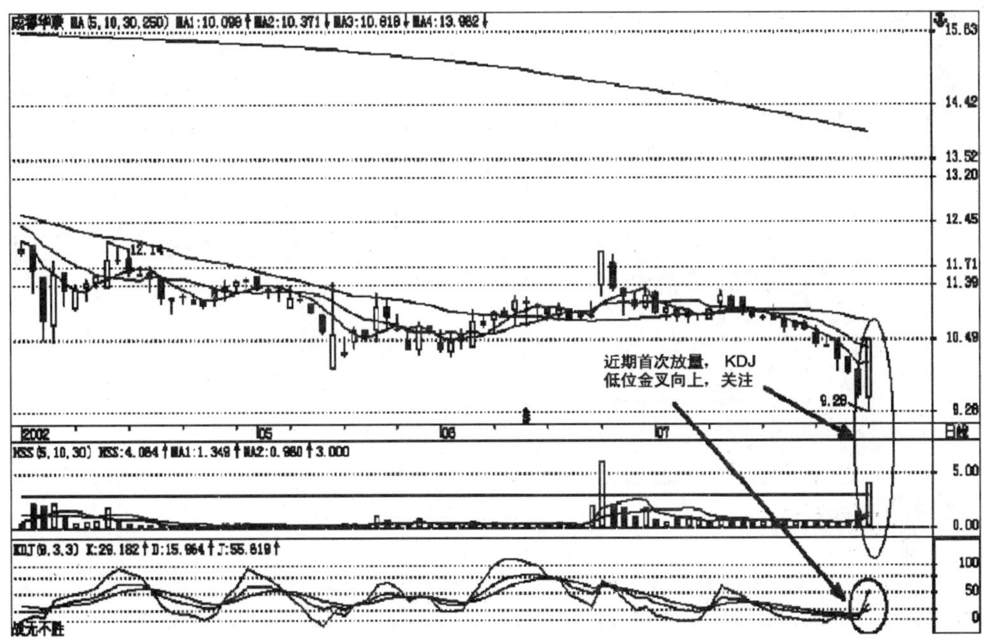

图 3-40 目标图谱

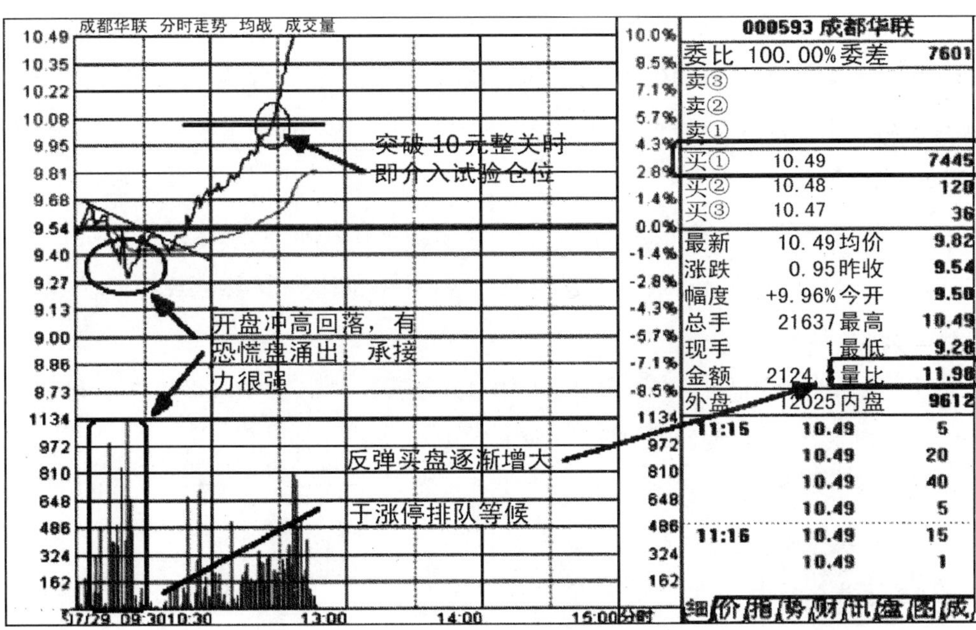

图 3-41 目标图谱

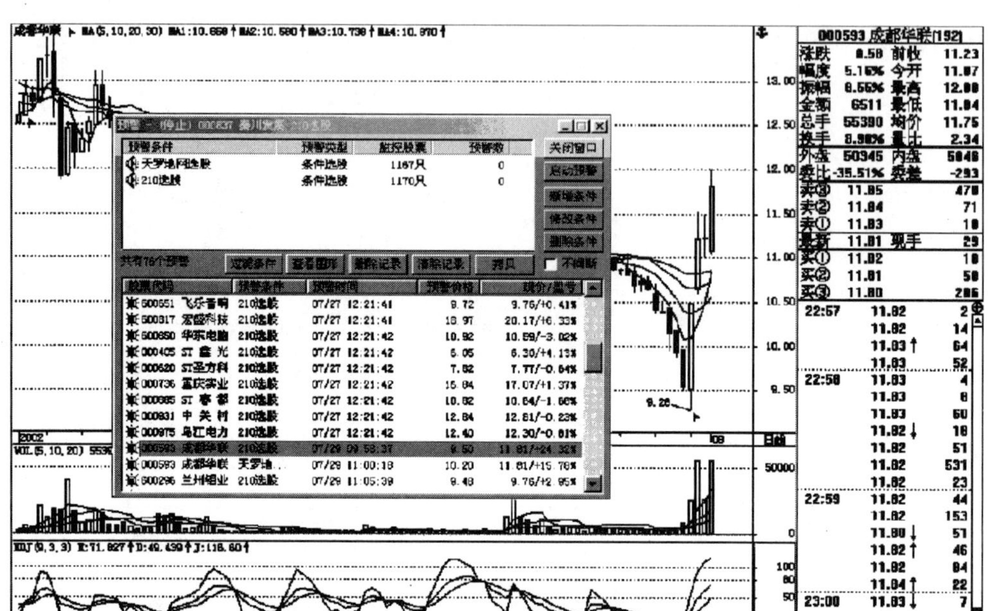

图 3-42 目标图谱

①第一仓位：从分时图、日、周、月图表分析，该股在放量突破10.00元整数关后，于10.10元已追入部分仓位。封上涨停时封单也不大，盘中及时在涨停板处排队，前后建立大约总资金40%的第一试验性仓位(图3-41)。

②第二仓位：如果该股第二天高开，在今日收盘价至明日开盘附近建立总资金20%的第二仓位(实战要求视大盘环境和该个股具体技术走势执行)。

③第三仓位：如果该股回落到10.00元附近，则在10.00元左右建立第三仓位(实战视大盘环境和该个股具体技术走势执行)。

(2)进出依据。

①只铁多周期浪形判定及空间量度系统；

②只铁分时技术之图表系统、指标系统；

③江恩百分比支撑、阻力价格带运用。

(3)总仓位控制：XX万股，其余作滚动持仓。

(4)出场区域：预计在13.00元至14.00元附近，实战以各技术系统指标为准。

①第一条件：浪形完毕；

②第二条件：多卖出信号出现；

③只铁交易机器人出场信号为准。

备注：选股精细依据、股价可能行进路线规划略。

后记：快乐股市笑面人生

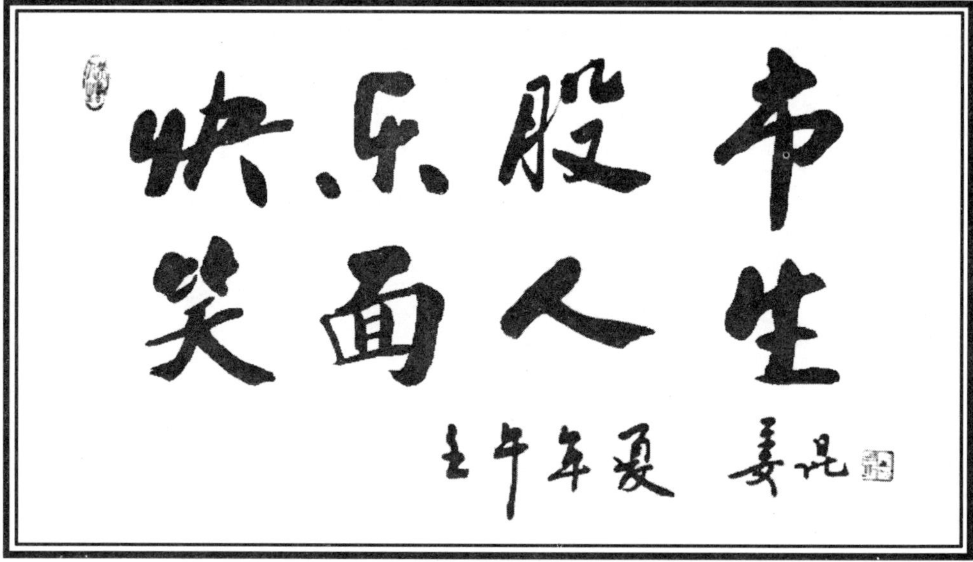

感谢姜昆老师为本书题字

中午把姜昆老师送到机场，回来后利用周末的时间，回忆最近两天和姜昆在一起的片段点滴……

我是伴随着姜昆老师的相声长大的，姜昆老师的相声给我们这一代在艰难生活中成长起来的人带来了难得的快乐。因此，我也准备奉献给同学们一点姜昆老师讲的故事，让我们大家一起快乐！

写帖子的此刻，世界杯开幕仪式正在进行，我也在享受快乐的足球。生活充满着酸甜苦辣、悲欢离合，但我愿意把快乐和同学们分享……

标题就以姜昆老师的第一本书《笑面人生》加上我说的“快乐股市”为题吧。边看世界杯表演、边敲打着键盘、一种久违的温情在我的胸中弥漫开来……

把 http：//zttz178.com 网站上我写的这个帖子的开头用来作为本书的后记，借以祝福读者朋友专业训练、铸就成功，快乐股市、笑面人生！

任何成功都不可能轻易获得，要享受成功的喜悦就必须付出艰苦卓绝的努力，足球是这样，相声是这样，股市投资也是这样。没有经过残酷系统的训练，赚钱只是偶然的运气，赔钱则是必然的结果。《战无不胜》讲述的是理念、方法，要想让这些理念、方法变成自己的东西，“为我所用”，就必须进行大量枯燥的乏味的强制性训练。经过一段时间的训练，培养了兴趣，掌握了方法，进入了股市的自由王国，那时才能享受股市给我们带来的快乐。

鸣 谢

感谢出版社的领导以及为本书出版发行付出辛勤劳动的郑建、郑义先生。由于他们认真、高效率的工作使本书能够以最快的速度面市。

感谢负责软件开发的全体朋友辛勤的付出。如果没有他们的卓有成效的劳动，本书所用的“战无不胜”软件也不能这么快问世。那么，我想以最高的性能价格比提供广大股民朋友使用最好的股票软件的梦想也就难以实现了。

最后要说明，作者并不是注册分析师，因此没有资格为广大读者朋友开展解盘的服务，更不能开展诸如“声讯电话、投资传真”这类必须有注册分析师资格并需依法进行的咨询服务。任何以作者名义，无论其是在报纸、杂志、电视上做广告、搞宣传，投资者都可以肯定他们是假冒的。作者没有时间，就算有时间也不会参与。同时还要说明的是，除了在 http：//www.zttz178.com 或 http：//www.zttz168.com 的“只铁股票实战军校”外，作者从不在网上发表任何言论，请读者朋友明辨。